Michèle Kahn
Shanghai

MICHÈLE KAHN

Shanghai

Roman

Aus dem Französischen
von Stefan Linster

ULLSTEIN

Die Deutsche Bibliothek – CIP-Einheitsaufnahme

Kahn, Michèle:
Shanghai : Roman / Michèle Kahn. Aus dem Franz. von Stefan
Linster. – Berlin : Ullstein 1999
Einheitssacht.: Shanghai-la-juive <dt.>
ISBN 3-550-08274-6

Die französische Originalausgabe erschien 1997
bei Flammarion, Paris, unter dem Titel:
Shanghai-la-juive
Copyright © 1997 Flammarion
Dieses Werk wurde mit Unterstützung des
französischen Kulturministeriums veröffentlicht
© der deutschsprachigen Ausgabe 1999
by Ullstein Buchverlage GmbH & Co, KG, Berlin
Alle Rechte vorbehalten
Satz: Utesch GmbH, Hamburg
Druck und Verarbeitung:
Graphischer Großbetrieb Pößneck GmbH, Pößneck
Printed in Germany 1999
ISBN 3 550 08274 6

Gedruckt auf alterungsbeständigem Papier
mit chlorfrei gebleichtem Zellstoff

Für Pierre

INHALT

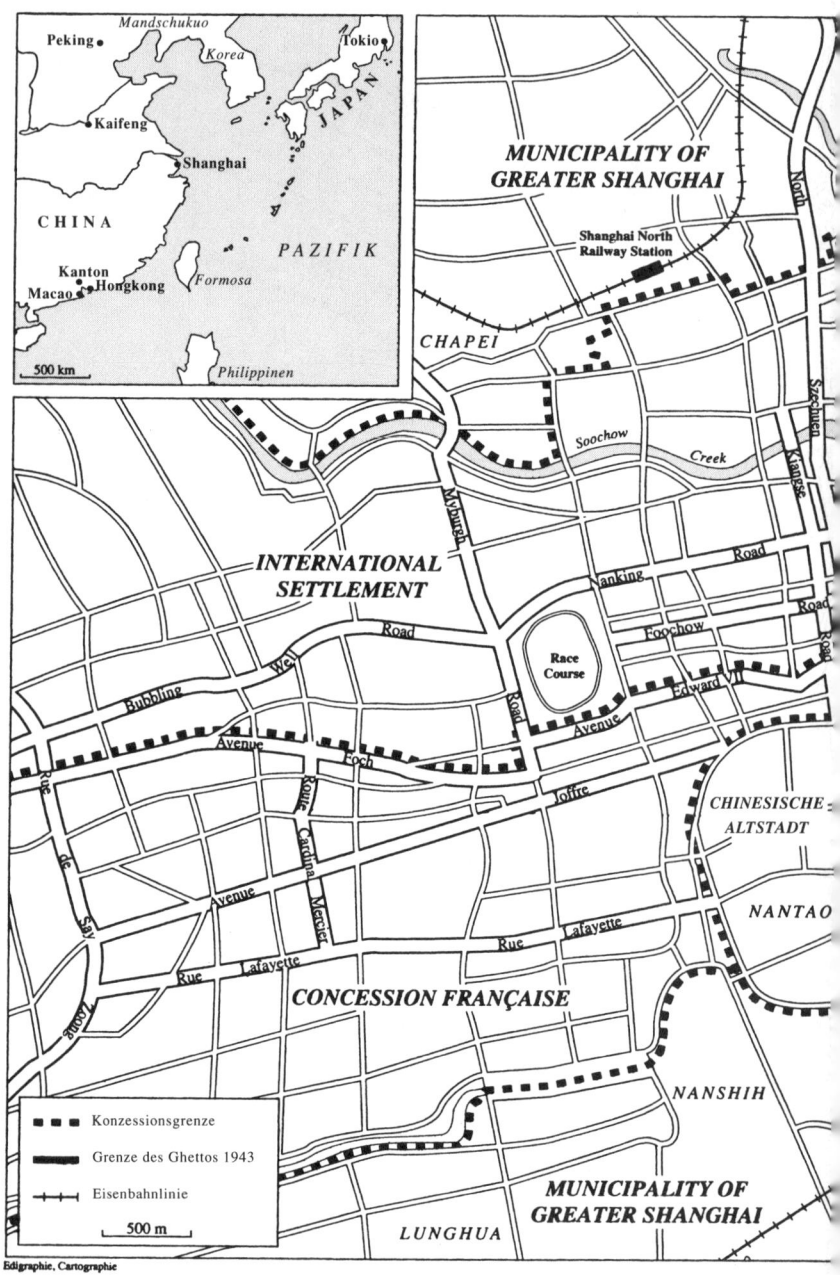

Peking •
Mandschukuo
Korea
Tokio
Kaifeng
JAPAN
Shanghai
CHINA
PAZIFIK
Kanton
Macao • Hongkong
Formosa
500 km
Philippinen

MUNICIPALITY OF
GREATER SHANGHAI

North

Shanghai North
Railway Station

Szechuen

CHAPEI

Soochow
Creek
Kiangse

INTERNATIONAL
SETTLEMENT

Nanking
Road
Road

Whangpu

Road
Foochow
Road

Race
Course

Bubbling
Well
Avenue
Edward VII

Avenue
Foch
Route
Cardinal
Mercier
Rue
de
Say

Joffre

CHINESISCHE
ALTSTADT

Avenue

NANTAO

Rue
Lafayette
Rue
Lafayette

CONCESSION FRANÇAISE

NANSHIH

■ ■ ■ Konzessionsgrenze

▬▬▬ Grenze des Ghettos 1943

┼┼┼ Eisenbahnlinie

└ 500 m ┘

LUNGHUA

MUNICIPALITY OF
GREATER SHANGHAI

Edigraphie, Cartographie

HONGKEW

Shyuan Road

Kung Ping

Tong Shan

Road

Seward

Road

Road

Ward

Road

Road

Wayside

Road

Broadway East Road

YangtszePoo Road

Whangpoo *River*

Bund

POOTUNG

Karte

SHANGHAIS IM JAHR 1938

● Kanton

CHINA

Perlfluß

New Territories

HONGKONG

● Kowloon
● Victoria

● Macao

Südchinesisches Meer

25 km

TEIL EINS

Wiener Café

I

Shanghai! Er war in Shanghai! Wie gebannt schaute Walter an den Gebäuden hoch, die vor ihm in den Himmel ragten. Banken, Handelshäuser, Paläste! Alle waren mit Pilastern und Säulenreihen üppig verziert, und manche trugen auf hochmütigen Zyklopenstirnen gewaltige Uhren, deren goldene Zeiger mit jeder Sekunde und Schlag um Schlag die heilige Allianz von Zeit und Geld nachdrücklich in Erinnerung riefen. Keines dieser Gebäude, dachte der junge Mann, hätte der schönsten Avenue Manhattans Schande gemacht. Doch der scharfe Geruch des Flusses in seinem Rücken ließ ihn nicht vergessen, daß ihn Tausende von Meilen von Manhattan trennten – ihn noch von Manhattan trennten. Pestartig stieg der Gestank aus fauligen Obstabfällen und verwesendem Fisch von den Wassern des Whangpoo auf.

Walter Neumann war vierundzwanzig Stunden zuvor in Shanghai an Land gegangen und tat gerade seine ersten Schritte auf dem Bund.

Von der Reling der *Conte Rosso* aus, an der er tags zuvor gestanden hatte, während der Passagierdampfer in die Mündung des Jangtsekiang hineingefahren war und dann auf den schlammigen Whangpoo einschwenkte, hatte er die hohen Bauwerke der »Perle Asiens« wie unwirklich in einer Nebellücke auftauchen sehen. Trotz der Dezemberkälte war Walter nun lange umhergewandert, um diese Wunderwerke wiederzufinden.

Und die Verzauberung war noch dieselbe.

Ein weit zurückliegendes Bild kam ihm wieder in den Sinn. 1936, zwei Jahre zuvor in Wien. Walter hatte seinen Vater in der *Wiener Post* besucht, bei der dieser Mitaktionär war und als Journalist arbeitete. Er überflog gerade den ersten Abzug der neuen Nummer. Ein Zeitungsgehilfe in grauem Kittel hatte ihn kurz zuvor ins Büro gebracht. »Hör dir das mal an!« rief Arthur Neumann unvermittelt aus, während er seinen Zwicker zurechtrückte: »›In Shanghai, dieser aus den Sümpfen und dem Schlamm aufgetauchten Stadt, haben Finanziers dem Hafen gegenüber ein Band aus Banken, Hotels und großen Bürohäusern errichtet, die mit Kuppeln, Säulen und neoklassizistischen Statuen geschmückt sind ...‹ Mitten in China! Kannst du dir das vorstellen?«

Walter erinnerte sich noch aus einem anderen Grund an jenen Tag: Gegen Abend war Arthur Neumann bekümmert nach Hause gekommen. Sein Arzt hatte ihm soeben mitgeteilt, er müsse sich von nun an täglich eine Insulinspritze verabreichen lassen.

Hier und da flammten plötzlich an den Gebäudesimsen Lichtreklamen auf. Es war die Stunde, in der die Shanghaier Büros ihre Angestellten auf die Straßen spien. Abendländer zumeist, die eilig herausströmten. Ein chaotischer Verkehr hatte den Boulevard bereits in Beschlag genommen. Ihre Rikschas im Schlepp, preschten die Kulis los und schlängelten sich durch den endlosen Strom von Fahrrädern, Fußgängern, Motorrädern, Automobilen, Schiebekarren mit unförmigen Lasten und von ausgemergelten Pferden gezogener Karren, die nur die Doppeldeckerbusse überragten. Die Kakophonie der Hupen, Klingeln und Flüche, der quietschenden Achsen und Radnaben schien niemanden zu behelligen.

Stolze Limousinen bahnten sich unerschütterlich ihren Weg. Einige hielten vor einem großen hochmütigen Gebäude mit pyramidenförmigem Dach. Grooms öffneten eilig die Türen, elegante Gestalten entstiegen, wurden von der Drehtür sogleich verschluckt und tauchten im Innern

14

unter dem strahlenden Licht eines Kristallüsters wieder auf, während die Automobile wieder anfuhren, um im Dämmerlicht auf dem Kai zu parken.

Von dem Glanz angezogen, nahm Walter seinen Mut zusammen und überquerte die Fahrbahn; mit entschlossenem Schritt trotzte er Chauffeuren, Radfahrern und Kulis und teilte den Strom. In diesem Moment, dachte er, mußte er seinem Onkel Karl gleichen.

Oft hatte er als kleiner Junge die Fotografie dieses Kriegshelden auf der Konsole bewundert und sich dabei geschworen, irgendwann den Beweis zu erbringen, daß er dem Bruder seiner Mutter verdientermaßen ähnlich sah! Auch Walter hatte das breite, beinahe quadratisch wirkende Gesicht, die leicht hohlen Wangen, die Augen von einem sehr sanften, doch rasch gewittrig umschlagenden Blau und die schlanke Figur jenes Fliegers, der während des Weltkriegs am Steuerknüppel seines Flugzeugs abgeschossen worden war. Und wie dieser arme Karl hatte Walter sich bis zu dem Moment, da das Vaterland ihn und alle jüdischen Bürger verriet, ganz als Österreicher betrachtet! Es hatte sie bestens zum Narren gehalten mit seinen großen Erklärungen, ihr Österreich! Walter war noch am Leben, aber der faulige Pesthauch des Todes hatte ihm die Augen geöffnet.

Nachts und auch am Tage suchten ihn noch immer Alpträume heim. Er sah sich wieder, wie noch acht Wochen zuvor, im Konzentrationslager Dachau. Walter war zum Arbeitsdienst eingeteilt worden. Die Männer mußten schwere scharfkantige Steine transportieren. Wofür? Niemand wußte es. Die SS-Männer lachten, wenn sie den Häftlingen zusahen, wie sie sich um die Brocken stritten, die ihre Hände am wenigsten zerschneiden würden. Und der Schlagstock sauste dann unbarmherzig auf diejenigen nieder, die sich die kleinsten aussuchten.

Gehen verboten! Man mußte laufen, immerzu laufen, und das in klobigen Holzpantinen, die einem die Füße aufscheuerten. Laufen und Steine von mehreren Kilo Hunderte von Metern weit schleppen. Und dann auf einem vom Regen aufgeweichten Weg zurückkriechen.

Das war der Augenblick, in dem dieses Schwein von der SS außer Rand und Band geriet. Eine bösartige Freude funkelte in seinen Augen, wenn er den Häftlingen befahl, wieder aufzustehen. Er jauchzte geradezu beim Anblick der mit klebrigem Schlamm verschmierten Körper. »Ihr drekkigen Itzigs, seht euch doch nur mal an!« brüllte er und ließ dabei seine Kiefer knacken. »Verschissene Drecksäue, genau das seid ihr! Ich werd' euch schon Sauberkeit beibringen!« Dann zeigte er auf die drei Häftlinge, die er für die schmutzigsten hielt, und stellte jedem eine leere Konservenbüchse auf den Kopf. Darauf trat der SS-Mann ein paar Meter zurück, zielte auf die Büchsen und schoß. Nicht alle Gefangenen kamen unversehrt davon.

Nachdem Walter erstmals Zeuge dieses Spiels geworden war, hatte er sich ausgedacht, den Stumpen seiner Kappe mit Laub auszustopfen, und hatte schließlich auch genügend zusammenklauben können, ohne sich erwischen zu lassen. Trotzdem zitterte er, als die Reihe an ihn kam, sich zwischen zwei Gefangenen, die genauso schmutzig waren wie er, aufzustellen.

»Ich werd' euch schon Sauberkeit beibringen!« brüllte der SSler und legte auf die Konservenbüchse an, die auf dem Kopf eines dreißigjährigen Müncheners, Volksschullehrer und Vater zweier Kinder, stand. Der Mann brach zusammen. Walter hatte die Augen geschlossen, nun kam er dran. Papa! Mama! flehte er insgeheim wie ein kleines Kind. Die Detonation war ohrenbetäubend. Er hatte zu sterben geglaubt, war aber nicht einmal verletzt worden.

Durchschossen rollte seine Mütze über den Boden. Der SS-Mann bemerkte die Auspolsterung sofort und schlug Walter mit dem Pistolenknauf.

Walters Einstellung zum Leben veränderte sich bereits in derselben Sekunde, als seine Gefährten ihm halfen, wieder auf die Beine zu kommen. Er mußte sich erneut auf den Weg machen. Walter wußte, eine Pistolenkugel würde ihn sofort niederstrecken, wenn er fiele. Unter Aufbietung aller Kräfte unterdrückte er die Schmerzensschreie, die ihm jede Bewegung zu entreißen drohte. Er hatte sich damals an das Bild seines Vaters geklammert, den dieselben SS-Leute hatten krepieren lassen wie einen Hund. Einen Augenblick lang hatte Walter ganz deutlich gespürt, wie sein Vater ihn stützte. Papa, ich verspreche dir, die werden mich nicht kaputtmachen, hatte er geschworen. Weder die noch sonstwer.

Walter kehrte in die Gegenwart zurück. Reglos stand er vor der hell erleuchteten Fassade des Hochhauses mit dem pyramidenförmigen Dach und betrachtete die Girlanden, die Kerzen, die bunten Kugeln, die in Europa untrennbar zu den Festen am Ende eines Jahres gehören. Er las gerade die Inschrift *Cathay Hotel* über der Tür, als zwei abendländische, lebhaft plaudernde Paare auftauchten und die Schwelle überschritten. Ihre Gesellschaftskleidung, ihre fröhlichen Mienen und leichten Schritte deuteten auf einen Tanztee hin. Dann hielt ein langer Daimler. Und ein Mann stieg aus.

Ich bin diesem Kerl schon einmal begegnet, dachte Walter sofort beim Anblick des pausbäckigen Gesichts. Die Brillengläser mit goldglänzendem Metallrand schienen in den Wangen zu versinken. Unsinn! berichtigte er sich. Nur eines dieser ganz gewöhnlichen Gesichter, wie man sie in den bürgerlichen Vierteln großer Städte überall antrifft.

Gleichwohl musterte er den Mann genau, der nun die Hand ins Innere der Limousine streckte. Eine Frau wand sich langsam heraus. Das blonde, unter dem kleinen Hut hervorquellende Haar schimmerte im Schein der Lichter. Sie setzte den Fuß auf den Gehsteig, ordnete den Wurf ihres Mantels aus rosa Crêpe und ließ den Kopf ihres Fuchses über die Schulter gleiten. Da wußte er es. Diese Frau mit dem Fuchs, die ihn bis in seine Träume verfolgt hatte, hätte Walter unter Tausenden wiedererkannt ...

Sie waren damals um die fünfzehn Jahre alt gewesen, Thomas Schoenberg und er. Anton, der Vater von Thomas, hatte seiner Gattin diesen Fuchs zu irgendeinem Anlaß geschenkt, und die beiden Knaben waren am selben Tag zur Zeit des Nachmittagskaffees bei den Schoenbergs eingetroffen. Im Wohnzimmer brach Thomas in Gelächter aus, als er seine Mutter mit der Pelzgarnitur erblickte. »Mutti hat ihren Fuchs den ganzen Tag anbehalten. Ich bin mir sicher, daß sie vor Hitze fast umkommt!« Sie lachte glücklich und begann, wie ein Mannequin auf und ab zu paradieren. Dann wandte sie sich ihrem Ehemann zu, drückte ihr Gesicht in das seidige Fell, und Walter beobachtete, wie Antons pausbäckiges Gesicht leicht errötete und in Verwirrung geriet, während er Frau und Pelz zugleich umschlang. »Nicht vor den Jungen«, flüsterte Elna, entzog sich ihm und läutete schnell nach dem Mädchen, das Kuchen und Kaffee auftragen sollte.

Kandierte Orangenschalen aromatisierten den Apfelstrudel der Schoenbergs, der mit Schlagsahne verzehrt wurde. Walter hatte sich damals eine solche Menge davon einverleibt, daß er zur großen Verärgerung seiner Mutter bis zum nächsten Morgen nichts mehr herunterbekommen konnte.

Thomas faszinierte Walter wegen seiner beiden verschiedenfarbigen Augen: eines grün, das andere braun. Die Knaben waren gute Kameraden geworden. Doch im Januar 1937 hatte Anton Schoenberg, den die antisemitischen Hetzparolen erbitterten, die jeden Morgen die Wände seiner Fabrik beschmierten, Wien von einem Tag auf den anderen verlassen. Sein Ziel war geheim geblieben. In der Stadt hatten manche sich nicht entblödet, ihn als Angsthasen zu beschimpfen.

Ein Angsthase, aber am Leben, dachte Walter mit zusammengebissenen Zähnen. Er schüttelte die Gedanken ab, faßte sich ein Herz, eilte durch die Tür des Cathay Hotel und rief:»Frau Schoenberg! Herr Schoenberg!«

Das Paar durchquerte das mit Spiegeln verkleidete Vestibül und schritt unbeirrt auf den Fahrstuhl zu, während Grooms und Liftboys unter tiefen Bücklingen Begrüßungen schnatterten. Keiner der beiden hörte seinen Ruf. Walter stürzte vorwärts, aber der chinesische Portier versperrte ihm den Durchgang.

»Frau Schoenberg!« versuchte er es nochmals.

Doch schon hatte der Aufzug Frau Schoenberg, ihren Fuchs und ihren Gatten verschlungen. Walter wollte ihnen folgen. Der Chinese bohrte ihm seine weiß behandschuhte Faust in den Bauch.

»*Friends of mine!*« protestierte er forsch, auch wenn das Wort»Freunde« in dem Fall ziemlich fehl am Platz war. Die Faust noch immer gegen Walters Rippen gestemmt, bellte der Chinese unverständliche Wörter und bedeutete ihm mit der freien Hand, er solle sich aus dem Staub machen, so wie man einen Hund davonscheucht, der um die Lammkeule herumschleicht. Walters Schläfen pochten. Er wollte sich schon mit Gewalt zur Wehr setzen, als ein anderes Paar in einer Parfumwolke dahersegelte und sich vor dem Fahrstuhl einfand. Der Mann trug einen elfenbeinfarbenen Schal über seinem dunklen Mantel; die Perlen der in Weiß gekleideten Frau erinnerten an Tautropfen auf einem Lilienblütenblatt. Walter ließ die Arme sinken und drehte sich auf dem Absatz um. Er hatte sich des Spiegelbilds entsonnen, das ihm die Schaufenster zugeworfen hatten – das Bild eines jungen Burschen, der in einem engen abgetragenen Mantel steckte, unter dem die Beine einer speckigen Hose hervorlugten, die ihm nun seit mehr als sechs Wochen auf der Haut klebte.

Schon hatten sich einige Chinesen vor der Tür zusammengeschart, die an ihren schütteren Kinnbärtchen zupften und den merkwürdigen Fremden mit ihren kleinen bohrenden Augen fixierten. Ungestüm teilte Walter die Menge, was schrilles Geschrei auslöste, und begann, von Zorn erfüllt, zu laufen, als ob er irgendwelche Verfolger abschütteln müßte. Dabei wunderte er sich nicht einmal über die Gasse, die sich vor ihm auftat wie einst das Rote Meer vor Moses. Er lief einfach weiter.

Schließlich bremste ihn eine stählerne Bogenbrücke, auf der ein britischer Wachtposten patrouillierte. Walter erkannte die Brücke sofort wieder, dieses von Sandsäcken und Stacheldraht eingegrenzte Niemandsland. Vierundzwanzig Stunden zuvor hatte er sie in dem Lastwagen überquert, der die Einwanderer ruckelnd durch dunkle, völlig überfüllte, von Schutt und Trümmern gesäumte Straßen in die Stadt gebracht hatte; sie waren dermaßen durchgerüttelt worden, daß einige Frauen die ganze Zeit entsetzt geschrien hatten, weil sie fürchteten, der Wagen könnte umkippen. Zu diesem Zeitpunkt glaubte Walter noch, die Fahrt ginge zu einem heimeligen Ort. Denn ein an Bord gekommener Vertreter des Aufnahmekomitees hatte ihnen mit einem breiten Lächeln, das das Plastikfleisch seiner Zahnprothese bloßlegte, auf Englisch erklärt:

»Von jetzt an sind Sie keine Deutschen oder Österreicher mehr, keine Tschechen oder Rumänen; von jetzt an sind Sie nur noch Juden. Die Juden der ganzen Welt haben Ihnen *Heime* eingerichtet.«

Und trotz der Formulierung, die ihn schmerzlich an jene erinnerte, die er im Lager Dachau so oft gehört und gehaßt hatte –»Vergeßt nie, daß ihr hier niemand mehr seid. Weder Ärzte noch Anwälte, weder Schneider noch was auch immer. Ihr seid nur Juden, und auf diesen Namen werdet ihr hören und antworten!« –, hatte Walter sich, wie die anderen Passagiere, von diesem einen Wort einlullen lassen.

»Hier benutzt jedermann das deutsche Wort«, hatte der Abgesandte mit verschwörerischer Miene hinzugefügt. Gab es etwas Schöneres und Behüteteres als ein *Heim*, ein Zuhause?

Lange fuhren sie durch dunkle Straßen und an Ruinen vorbei, bis der Lastwagen endlich vor einem ausgedehnten modernen Gebäude hielt. »Der Besitzer dieses Bürohauses ist ein reicher sephardischer Mäzen, der den Flüchtlingen den ersten Stock zur Verfügung gestellt hat«, erklärte der Beauftragte mit einer eigenartigen Mischung aus Feindseligkeit und Selbstgefälligkeit.

Gibt es da drin wohl eine Dusche? fragte sich Walter.

»Setzen Sie sich bitte vorsichtig hin«, empfahlen die Damen des Aufnahmekomitees. »Die Bänke sind nämlich neu und nicht sehr stabil.« Eine von ihnen überprüfte eine Liste und war plötzlich ganz aufgeregt. Während sie versuchte, Strähnen einzufangen, die sich aus ihrem Haarknoten gelöst hatten, rief sie den Betreuern zu, daß ein Bett fehlen werde. »Sind Sie sicher?« fragte der Arzt, ein ungefähr dreißigjähriger Mann mit Brille, besorgt. Er war mit dem Beauftragten des Komitees an Bord gekommen und hatte die Auswanderer noch schnell gegen Pocken geimpft, bevor sie an Land gegangen waren. »Ganz sicher!« erwiderte die Frau mit dem Dutt. »Wir haben nicht einmal mehr genügend Platz, um auch nur eine Matratze irgendwo unterzubringen.«

Der Arzt räusperte sich und rief: »Ein Freiwilliger vor, der woanders unterkommen möchte!«

»Hier!« brüllte Walter, der fest entschlossen war, diesem düsteren Ort zu entrinnen. Er hatte sich als einziger gemeldet und somit das Embankment Building in Begleitung des Arztes Horst Bergmann verlassen können. Seine Reisegefährten und Leidensgenossen befanden sich nunmehr auf der anderen Seite der Brücke, die diesseits von einem britischen Posten, dort aber von japanischen Soldaten bewacht wurde.

Mit einem Wimpernschlag verjagte Walter diese noch frischen Erinnerungen. Er wandte sich von der Brücke ab, bog scharf nach links, ging an einem Nebenfluß des Whangpoo entlang und blieb ein paar Meter weiter stehen. Während er schwitzend nach Atem rang, vernahm er dumpfes Gemurmel und schnupperte den Geruch von Suppe und Nudeln, der offenbar von den ekelerregenden Böschungen aufstieg. Er spähte forschend in die Dunkelheit, erahnte die dichte Masse der Sampans, auf denen bettelarmes Volk sein Dasein fristete, schattenhafte Gestalten, dicht zusammengedrängt in qualvoller Enge und Feuchtigkeit, inmitten von Schmutz und Unrat. Ein Kind wimmerte im Fieberwahn, wie ihn tödliche Krankheiten verursachen. Walter war gewarnt worden, daß der Fluß alle möglichen Kadaver mit sich führe, die er hier und da an die schlammigen Ufer spülte.

Shanghai, aus den Sümpfen und dem Schlamm aufgetauchte Stadt: Der von seinem Vater in der *Wiener Post* gelesene Satz

22

kam ihm wieder in den Sinn. Eine leise, aber beharrliche Stimme, die ihm schließlich im Kopf dröhnte wie ein Glokkengeläut. *Shanghai, aus den Sümpfen und dem Schlamm aufgetauchte Stadt, Shanghai, aus den Sümpfen und dem Schlamm aufgetauchte Stadt* ... Und aus diesem Morast war der Marmor, war das Gold zutage gekommen. Der Bund war ein aus dem Schlamm aufgetauchter Diamant. Walter steckte im Augenblick noch tief eingesunken in diesem Schlamm. Kaum daß sein Kopf herausragte, kaum daß er atmen konnte. Eines Tages jedoch, schwor er sich, würde er zum Diamanten werden. Und fürs erste wollte er sich dessen Härte zu eigen machen.

II

Mit dem Gefühl, eine andere Welt zu betreten, war er wieder in die beleuchteten Straßen zurückgekehrt und marschierte nun einfach drauflos. Statt sich durch die geschäftige, grau und blau gekleidete Menge zu drängen, folgte er lieber dem Rand des Gehsteigs. Diese Straßen der Internationalen Konzession und ihre roten, mit Firmenschildern überladenen Backsteingebäude erinnerten ihn trotz der chinesischen Schriftzeichen an gewisse Viertel Londons. *Merry Christmas, Happy New Year,* las er auf den meisten Schaufenstern.

Ein Rikschafahrer in zerrissenen Lumpen plagte sich seit einer ganzen Weile, ihm auf den Fersen zu bleiben. Zum wiederholten Male rief er ihn mit hoher Fistelstimme an, während er, breit und zahnlos lächelnd, sein Gefährt mit angewinkeltem Arm anpries: »*Kuli chop chop!*«[1]

[1] Sehr schneller Kuli!

23

Das mußte wohl Pidgin[1] sein.

»Gib dir keine Mühe, mein Alter!« rief Walter auf Deutsch. »Ich bin genauso abgebrannt wie du.«

Da der Mann aber weiter beharrte und ihm mit Gestik und Mimik begreiflich zu machen suchte, daß er Kinder zu ernähren hatte, probierte Walter es auf Englisch: »Ein andermal, wenn ich Geld habe!« Und einen vollen Bauch, dachte er bei sich, da ihn Hunger und Durst plagten.

Der Chinese ließ trotzdem den Mut nicht sinken, folgte ihm weiter und redete beharrlich auf ihn ein, bis sie sich einer Kreuzung näherten. Welche Straße mußte er nehmen, um in seine traurige Unterkunft zurückzugelangen? Walter erkannte keine wieder. Verunsichert von dem Treiben um ihn herum, blieb er stehen. Endlich machte er das Vordach eines Gebäudes aus, das er auf dem Hinweg bemerkt hatte, und seufzte erleichtert auf.

Die ganze Umgebung war von den Rufen der fliegenden Kleinhändler, der Verkäufer von Tee, dampfenden Krapfen oder Pasteten erfüllt. Chinesen drängten sich um diese ambulanten Garküchen und verspeisten, in der Hocke sitzend, die Schalen unters Kinn gehalten, genüßlich ihren Reis. Sie handhabten die Eßstäbchen mit einer ungeheuren Schnelligkeit und bekundeten ihre Zufriedenheit durch vernehmliches Rülpsen. Walter peinigten Hunger und Durst. Er warf einen raschen Blick auf seine Armbanduhr: erst sechs.

---

[1] Eine Mischsprache aus den gebräuchlichen Sprachen in den internationalen Städten des Fernen Ostens (oder Afrikas), bei der englische und portugiesische Begriffe mit stark reduzierter Grammatik und chinesischer (oder einer anderssprachigen) Syntax verwendet werden. Das Wort *pidgin* selbst geht aus einer chinesischen Entstellung des englischen Wortes *business* hervor.

Unweit des eben ausgemachten Vordachs bemerkte er plötzlich einen Europäer, der unruhig von einem Fuß auf den anderen trat, während er vor dem Imbiß einer jungen Chinesin wartete; er war mit einem Kohlenbecken und einer großen Pfanne ausgestattet, in der die junge Frau unentwegt ein Gemisch aus verschiedenen Zutaten umrührte. Fleischstücke? Gemüse? Außerdem hatte sie lange, gewundene Krapfen zum Ausbacken in Öl gegeben, die einen ranzigen Geruch verbreiteten.

Walter blieb neugierig etwas abseits stehen, weil er sehen wollte, was der Mann auswählen würde. Bereits auf dem Schiff wie auch später an Land war den Flüchtlingen wiederholt dringend eingeschärft worden, nur ja kein rohes Gemüse zu essen, das überwiegend auf einem mit menschlichem Dung fruchtbar gemachten Boden angebaut wurde, und keine der auf der Straße gegarten Eßwaren zu kaufen. Den Unvorsichtigen würden andernfalls die schlimmsten körperlichen Beschwerden drohen. Plötzlich spürte Walter, wie jemand nach einem seiner Hosenbeine griff, während er gleichzeitig den Rikschafahrer davonpreschen sah.

Zwei Bettler hatten sich an ihn geklammert. Und was für Bettler! Selbst in Dachau, wo jeden Tag Menschen an Angst, an Schmerzen, an Hunger und Durst gestorben waren, hatte es den Anblick solch verkrüppelter, verrenkter, skrofulöser und auf ihren Stümpfen kriechender Körper nicht gegeben.

»Laßt mich los!« brüllte er, von Mitleid, Entsetzen und Ekel gleichermaßen erfüllt, und schaute sich verzweifelt nach Hilfe um. Doch keiner der Passanten schien darauf zu achten, was ihm gerade widerfuhr. Der Bettler, der ihn festhielt, packte nur noch fester zu. Der zweite hatte sich aufgerichtet. Mit seiner gesunden Hand griff er nach Walters Arm und drückte ihn mit der Kraft eines Schraubstocks, während die andere, steif und deformiert, dem jungen Mann eine hölzerne Bettlerschale vor den Leib hielt.

»Laßt mich doch in Frieden!«

Walter wehrte die Bettler ab und schämte sich dabei seiner Kraft. Endlich konnte er sich aus der schmierigen Umklammerung losreißen und rannte weg, wobei ihn das Bild dieses ungleichen Kampfes quälte. Barmherzigkeit war eines der wenigen Gebote des Judentums, die die Familie noch achtete. Walter war ein ganz kleines Männlein gewesen, als seine Mutter ihm bereits beigebracht hatte, den Armen auf den Gehsteigen ein paar Münzen zu geben.

Erleichtert erkannte er jetzt einige auf dem Hinweg ausgemachte Trümmerhaufen wieder. Zur Rechten zeugten nur noch vom Feuer geschwärzte Außenmauern davon, daß hier eine Fabrik gestanden hatte. Von den Gebäuden zur Linken war lediglich eine Anhäufung rötlich versengter Backsteine geblieben. Die Bombardements von 1937, dachte Walter, während er sich verbittert des rein beruflichen Interesses entsann, das ihn damals die Etappen des japanisch-chinesischen Krieges verfolgen ließ.

Im August jenes Jahres hatte er gerade das Gymnasium abgeschlossen und war nun der jüngste Journalist der *Wiener Post*. Die Zukunft erschien ihm in leuchtenden Farben. Zwischen zwei Kraulrunden in dem großen, erst kürzlich eröffneten Schwimmbad von Wien sprach er mit Gustav, Liselotte und Magdalena über die japanische Invasion. Er war überzeugt, alles über die Gründe für die Niederlagen der Armee Tschiang Kai-scheks zu wissen.

»In Shanghai«, hatte Gustav verkündet, der soeben die *Neue Freie Presse* aufgeschlagen hatte, »haben chinesische Flugzeuge aus Versehen die eigene Zivilbevölkerung bombardiert!« Alle umringten ihn neugierig, um den Artikel zu lesen. Die langen Haare der Mädchen verhedderten sich über den Seiten. »Eine Wespe!« schrie Magdalena plötzlich und verschüttete mit einer ungestümen Bewegung klebrigen Fruchtsaft über die Zeitung, wodurch sie sie unleserlich machte. Sie hatten gelacht und waren wieder ins Wasser gesprungen. Glückliche Zeiten der Sorglosigkeit! Vielleicht hatten Gustav und Liselotte inzwischen geheiratet.

Endlich sah Walter aus den Schutthaufen das ehemalige kleine Bürogebäude auftauchen, in dem er die vorige Nacht verbracht hatte. Mußte er gegenüber Horst Bergmann, dem Arzt, der ihn hierher gebracht hatte, Dankbarkeit empfinden? Er wußte es wirklich noch nicht. Zehn deutschsprachige Männer unterschiedlichen Alters befanden sich bereits in dem Raum, als Horst am Vorabend die Tür aufstieß. »Ein Neuer!« hatte er verkündet.

Abgetragene Kleidungsstücke hingen müde von einer Wäschestange an der Decke. Aufeinandergestapelte Koffer dienten als Tische. »Und wo wirst du deinen Neuen da unterbringen?« näselte einer übellaunig. »Ihr könnt doch noch ein bißchen zusammenrücken, oder?« warf Horst mit herausforderndem Blick in die Runde. »Irgendwo habe ich zwei Matratzen auf einem Bett gesehen.« Walter erbte schließlich die überzählige Auflage; und zwischen der Wand und Horsts Bett eingeklemmt, schlief er dann trotz allem einigermaßen glücklich ein. Er hatte sich sein Nest hergerichtet wie eine Ratte. Er hatte Schlimmeres durchgestanden. Hier war er wenigstens frei.

Am nächsten Morgen hörte er im Halbschlaf das geschäftige Rumoren der aufstehenden Männer, und als er um die Mittagszeit erwachte, war der Raum leer gewesen. Horst hatte ihm einen in sehr dünne Scheiben geschnittenen Kanten Brot und eine Nachricht zurückgelassen, die besagte, daß er Walter gegen sieben Uhr abholen und ihn zu einem Heim mitnehmen werde, wo sie ein warmes Abendessen bekommen würden. Walter hatte sich auf einem kleinen Kocher im Gang etwas Wasser erhitzt –»Du darfst niemals nicht abgekochtes Wasser trinken, und es auch nicht zum Zähneputzen verwenden!« hatte ihm Horst eingeschärft – und war nach einer raschen Katzenwäsche an einem der beiden Becken zum Bund aufgebrochen.

Bis auf den Kanten Brot hatte er an diesem Tag nichts verzehrt, so daß er allmählich glaubte, der beißende Hunger fresse ihm ein Loch in den Magen. Wie lange würde er noch warten müssen, bis Horst kam und es etwas zu essen gab? Er blieb unter einer Straßenlaterne stehen, um abermals auf seine Armbanduhr zu schauen. Doch er mußte sich dem Augenschein beugen: Sein Handgelenk war leer.

III

Sie hatten ein schönes weißes Gebäude betreten, eine Komposition aus Winkeln und geschwungenen Linien, und standen nun, jeder mit einem Teller, einem Löffel und einem zerbeulten Blechbecher in der Hand, am Ende einer Schlange.

»Das hier ist die Synagoge Beth Aharon«, erklärte Horst. »Die der Sephardim. Der Creme der jüdischen Gemeinde von Shanghai. Ungefähr tausend Leute. Diese Familien sind in den Jahren um 1870 aus Indien und dem Irak eingewandert und haben mit Opium und Baumwolle ihre Schäfchen ins Trockene gebracht. Manche sind sagenhaft reich geworden. Wie zum Beispiel die Sassoons, Kadoories, Hardoons. Die Synagoge hier wurde von Silas Hardoon erbaut. Daß sie irgendwann als Speisesaal für arme verlauste

Schlucker dienen würde, hätte der sich gewiß nicht einmal im Traum gedacht!« Horst kicherte.»In nur einem Jahr sind eintausendfünfhundert Menschen aus Deutschland hier angekommen. Eintausendfünfhundert, stell dir das mal vor!«

Die Männer und Frauen hatten müde graue Gesichter, herabhängende Schultern, abgetragene Kleidung. Die Kinder klammerten sich ängstlich an ihre Eltern.

Vor Walter trat eine Dame, die ehemals mit Vorliebe Berliner Teesalons frequentiert hatte, ungeduldig auf der Stelle und hielt ihr armseliges Geschirr krampfhaft zwischen Glacéhandschuhen fest. Er kannte die Frau mit dem Turban aus plissiertem Filz von der *Conte Rosso* her, wo er sie unter den Passagieren der ersten Klasse gesehen hatte. Ihr Gefährte, der einen Mantel aus schwerem Tuch trug, hob sich auf die Zehenspitzen, um den Inhalt eines vorbeiwandernden Tellers zu prüfen, und fluchte prompt:

»Schon wieder diese widerliche Suppe! Die könnten doch wirklich etwas Abwechslung in ihren Speiseplan bringen!«

»Sie tun, was sie können, Gerhardt!« entgegnete die Frau müde.»Sei doch froh, daß du wenigstens diese Suppe hast!«

»Das bin ich auch! Wenn ich nämlich auf dich angewiesen wäre, um was zu essen zu bekommen, dann wäre ich schon lange vor Hunger gestorben.«

Horst, der aufmerksam zugehört hatte, warf Walter ein trauriges Lächeln zu. Hinter der hohen Stirn dieses schmächtigen Berliners, die sich stets in Falten legte, wenn er seine Brille zu den buschigen Augenbrauen hinaufschob, schienen sich die Gedanken zu überschlagen. Ein in höchstem Maße ernster Mensch, der nur selten lachte oder lächelte.

Ein waschechter Berliner! dachte Walter. Er erinnerte sich an die in Wien kursierenden Spötteleien über die Deutschen, die man als armselig, kaltschnäuzig und unverfroren, ja als Heuchler ansah. Ihrerseits kritisierten die Piefkes den Ästhetizismus, die Sorglosigkeit und Leichtlebigkeit der Österreicher um so gehässiger, als sie in geschäftlichen Dingen wie auch auf den Sportplätzen häufig um eine Nasenlänge von ihnen geschlagen wurden.

Immer noch ungefähr drei Meter bis zu den Suppenkesseln! Walter mußte gegen die Schwäche ankämpfen, die ihm die Beine wegzog. Der Hunger, die Müdigkeit. Sicher auch der Schock. Er betastete sein uhrloses Handgelenk.

»Bettler haben mir meine Uhr gestohlen«, grummelte er.

»War sie wertvoll?« erkundigte sich Horst besorgt.

Walter stellte sich breit auf die Füße und fixierte den Kessel: »Überhaupt nicht!«

Endlich erhielten sie ihre Suppe, drei beinahe durchsichtige Scheiben Brot und einen Apfel. Sie fanden zwei Plätze nebeneinander auf einer schmalen Bank vor einem langen, mit Flecken übersäten Tisch. Walters Nachbar, ein dicker Mann mit den starken Brillengläsern eines Kurzsichtigen, untersuchte eingehend ein Stück Brot, das er vor seiner Nase hin- und herbewegte.

»Gib acht auf die Maden«, warnte Horst und widmete sich derselben Übung. Er zerquetschte die Ausbeute seiner Jagd zwischen zwei Fingernägeln und warf sie auf den Boden. Walter verzog angeekelt das Gesicht.

»Wahrscheinlich habe ich heute morgen welche geschluckt.«

»Mach dir keine Gedanken, ich hatte dein Brot schon sauber geklaubt. Nicht berühmt, die Suppe, he?«

Horst schien sich beinahe zu entschuldigen.

»Sie hat wenigstens den Vorteil, einem den Appetit zu verderben. Wem darf man dafür danken?«

Horst deutete ein Lächeln an. »Den reichen Juden von Shanghai, von denen ich dir eben erzählt habe. Beim Eintreffen der ersten Flüchtlinge haben sie sofort Hilfskomitees gegründet. Sie beköstigen, beherbergen, finden Anstellungen, sie helfen den Leuten, kleine Unternehmen zu gründen, und versorgen Kranke in Nothospitälern wie dem, wo ich arbeite. Aber wie ich gehört habe, sollen ihre Kassen bald leer sein.«

Walter hörte ihm zerstreut zu, während er mit der rechten Hand immer wieder über sein linkes Handgelenk strich, was Horst nicht entging.

»Wer hatte dir diese Uhr geschenkt?«

»Mein Vater. Als die SS gekommen ist, um ihn zu verhaften. Sie haben ihn nach Dachau gebracht.«

Und da Horst ihn stumm und mitfühlend ansah, fuhr Walter fort, sein Herz, das schwer vor Trauer und Abscheu war, zu erleichtern.

Unmittelbar nach dem »Anschluß«[1] hatte Arthur Neumann vorausgesagt, daß sie das Schlimmste zu gewärtigen hätten, ohne sich indes ausmalen zu können, wie schlimm es dann tatsächlich werden sollte. In seinen Leitartikeln in der *Wiener Post* hatte er unermüdlich vor dem braunen Fieber gewarnt. Vielleicht hatte er sogar mit einer Inhaftierung gerechnet, dann aber auch mit humaner Behandlung und Achtung vor dem menschlichen Leben. Doch Arthur Neumann, der an Diabetes litt, war in Dachau gestorben, weil man ihm dort die Insulinspritzen verweigert hatte. Als Walter dies erfuhr, schrieb er einen Artikel voller Zorn und

---

[1] 11.–13. März 1938. Hitlers Truppen marschieren in Österreich ein und besetzen Wien.

Schmerz und brachte ihn dem Chefredakteur der *Wiener Post*. Dessen Gesicht lief bei der Lektüre puterrot an. »Ja glauben Sie denn, Sie wären hier in New York oder in Jerusalem? Für wen halten Sie mich eigentlich? Für einen Verrückten oder für einen Einfaltspinsel? Ich habe Besseres zu tun, als die verleumderischen Hervorbringungen eines Juden zu veröffentlichen, der es wagt, auf dem Reich herumzutrampeln. Sie haben Ihre Chance vertan, Walter! Trotz der erheblichen Pressionen von seiten Ihrer Kollegen habe ich Sie wegen Ihres Talents auf diesem Posten behalten. Sie danken es mir wirklich schlecht. Ab sofort haben Sie von diesem Hause nichts mehr zu erhoffen. Leben Sie wohl!« hatte er noch hinzugefügt, während er bereits auf die Tür wies.

Bei der Erinnerung an diese Tage verspürte Walter einen heftigen Stich in der Brust. Hunderte berühmter Gelehrter, die vom Vaterland für ihre wissenschaftliche Arbeit geehrt worden waren, wurden in den Selbstmord getrieben oder umgebracht. Rabbiner und Frauen wurden wahllos auf den Straßen aufgegriffen und zu demütigenden Tätigkeiten gezwungen. Richter, Rechtsanwälte und Ärzte, Angestellte, Beamte und Arbeiter verloren ihr Recht auf Arbeit. Ohne Broterwerb waren sie zum Hungern verdammt. Die jüdischen Fabriken und Handelshäuser wurden geschlossen oder geplündert. Tausende Israeliten festgenommen, aus ihren Wohnungen verjagt, ihrer Habe beraubt. Walter hatte unter all den Ereignissen ebenso stark gelitten wie unter der Unmöglichkeit, seine Leser davon in Kenntnis zu setzen.

Dann geschah, was kommen mußte, wenn man des Teufels spottet. Zwei Tage später wurde Walter – aufgrund einer Denunziation? – verhaftet und war im September in demselben Lager gelandet wie sein Vater.

»Doch du hast es am Tag nach der ›Kristallnacht‹ verlassen können«, schloß Horst sanft.

Walter stimmte kopfnickend zu und fuhr sich mit den Fingern durch seine langen blonden Strähnen.

»Kristallnacht«, schnaubte er bitter. »Ein so poetischer, so zauberischer Name, um eine Nacht der Verwüstung und des Gemetzels zu bezeichnen. Zweihundert Synagogen in Brand gesteckt, siebentausendfünfhundert Geschäfte zerstört, Tausende von Juden gedemütigt, geschlagen, eingesperrt! Und so was nennt man ›Kristallnacht‹! Allein bei dem Gedanken könnte ich mich übergeben.«

Er stieß seinen Teller zurück, um sich etwas Freiraum zu verschaffen. Die Bank wackelte, wie jedesmal, wenn sich ein Tischgenosse hinsetzte oder wieder ging. Kinderweinen übertönte das Stimmengetöse.

»Wie kommt es, daß du deine Haare behalten hast?« fragte Horst verwundert nach. »Ich dachte, sie würden alle Häftlinge bei der Ankunft sofort kahlscheren. Jemand auf der *Conte Biancamano* hat mir erzählt, daß man die Passagiere, die in Dachau waren, an ihren kahlen Schädeln erkennen könnte.«

Walter senkte die Lider und seufzte. Er verabscheute es, diese Erinnerungen heraufzubeschwören, wollte Horst aber nicht vor den Kopf stoßen.

»Reines Glück. Bei meiner Ankunft bin ich einem SSler aufgefallen, der ein leidenschaftlicher Musikfreund war. Er hat mich gemustert und mich dann gefragt, ob ich Klavier spielen könne. Sein Pianist hatte sich gerade Typhus eingefangen. Er hat dem Friseur befohlen, mir einen normalen Schnitt zu verpassen. Ich mußte jeden Abend zu ihm, in einem schwarzen Anzug, und so lange spielen, wie er es wünschte. Er hatte mir zu Beginn die Liste seiner Lieblingsstücke gegeben und hat nie ein einziges Wort mit mir gesprochen. Ich war ein Möbelstück. Ich diente ihm als Grammophon. Aber ich spielte ihm nicht gut genug, und so hat er mich gegen einen Berufspianisten ausgewechselt. Ein unglaublicher Massel! Sonst wäre ich immer noch dort.«

»Vor kurzem sind hier Leute eingetroffen, die aus ähnlichen Gründen aus Buchenwald freigelassen wurden«, sagte Horst vorsichtig. »Auch dort wollten die Nazis Platz schaffen für die Tausende von Menschen, die sie in der Kristallnacht verhaftet haben. Würdest du gerne mit ihnen zusammenkommen?«

Diesmal explodierte Walter: »Ich will nicht mal wissen, daß es sie gibt! Von dieser Vergangenheit will ich nichts mehr hören! Ich habe sie erlebt, das reicht schon. Ich habe keine Lust, das Ganze von neuem zu durchleben, nicht einmal in Gedanken.«

»Verzeih mir, ich wollte dir nicht wehtun. Im Gegenteil.«

»Ich weiß. Mach dir nichts draus.«

»Komm«, sagte Horst und stand auf. »Hier ist es zu laut. Laß uns am Schalter Schokolade kaufen.«

»Ich habe keinen Hunger mehr«, log Walter.

»Ich schenke sie dir.«

Walter zögerte nicht lange. »Das nächste Mal bin ich aber an der Reihe«, versprach er. »Du bist ein feiner Kerl, Horst.«

Die Schokolade baute ihn wieder auf. Eigenartigerweise war ihm plötzlich recht wohl zumute. Als ob der Diebstahl seiner Uhr ihn irgendwie belebt hätte. Wenigstens wird sie mich nicht mehr an die Vergangenheit erinnern, dachte er mit einer gewissen Freude. Seine Besitztümer beschränkten sich nun auf die Kleidung, die er am Leibe trug, und auf ein paar Gegenstände: einen Fotoapparat, einen Füllfederhalter und einige Partituren. Zu den zehn Reichsmark[1], die die Flüchtlinge hatten mitnehmen dürfen, war noch das auf der *Conte Rosso* verdiente Taschengeld hinzugekommen. Alles in allem der Gegenwert von ungefähr zehn US-Dollar, demnach etwas mehr als sechzig Shanghai-Dollar. Kurzum, eine Lappalie, die ihm aber die herrliche Freiheit beließ, sich seinen Wert selbst zu beweisen.

Draußen ging er, die Hände in den Taschen, mit federndem Schritt und dem wachsamen Blick einer Katze, die die Äste eines Baums beobachtet.

»Bist du nicht zufällig einem jungen Burschen namens Thomas Schoenberg begegnet?« fragte er unvermittelt. »Auch ein Österreicher.«

Horst schüttelte den Kopf.

»Wer ist das?«

»Ein ehemaliger Schulkamerad. Ein Pfiffikus, der überall zurechtkommt. Ich habe eben seine Eltern gesehen. Er dürfte also auch in Shanghai sein. Ich bin mir sicher, daß er mir helfen könnte, eine gute Arbeit zu ergattern. Ich muß schnellstens einen anderen Schlafplatz finden, Horst. Ich spüre, daß ich die Leute im Zimmer störe.«

»Wenn du die nicht störst, dann störst du andere. Alle Schlafsäle sind brechend voll, und es mußten sogar Matratzen auf das Podest der Synagoge gelegt werden. Momentan hast du nicht die Mittel, dir ein Zimmer zu mieten. Wir könnten ein Rattenloch im Distrikt Hongkew auftreiben, ohne fließendes Wasser, für ungefähr zehn Dollar im Monat, aber für ein Zimmer mit Waschgelegenheit muß man gut und gerne fünfzig hinlegen. Wenn die Sache so einfach wäre, hätte ich es schon getan.«

---

[1] Zehn Reichsmark der damaligen Zeit entsprechen ungefähr hundertfünfzig heutigen DM.

Walter schluckte den Anwurf wortlos, doch seine großen blauen Augen hatten sich zu schmalen Schlitzen verengt.

Dann riet Horst auch ihm, wie er es allen Passagieren der *Conte Rosso* bereits angeraten hatte, er solle so schnell wie möglich beim International Committee for European Refugees vorsprechen. Er zeigte sich sehr verwundert darüber, daß Walter nicht gleich in den ersten Morgenstunden dort vorgesprochen hatte, statt in den Tag hinein zu schlafen. Ein intelligenter Junge wie er, der noch dazu Englisch spreche, müsse doch mit Leichtigkeit eine Arbeit finden. Der Lohn wäre zwar gering, um die zwanzig Dollar, doch er könnte sich nützlich machen, seine Tage wären ausgefüllt, und er würde das unangenehme Gefühl los, als Almosenempfänger zu leben.

»Du hast mich nicht richtig verstanden, Horst. Ich brauch' Moneten, und zwar sehr schnell. Ich will in dieser modrigen, verrotteten Stadt keinen Schimmel ansetzen. Sobald ich kann, werde ich nach New York abdampfen und dort als Journalist Karriere machen. Ich habe keine Zeit zu verlieren mit wohltätigen Werken. Hast du gesehen, wie die Leute aussehen, die in der Beth Aharon Schlange stehen? Solche Jammergestalten, arme Würmer, geprügelte Hunde! Nein danke, ohne mich! Ich will leben oder krepieren, aber nicht dahinvegetieren.«

Horst schob seine Brille hoch. Sein Gesicht hatte sich verhärtet.

»Beruhige dich, Walter, du übertreibst. Du sollst doch nur mit etwas mehr Ordnung und Disziplin an die Sache rangehen, mehr verlangt man doch gar nicht von dir.«

»Hör auf!« schrie Walter. Er war jäh auf dem Gehsteig stehengeblieben und begann mit funkelnden Augen wild zu gestikulieren. »Ich hab' die Nase gestrichen voll von

Ordnung und Disziplin! Wenn du wie ich aus Dachau kämst, dann wüßtest du, wohin Ordnung und Disziplin führen!«

Zwei Chinesen hatten sich ihnen genähert und rückten Walter nun dicht auf die Pelle, um ihn genau zu betrachten. Einer der beiden prustete vor Lachen los, während der andere einfach nur fassungslos schien.

»Entschuldige«, stammelte Horst mit einer besänftigenden Geste. »Du bist jung und völlig allein hier. Ich habe geglaubt, ich könnte dir einen guten Rat geben. Komm, laß uns heimgehen.«

Einige Meter weiter fragte er: »Hast du noch nahe Verwandte?«

»Ja, meine Mutter und deren Eltern. Sie haben nicht mitkommen können. Meine Großeltern sind schon alt, und meine Mutter wollte sie nicht drängen. Am Tag nach der Kristallnacht bekam sie von der Gestapo einen kurzen Brief, in dem ihr mitgeteilt wurde, ich könnte freigelassen werden, wenn sie versprechen würde, daß ich Deutschland unverzüglich verlasse. Das ging zu schnell für die alten Leute. Und außerdem weiß ich nicht, ob meine Mutter vier Passagen nach Shanghai hätte bezahlen können. Ich bin mir damals meiner Lage nicht richtig bewußt gewesen. Ich hatte nicht begriffen, daß mir die ganze Welt verschlossen war. Als ich wieder zu Hause war, bin ich vor Zorn gleich explodiert. Ich wollte um keinen Preis nach China. Ich will als Journalist arbeiten, verstehst du? Das schulde ich meinem Vater. Und wie könnte ich als Journalist in China arbeiten? Ich hielt es für besser, nach Hamburg zu gehen und mich dort um ein Visum für die Vereinigten Staaten zu bemühen. Meine Mutter hat mir jedoch erklärt, ich müßte Deutschland unverzüglich verlassen, weil ich sonst wieder in Haft käme, und daß Shanghai der einzige

Ort auf der Welt sei, den man ohne Visum betreten könnte.«

Walter drückte seinen Hut fester auf den Kopf. Wie gern hätte er jetzt eine Zigarette geraucht! Er hatte sich das Rauchen zwar seit seiner Festnahme abgewöhnt, aber das Verlangen danach überkam ihn auch weiterhin.

»Stimmt«, bestätigte Horst. »Der einzige Ort auf der Welt. Ohne Visum und sogar ohne irgendwelche Papiere. Weißt du, daß die Japaner die wahren Herren der Stadt sind?«

Walter nickte. Er entsann sich noch genau, daß die *Wiener Post* im November 1937 über drei Spalten »Einnahme Shanghais durch die Japaner« getitelt hatte. Der Verfasser des Artikels erläuterte damals, die Söhne Nippons müßten dennoch die Neutralität der Französischen Konzession sowie die des International Settlement respektieren, jener Viertel also, die auch eine Anzahl geflohener Chinesen beherbergten. Wie eigenartig das Gedächtnis doch funktioniert, dachte Walter und war erstaunt, daß ihm die Einzelheiten eines vor einem Jahr gelesenen Artikels wieder einfielen. *Ein Großteil der Innenstadt liegt in Schutt und Asche. Die Straßen des gesamten Distrikts Hongkew sind nur noch Trümmer und die Gäßchen von Leichen übersät.*

»Die hiesigen Zollbeamten sehen einfach untätig zu, wie die Juden einreisen, die ansonsten überall in der Welt abgewiesen werden«, fügte Horst an.

Walter ahnte, daß auch er sich das Exil in Shanghai nicht ausgesucht hatte.

»Was verschafft uns denn eine solche Großzügigkeit von seiten der Japaner? Ergibt sich für sie dabei irgendein Vorteil?«

»Keiner. Die sind von den Ereignissen geradezu überrollt worden. Nach der Einnahme der Stadt haben sie das chinesische Paßamt geschlossen und es nicht geschafft, eine Ersatzstruktur aufzubauen.«

»Dann herrscht hier offenbar das reinste Tohuwabohu«, faßte Walter zusammen. »Und du bist froh, hier zu sein?«

»Ich bin froh, Deutschland verlassen zu haben, mehr nicht! Denn eigentlich wollte ich nach Brasilien gehen, wo eine Schwester meines Vaters lebt. Aber selbst in Brasilien hat man mich nicht haben wollen. Mein medizinisches Staatsexamen schien denen keine ausreichende Garantie zu sein. Hat deine Mutter vor, in Wien zu bleiben?«

Walter seufzte und versuchte, die qualvollen Gespräche zusammenzufassen, die während seiner kurzen Rückkehr nach Hause ständig geführt worden waren.

»Ich hoffe, sie wird mir in ein oder zwei Monaten mit meinen Großeltern nachkommen. Die Vorstellung, nach China zu gehen, hat sie alle erschreckt, verstehst du? So schnell so weit fort, in ein Land mit derart fremden Sitten! Unter Leute, die sich in einer unbekannten, abschreckenden Sprache verständigen! Nach Shanghai obendrein, das sie für die Welthauptstadt der Laster und Verbrechen halten! In ihrem Alter verläßt man sein Zuhause nicht so schnell von heute auf morgen. Sie hätten ihre ganze kleine Welt aufgeben müssen. Es wird sicher leichter für sie sein, wenn sie von mir ermutigende Nachrichten erhalten haben werden. Aber das beste wäre, wenn ich bald nach New York reisen könnte und wir dort wieder zusammenkommen würden.«

»Ich werde dir ein Blatt Briefpapier und einen Umschlag mitbringen«, versprach Horst. »Und Klebstoff. Die Luftfeuchtigkeit in diesem Land ist dermaßen hoch, daß das Papier sich wellt und die Gummierung nicht hält.«

Der scharfe und säuerliche, an Ziegenböcke erinnernde Geruch schlecht gewaschener Körper fiel Walter sogleich an, als sie in den Gemeinschaftsraum traten. Ihre nächtlichen Gefährten schliefen bereits. Einer von ihnen schnarchte wie eine alte keuchende Lokomotive. Die beiden jungen Männer legten sich schweigend in ihre Betten. Horst brauchte lange, bis er einschlief, weil ihn das quälende Gefühl nicht losließ, Walter durch ungeschickte Worte verletzt zu haben. Der noch sehr junge Österreicher rührte ihn mit seinem Mut, seinem Zartgefühl, dem scharfen Blick, den er auf die Welt richtete, der grimmigen Entschlossenheit, die ihn beseelte. Walter indes hatte den Streit bereits vergessen.

Eine weinerliche Stimme weckte ihn am nächsten Morgen. »Vorher wußte man schon nicht, wo man seine Sachen hinlegen sollte, aber das hier ist jetzt die Krönung! Man kommt nicht einmal mehr zwischen den Betten durch.«

Walter maß den untersetzten rotbackigen Mann, der eine lange Unterhose und ein zu weites Unterhemd trug. Die Falten an seinem Hals hingen wie die Wammen einer Kuh herunter, eine traurige Erinnerung an bessere Zeiten.

»Keine Sorge, ich werde sicher schon bald das Feld räumen! Dann werden Sie es hier wieder bequemer haben.« Er sprang in seine Kleider, wollte schon hinausgehen und die Tür hinter sich zuknallen, als Horst vom Waschbecken zurückkam. Der Arzt brachte ihm Tee und ein Stück des Brotkanten, den er jeden Abend aus dem Hospital, in dem er arbeitete, mitbrachte. Nach dem kargen Frühstück schlug er Walter vor, ihn auf der Querstange seines Fahrrads zum Sitz des International Committee zu bringen.

Die Nacht sträubte sich noch gegen den anbrechenden Tag, doch die Kulis liefen bereits mit ihren Rikschas oder ihren Handkarren umher, trotz der Kälte zumeist in Sandalen und Kleidung aus dünnem Baumwollzeug. Ein Chinese in zerschlissenen Lumpen stand neben einem Karren, der sich bereits unter einer unförmigen Last bog; er bückte sich, hob ein kleines Bündel Lappen vom Boden auf und warf es oben auf den Haufen.

»Ein Säugling«, sagte Horst. »Der Mann da verdient sich seinen Lebensunterhalt damit, daß er jeden Morgen die Leichen einsammelt. Die Chinesen sterben scharenweise an Hunger und Krankheiten. Hier in China haben seit jeher Hungersnöte gewütet, aber es scheint, daß es sich seit der japanischen Besetzung noch verschlimmert hat. Ich habe gehört, daß man innerhalb von nur sechs Monaten allein in den Straßen dreiunddreißigtausendsiebenhundert Leichen aufgefunden und verbrannt hat. Dreiunddreißigtausendsiebenhundert!«

Horst schüttelte verzweifelt den Kopf. Er begann vor Anstrengung zu keuchen und nach Luft zu ringen.

Nichts tun zu können, machte Walter zornig. Er wollte diese Shanghaier Säuglinge retten und nur zu gern eine annehmbare Unterkunft auftreiben, wo er seine nächtlichen Gefährten, besonders den Rotbackigen mit der langen Unterhose, königlich beherbergen könnte, und vor allem hätte er Horst gerne ein Taxi spendiert.

»Laß mich mal radeln«, befahl er in barschem Ton. »Ich bin schwerer als du.«

»Nein, es geht schon. Wir sind gleich da.«

»Nun komm schon, laß mich!«

Auf die Gefahr hin, sie aus dem Gleichgewicht zu bringen, sprang Walter ab.

»Du bist wohl vollkommen verrückt!« schrie Horst. »Wir hätten von einer Rikscha angefahren werden oder unter ein Auto geraten können!«

»Kommst du jetzt mit, ja oder nein?« fragte Walter nur,

nachdem er ihm das Rad bereits aus den Händen gerissen hatte.

»Erste Straße rechts«, knirschte Horst, während er sich auf die Stange hockte. »Und vergiß nicht, daß man hier links fährt! Gib also gut acht!«

»Du hältst mich wirklich für einen Nichtskönner!«

Horst war nicht viel schwerer als ein Mädchen. Er kauerte sich zur Lenkstange hin zusammen. Die Mädchen hingegen, dachte Walter dabei, hatten sich eher an seine Brust gelehnt. Er roch wieder den herbfrischen Duft von Annas Haar an jenem Tag, als die ganze Bande in ein Ausflugslokal in Grinzig tanzen gegangen war. Gerade mal drei Wochen waren seit seiner Trennung von Magdalena, Annas allzu kapriziöser Schwester, vergangen, und Walter war zwar voller Ungeduld, wollte jedoch anstandshalber noch ein wenig Zeit verstreichen lassen ... Er wußte, daß auch Anna wartete.

Was war inzwischen wohl aus Anna geworden?

Ein großer hagerer Mann mit Stirnglatze und engstehenden Augen über einer langen spitzen Nase war beim International Committee für Flüchtlinge zuständig. In seinem Büro, dessen Tür stets offen blieb, füllte er mit großer Sorgfalt jeweils eine Karteikarte pro Bittsteller aus. Ein Pappschild, das seinen Namen, Joseph Kramer, trug, war gut sichtbar gegenüber dem Stuhl plaziert, auf dem sich die Besucher niederließen. Walter trat ungeduldig von einem Fuß auf den anderen. Die Schlange hinter ihm wurde mit der Zeit immer länger. Als er dann an der Reihe war, erklärte Walter sofort, daß er bereit sei, hart zu arbeiten. Ganz egal was, ihm sei alles recht, sofern es ihm nur ermöglichte, sich bald ein eigenes Zimmer zu mieten. Liftboy, Kellner, Laufbursche, egal was.

»Nun ja, wissen Sie, junger Mann, das ist nämlich so«,

sagte Herr Kramer in überfreundlichem Ton, »wir haben hier ein gewisses Prestige zu wahren. Die Europäer können sich nicht die Blöße geben, untergeordnete Tätigkeiten auszuüben. Überlassen wir das getrost den Chinesen, zumal Sie doch ganz andere Trümpfe in der Hand haben. Sie sprechen Englisch, Sie können redigieren ...«

»Ich spreche auch ein wenig Französisch, und ich kann Griechisch und Latein lesen.«

»Bestens. Sie haben Glück, mein Junge! Ich kann Ihnen anbieten, Schriftführer des Komitees zu werden. Ein Journalist dürfte in der Lage sein, mit Takt und Gewissenhaftigkeit die Protokolle der häufig recht stürmischen Versammlungen zu führen, bei denen sich die unterschiedlichen Vertreter der jüdischen Gemeinden oft streitbar gegenüberstehen. Allerdings ist eine gute äußere Erscheinung unerläßlich. Wenn wir noch einen korrekten dunklen Anzug für Sie finden, sind Sie für diese Stellung perfekt. Was ein eigenes Zimmer angeht, so werden wir später weitersehen. In der Zwischenzeit erhalten Sie in einem Heim Kost und Logis. Die zwanzig Dollar im Monat werden Ihnen die Befriedigung einiger Extrawünsche ermöglichen.«

Walter wußte von vornherein, daß diese Arbeit ihn zu Tode langweilen und ihm früher oder später unerträglich werden würde. Doch der kleine Verdienst könnte ihm helfen, auf die Beine zu kommen. Er wollte gerade ohne große Begeisterung einwilligen, als jemand von der Tür aus rief: »Mir jedenfalls würde das sehr gut passen!«

Walter drehte sich um und erblickte seinen Hintermann in der Schlange, einen Kerl mit Wieselkopf, der auf seinen kurzen Beinen unruhig herumhampelte.

»Na, dann bitte!« sagte Walter mit einer Verbeugung. »Diese unbedeutende Aufgabe dürfte Ihnen tatsächlich wie maßgeschneidert passen, mein Lieber! Nicht schwierig, nicht anstrengend. Ein echter Glücksfall! Nutzen Sie ihn!«

Darauf grüßte er den völlig fassungslosen Joseph Kramer zum Abschied und ging, die *Ungarische Phantasie* pfeifend, davon.

IV

Wuterfüllt marschierte Walter einfach immer geradeaus, ohne den Blick zu heben. Mit einemmal aber erweckte ein langgestrecktes chinesisches Haus seine Aufmerksamkeit. Zwei emaillierte Löwen wachten vor dem Eingang. Der niedrige Bau erstreckte sich zwischen zwei stattlichen vierstöckigen Wohngebäuden in abendländischem Stil, deren rote Ziegeldächer hinter hohen Umfassungsmauern emporragten. Hier atmete und lebte man freier. Die Avenue war zwar wie anderswo auch von Automobilen, Fuhrwerken, Schiebekarren, Rikschas, Fahrrädern und einer wuselnden Menge verstopft, jedoch sehr breit und von zwei Baumreihen gesäumt. Platanen? Tatsächlich! An den kahlen Ästen hingen noch einige der runden behaarten Früchte.

»Avenue Joffre«, las Walter auf einem Schild. Demnach durchquerte er gerade das französische Viertel. Und wirklich trug der Polizeibeamte in seinem Schilderhäuschen ein Käppi, während bisher Japaner mit flacher Mütze oder aber Turban und britische Uniform tragende Sikhs die Straßen überwacht hatten. Allerdings unterhielten sich die beiden abendländischen Damen vor ihm – schöne, lebhafte und kokette Frauen – in einer singenden Sprache, die mit gestochenem Französisch kaum etwas gemein hatte.

»*Zamechatelno!*« rief eine von ihnen plötzlich mit leuchtenden Augen aus, ohne daß der Wortschwall ihrer Gefährtin jedoch darüber versiegte. »*Zamechatelno!*« Russisch! »Wunderbar! … Wunderbar!« hatte diese hübsche Frau freudig gerufen. Walter wiederholte sich das wohlklingende Wort aus reinem Vergnügen. Er liebte das Temperament, die Fröhlichkeit, die sprudelnde Phantasie der Russen. Ein paar Schritte weiter entdeckte er auf der Schaufensterscheibe einer Lebensmittelhandlung ein eigenartiges Potpourri aus russischen und chinesischen Aufschriften. Neugierig blieb er stehen. Der Krämer, ein besonders gelber und etwas schmächtiger Mensch, öffnete die Tür, um ihn in sein Geschäft zu locken. Jedesmal, wenn er sich verneigte, fegte sein dünner Kinnbart über das Oberteil seines vor Schmutz und Verschleiß glänzenden Moltongewandes. Aus dem Innern des Ladens strömte ein kräftiger Geruch von Borschtsch, den ein Gemisch unbekannter Gewürze noch verstärkte. Walter schlug die Einladung freundlich lächelnd aus und ging weiter.

Ihm war bekannt, daß Tausende von Russen nach der bolschewistischen Revolution von 1917 in China Zuflucht gefunden hatten. Hier hatte sich offenbar ihre Kolonie angesiedelt. Andere Hinweise bestätigten ihm seine Vermutung. Etwa eine auf Russisch verfaßte Bekanntmachung, gut sichtbar plaziert zwischen Bändern, Spitzen und anderen Besatzartikeln, die das Geschäft »A la Mode de Paris« in seiner Auslage zeigte. Ein Stück weiter kam Walter eine junge blonde Frau mit verträumten Augen entgegen, die einen Mantel mit rotem Karomuster trug, der ihren Körper umspielte. Auch sie war sicherlich Russin. Er begegnete ihrem Blick, und was er in ihm las, erfüllte ihn mit solcher Freude, daß er sich fest vornahm, das Viertel bei nächster Gelegenheit wieder aufzusuchen.

Unterdessen hatte der Borschtschgeruch jedoch seinen alten Feind wieder geweckt – den Hunger. Als Horst ihn an diesem Morgen verließ, hatte er Walter noch erklärt, das International Committee werde ihm bei dem Gespräch mitteilen, wo er kostenlose Mahlzeiten erhalten könne. Auch das hatte Walter also verpatzt. Pah! Er würde es schon verschmerzen. Er bereute nichts. »Pfe!« stieß er verächtlich aus bei der Erinnerung an Herrn Joseph Kramer, an seine Nase, so schmal und gebogen wie der Schnabel einer Kaffeekanne, an seine Packen ordentlich gestapelter Karteikärtchen, seine gespitzten Bleistifte und seine altbackenen Vorurteile. Nichts konnte seine Abneigung besser zum Ausdruck bringen als dieser jiddische Laut, einst bei der Köchin gelernt, die den Herd der Neumanns an die zwanzig Jahre lang beherrscht hatte. Die brave Rebekka benutzte ihn, wenn sie geronnene Milch und ranzige Sahne aufspürte oder wenn Arthur Neumann Schweinefleisch und Wurst nach Hause brachte, die er so leidenschaftlich gern aß, so sehr er es verabscheute, sich in den Geschäften bloßzustellen, um der Köchin den ihren religiösen Überzeugungen zuwiderlaufenden Besuch einer Metzgerei zu ersparen, die sich mit ganzen Ferkeln und anderem unreinen Schlachtvieh brüstete.

Wie fern das alles schon war! In einer anderen Welt! Walter atmete tief durch, um die Beklemmung, die ihn übermannte, zu verjagen. Und genau in diesem Augenblick drang ihm ein Duft aus seiner Kindheit in die Nase. Träumte er? Er schnupperte aufgeregt die Luft und entdeckte, daß der herrliche Duft nach Zimt aus einem Kellerloch kam, dem ein leichter Dunst entströmte. Tatsächlich gab es dort, an der Ecke der Avenue Joffre, ein Etablissement, dessen Ladenschild einer Verheißung gleichkam: *Wiener Café.*

Walters Herz begann heftig zu pochen. Mit zwei Sprüngen war er vor dem Fenster des kleinen österreichischen Café-Restaurants angelangt und glaubte, das Paradies zu erschauen. Vor ihm lagen Apfelstrudel, gefüllte Hörnchen, Biskuitrollen, Gugelhupfe, Sachertorten! Auf der Speisekarte standen seine Lieblingsgerichte. Er drückte seine Nase an der Glasscheibe platt und genoß das Schauspiel, das sich ihm darbot.

Als er dann noch einen Kellner vorbeigehen sah, der einen Teller mit zwei leckeren Wiener Würstchen, Brot und Senf vor sich hertrug, glaubte er, ohnmächtig zu werden. Während er sich mühsam dazu antrieb, weiterzugehen, da ein solcher Festschmaus seine Barschaft allzusehr reduzieren würde, sah sich Walter gleichzeitig bereits vor den dampfenden Würsten sitzen. Auf einmal hielt er es nicht mehr aus. Schließlich war er so arm, so mittellos, daß der Unterschied in seinem Geldbeutel sowieso nicht mehr ins Gewicht fiele.

Er ging hinein. Sofort bestürmten ihn Kaffeegerüche. Der Duft des Paradieses, dachte er. Er fand einen kleinen Caféhaustisch und ließ sich daran nieder. In der angenehmen Wärme entspannten sich seine durchgefrorenen Muskeln allmählich. Als er den Mantel ablegte, nahm er die geringschätzigen Blicke wahr, mit denen ein junges, gutgekleidetes Paar seinen verschossenen und abgewetzten Anzug musterte.

Der Kellner, der seine Bestellung aufnahm, war ein Europäer mit Berliner Zungenschlag. Ein übler Husten schüttelte diesen Mann mit Hühnerkopf, der die Dreißig noch nicht überschritten hatte. Es gelang ihm zwar, ihn solange in Zaum zu halten, wie sein Tablett noch beladen war; doch kaum hatte er die letzte Tasse abgestellt, hustete er wieder los und wankte davon.

»Scheußlich, so ein Husten!« meinte Walter mitfühlend, als der arme Teufel ihn endlich bediente. »Das ist, als ob man eine brennende Fackel verschluckt hätte. Ganz abgesehen davon, daß er einen ganz wackelig auf den Stelzen macht.«

»Ich schlepp' ihn jetzt schon drei Wochen mit mir rum. Der wird mich noch ins Grab bringen! Ein solches Drecksklima hab' ich noch nie erlebt! Da hätt' ich mir die Mühe sparen können, so weit übers Meer zu fahren, wenn ich hier doch nur krepiere!«

Von einem neuerlichen Hustenanfall geschüttelt, wandte sich der Kellner ab und ließ Walter im trauten Tête à Tête mit seinen Wiener Würstchen allein. Der Geschmack dieser Würste! Während er sein Essen sonst hastig in sich hineinschaufelte, schnitt Walter sich diesmal die Portionen so zurecht, daß das Aroma seinen Mund erfüllte, er aber zugleich möglichst lange davon zehren konnte, um sein Kapital nicht mit zwei Gabelvoll zu vernichten. Ganz dem Genuß hingegeben, hob er den Kopf erst wieder, nachdem er den Teller mit seinem letzten Brotstückchen abgewischt hatte.

Auf der Penduluhr war es kurz nach zwölf Uhr mittags. Der Speiseraum hatte sich inzwischen gefüllt. Der Wirt, ein großer und griesgrämiger Mann mit stark hervortretenden Augen, hatte sogar das Piano zur Seite geschoben, um noch ein paar Stühle an einen recht lebhaften Tisch zu stellen, an dem Russisch gesprochen wurde. Ein Engländer mit Monokel kam, hinkend und auf einen Stock mit Silberknauf gestützt, herein und setzte sich an seinen reservierten Tisch. An einem anderen verschlang ein europäisch gekleideter Chinese seine Zeitung und folgte den Kolonnen der Schriftzeichen derart flink, daß sein Gesicht ständig zu nicken schien.

Plötzlich stieg in Walter wieder der Zorn auf. Und ich bin nicht einmal in der Lage, auch nur ein einziges Wort dieser verfluchten Chinesenzeitung zu lesen! grübelte er. Wann würde er seinen Beruf wieder ausüben können? Er kam nur auf eine einzige Lösung: einen dicken Packen Moneten verdienen und schnellstmöglich eine Schiffspassage in die Vereinigten Staaten kaufen! Der Chinese tauschte seine Zeitung gegen eine andere – eine englische. Da erst bemerkte Walter, daß die Gäste verschiedene Zeitschriften in mehreren europäischen Sprachen lasen. Eine freudige Entdeckung, die jedoch nichts an seinem Wunsch, nach Amerika zu gehen, änderte. Sein Freund Thomas Schoenberg könnte ihm helfen, dessen war er sich sicher. Nur, wie sollte er ihn in einer Stadt von mehr als vier Millionen Einwohnern wiederfinden? Aber vielleicht frequentierte er ja dieses Caféhaus.

»Herr Ober, Herr Ober!«

»Mein Herr?«

»Kennen Sie zufällig einen gewissen Thomas Schoenberg? Er ist Österreicher.«

»Nein, kenn' ich nicht. Hier gibt es so viele Österreicher! Sie kommen in ganzen Schiffsladungen.«

Eine ausweichende und ein wenig unhöfliche Antwort, die Walter noch zorniger machte. Seine Stimmung wurde auch nicht besser, als drei Frauen hereinkamen, vergebens einen Tisch suchten und ihn der Eigentümer unverwandt fixierte, so daß Walter erkannte, daß er seinen Platz nicht länger besetzen konnte, ohne noch irgend etwas zu verzehren. Wütend rief er nach dem Ober, um die Rechnung zu verlangen, hörte sich dann aber laut und deutlich sagen: »Ein Stück Sachertorte und einen Kaffee, bitte!«

Er lachte innerlich vor lauter Freude, daß er sich nicht hatte einschüchtern lassen, und hatte schon im voraus den

Geschmack des zart schmelzenden Kuchens auf der Zunge. Doch nur der erste Bissen verschaffte ihm den verheißenen Hochgenuß. Verbitterung verdarb ihm den Rest.

Walter sah wieder vor seinem geistigen Auge, wie er sich sein Geld Münze für Münze auf der *Conte Rosso* verdient hatte: Während eines kurzen Halts in Port Said waren Mitglieder der dortigen jüdischen Gemeinde mit Erfrischungen, Süßigkeiten, Zigaretten, ein wenig Taschengeld und Kleidung an Bord gekommen. Walter hatte nichts von seinem Anteil angerührt. Statt dessen hatte er eine günstige Gelegenheit abgewartet und schon eine Woche später alles an Mannschaftsangehörige und einige vom Glück begünstigte Passagiere verkauft. Manchen war es gelungen, heimlich Geld und, so wurde gemunkelt, sogar Diamanten herauszuschmuggeln. Andere vermochten ihre Fähigkeiten einzusetzen: So konnte sich ein junger Friseur ein kleines Kapital erwerben, indem er den Matrosen die Haare schnitt. Walters Hände aber taugten nur dazu, über die Tasten eines Pianos zu tanzen. Der Kapitän hatte ihm jedoch nur erlaubt, zu seinem Vergnügen zu spielen. Immerhin trug dies zu seinem seelischen Wohlbefinden bei, weil die Musik die unbändige Wut besänftigte, die in ihm vibrierte wie ein Motor.

Und diese Wut überkam ihn nun erneut bei der Vorstellung, in dieser Gaststätte – und für eine bereits verzehrte Mahlzeit – den Ertrag derart vieler Berechnungen, Listen und Entbehrungen ausgeben zu müssen. Mit allen Sinnen versuchte er, die Atmosphäre des Wiener Cafés in sich aufzunehmen. Der Wirt hatte sich zu einem Mann mit breitem Rücken gesetzt, der türkische Zigaretten rauchte. Von dort hatte er alles fest im Blick, rollte seine Heuschreckenaugen ständig hin und her und registrierte die kleinste Bewegung im Speiseraum.

Währenddessen ging eine Frau mit freundlichem Gesicht, offenbar die Wirtin, von einem Tisch zum anderen und erkundigte sich nach den Wünschen der einen, dem Wohlbefinden der anderen. Mit leicht hinkendem Gang begab sie sich anschließend zur Küche, um die Bestellungen aufzugeben, und kehrte kurz darauf in den Speiseraum zurück, wobei sie sich mit einer Hand den Dutt richtete. Ihr Blick verharrte auf dem Kellner, der gerade zum Steinerweichen hustete. Ein ungeduldiger Gast verlangte zum wiederholten Male die Rechnung.

»Geh nur«, sagte sie. »Ich kümmere mich ums Kassieren.«

Der Kellner hakte den Ledergürtel mit der breiten Tasche auf, verstaute einen geräumigen Geldbeutel darin und reichte ihn der Frau. Sie legte ihn sich um die Taille.

Walters Wangen glühten wegen des Entschlusses, den er gerade gefaßt hatte, und sein Herz pochte wild, als die Frau auf ihn zukam. Sie beugte sich freundlich über ihn.

»Alles in Ordnung? Hat es geschmeckt?«

»Ja, köstlich.«

Rasch strich er mit den Fingern die Strähnen zurück, die ihm in die Stirn fielen.

»Wünschen Sie noch etwas?«

Er zögerte. Seine Lider flatterten aufgeregt, Schweiß trat ihm auf die Stirn. Endlich hob er den Blick zu ihr auf und brachte mühsam hervor: »Ich kann nicht bezahlen.«

»Und das sagen Sie einfach so?«

Sie hatte sich aufgerichtet und musterte ihn erzürnt, die Hände in die Hüften gestemmt.

»Es tut mir leid«, sagte Walter, »es tut mir furchtbar leid, aber so ist es nun einmal.«

Die Furcht schnürte ihm den Magen zusammen. Trotzdem flüsterte eine innere Stimme, er solle nur durchhalten.

»Franz!« rief die Frau. »Komm mal her!«

Walter erhob sich, auf alles gefaßt, während er schon nach seinem über der Stuhllehne hängenden Mantel griff. Der Wirt kam stirnrunzelnd herbei.

»Was ist los?«

Er hatte mit leiser Stimme gesprochen, offensichtlich darum bemüht, daß den anderen Gästen das Gespräch nicht zu Ohren kam.

»Ich kann nicht bezahlen«, wiederholte Walter. »Aber ich will gerne dafür arbeiten. Ich werde alles tun, was Sie von mir verlangen.«

»Und du glaubst, daß sich die Sache so einfach erledigen läßt? Nein, so geht das nicht! Die Polizei muß das regeln. Ja, ich werde die Polizei rufen! Und das ist der beste Dienst, den man Zechprellern deiner Sorte erweisen kann!« Vor Wut spuckte er beim Sprechen. »Auf die Weise kommst du dann zu deiner freien Kost, darum geht es dir doch. Das hier ist nämlich kein *Heim*, sondern ein Restaurant! In Zukunft wird dir der Unterschied klar sein!«

Er wandte sich zum Telefon. Walter packte ihn am Arm. »Bitte nicht! Ich bin gestern erst in Shanghai eingetroffen. Ich komme gerade aus einem Konzentrationslager. Dachau, sagt Ihnen der Name etwas? Geben Sie mir doch noch eine Chance! Ich will wirklich alles tun, um Sie zu entschädigen. Kohlen schleppen zum Beispiel, ganz egal, was Sie von mir verlangen. Und ich verspreche, Ihnen das Geld zurückzuzahlen, sobald ich Arbeit gefunden habe.«

Ein hohl klingender Hustenanfall übertönte das Stimmengewirr.

»Gib ihm halt seine Chance, Franz!« meinte die Frau nun friedfertig. »Er kann Fengyong an der Spüle ersetzen, und Fengyong geht uns im Speiseraum zur Hand. Kurt hustet immer stärker. Er wird uns noch zusammenklappen.«

Walter und Fengyong trafen in der engen, vollgestellten Küche vor den Spülbecken mit schmierigem Wasser aufeinander. Der Junge mit dem blassen Teint und den schmalen Gelenken war derart zart, daß er für ein Mädchen hätte durchgehen können. Er band seine Schürze auf und reichte sie Walter am ausgestreckten Arm, so wie man eine Fakkel weitergibt.

V

Nicht ein Muskel in Chen Fengyongs Gesicht hatte gezuckt, als er hörte, wie die »Missee« ihn in Pidgin anwies, sich rasch die Hände abzuwischen und ihnen beim Servieren zu helfen. Und dennoch durchströmte ihn eine grimmige Freude. Er genoß den so lange ersehnten Augenblick.

Fengyong hatte mit zwölf Jahren auf dem Markt als Verkäufer von heißem Wasser angefangen. Der Besitzer des Ladens vertraute Kindern für gewöhnlich nur das kalte, also weniger kostbare Wasser an. Da er jedoch Fengyongs Geschick erkannte, hängte er dem Jungen schon bald zwei gedeckelte Holzeimer voll heißen Wassers an das Tragjoch. Fengyong lief dann barfuß umher und füllte die Thermoskannen der Markthändler, die Krabben, silbrige Aale, Ananas oder Zuckerrohr verkauften, Soßen, Sojamilch, hundertjährige Eier, Melonen oder Wasserkastanien und an ihren langen Hälsen aufgehängte geräucherte Enten.

Abends brachte er ein paar kleine Kupfermünzen mit nach Hause, stolz wie ein Drache, daß er sich seine Schale Reis selbst verdient hatte. Und glücklich vor allem, seiner ältesten Schwester Feng-si nicht zur Last zu fallen, die seit dem Unglück des alten Chen, des Vaters, ihren Körper den fremden Teufeln verkaufte. Die Mutter war verbraucht.

Die sechs anderen kleinen Geschwister konnten nur die Schnäbel aufsperren und wie kleine Vögel nach Futter schreien. Der letzte von ihnen konnte noch nicht einmal laufen und schlief in seinem Nest aus alten wattierten Kleidern.

Der Vater, der mittlerweile den lieben langen Tag auf seiner Matte ausgestreckt dalag, käute nur schweigend seine Erinnerungen wieder. Erinnerungen aus der Zeit, als er der schnellste Kuli Shanghais gewesen war. Als die fremden Herren sich um seine Rikscha stritten. Als der Unternehmer, der sie ihm verpachtet hatte, derart zufrieden mit seinen Einnahmen war, daß er ihm die modernste Rikscha mit einer hübschen Bespannung aus gestreiftem Tuch zugestand. Eines Tages jedoch war er während einer Fahrt plötzlich ohnmächtig zusammengebrochen, und seither wollten ihn seine Beine nicht mehr tragen.

Feng-si, die Schöne mit dem Prinzessinnengesicht und den Elfenbeinhänden, war damals fünfzehn Jahre alt gewesen. Von dem Geld, das ihre Jungfräulichkeit einbrachte, waren die Medikamente des Vaters bezahlt worden. Die Freude war aus ihren Augen gewichen, Augen so sanft wie die Blütenblätter von Stiefmütterchen. Wenn ihre kleinen Geschwister nachts vor Hunger weinten, ging sie auf die Straße. Fengyong, der zu Bildung gelangen wollte, der zu kalligraphieren gelernt hatte, wurde Wasserträger. Und sank erst spät nachts für wenige Stunden auf seine Matte.

Zwei Jahre waren auf diese Weise vergangen. Der reglos daliegende Vater rauchte ohne Unterlaß. Die Mutter mit ihrem zerfurchten Gesicht schrumpfte zusehends. Fengyongs Muskeln traten unter der Haut hervor. Und Feng-sis seidene Kleider, die an einer Bambusstange hingen, schillerten grausam mit vielen Reflexen.

Eines Tages verließ Fengyong den Markt früher als üblich. Es war ein sehr kalter Tag im vergangenen Jahr. Er hatte gut verkauft. Er konnte nicht mehr. Mit blau verfrorenen Händen kam er nach Hause zurück, um nun selbst etwas heißes Wasser zu trinken, und traf dort, was ganz außergewöhnlich war, Feng-si an, die gerade Tee servierte. Fengyongs Überraschung erreichte jedoch ihren Höhepunkt, ais er entdeckte, daß der Gast eine Ausländerin war. Dies war das erste Mal, daß er eine von diesen Fremden aus nächster Nähe sah. Sie erschien ihm abscheulich mit ihren roten Haaren, der langen Nase, den Augen wie aus Porzellan, ihrer Haut, die heller war als Reis. Er fand sie schlecht erzogen – sie hatte es gewagt, einen Blick auf den unter den Tisch gefegten Kehricht zu werfen.

Ein eigenartiger Tag, wahrhaftig. Fengyong erfuhr, daß seine Mutter am selben Morgen derart heftige Bauchschmerzen bekommen hatte, daß sie sich nicht mehr rühren konnte. Da der Schmerz nicht vergehen wollte, hatte sie den ältesten der Kleinen losgeschickt, um eine Rikscha zu holen und sich ins Krankenhaus bringen lassen. Das alles hatte Feng-si noch nicht gewußt, als sie, schier außer sich vor Dankbarkeit, die »Missee« eingeladen hatte, ihr die unschätzbare Ehre zu erweisen und sie auf eine Tasse Tee in ihr elendes Heim zu begleiten.

Wie Feng-si und Frau Bauer Bekanntschaft geschlossen hatten, sollte Fengyong erst später erfahren. In ihrem Unglück war Feng-si nämlich zugleich ein außerordentliches Glück zuteil geworden. Ihre »Adoptivmutter«, jene reiche und alternde ehemalige Prostituierte, die die junge Frau gekauft hatte und ihre Reize feilbot, hatte nach und nach alle anderen Einnahmequellen abgetreten und nur noch Feng-si behalten: Fengyongs Schwester diente ihr nun sowohl als Broterwerb wie auch als Gesellschafterin. Da die »Mutter« naschhaft wie eine Katze war, entdeckte sie nach der Eröffnung des Wiener Cafés in der Nähe ihres Hauses die Wiener Leckereien und die Schlagsahne.

Mit der Zeit nahm sie dann die sonderbare Gewohnheit an, ihre süßen Begierden dort zu befriedigen und in diesem vorwiegend von Junggesellen frequentierten Lokal gleichzeitig die Reize der jungen Chinesin zur Schau zu stellen, die so zart war wie ein Schilfrohr, so herrlich wie blühender Lotos.

Eines Tages setzte sich Klara Bauer in der Trambahn zufällig zu Feng-si, die ausnahmsweise nicht in Begleitung ihrer »Mutter« war, und sprach sie an. Verlegen senkte die Chinesin ihre traurigen Augen. Da Klara jedoch weiter in sie drang, antwortete sie endlich in Pidgin:

»Du darfst nicht mit mir reden, Missee. Ich schlechtes Mädchen.«

Spöttisches Grinsen verzog die Gesichter der Chinesen in ihrer Nähe.

»Ich weiß, Feng-si. Ich würde trotzdem gerne mit dir reden.«

»Nicht hier, Missee.«

Nach kurzem Zögern lud sie Klara ein, zum Tee in ihr jämmerliches Zuhause zu kommen. Die Österreicherin willigte ein, weil sie neugierig auf Menschen war, die ihre Tochter verkauft hatten. Auf dem Weg dorthin erzählte Feng-si ihr das Unglück des Kulis.

In dem chinesischen Gäßchen in der Nähe des Hafens angelangt, blieben sie vor dem baufälligen Haus stehen, und Feng-si ging zunächst allein hinein, um ihre Eltern über den bevorstehenden Besuch zu unterrichten. Da erst erfuhr sie von dem bettlägerigen Vater, daß ihre Mutter schwer erkrankt sei und noch immer nicht aus dem Krankenhaus zurückgekehrt war. Als sie dann das schmutzige Geschirr entdeckte, das sich in den Waschschüsseln stapelte, und die Kleinen, die in ihrem eigenen Kot hockten, glaubte Feng-si, vor Scham ohnmächtig zu werden. Doch sie konnte die »Missee« nicht länger draußen auf der Straße warten lassen.

Rasch hatte sie die Kinder gewaschen, den größten von ihnen heißes Wasser kaufen geschickt, Staub und Kehricht unter den Tisch gefegt und Klara Bauer schließlich gebeten einzutreten. Sie hatte kaum den hellen und dampfenden Tee eingeschenkt, als Fengyong blau vor Kälte und von dem einzigen Wunsch erfüllt, seinen schmerzenden Körper zu wärmen, aufgetaucht war. »Das Geschirr!« hatte Feng-si ihn angefleht. »Wasch schnell das Geschirr ab!«

Er hatte sich zu den Schüsseln geschlichen, und während er die Töpfe und Pfannen schnell, gründlich und leise scheuerte, spürte er den Blick der fremden Frau auf seinem Rücken. Er wußte noch nicht, daß er mit diesen Gesten sein weiteres Geschick entschied. Die gute Nachricht kam am folgenden Tag. Feng-si teilte ihm mit, daß Herr Bauer, der Besitzer des Wiener Cafés, ihn einstellen wolle als Ersatz für seinen bisherigen Tellerwäscher, der Opiumkauer war und dauernd Blut spuckte, so daß Herr Bauer befürchtete, ihn bald unter dem Spülbecken zusammengebrochen aufzufinden.

Was aus dem armen Mann werden würde, konnte Fengyong sich denken, und so schwor er sich, niemals der Droge zu verfallen. Bald war er in der Küche angenommen und eignete sich rasch das Pidgin an, da die Fremden anscheinend außerstande waren, Chinesisch zu lernen.

Wenn er das saubere Geschirr wegräumte, konnte Fengyong einen kurzen Blick in den Speiseraum des Cafés werfen. Als er dort erstmals nach europäischer Sitte gekleidete Chinesen sah, die Zigaretten rauchten und sich lebhaft mit den Fremden unterhielten, war Fengyong sogleich

fest entschlossen, einer von ihnen zu werden. Er begriff
aber, daß er dafür zunächst Englisch und Deutsch, vielleicht auch Russisch und Französisch lernen mußte, und
beneidete Kurt, den Berliner Kellner, der während der Arbeit mit den Gästen plaudern konnte.

Nun trat der so lange ersehnte Augenblick endlich ein.
Eilig nahm Fengyong seine Schürze ab, griff nach der
weißen Jacke, die seine abgetragenen Sachen verbergen
würde, und legte sie feierlich an wie ein Priestergewand.
Sie war ihm zu groß. Sorgfältig schlug er die Ärmelsäume
um.

VI

Der Türgriff gab eine ganze Folge quietschender Geräusche
von sich. Horst schlief noch nicht, knipste seine Taschen-
lampe an und setzte die Brille auf. Mit den Schuhen in der
Hand kam Walter auf Zehenspitzen herein.

»Ah, da bist ja doch noch!« flüsterte Horst. »Ich habe
mir schon ernste Sorgen gemacht.«

»Hier, für deine Mühe!« erwiderte Walter und stellte
eine prall gefüllte Papiertüte auf Horsts Bett. »Echtes Wiener Gebäck!«

»Woher hast du das?«

»Ruhe!« schrie jemand. »Wißt ihr eigentlich, wie spät es
ist?«

»Ja, es ist fast zwei Uhr morgens«, rief Walter. »Ist das
jetzt zu früh oder zu spät? Steht irgendwo geschrieben,
wann man Makronen und Sandkuchen essen darf und
wann nicht?«

Das Licht ging an. Graue Gesichter mit geröteten Augen
kamen unter den Decken hervor.

»Die werden in zwei Stunden futsch sein«, meinte Ernst. Dieser ehemalige Mathematikprofessor der Universität Stuttgart, der jetzt Sekretär des Schatzmeisters eines Hilfskomitees war, mußte stets alle Informationen quantifizieren.

»In dieser Stadt verfault alles«, jammerte Heinrich, der Rotbackige mit der langen Unterhose.

»Wenn die Ratten es zulassen«, warf sein Nachbar ein. Alle schielten auf die Tüte mit dem Gebäck.

»Es ist schon ganz zerdrückt«, bedauerte Walter. »Hier, teilt es euch!«

Die Wundertüte ging von Hand zu Hand, und bald erfüllte das Geräusch andächtigen Kauens den Raum. Walter sah ihnen glücklich zu. Er fuhr sich mit der Hand durchs Haar und mußte laut lachen, als er die Spange herauszog, die Frau Bauer ihm geliehen hatte, um die Strähnen zurückzuhalten, die ihm dauernd in die Augen fielen.

»Na?« fragte Horst nach. »Hast du was erreicht?«

Walter erzählte ihm von seinem Tag im Wiener Café: Erst das köstliche Essen, dann das Spülbecken mit Stapeln von Tellern, Tassen, Gläsern und Untertassen, die er abwusch, während hinter ihm die chinesischen Feinbäcker und Hilfsköche ihrer Arbeit nachgingen. Doch die Beschreibung ihrer stillen und eifrigen Tätigkeit, ihres leisen Hinundhers auf Filzsohlen, ihres plötzlichen Gelächters schien Horst kaum zu interessieren. Seine zusammengekniffenen Lippen öffneten sich erst, als er fragte:

»Hast du etwa bis jetzt für dein Mittagessen arbeiten müssen?«

»Nein. So gegen fünf war ich mit einemmal ziemlich erschlagen. Mir wurde ganz schummrig vor den Augen.«

Wortlos hatte der Wirt ihm ein schlecht gespültes Messer zurückgebracht.

»Dieser junge Mann hat es sich redlich verdient, sich ein paar Minuten auszuruhen«, bemerkte Frau Bauer daraufhin. Sie schob ihm einen Stuhl zu, brachte Walter ein Brötchen – das schnell verschlungen war – und eine Tasse heißen Kaffees. Walter dankte ihr mit einem Augenzwinkern, einem Lächeln. »Wie wär's, wenn Sie für ein Abendessen weiterarbeiten würden?« hatte sie ihm vorgeschlagen. Er war sofort wieder auf die Füße gesprungen.

Mit gesenkten Augen putzte Horst methodisch seine Brillengläser an seinem Hemd.

»Bei der Wahl zwischen dem widerlichen Fraß des Heims und den Knödeln des Wiener Cafés hätte sich jeder Dummkopf genauso entschieden«, gab Walter zu bedenken.

»Ich nicht!« erwiderte Horst barsch. Er setzte die Brille wieder auf. Hinter den Gläsern funkelten seine Augen zornig.

»Das ist eine Arbeit für Chinesen!« platzte es aus ihm heraus. »Nicht nur, daß das Ansehen eines Weißen sinkt, wenn er sich solchen niederen Arbeiten hingibt, er nimmt den Gelben auch noch den Broterwerb weg.«

»Du meinst wohl Reiserwerb!«

»Du bist nicht komisch, Walter! Ich rackere mich ab, um etwas Anständiges für dich zu finden, damit du so gut wie möglich auf die Beine kommst, und du ...«

»Danke, Walter«, rief Ernst. »Das hat mir richtig gut geschmeckt! Unter solchen Umständen darfst du mich ruhig jede Nacht wecken! Schlaf gut!«

»Bis morgen!« sagte Horst schroff und drehte sich auf die Seite.

Die anderen antworteten im Chor, dann erlosch das Licht.

Walters Gedanken gingen in die Küche zurück, in der er

fast zehn Stunden zugebracht hatte, und er erinnerte sich an die angenehme Wärme der Herde und Öfen, die er nach dem Abendessen hatte verlassen müssen, um in die feuchte Kälte zurückzukehren. »Viel Glück in Shanghai!« hatte Frau Bauer noch gesagt, als sie ihm die Tüte mit Gebäck reichte.

Er hatte auf ein paar Worte mehr gehofft und vielleicht auf eine Aufforderung, wieder ins Wiener Café zu kommen, doch sie war einfach gegangen.

Schade! Wirklich schade! dachte Walter etwas enttäuscht. Seine Lider wurden schwerer, doch er widersetzte sich dem Schlaf, denn er hatte das Gefühl, er müsse dagegen ankämpfen. Mit einem Ruck setzte er sich auf der Matratze auf. Was hatte er mit Frau Bauers Haarklammer gemacht? Die Haarklammer, Herrgott noch mal! Wo hatte er die nur gelassen? Fieberhaft tastete er nach seinen Kleidern, kramte in den Taschen, fand die Spange endlich in seiner Westentasche und steckte sie so sorgfältig, wie er es mit einem Goldstück getan hätte, in das sicherste Fach seiner Brieftasche. Dann dachte er noch, daß der folgende Tag ja das Jahr 1938, dieses Unglücksjahr, beenden würde und schlief ein.

VII

Diese Spange ist wirklich ein guter Talisman! dachte Walter drei Tage später. Er überwachte gerade die Arbeit des chinesischen Boys, der noch rasch den Boden fegte, mit einem Lappen über die Tische wischte und die Stühle zurechtstellte. Ein paar Stammgäste hatten an diesem Morgen bereits das Wiener Café betreten: Ein Russe mit breiten Koteletten, ein wie ein Schrank gebauter Nachtwächter, der sein Glas heißen Tee schlürfte, bevor er schlafen ging, und Mister Bradford, der Engländer mit dem steifen Bein, dem Monokel und dem Gehstock mit silbernem Knauf. Sie setzten sich stets an zwei benachbarte Tische, ohne sich je zu grüßen. Der Haß des einen kam der Verachtung des anderen gleich, und in beider Augen stand die gleiche Geringschätzung, wenn die blonde amerikanische Journalistin mit Mister Pooh, ihrem kleinen Affen, einem Gibbon, auftauchte, den sie im besten Kinderbekleidungsgeschäft der Avenue Joffre ausstaffierte. Sie veröffentlichte unter dem Namen Emily Stone schmeichelhaft Portraits von Persönlichkeiten aus der High-Society von Shanghai.

Walter liebte es, sich mit den Ellbogen auf den Deckel des Pianos zu lehnen und durch das große Fenster die Kreuzung zu beobachten, das bunte Durcheinander der waghalsigen hageren Kulis, die nur mit der eigenen Stimme oder der Klingel ihres Gefährts den Hörnern und Hupen der Automobilisten antworteten. Gleichzeitig lauschte er aufmerksam auf die Geräusche im Restaurant. In der Küche bereiteten die Boys den Apfelstrudel zu. Dabei wechselten sie Worte, die in abendländischen Ohren wie Gebell klangen, und redeten so laut, daß man sie im ganzen Speiseraum hören konnte. Sie schälten die Äpfel mit verblüffender Geschwindigkeit und schnitten sie in dünnere Scheiben, als es der hervorragenden Rebekka je gelungen war. Über den Tag verteilt buken sie mehrere Ofenvoll, da die Gäste den Strudel am liebsten warm mochten, vor allem die japanischen Offiziere, nachdem sie erst einmal auf den Geschmack gekommen waren.

Die Lieferantentür zur Küche wurde geöffnet. Franz Bauer, der Café-Besitzer, kehrte mit seinen täglichen Einkäufen an Fleisch, Eiern, Sojamilch, Obst und Gemüse vom Markt zurück. Wie schaffte er es nur, sich den Eingeborenen gegenüber verständlich zu machen, obwohl er nicht ein einziges Wort Chinesisch konnte und kaum ein wenig Englisch radebrechte? Ein Rätsel.

Der Wind wehte in den Speiseraum und blies eisig in Walters Nacken, so daß er erschauerte. Klara Bauer, die Wirtin, erteilte rasch ihre Anweisungen für das Einräumen, und endlich schloß sich die Tür zur Küche wieder. Trotzdem zog die kühle Luft weiter durch die Räume. Der Russe rückte seinen Stuhl näher an den Kachelofen und schlug den Kragen seines Mantels hoch. Durch eben diese kleine Lieferantentür hatte Walter die Gaststätte erneut betreten. Am Tag nach seinem ersten Besuch im Wiener Café war er, mit pochenden Schläfen und Frau Bauers Haarspange in seiner Manteltasche umklammernd, eine Zeitlang auf der Straße auf und ab geschlichen und hatte sich gefragt, ob er besser in den Speiseraum gehen oder an der Lieferantentür vorstellig werden sollte. Bis Fengyong plötzlich mit zerzaustem Haarbüschel wie durch Zauberei auf der Schwelle erschienen war und ihm zögernd gewunken hatte näherzukommen. Durch zwei weitere Zeichen hatte er dem jungen Mann dann erklärt, daß der, der immer hustete, sehr geschwächt sei.

Kurz danach stand Walter erneut am Spülstein, die Haare wieder brav mit Frau Bauers Spange festgesteckt. Das grimmige Aufblitzen, das unter Fengyongs Lidern hervorkam, während sich der Junge die weiße Jacke überstreifte, verblüffte Walter nachhaltig.

Fengyong spukte ständig eine Legende aus der Zeit, als China noch unter Feudalherrschaft stand, im Kopf herum: Ein Mann wollte seiner Familie eine hochrangige Stellung verschaffen und hatte dafür Pläne geschmiedet, die sich über Jahrzehnte hinziehen würden. Dieses schwierige

Vorhaben hatte er weitergeführt, obwohl er genau wußte, daß sein Ziel nicht vor mehreren Generationen erreicht sein würde.

Daß große Anstrengungen erforderlich sein würden, stachelte Fengyongs Enthusiasmus nur noch an. Der Junge wußte nicht, wie viele Jahre es kosten würde, aber er würde zum Ziel gelangen. Fürs erste wollte er fremde Sprachen lernen. Wenn er sich diese schließlich angeeignet hätte, würde er ein Geschäft eröffnen. Er war es sich schuldig, seiner Familie etwas mehr Komfort zu verschaffen, seinen Brüdern eine Ausbildung zu bieten, seiner Schwester Feng-si die Freiheit zurückzukaufen. Er würde eine eigene Familie gründen und seinem Sohn alle Möglichkeiten in die Wiege legen. Nur der Tod könnte ihn bei seinem Wettlauf zum Erfolg aufhalten.

Fengyong freute sich umso mehr, Kurt im Speiseraum zu unterstützen, als er bei seinem ersten Aushelfen eine phänomenale Entdeckung gemacht hatte: Ein Kellner bekam Trinkgeld! Extra Cents, ja sogar ganze Dollar! Eine Aussicht, die ihn sogleich an eine Verbesserung seines Plans denken ließ: Schon in wenigen Monaten würde er sich ein Fahrrad kaufen und es gleich gegen eine kleine Vergütung an seinen Freund Guang vermieten können, der seines bereits an amerikanische Matrosen verlieh.

Indes hatte Franz Bauer Walter deutlich darauf hingewiesen, daß er ihn nur für diesen einen Tag einstellte. »Damit es da keine Mißverständnisse gibt, he! Ich hoffe, daß es Kurt morgen wieder gutgeht und er seine normale Tätigkeit wieder aufnimmt. Ich brauche keinen zusätzlichen Angestellten, daß du es nur weißt.«

Walter machte sich zwar kaum Illusionen, aber auch keine bangen Gedanken. Als echter Wiener sorgte er sich nur wenig um den nächsten Tag. Allein die langfristige Zukunft war ihm wichtig. Oh, wenn er doch nur Thomas Schoenberg wiederfinden könnte! Einstweilen aber war er glücklich, daß er sich seine Mahlzeiten für diesen Tag gesichert hatte – er würde sogar noch ein paar Cents verdienen, hatte Frau Bauer versprochen –, und pfiff *Ein Amerikaner in Paris,* da ihm in Augenblicken der Freude stets Melodien von Gershwin durch den Kopf gingen.

Plötzlich hörte er laute Stimmen aus dem Speiseraum. Ein kurzatmiger Deutscher spie einen Schwall Verwünschungen aus. Fengyong hatte ihm das Tagesgericht, ein dampfendes »Bœuf Stroganoff«, serviert, obwohl der Mann bereits seine Würste verdaute und ungeduldig auf ein Stück Gugelhupf wartete, während sein Kaffee allmählich kalt wurde.

Scharlachrot vor Zorn fixierte der Wirt Fengyong mit seinen großen hervortretenden Augen und schärfte ihm ein, keine Bestellungen mehr aufzunehmen. Er solle den Gästen, die man ihm zeigen würde, lediglich die Gerichte bringen und die Tische abräumen. Fengyongs Schultern waren unter seiner weißen Jacke jäh eingefallen.

An diesem Tag lag im Wiener Café Gewitter in der Luft! Kurz danach empörte sich ein Gast über Kurts Husten. Er huste zwar in sein Taschentuch, habe dieses Taschentuch jedoch dauernd in derselben Hand, mit der er auch die Teller anfasse und die Backwaren serviere. Wenn man schon sein Geld im Café ausgab, dann doch wohl, um dort eine angenehme Zeit zu verbringen, und nicht etwa, um sich Bazillen einzufangen! Da Frau Bauer langsam um die Kundschaft fürchtete, schickte sie den Kellner nach Hause und befahl ihm, erst wiederzukommen, wenn er vollkommen kuriert sei.

Fengyong beobachtete alles aus einer Ecke heraus. Seine

Kiefer mahlten, während er angestrengt die Unterhaltung mit Blicken verfolgte. Er verstand kein einziges Wort, doch sein Instinkt diente ihm als Dolmetscher. Er sah, wie Kurt niedergeschlagen zum Umkleideraum des Personals ging und seinen Mantel nahm. Das Glück wendete sich zu seinen Gunsten! Er hatte sein Schicksal in Händen. Nun müßte er nur gewitzt genug sein, um das Vertrauen der Bauers wiederzuerlangen! Jedesmal wenn ein Gericht oder eine Speise aus der Küche kam, würde er nach dem Namen fragen, und bald könnten sich die Wirtsleute voll und ganz auf ihn verlassen.

Etwas weiter jedoch stand Franz Bauer und musterte Walter bereits von oben bis unten.»Du siehst ziemlich kräftig aus! Und gesund. Könntest du die Bedienung übernehmen?«

»Selbstverständlich!« hatte Walter rasch erwidert.»Ich habe oft genug die besten Cafés von Wien besucht, um zu wissen, wie ich mich dabei anstellen muß.«

Und im Handumdrehen hatte der Wirt Fengyong seiner Jacke beraubt und sie Walter gegeben, der sofort die Ärmel wieder heruntergekrempelt und festgestellt hatte, daß sie ihm genau paßte.

Drei Tage waren seither vergangen. Jeden Morgen fand Walter sich mit der bangen Befürchtung im Café ein, der Mann mit dem Hühnerkopf könnte wieder auftauchen, doch Kurt hatte sich bisher noch nicht wieder gezeigt. Was man hat, hat man! dachte Walter, während er zwei wohlhabend aussehenden Herren, die gerade eintreten wollten, mit breitem Lächeln die Tür öffnete.

VIII

Nun steckte er wieder mit den Händen im fettigen Wasser!
Chen Fengyongs Zorn wollte nicht verrauchen.

Er hatte das Gesicht verloren.

Der Junge hatte sogar erwogen, sich umzubringen, und
jenes fundamentale, in der Kindheit eingeimpfte Gebot
vergessen: Das Leben, das dir deine Eltern gegeben haben,
dürfen allein deine Eltern dir auch wieder nehmen. Besser
tot, als der Lächerlichkeit preisgegeben, hatte Fengyong
entschieden, weil er seine Schmach nicht ertragen konnte.
Er könnte sich vom Dach des Park Hotels hinunterstürzen
oder aus dem fünfundzwanzigsten Stock der Broadway
Mansions, die die Garden Bridge überragten. Fengyong
schreckte jedoch vor der Schwierigkeit zurück, überhaupt
in diese Gebäude zu gelangen. Und welche Demütigung,
wenn er aus Versehen den den Fremden vorbehaltenen
Aufzug betrat?

Er könnte aber auch Gift nehmen, wie Yen Szefong, eine
frühere Nachbarin, der es gelungen war, Krankenschwester zu werden. Im letzten Juli hatte sie bei einem Streit mit
einer Kollegin im Krankenhaus San Min das Gesicht verloren. Ein Angestellter hatte sie, mit dem Tode ringend, ein
leeres Tablettenröhrchen in der Hand, aufgefunden. Sie
war am selben Abend gestorben, ohne noch einmal das
Bewußtsein wiedererlangt zu haben. Doch wo konnte
Fengyong sich solche Tabletten beschaffen?

Die allerbeste Rache, dachte er mit einer gewissen
Freude, wäre doch, sich im Zimmer dieses Schildkröteneis
aufzuhängen oder sich die Kehle durchzuschneiden! Nur
wußte Fengyong nicht, wo Walter schlief.

Dann aber hatte er an seine Familie gedacht, an den
bettlägerigen Vater, die entkräftete Mutter, an Feng-si, die

sich aufopferte, und er hatte sich rasch eines besseren besonnen. Wer würde für seine Geschwister sorgen? Einen kurzen Augenblick hatte Fengyong überlegt, die »Stätte seiner Schande« zu verlassen, doch auch darin konnte er nicht frei entscheiden: Schließlich lagen die offenen Stellen nicht auf der Straße.

Er hätte platzen mögen. Keiner dieser Weißen mit ihren wie bei Affen behaarten Gesichtern, Schildkrötenbrut allesamt, hatte ihn je geschont. Allein der Anblick dieses Walter schnürte ihm die Eingeweide zusammen, und er bedachte ihn bei jedem Auftauchen in der Küche mit einem neuerlichen Fluch: Daß die Pocken oder die Cholera diesen Sohn und Enkel einer Schildkröte holten! Die Zunge soll ihm abgeschnitten werden! All seine Kinder sollen zugrunde gehen! Daß die Hunde den Balg dieses Schufts auffressen! Daß seine ganze Familie in einem einzigen Sarg aufeinandergestapelt werden möge! Doch selbst diese Verwünschungen konnten dem tödlich gekränkten jungen Chinesen kaum Erleichterung verschaffen, schon wegen der lautstarken Kommentare der Hilfsköche zu dem Vorfall. Denn das nicht Wiedergutzumachende war nun einmal geschehen. Er, Chen Fengyong, hatte das Gesicht verloren. Und sein erbärmliches Leben ließ ihm keine andere Wahl, als seinen Groll und seine Rachsucht tief in seinem Innern zu verbergen. Dort aber ruhten sie wie gutes Korn in einem fruchtbaren Boden.

IX

Das also war Hongkew! Dieser Distrikt unterlag zwar der Zuständigkeit des vornehmen Settlement-Bezirks, der internationalen Konzession, hatte mit Shanghai jedoch genausoviel gemein wie Stammersdorf mit Wien oder Saint-Ouen mit Paris. Dort lebten nur elende Chinesen, mittellose Japaner, jüdische oder nicht jüdische Russen ohne jeden Nimbus und jene Deutschen und Österreicher, die zu arm waren, um an andere Unterkünfte heranzukommen.

Dort trafen sich die Ärmsten der Armen wieder, alle Ausgeschlossenen, die in den besten Straßen des englischen Viertels, in denen es schicke Büros und elegante Geschäfte gab, unerwünscht waren; genau wie im freundlichen französischen Viertel, das erschwinglicher, aber immer noch siebenmal teurer als Hongkew war. Lediglich Brücken verbanden diesen Distrikt mit dem übrigen Settlement, von Japanern bewachte Brücken, die mit eiserner Faust durchsetzten, daß die Sperrstunde von ein Uhr nachts bis fünf Uhr morgens strikt befolgt wurde.

Wie entstehen die Spitznamen von Orten? Wer setzt sie in die Welt, wer übernimmt sie? Die Concession française jedenfalls war *Frenchtown*, ihre Avenue Joffre wurde *Moscow Boulevard* genannt und Hongkew *Little Tokyo*.

Walter vermerkte seine neue Adresse in seinem Notizbuch. Nun wohnte er also in diesem Gäßchen, in der Nummer 17 der Shusan Road, beinahe an der Ecke der Ward Road. Aber es würde ja schließlich nur vorübergehend sein: Er war mehr denn je entschlossen, sobald wie möglich in die Vereinigten Staaten weiterzureisen.

Düster gestimmt und etwas ratlos, setzte er sich auf das Feldbett und begann unter dem fahlen Licht der nackten Glühbirne wahllos Erinnerungen heraufzubeschwören. Walter mochte noch nicht schlafen, obwohl er sich doch nur nach hinten hätte sinkenzulassen brauchen.

Am Vortag hatte er seiner Mutter ein aufbauendes Briefchen geschrieben, in dem er andeutete, daß er Ende Januar eine gute Stellung erhalten würde und sich dann eine größere Wohnung mieten könnte. Glücklicherweise hatte er im letzten Moment statt der Adresse des Schlafsaals die des Wiener Cafés auf den Umschlag geschrieben.

Die Blicke des Rotbackigen und einiger anderer sowie ihre vorwurfsvollen Bemerkungen hatten ihn zu diesem Umzug veranlaßt. Der entscheidende Vorfall hatte sich genau vierundzwanzig Stunden zuvor, gegen Mitternacht, zugetragen. Finstere Mienen empfingen ihn bei seiner späten Heimkehr. Manche plauderten noch, andere aber schliefen bereits, und Walter hatte sie unbeabsichtigt geweckt. Während er um Entschuldigung bat, schlüpfte er schleunigst unter seine Decke, und Ernst, der das Bett neben der Tür hatte, löschte das Licht. Dann aber breitete sich plötzlich ein widerlicher Gestank aus, dem gleich darauf die ersten Bisse der Wanzen folgten. Sie hatten sich zuerst über Heinrich, den Rotbackigen, hergemacht, doch schon bald kratzten sich alle. Am Morgen wurde Walter bezichtigt, der Verursacher zu sein. Nach Ansicht seiner Gefährten mußte er die Wanzen von der *Conte Rosso* eingeschleppt haben. Horst hatte ihn verteidigt: Ganz Shanghai wimmele schließlich davon. Doch vergebens. Völlig außer sich, hatte Walter trotz Horsts Zureden seinen Koffer genommen und die Tür hinter sich zugeknallt.

Seine dürftigen Mittel erlaubten ihm jedoch nicht, sich in Frenchtown einzuquartieren. Wo also sollte er einen Unterschlupf finden, und wie?

Tags zuvor hatte er, auf seinen Stolz und Mister Kramers geringschätzige Miene pfeifend, eine Beihilfe von einer amerikanischen Hilfsorganisation zugeteilt bekommen und zusätzlich noch eine monatliche Unterstützung von einigen chinesischen Dollar, die das Shanghaier Komitee vergab. Beide Beträge mußte er jedoch später zurückerstatten! Sein Vermögen belief sich demnach auf jämmerliche dreihundert Shanghai-Dollar. Ein Wassertropfen im Chinesischen Meer. Dennoch wunderte Walter sich sehr, daß Leute, für die er ein völlig Unbekannter war, ein Name auf einem Blatt Papier, alles taten, um ihm wie auch eintausendfünfhundert anderen Menschen »seiner Art« beizustehen!

Als er sich dann mit seinem Koffer zum Wiener Café aufgemacht hatte, war er in einer kleinen Straße per Zufall Greta Fischer begegnet. Diese liebenswürdige Frau, eine Wiener Emigrantin der ersten Stunde, arbeitete seit kurzem in der Küche der Bauers, wo ihr niemand das Wasser reichen konnte, wenn es darum ging, eine Linzertorte zustande zu bringen.

»Ziehst du um?« fragte Greta, als sie Walter mit seinem Koffer in der Hand sah. Nachdem sie seine Erklärungen angehört hatte, meinte sie:»In unserem Haus in Hongkew ist gerade ein Zimmer neben unserem freigeworden. Ein billigeres wirst du sicher nicht finden. Falls du es mieten willst, müssen wir gleich den Besitzer, einen japanischen Optiker, anrufen«.

Weder Greta noch ihr Mann sprachen Englisch, was ihnen das Leben in Shanghai ziemlich erschwerte. Darum hatte sie Klara Bauer eingeweiht, die auch sofort bereit gewesen war, mit dem Optiker zu telefonieren.

So befand Walter sich nun in »seinem Zuhause«, in einem dieser typischen zweigeschossigen Reihenhäuser der europäischen Konzessionen. Ein *lilong* sagt man hier zu einer Zeile dieser Häuser, hatte Klara ihm erklärt. Jedes *lilong* lebte in sich geschlossen, mit seinen eigenen Regeln für gute Nachbarschaft ... und gegenseitiger Überwachung! Ganze Familien wohnten zusammengepfercht in einem Zimmer und teilten sich oft nur eine einzige Küche.

Im oberen Stock gab es kein fließendes Wasser. Der Eigentümer behielt sich die Nutzung der Küche sowie der einzigen Toilette des Hauses vor. Der Abtritteimer, ein ekelerregender Kübel, nahm eine Zimmerecke in Beschlag und wurde mitsamt dem Feldbett und der Decke vermietet.

Während er die Gäste des Wiener Cafés weiterhin flink und eifrig bediente, fand Walter auch noch Zeit, die vielfältige örtliche Presse zu überfliegen, die die Gaststätte den Kunden zur Verfügung stellte. In einer englischsprachigen Zeitung, herausgegeben von einem Sepharden und glühenden Verfechter der zionistischen Sache, dessen Familie gegen Ende des vorigen Jahrhunderts nach Shanghai ausgewandert war, hatte Walter ganz oben in der Rubrik »Help wanted« ungläubig ein Mietangebot gelesen, das mit der Angabe versehen war: »No refugees wanted!«

Er schnaubte verächtlich. Man wollte also unter sich bleiben! Die ortsansässigen Juden drängten die Flüchtlinge nach Hongkew ab, um sie sich vom Leib zu halten. Je unnahbarer sie sich gaben in ihren prächtigen Villen im Kolonialstil und mit ihren großen einträglichen Mietshäusern, desto wohler fühlten sie sich! Mit englischen Pässen versehen, führten sich diese Leute auf, als kämen sie aus dem Schoße Königin Victorias, der Kaiserin von Indien. Hochmütig, puritanisch, konventionell. Deutlich trugen sie ihre Verachtung für die russischen Juden zur Schau, die nur Russisch oder Jiddisch sprachen und den Tee nicht aus hauchdünnen verzierten Porzellantassen tranken, sondern aus Gläsern! Außerdem schockierten diese ungehobelten Menschen durch ihr Benehmen. Und sie trübten das hohe Ansehen des weißen Mannes, indem sie manuelle Tätigkeiten ausübten! Ihre Frauen ließen sich herbei, als Tänzerinnen oder gar Prostituierte in Bars zu arbeiten! Und ihre Töchter erniedrigten sich gar so weit, Maitressen von Chinesen oder französischen Offizieren zu werden!

Walter war nicht der einzige, der sich über die allgegenwärtigen Ausgrenzungen erregte. Eine junge amerikanische Journalistin, die mit ihrem japanischen Freund regelmäßig das Café besuchte, hatte zu diesem Thema recherchiert. Von zehn Wohnungen, deren Eigentümer nicht an Flüchtlinge vermieten wollten, gehörten zwei Deutschen, die im Konsulat des Deutschen Reichs arbeiteten, die übrigen acht aber waren im Besitz von fünf Russen, zwei Engländern und einem Italiener.

Endlich löschte Walter das Licht und versuchte, den dumpfen Groll zu besänftigen, der ihm den Weg in den Schlaf versperrte. Er rollte sich in die Bettdecke ein und streckte sich aus.

Als er an diesem Morgen ins Wiener Café gekommen war, hatte er erfahren, daß er das Zimmer beziehen konnte und auch – böse Überraschung! –, daß Kurt wieder da war. Der Mann mit dem Hühnerkopf hustete zwar immer noch ein wenig, aber die Bauers hatten ihm erlaubt, seinen Dienst wieder anzutreten. Während Kurts Abwesenheit hatte Walter Dinge über ihn erfahren, die ihm große Achtung abnötigten, und wenngleich seine Wiedereinstellung Walters Interessen zuwiderlief, so konnte er den Cafébesitzern deswegen keinen Vorwurf machen. Das Wiener Café war ein gutes Haus. Er würde wiederkommen. Vielleicht als Gast, als Stammkunde, wenn das Glück ihm hold wäre.

Kurts Geschichte war wirklich außergewöhnlich! Nachdem er Berlin vor der ersten Hitlerschen Verhaftungswelle bereits 1933 als Student verlassen hatte, fand er zunächst Zuflucht in Spanien, aus dem ihn der Bürgerkrieg jedoch 1936 vertrieb. Italien nahm ihn für ein kurzes Intermezzo auf, bis zum September 1938, als Mussolini Hitlers antisemitische Gesetze übernahm. Alle neu angekommenen Juden sowie jene, die noch nicht lange eingebürgert waren, mußten das Land binnen sechs Monaten verlassen. Kurt wanderte in die Schweiz ab, die ihm aber lediglich eine Aufenthaltsgenehmigung für vier Wochen zugestand. Der einzige Ausweg: sich nach Valparaíso aufmachen, wo ein Onkel und eine Tante lebten. Kurt reiste nach Paris, erhielt dort ein Visum für Chile, das durch den Schweizer Konsul bestätigt wurde. Als er nach mehrwöchiger Schiffsfahrt endlich in Chile eintraf, wurde er abgewiesen: Skrupellose Beamte hatten Visa ausgestellt, obwohl die Einwanderungsquote bereits überschritten war. Da ihn kein lateinamerikanisches Land aufnehmen wollte, blieb dem unglücklichen Kurt keine andere Wahl, als seinen Onkel telegrafisch um das Geld für die Rückkehr nach Europa zu bitten. Die Schweiz wie auch Frankreich verwehrten ihm die Einreise. Eine zweitägige Aufenthaltsgenehmigung für Italien ermöglichte ihm den Kauf einer Passage nach Shanghai, wo er nach sechs Wochen auf See landete. Er hatte Architekt werden wollen und verdiente nun seine Brötchen als Caféhauskellner, der einzigen Tätigkeit, die er während seiner langen Odyssee hatte ausüben können.

Im Vergleich dazu mußten die Bauers als ein vom Glück begünstigtes Paar erscheinen. Sie waren schon 1934 nach Shanghai gegangen auf Anregung von Verwandten Klaras – eine Russin mütterlicherseits –, die dort dank der Gründung einer Fabrik für Wiener Würstchen 1930 zu Reichtum gelangt waren. Franz Bauer, der in seiner Heimatstadt eine einfache Schenke besessen hatte, erkannte rasch, daß Shanghai, eine für alle Unternehmungen offene Stadt, gute Aufstiegschancen bot, und nahm das Stellenangebot der Verwandten seiner Frau an. Einige Jahre später eröffnete er das Caféhaus mit Hilfe eines Vetters, der Franz Bauer als Gegenleistung verpflichtete, seine Würstchen und sein Bier ausschließlich bei ihm zu beziehen.

Mit Kurts Rückkehr hatte Walters Anstellung also ein Ende. Frau Bauer hatte ihm erlaubt, bis zu Gretas Feierabend zu bleiben. Auf dem Heimweg gingen sie erst zu einem Heim, um das kostenlose Abendessen abzuholen. Greta hatte einen Behälter mitgebracht, der auch Walters Portion fassen konnte. Von jetzt an würde ihm nur diese eine Mahlzeit am Tag sicher sein. Zuvor hatte er einen Fußweg von vierzig Minuten bis zum Heim. Da war es schwer, den Kopf über Wasser zu halten! Walter seufzte. Wenn er bedachte, daß der Name Shanghai, wie manche behaupteten, »über dem Meer« bedeutete!

Die eisige Feuchtigkeit kroch ihm allmählich bis ins Mark. Er trug seine gesamte warme Kleidung am Leib und rollte sich eng zusammen, um der Kälte die kleinstmögliche Angriffsfläche zu bieten. Gott schütze mich, wenn es ihn gibt, grübelte er, Gott schütze mich vor dem Husten, der den armen Kurt langsam umbringt!

Denn der unglückselige Kurt war noch nicht am Ende seiner Leiden angelangt: Ein russischer Stammgast des Wiener Cafés, den ein reicher Chinese als Leibwächter für seinen Sohn eingestellt hatte, störte sich offenbar an Kurts Rückkehr. Als er den Kellner erneut husten hörte, rief er wütend nach der Wirtin. »Diesem Kerl da«, brüllte der Russe in ausgezeichnetem Deutsch, den Finger auf Kurt gerichtet, »dem verbiete ich, meinen Teller anzufassen oder sich meinem Tisch auch nur zu nähern! Sie könnten doch wirklich etwas mehr Rücksicht auf Ihre Kundschaft nehmen und zumindest keinen Tb-Kranken einstellen.«

Hochrot im Gesicht, funkelte er Klara Bauer mit furchterregendem Blick an, während er seinen kantigen Kiefer hin und her bewegte, als würde er seinen Zorn wiederkäuen.

Der Name dieser Krankheit hatte die Wirtin zusammenzucken lassen. »Tb-krank! Woher wissen Sie das?«

Er erklärte forsch, er habe diese Auskunft aus sicherer Quelle und bleibe keine Minute länger in diesem Etablissement.

Er sprang auf und flüsterte Frau Bauer ins Ohr, sein Bruder Sergej sei ein ausgezeichneter Caféhauskellner und momentan zufällig frei, aber sie müsse sich rasch entscheiden, weil alle Welt sich um ihn reißen würde. Er werde am nächsten Tag wiederkommen und hören, wie die Bauers sich entschieden hätten. Positiv, so hoffe er. Anderenfalls werde er es sich nicht verkneifen, überall bekannt zu machen, daß im Wiener Café ein Tb-Kranker bediene.

Ein langgezogener Ruf weckte Walter. Er kam von der Straße her und hörte sich wie »*Moo-dong ... moo-dong ... aya whei ...*«[1] an, endlos wiederholt. Graues Frühlicht drang durch die Scheibe. Neugierig stand Walter auf, öffnete das kleine Fenster und sah einen Kuli in Lumpen, der einen Karren hinter sich her zog und dabei diese Litanei ausstieß. Vor den Backsteinhäusern standen Männer und Frauen mit Holzeimern zu ihren Füßen. Der Chinese entleerte sie in seinen Karren. Der Gestank verpestete sofort das Zimmer.

Im Nachbarraum rüttelte Greta Fischer ihren Sohn wach. »Steh auf, Hans! Schnell! Beeil dich, du mußt den Eimer runterbringen!«

Die Aufforderung kam so deutlich bei Walter an, als hätte Greta bei ihm im Zimmer gestanden, so dünn war die Zwischenwand.

»Die Geschäftsleute sitzen noch nicht an ihren Schreibtischen«, hatte Horst ihm einmal mit einem Anflug von Bewunderung erklärt, »da bringen die Landwirte mehrere Kilometer vor der Stadt bereits große Tröge voll Exkremente auf ihre Felder.«

[1] *Matong:* Nachttopf. »Nachttöpfe ... Nachttöpfe ... herunter damit!«

76

Seinen Kübel in der Hand, lief Walter eilig dem Abortleerer hinterher, der sich mit seinem Karren bereits entfernte und auf der Gasse eine feuchte bräunliche Spur hinterließ.

X

In der Wohnung in der Wiener Krugerstraße nahe der
Oper stand eine tiefe, strahlendweiße Badewanne, in die
das Wasser aus schlanken Schwanenhälsen mit dem Rau-
schen eines Alpensturzbachs strömte. Wie sehr hatte Walter es geliebt, sich in dieser Badewanne auszustrecken,
während sie sich füllte und das Wasser so lebhaft sprudelte
wie seine Hoffnungen und seine Träume!

Trotz seiner finanziellen Misere hatte Walter sich heute
dieses aristokratische Vergnügen nicht versagen können.
Von einem heftigen Platzregen überrascht, war er unter
den ersten schützenden Torbogen geflüchtet: ein Bade-
haus. Dort stand bereits ein nach *Chypre* duftender Engländer, offensichtlich sehr verärgert darüber, daß er vom
Regen aufgehalten wurde. Der Mann hatte sich nicht bemüht, seinen Abscheu, den dieser Nachbar ihm einflößte,
zu verbergen. Diese Demütigung hatte Walter so erbittert,
daß er in die Badeanstalt gestürzt war.

Die Unterstützung des Komitees reichte gerade für eine
bescheidene Ernährung. Jeder halbwegs vernünftige
Mensch hätte ihm dringend geraten, jeden Cent zu sparen.
Statt dessen zapfte er ein zweites Mal seine Notgroschen
an, aalte sich in einer Badewanne und ließ sich von einem
Boy waschen oder besser abschaben, wie einen Karpfen.

Walter seufzte vor Wohlbehagen. Sein letztes Bad hatte
er in Wien genossen. Endlich war er gereinigt von all dem

Schmutz des Zuges und des Schiffs, dem Schmutz des Schlafsaals mit seinen Wanzen, gereinigt von Kurts Husten und den bösen Blicken Fengyongs, die er so häufig ertappt hatte, seit der Junge die weiße Jacke hatte abtreten müssen.

Walter fühlte sich sauber wie ein frisch gebadeter Säugling und bereit, sich einen neuen Broterwerb zu suchen. Diesmal mußte es ihm glücken, Thomas Schoenberg wiederzufinden, koste es, was es wolle. Während er den pfützenübersäten Gehsteig entlang ging, dachte Walter angestrengt über die geeignete Vorgehensweise nach, bis er plötzlich ein Postamt erblickte. Das Telefonbuch! Warum war ihm das nicht schon früher eingefallen? Er stürzte hinein, verging fast vor Ungeduld, bis er endlich das englische Telefonbuch in die Hand bekam. Drei Schoenbergs waren darin aufgeführt, die jedoch zum Glück verschiedene Vornamen hatten. Anton wohnte in der Bubbling Well Road, der schönsten Straße des Settlement, Walter hatte von den eleganten Geschäften dort reden hören. Eine Adresse, die Glück verhieß.

»*Master Schoenberg no home*«, antwortete der Boy. »*Missee Schoenberg no home.*«

Walter war bereits ausreichend mit dem Pidgin vertraut, um zu verstehen, daß das Ehepaar für längere Zeit verreist war.

»Thomas Schoenberg?« Seine Finger zitterten vor Ungeduld.

»*My no savey, my no savey.*«

Der Boy kannte ihn nicht. Entmutigt legte Walter den Hörer auf und kehrte zurück auf die Straße. Seine Hoffnungen waren zerstört. Thomas hatte die Taschen voller Geld, dessen war er sich sicher. Damals in Wien war es seine größte Freude gewesen, seine Freunde von seinem

Reichtum profitieren zu lassen. Er hatte einen ganzen Hofstaat um sich geschart, der mit ihm von einem Caféhaus ins nächste zog. So etwas hatte er sich in Shanghai sicherlich auch wieder geschaffen.

Nach dieser Enttäuschung ging Walter ohne festes Ziel mit großen Schritten einfach drauflos. Er wechselte zwischen den Boulevards europäischen Stils und den menschenwimmelnden Gäßchen, in denen bisweilen die schrillen Töne eines chinesischen Musikstücks erschallten, wenn sich die Tür eines Ladens oder eines Wohnhauses öffnete. Als Fußgänger mußte man sich durch ein unbeschreibliches Gewühl kämpfen, in dem gelacht, geschimpft, gehustet und gespuckt wurde. Die Chinesen bahnten sich entschlossen mit den Ellbogen ihren Weg, meinten es jedoch nicht böse.

Walter erreichte schon bald das französische Viertel und wandte sich magisch angezogen zur Kreuzung der Avenue Joffre und der Route Cardinal-Mercier. Zum Wiener Café also. Kurz vor seinem Ziel erblickte er Greta Fischer auf der Straße, was bedeutete, daß es bereits fünf Uhr war und sie Feierabend hatte. Walter drückte sich an den dicken Stamm einer großen Platane, bis Greta verschwunden war, und ging dann mit festem Schritt auf das Café zu.

Diesmal trat er durch den Haupteingang ein, suchte sich eine Zeitung aus und ließ sich schließlich an einem der kleinen runden Tische nieder, wobei er eine möglichst unbefangene Miene aufsetzte. Sein Blut pochte ihm in den Schläfen.

Nicht weit von ihm entfernt wartete Kurt auf eine Bestellung. Klara Bauer hatte sich von dem Russen also nicht einschüchtern lassen! Der Gast schien die Karte von der ersten bis zur letzten Zeile zu studieren, während das Gesicht seiner Begleiterin größten Überdruß ausdrückte. Ein

Pudel gähnte zu ihren Füßen. Plötzlich bekam Kurt einen Hustenanfall, und er eilte zur Toilette.

Als er zurückkam, bestellte Walter bei ihm Würstchen. Und da er spürte, daß der glupschäugige Blick des Wirtes auf ihm ruhte, legte er sogleich das nötige Geld auf den Tisch. Schon wieder eine Verrücktheit! Allein dieses Paar Würstchen entsprach dem Gegenwert aller Mahlzeiten einer ganzen Woche, wenn er sich in einem der Lädchen Hongkews versorgt hätte.

»Und zu trinken?« fragte Kurt.

»Nichts.« Walters Stimmung sank. Er fühlte sich kleinlich.

»Abgekochtes Wasser?« schlug Kurt freundlich lächelnd vor.

»Sehr gern.«

Er war froh, daß er nicht darum hatte betteln müssen, und stürzte sich heißhungrig auf das Brot, das der Kellner gerade auf den Tisch gestellt hatte.

Paco, der philippinische Musiker, setzte sich ans Piano. Er spielte europäische Musik mit einer erstaunlichen Virtuosität und glitt elegant von den Wiener Walzern des Johann Strauss zu Rachmaninows *Preludes* oder den Polonaisen von Chopin.

Die Nachbartische waren von der üblichen kosmopolitischen Gesellschaft besetzt. Es kam nur selten vor, daß Briten, Amerikaner oder Franzosen die Deutschen grüßten, denn niemand mochte vergessen, daß sie den Krieg von 1914/18 verloren hatten. Die Italiener, Portugiesen, Schweizer und andere Vertreter kleiner Mächte indes wurden von diesen Grands Seigneurs schlichtweg ignoriert. Die Russen jedoch wurden von allen mit Verachtung gestraft: Die besaßen nicht einmal Pässe.

Walter erkannte den mit allerlei Orden behängten Kosaken, über die jedoch gemunkelt wurde, sie seien bei einem japanischen Kostümhändler käuflich erworben worden; die chinesischen Schwarzhändler mit den dicken Siegelringen, die alles sahen und nirgendwo hinzuschauen schienen; den Engländer mit dem von einem Polounfall steifen Bein; die übliche Gruppe Russen, die das Leben in Moskau oder Sankt-Petersburg mit solcher Inbrunst heraufbeschworen, daß sie allesamt selbst glaubten, sei seien Prinz, Herzog oder Gräfin gewesen; die beiden Nazi-Lebemänner, die gelegentlich die ganze Nacht durchmachten und am anderen Morgen im Café auftauchten, um mit viel Kaffee ihren Rausch zu vertreiben; und schließlich die amerikanische Journalistin, wie immer in Begleitung von Mister Pooh, diesmal im Schottenanzug.

Mit der ihr eigenen Eleganz trug sie auf ihrem kurzen Haar einen erstaunlichen Modellhut zur Schau, der aus Rindenstücken bestand, die über der Stirn fächerartig zusammengefügt waren. Walter, wie stets von ihr fasziniert, sah, wie sie plötzlich auf ihre Armbanduhr schaute, ihren Geldbeutel auf dem Tisch ausleerte, sich ihren Affen, ihre Tasche und ihren Mantel schnappte und hinauslief. Sie rief eine Rikscha und verschwand in der Avenue Joffre. An ihrem Platz hatte sie das auf der Seite der Lokalanzeigen aufgeschlagene *Journal de Shanghaï* zurückgelassen, das Walter sofort an sich nahm.

Blitzartig erfaßte er, daß hier das Leben der Vergnügungen weiter seinen Lauf ging, fernab des spanischen Bürgerkriegs, fernab der sowjetischen Prozesse und Säuberungen, fernab der Bedrohung durch Hitler und seine Nazis, der Lager und des Terrors, fernab auch der so nahen Hungersnot und der chinesischen Kadaver, die sich jeden Tag auf den Straßen fanden, und der verkrüppelten Bettler, die sich um ihre zerlumpten Gewänder stritten.

Die Freunde des *Hai-alai*[1] waren eingeladen, um neunzehn Uhr das Spiel von Arana und Salsamendi mit ihren Klassenmannschaften zu bewundern. Wer Windhundrennen vorzog, konnte sich um vierzehn Uhr dreißig oder um siebzehn Uhr dreißig auf der Hunderennbahn einfinden. Ein elektrischer Apparat zur Gewichtsabnahme stand zum sofortigen Verkauf, zu besichtigen zwischen zehn und siebzehn Uhr in der Avenue Pétain. Das Park Hotel, das modernste von Shanghai, bot jeden Abend ein Tanzdiner im Grill-room an. Die Kürschner Suhanoff hatten soeben eine große Auswahl schöner und seltener Silberfüchse erhalten, die direkt aus den Wäldern von Kamtschatka kamen und den Zuchtfüchsen qualitativ weit überlegen waren; außerdem wurden verschiedene Arten Persianer, Maulwurf, Feh, Breitschwanz und Marder angepriesen. Wer chinesische Spitzenküche kosten wollte, konnte dies in den klimatisierten Räumen des kantonesischen Restaurants Sun Ya tun. Und wenn man sich zu amüsieren wünschte, sollte man sich schleunigst ins Palais Café begeben, das in seinem die ganze Nacht über geöffneten Cabaret ein neues Programm voller Attraktionen anbot – mit Miss Wong Chung-Yin, einer Ringerin von Weltruhm, mit hundert hübschen Tänzerinnen und einem mitreißenden Orchester. Der allerschickste Nachtclub indes war der Tower, in dem sich jeden Abend ab einundzwanzig Uhr dreißig alle die einfanden, die gerne lachten, lebten und tanzten. »Laßt uns in den Tower gehen«, war die verführerischste Parole, die es gab. »Welch ein Glück haben die Damen«, las Walter, »die in den Tower Night Club, die Tanzbar des Cathay Hotel, eingeladen werden. Das ist das

---

[1] So hieß in Shanghai das *Jai-alai,* die Spielmauer einiger Pelota-Arten.

schönste Kompliment, das man ihnen machen kann! Im Tower herrscht eine Atmosphäre von einzigartigem Charme! In dem verzauberten Turm, der ganz Shanghai überragt, garantieren Musik und Attraktionen einem jeden den denkbar vergnüglichsten Abend!«

Dorthin also hatten sich Thomas' Eltern begeben, als Walter sie vor dem Cathay Hotel kurz erspäht hatte. Es stimmte, was er gehört hatte: Shanghai war tatsächlich die Stadt der Ausschweifungen. In einem Zustand von Angewidertsein und Erregung zugleich ließ er die Zeitung sinken.

»Na, Walter! Wie geht's dir?«

Er hatte Klara Bauer nicht näherkommen sehen.

»Es wird schon!« behauptete er trotzig.

Sie strich das Haar, das Walter in die Stirn fiel, mit einer zärtlichen Geste zurück, die ihm Tränen in die Augen trieb. Die Bauers hatten keine Kinder. Wie auf einem doppelt belichteten Foto sah er plötzlich das Gesicht seiner Mutter unter dem Klaras durchscheinen.

»Ich habe mir erlaubt, meiner Mutter die Adresse des Cafés anzugeben, damit sie mir hierher schreiben kann. So bin ich wenigstens sicher, daß der Brief nicht verlorengeht.«

»Das war richtig.«

»Ich werde ab und zu vorbeischauen.«

»Mach dir keine Sorgen. Sobald ein Brief ankommt, werde ich ihn Greta geben.«

»Das ist nett. Danke.«

Die Wirtin wandte sich ab und begrüßte zwei Chinesinnen. Die ältere, eine dickleibige, aufgedunsene und stark geschminkte Frau, stützte ihre mit Ringen und Armbändern überladene Hand auf den ziselierten Knauf eines

Gehstocks. Schwere Ohrgehänge zogen ihre Ohrläppchen lang. Eine imposante goldene Brosche verschloß den Kragen ihres grellblauen Mantels. Sie bewegte sich mühsam, kurzatmig und nur mit Hilfe der jüngeren Frau vorwärts, einem zarten Püppchen mit Elfenbeinteint und einem fein geschnittenen Gesicht, umrahmt von dicken schwarzen Haaren, die bis über ihren Rücken fielen.

Die junge Frau nahm ihren Mantel ab und enthüllte ein langes chinesisches Gewand aus wassergrüner Seide mit hohem Schlitz, unter dem ein wohlgeformtes, schlankes Bein zum Vorschein kam, das in einem Schuh aus feinem Leder mit sehr hohem Absatz endete.

Klara setzte sich zu ihnen, was Walter erstaunte, da sie dies noch nie bei Gästen getan hatte, und hörte der Älteren aufmerksam zu, die über ihre Gesundheit zu klagen schien. In welcher Sprache unterhielten sie sich wohl? Die Begleiterin der alten Dame hielt sich überaus gerade auf der mit mandelgrünem Samt bezogenen Bank. Sie saß im kreisrunden Lichtschein eines Wandleuchters mit blütenförmigem Schirm, der ihr einen Strahlenkranz verlieh wie einer Muttergottesstatue. Ihr geheimnisvolles glattes Gesicht mit den weit geöffneten Augen war völlig ausdruckslos. Der runde kirschrote Mund verzog sich auch dann nicht, als ein deutscher Offizier sich auf den inzwischen von Frau Bauer verlassenen Platz setzte.

Da Paco gerade eine kurze Pause machte, konnte Walter die Unterhaltung seiner Nachbarn verfolgen. Die beiden Österreicher betrachteten stolz ein auf dem Tisch ausgebreitetes Käseblatt namens *Shanghai Nachrichten*, das sie mitgebracht hatten. Walter entnahm ihrem Gespräch, daß es sich um die erste Nummer einer für die jüdische Gemeinde bestimmten Zeitung handelte. Einem der Männer gelang es schließlich, die Aufmerksamkeit des Wirtes zu erregen. Franz Bauer warf einen flüchtigen Blick auf die Zeitung und meinte, gewöhnlich würde er in der *Shanghai Evening Post* werben, doch sei für solche Entscheidungen sowieso seine Frau zuständig.

»Sie wissen ja, daß die Frauen immer das Sagen haben!« grollte er mit einem gezwungenen Lächeln in Walters Richtung, bevor er schwerfällig um den Tisch ging.

Walters Herz begann heftig zu pochen und seine Hände wurden feucht. Einer der Österreicher hielt nach der Wirtin Ausschau und versuchte ihren Blick auf sich zu lenken. Sein Gefährte zündete sich eine zweite Zigarette an. Endlich trat Klara Bauer freundlich, aber zurückhaltend zu ihnen. Sie erhoben sich und stellten sich vor:

»Oscar Bloch, Chefredakteur.«

»Arthur Blum, Anzeigenleiter.«

Während sie wieder Platz nahmen, berührte Walter leicht Klaras Handgelenk. Ihre Blicke begegneten sich, und er wußte sofort, daß sie verstanden hatte.

Bloch reichte ihr das Doppelblatt und erläuterte stolz: »Die erste Flüchtlingszeitung! Vorläufig zwar noch ein Wochenblatt, aber wir haben vor, eine Tageszeitung daraus zu machen. Wir bringen jeweils einen Artikel zur politischen Weltlage, eine Seite mit Lokalnachrichten sowie als Spezialität Berichte über die Immigration.«

»Wirklich beachtlich für den Anfang!« lobte Klara.

Ein Lächeln hellte die müden Gesichter der beiden Männer auf.

Frau Bauer setzte ihre Brille auf, überflog eine der Innenseiten und runzelte mit einemmal die Stirn. »Aber das wimmelt ja nur so von Fehlern!«

Der Chefredakteur wand sich auf seinem Stuhl.

»Das sind keine Fehler, sondern Druckfehler.«

»Wo ist da der Unterschied?«

»Die entstehen, wenn der Typograph …«

»Der Typograph?«

»Der Setzer, der Mann, der die Lettern zu Wörtern zusammensteckt. Die Druckfehler entstehen, wenn er Buchstaben verwechselt.«

»Wie kann so etwas passieren?«

»Das geschieht ziemlich oft, selbst bei uns in Wien! Aber hier kommt das um so häufiger vor, da die Setzer Chinesen sind. Sie verstehen ja nicht, was sie lesen. Sie bilden den mit der Schreibmaschine getippten Text, der ihnen vorgelegt wird, nur optisch nach.«

»Das ist alles gut und schön«, sagte Frau Bauer, indem sie ihm das Blatt zurückgab. »Aber ich werde doch in einer Zeitung voller Fehler keine Reklame machen. Aber da wir gerade dabei sind, möchte ich Ihnen gleich Walter Neumann vorstellen, einen ausgezeichneten Wiener Journalisten.«

Und damit ging sie.

Die beiden Männer hatten es nun sehr eilig aufzubrechen, nachdem sie Walter einen Termin für den folgenden Tag gegeben hatten. Sein Herz zersprang fast vor Freude. Erst jetzt bemerkte er, daß die schöne Chinesin verschwunden war. Die alte Dame saß allein an ihrem Tisch.

XI

Walter war niedergeschlagen, als er mit der zweiten Nummer der *Shanghai Nachrichten* in der Hand von seiner Unterredung zurückkam. Er hatte gehofft, Oskar Bloch würde ihn zumindest mit einem kleinen Artikel beauftragen, und hatte sich schon beim Schreiben gesehen – mit viel Schwung und Engagement, doch er sollte nur die Satzfehler der chinesischen Arbeitskräfte korrigieren. Und dazu noch für ein lachhaftes Entgelt, das kaum für eine Mahlzeit reichte.

Fast hätte er diesem Oskar Bloch gesagt, er könne ihn mal, hatte sich aber rechtzeitig eines besseren besonnen und sich an die Arbeit gemacht. Es war wirklich zum Haareausraufen: Bei jedem Fahnenabzug erfanden die chinesischen Arbeiter ein Dutzend neuer Fehler.

Werde ich etwa vernünftig? fragte sich Walter mit einem Anflug von Verärgerung. Eine innere Stimme hatte ihm zugeflüstert, jeder müsse schließlich klein anfangen, und am wichtigsten sei, zunächst einen Fuß in die Tür zu bekommen, er müsse nur durchhalten. Später könne er die Arbeit immer noch aufgeben, falls sich seine Position nicht verbesserte.

Trotzdem war er enttäuscht. Er ging mit gesenktem Kopf die Wayside Road entlang, als er plötzlich mit jemandem zusammenstieß. Nach dem ersten Schreck hob er den Blick und schwankte, ob er sich entschuldigen oder einfach losschimpfen sollte.

»Walter!« rief der andere unvermutet fröhlich aus.

»Werner! Na, so was?« entgegnete er, während sich sein Blick verhärtete. »Immer noch Judenfresser?«

»Hör auf, Walter, das ist Vergangenheit! Ich habe mich inzwischen geändert, das weißt du genau. Ich gebe ja zu, daß ich ein Idiot war, ein ausgemachter Idiot, aber ich schwöre dir, das ist vorbei.«

Auf der *Conte Rosso* waren sie in derselben Kabine untergebracht gewesen, und Walter hatte es ihm zu verdanken, daß er noch einen vollständigen Anzug besaß.

Vor seiner Abreise aus Wien hatte seine Mutter ihm einen Anzug bei einem Schneider bestellt, der das Jackett jedoch nicht rechtzeitig hatte liefern können. Was um so ärgerlicher gewesen war, da man Walter im Zug seinen zweiten Koffer gestohlen hatte, in dem seine besten Kleider und seine Bücher gewesen waren.

Als er dann im Hafen von Genua wartete, bis er endlich an Bord des Passagierdampfers gehen konnte, war er von diesem Werner angesprochen worden. »Bist du zufällig Walter Neumann?« hatte der große, schlanke und muskulöse Junge gefragt, der ein paar Jahre älter war als er. Walter bejahte. »Ich bin Werner Eisenberg aus Berlin. Ich bin vorhin einem Wiener namens Willi Löwenthal begegnet, der dich überall gesucht hat. Du kennst ihn zwar nicht, aber deine Mutter kennt seine Mutter und hat ihm ein Jackett für dich mitgegeben.« Willi hatte Wien einen Tag nach Walter verlassen. Und so traf Walter mit Willi zusammen und erhielt die andere Hälfte seines Anzugs.

Alle drei hatten die feste Absicht, schnellstmöglich in die Vereinigten Staaten weiterzureisen. Und da sie sich auch sonst sympathisch waren, hatten sie sich darum bemüht, eine gemeinsame Kabine zu bekommen, mit Wolfgang Kaufmann, einem Vetter von Willi, als viertem Spießgesellen. Die vier W, wie sie sich lachend nannten, erhielten schließlich eine enge und dunkle Kabine dritter Klasse. Die Jungen besaßen nicht einen Groschen, und manchmal brachte sie das Verlangen nach einer Zigarette, die ihren Hunger betäubt hätte, beinahe um den Verstand.

Walter und Werner beschlossen, sich in ihre Anzüge zu werfen und sich auf das Deck der ersten Klasse zu wagen, wo ihnen ein wohlhabender Passagier vielleicht eine Zigarette schenken würde. Sie schauten strahlenden Paaren auf der Tanzfläche zu, die fröhlich Walzer tanzten – obwohl manche von ihnen doch aus einem Konzentrationslager kamen –, und sahen einen Boy, der einen Champagnerkühler trug.

Werner geriet plötzlich in Wut:»Sieh sie dir an, diese Juden, wie sie tanzen und schlemmen und rauchen und Champagner trinken! Die Nazis haben recht. Die da mit ihren krummen Nasen regieren tatsächlich die Welt.«»Wie, *die* da?« hatte Walter nachgefragt.»Bist du etwa kein Jude? Was machst du dann überhaupt hier?« Werner war lediglich Halbjude, vom Vater her. Er hatte die Religion seiner Mutter angenommen, sich ganz und gar als Deutscher gefühlt, war in die Wehrmacht eingetreten, hatte stolz die Uniform mit dem Hakenkreuz getragen und war mit Vorliebe im Stechschritt durch die Straßen marschiert. Eines Tages aber lernte er eine junge arische Frau kennen und lebte, noch ehe sie heiraten konnten, mit ihr zusammen. Er wurde wegen *Rassenschande* angeklagt und vor Gericht gestellt, zunächst aber freigesprochen – wie konnte er die arische Rasse besudeln, da er doch eine arische Mutter hatte und er selbst im deutschen Heer gedient hatte? Doch er kam erneut vor Gericht, was abermals mit einer Niederschlagung endete, bis eine dritte Anklage ihm schließlich eine achtmonatige Haftstrafe einbrachte. Bei seiner Entlassung wurde ihm auferlegt, Berlin sofort zu verlassen. Das Hakenkreuz hatte man ihm abgerissen.

Hier hatte Werner plötzlich innegehalten:»Aber sag mal, Walter, du bist doch auch kein Jude, nicht wahr?«

»Doch«, hatte Walter schroff geantwortet, und dies war das erste Mal in seinem Leben, daß er sich mit solcher Entschiedenheit zu seiner Herkunft bekannte.»Wie kannst du nur annehmen, ich wäre keiner?«

Werner hatte die Augen weit aufgerissen.»Du bist groß, hast blaue Augen und blondes Haar!«

Danach war ihre Freundschaft getrübt. Die kleinen Ringkämpfe, in denen sie bisher gern ihre Kräfte gemessen hatten, hörten auf. Der muskulöse und guttrainierte Werner war der Stärkere von beiden, aber Walter hatte es nichts ausgemacht, daß er immer verlor. Doch von jenem Tag an hatte er den Kampf verweigert.

»Ich schwöre dir, das ist vorbei«, wiederholte Werner und spie auf den Gehsteig der Wayside Road. »Auf dem Schiff war ich noch ein halber Antisemit. Aber jetzt habe ich begriffen, das kannst du mir glauben!«

»O.K.«, knurrte Walter. »Und wie schlägst du dich hier durch?«

Werner öffnete das Köfferchen, das er in seiner breiten Hand hielt. Zum Vorschein kamen Schuhwichse, Polierlappen, Bürsten für glattes und für Wildleder, Schnürsenkel, Schuhlöffel. Alles brandneu und blitzsauber.

»Komische Ausrüstung! Was machst du damit?«

Werner erzählte ihm, wie Willi Löwenthal ihn zu einem russischjüdischen Emigranten geschickt hatte, der solche Utensilien einführte und sie günstig an Hausierer abgab.

»Und das läuft gut?«

»Nicht allzu schlecht.«

»Meinst du, du kannst damit genug Geld verdienen, um dir eine Schiffskarte nach Amerika zu kaufen?«

Werner seufzte kopfschüttelnd. »Nein, da werde ich Hilfe brauchen. Aber ich muß auch erst noch auf Hilda warten, und die wird nicht vor April kommen können. Auf den Schiffen sind schon alle Plätze belegt. Übrigens, hör dir mal an, was schon vor vierzehn Tagen in der *Times* stand!«

Werner stellte sein Köfferchen auf den Boden, zog aus seiner Brieftasche einen eselsohrigen Zeitungsausschnitt hervor und begann stockend und mit starkem Akzent auf Englisch vorzulesen:

»›Die tragische Sit ... Situation der israelitischen Flüchtlinge in Shanghai. Ein weiteres Kontingent von tausend Personen wird in circa vier ... vierzehn Tagen erwartet, und die verfügbaren Plätze auf den Passagierdampfern ...‹ Das habe ich dir ja schon gesagt«, faßte er auf Deutsch zusammen und fuhr dann fort:»›Nur für ungefähr ein Zehntel der ersten An ... Ankömmlinge konnte Arbeit gefunden werden, und da die örtlichen Hilfs ... Hilfsorganisationen ...‹«

»Gib mal her«, unterbrach ihn Walter ungeduldig und nahm ihm das Blatt aus der Hand.

»›... bereits mit der Unterstützung überlastet sind, die den Tausenden chinesischen Kriegsflüchtlingen geleistet werden muß, droht den neuen jüdischen Einwanderern der Hungertod, falls die jüdische Gemeinde von Shanghai keine weiteren Hilfsmaßnahmen leisten kann. Sie tut zwar ihr Bestes, hat sich aber bereits zahlreicher Arbeitsloser annehmen müssen und versichert, daß es ihr unmöglich ist, einer stetig wachsenden Zahl an Neuankömmlingen beizustehen. Da Shanghai weltweit der einzige Hafen ist, der jüdischen Flüchtlingen offensteht, appelliert die Shanghaier Gemeinde an die Organisationen im Ausland, alle Anstrengungen zu unternehmen, um den nach Shanghai gerichteten Strom der jüdischen Flüchtlinge umzulenken.‹«

Diese Zeilen zogen Walters Mund zusammen wie Zitronensaft. Aufgebracht gab er Werner das Stück Papier zurück, der es wieder in seine Brieftasche steckte und sagte: »Ich mache mir Sorgen. Wenn die nun Hilda nicht mehr nach Shanghai einreisen lassen!«

»Sie hat doch schon ihre Passage, oder?«

»Ich glaube schon, aber ich bin nicht sicher, ob ich richtig verstanden habe, was sie mir in ihrem Brief sagen wollte.«

Hörte Walter ihn überhaupt? Sein Gehirn war in Aufruhr.»Wir müssen uns so schnell wie möglich von hier verziehen!«

Werners Augen leuchteten auf. »Könnten Ediths Eltern uns nicht *Affidavits*[1] schicken?«

Edith Neugewirtz und Walter hatten auf der *Conte Rosso* einen heftigen Flirt miteinander gehabt. Die Eltern der jungen Frau, wohlhabende Juweliere aus Düsseldorf, besaßen Visa für die Vereinigten Staaten. In Shanghai waren sie daher an Bord geblieben und nach Kobe weitergefahren, dem japanischen Transithafen für Reisen nach Nordamerika.

Edith, die leider ständig von einem ihrer Brüder bewacht wurde, schien damals sehr verliebt. Walter wußte, daß er sie nicht liebte. Nach allem, was er erlebt hatte, war sein Herz verhärtet und für die Liebe unempfänglich. Dennoch stürzte er sich auf alles, was die Gegenwart zu bieten hatte, denn das war die einzige Möglichkeit, dem Wahnsinn zu entrinnen. Ediths unschuldige Augen, ihr weißer draller Körper erregten ihn.

Anfangs hatten die Eltern Neugewirtz, die mit ihren drei Kindern in der ersten Klasse reisten, diesen Umgang nicht gerne gesehen. Sie litten bereits darunter, von snobistischen Passagieren von oben herab behandelt zu werden – Passagiere, unter denen sich eine indische Prinzessin sowie Lords und Ladies befanden, die sich mit ihren prächtigsten Toiletten auf einer Vergnügungsreise befanden. Daher fanden sie zu Recht, daß die Gesellschaft Walters, der aus seiner stinkenden Kabine auftauchte, nicht gerade zur Verbesserung ihres Renommés beitrug. Später lernten sie ihn besser kennen und schätzen und äußerten beim Abschied sogar die Hoffnung, ihn wiederzusehen. Walter hatte es

---

[1] Ein von den amerikanischen Behörden verlangtes Schriftstück, mit dem Verwandte oder Freunde eidesstattlich erklärten, daß sie für den Unterhalt der Einwanderer aufkommen würden.

aus Höflichkeit versprochen und um sich Ediths Verzweiflung zu ersparen, die zu teilen ihm nicht möglich war.

Walter und die Neugewirtz' waren so verblieben, daß er
sie nach seiner Ankunft in New York über die Telefonaus-
kunft suchen würde.

»Die hatten gute Freunde auf dem Schiff«, erinnerte
sich Werner. »Ebenfalls Leute aus Düsseldorf, die mit uns
an Land gegangen sind. *Coiffeure!* Weißt du was? Ich werde
bei allen Frisiersalons vorbeigehen, die auf meinem Wege
liegen, und dann werden wir weitersehen!«

Walter lächelte ihm zu. Im selben Augenblick fiel ihm
ein dicker Regentropfen auf die Hand, und breite runde
Kleckse zeichneten sich am Boden ab. Walter steckte die
Shanghai Nachrichten rasch unter seinen Mantel, die Passanten begannen zu laufen, ein Kuli hielt an, um sich die
Schultern mit einem rechteckigen Stück Regenhaut zu be-
decken. Die beiden jungen Männer tauschten ihre Adres-
sen aus, versprachen sich, in Verbindung zu bleiben, und
machten sich jeder in seine Richtung davon.

Walter wohnte nur ein paar Häuser weiter, dennoch
kam er völlig durchnäßt in seinem Zimmer an und wußte
nicht, was er mit seinen tropfenden Kleidern machen
sollte.

XII

Walter erinnerte sich an einen Kellner im Café Landt-
mann, der mit einem außerordentlichen Gedächtnis ausgestattet war, mehrere Bestellungen hintereinander aufnahm, ohne sie zu notieren, und jedem Gast dann das
Gewünschte brachte. Wurde diese Fähigkeit etwa durch
die Nähe des Burgtheaters begünstigt? Die Schauspieler

überquerten nur den kleinen Platz, der sich zum Ring hin
öffnet und immer voller Fiaker ist, um dieses »Hauptquartier« zu betreten, in dem sich die berühmtesten Mimen auf
ihren Fotografien an den Wänden bewundern konnten.
Vielleicht hatte dieser Ober ja einst davon geträumt,
Schauspieler zu werden? Bis Walter an diese Leistung her-
anreichte, kritzelte er die Bestellungen halt auf einen Block
und klemmte sich den Bleistift zwischendurch hinters Ohr.
Die Korrektur der Fahnenabzüge des wöchentlich er-
scheinenden Käseblatts ernährte ihn kaum einen Tag.
Welch ein Glück, daß er diese Kellnerstelle wieder hatte
antreten können, nachdem er zunächst in Hongkew vergeblich Arbeit gesucht und schließlich eingewilligt hatte,
einen jener Lastwagen zu fahren, die die neuen Flüchtlinge am Kai des Hafenzollamtes aufnahmen und zu den
Schlafsälen brachten. Die Neuankömmlinge waren jetzt älter, und ihre verzagten Gesichter zeigten ihre große Nie-
dergeschlagenheit.

Alle, die heimlich etwas Geld hatten ausführen können,
quartierten sich eilig auf eigene Rechnung in Hongkew ein.
So bewohnten die Goldsteins, ein deutsches Ehepaar mit
einem alten Opa, das Zimmer neben Walters. Sarah Gold-
stein mochte gar nicht erst auspacken, nachdem sie festgestellt hatte, das keines der mitgebrachten Kleidungsstücke
sie vor Regen schützen würde und ihre Sommergarderobe
völlig ungeeignet war. Sie hatte erwartet, in Shanghai das
Klima einer tropischen Sommerfrische vorzufinden, eine
Vorstellung, die ihr irgendeine Operette vermittelt hatte. So
mummelte sie sich fest in ihren vom Nieselregen durch-
näßten Mantel, den sie nie trocken bekam, schluchzte den
ganzen Tag und wartete nur darauf, wieder abreisen zu
können. Und ihr Gatte, vordem ein wohlsituierter Kaufmann, der ihr ein behagliches Leben bieten konnte, lief

währenddessen auf der Suche nach einer Anstellung verzweifelt durch die Straßen.

Die, die im Baugewerbe tätig gewesen waren, hatten sich sogleich an die heruntergekommenen Häuser herangemacht, um sie instandzusetzen und vor allem mit Sanitäranlagen auszustatten. Und jeden Tag eröffneten neue Geschäfte für Berliner oder Wiener Mode oder solche wie Alex Fessler's European Hair Salon, Springer's Broadway Shoes und Hans Schwartz's Quick Restaurant. Anscheinend hatten die Besitzer sich von ihren Familien, die in die Staaten emigriert waren, Gelder zukommen lassen können. Und dann gab es da noch, direkt an der Ecke der Shusan und der Wayside Road, jenen Fleischer- und Lebensmittelladen Flatow, an dem Walter nicht vorübergehen konnte, ohne daß ihm das Wasser im Mund zusammenlief!

Im Wiener Café hatte sich Kurts Krankheit nach kurzer Besserung wieder verschlimmert. Eines Nachmittags, als Walter gerade versuchte, seine Erinnerungen an Dachau zu Papier zu bringen – in der Hoffnung, Oskar Blochs Interesse zu wecken und für die *Shanghai Nachrichten* schreiben zu können –, hatte Hans Fischer, Gretas Sohn, an seine Tür getrommelt: »Walter! Bist du da?«

Der zwölfjährige Junge besuchte jeden Sonntag seine Mutter im Wiener Café, weil er wußte, daß die Wirtin ihm ein großes Stück Kuchen spendieren würde. Seine Augen, schwarz wie die eines jungen Rehbocks, strahlten, als er Walter verkündete: »Kurt ist wieder krank geworden, und Frau Bauer läßt fragen, ob du morgen wieder kommen kannst.«

Ob er konnte? Was für eine Frage! Kurt hat wirklich keinen Massel, dachte Walter, aber wenn ihn schon jemand ersetzen muß, warum dann nicht ich! Vor lauter

Freude waren sie sich in die Arme gefallen und dann zu einem kleinen Ringkampf übergegangen, Hans' Lieblingssportart, die ihm bereits Blumenkohlohren eingetragen hatte.

»Ich werde dich mal mit meinem Kumpel Werner Eisenberg bekannt machen«, hatte Walter ihm versprochen. »Der ist viel besser als ich. Der kann dir Griffe beibringen.« In Wien hatte Hans in der Jugendmannschaft des Hakoah trainiert, eines jüdischen Clubs, der Anfang des Jahrhunderts von Sportbegeisterten gegründet worden war, denen es damals vor allem darum ging, ein kraftvolles Bild vom modernen Juden zu vermitteln. Den Lohn für ihre Bestrebungen erhielten sie 1932 bei den Olympischen Spielen von Los Angeles, als der in diesem Verein trainierte Athlet Micki Hirschl zwei Bronzemedaillen gewann.

In der Jugendmannschaft hatte Hans auch Gewichte und Hanteln gestemmt, weil er seine Muskeln kräftigen wollte. Eigentlich war er für das Ringen nicht sonderlich begabt, liebte diesen Sport aber über alles und freute sich zu spüren, wie er immer stärker wurde und zunehmend schwerere Lasten tragen konnte. Damit kam er der Erfüllung seines geheimsten Wunsches näher – nämlich sich den Erwachsenen unentbehrlich zu machen. *Kann ich helfen?* war sein Leitmotiv. Helfen, behilflich sein, das versuchte er bei jeder Gelegenheit.

Als sie Walter vorgeschlagen hatte, das Zimmer neben dem ihren zu beziehen, ahnte Greta Fischer noch nicht, daß dies Hans zumindest teilweise über seine Traurigkeit hinwegtrösten würde: Der Junge litt unter der Abwesenheit seines Vaters, der sich früher jeden Abend gern mit dem Sohn gemessen hatte.

Walter hatte Otto Fischer, den Vater, noch nie gesehen, obwohl dieser ebenfalls in Shanghai lebte. Er hatte Arzt

werden wollen, konnte aber, da er aus einfachen Verhältnissen kam, nur technischer Zeichner werden. Gleichwohl
besaß er eine Ausbildung in Erster Hilfe und interessierte
sich nach wie vor für alles, was mit dem menschlichen
Körper zusammenhing. In Wien hatte er für die Kinder des
Karl-Marx-Hofs, einer Sozialwohnungssiedlung, in der er
lebte, sonntags Wanderungen und Ausflüge organisiert,
und Greta bereitete ihnen zum Selbstkostenpreis ein köstliches Picknick. Die Eltern, die ihre Kinder wegen Ottos
medizinischer Fähigkeiten in guten Händen wußten, lob-
ten das Ehepaar in den höchsten Tönen.

Leider konnte Otto nicht ein Wort Englisch, und als er
in Shanghai ankam, fand er nur eine Stelle als Kranken-
pfleger bei einer reichen chinesischen Familie. Dort mußte
er Tag und Nacht einen alten Herrn betreuen, der Deutsch
konnte, da er früher *Komprador*[1] der Firma Siemens gewesen war. Otto schlief neben dem Zimmer seines Herrn in
einer dreimal drei Meter großen Kammer, möbliert mit
Bett, einer alten Truhe und einer 15-Watt-Birne an der
Decke. Der Wohnsitz selbst war einer der schönsten der
gesamten französischen Konzession.

Ab und an gestand der alter Herr Wu ihm eine halbe
Stunde Freizeit zu, aber meist zu Zeiten, in denen Greta im
Wiener Café arbeitete. Daher hatten sich die Eheleute mitt-
lerweile seit drei Wochen nicht mehr gesehen.

Walter nahm schon tags darauf seinen Dienst im Wiener
Café mit Freuden wieder auf. »Kurt muß sich ein paar Tage
ausruhen«, hatte die Wirtin erklärt, und Walter fragte sich,

[1] Die Kompradore *(compradores)* dienten als Mittelsleute zwischen Chinesen und Abendländern. Sie gehörten zumeist wohlhabenden Familien an, die hochrangigen Persönlichkeiten nahestanden.

ob die Drohung des dicken Russen nicht doch zu ihrer düsteren Miene beitrug. Wie aber konnte er nun das beste aus dieser Chance machen und nützliche Kontakte knüpfen?

Walter hatte unter den Gästen zwei miteinander befreundete Männer um die Vierzig ausgemacht – beide aus Graz, der eine Schriftsteller und der andere ein ehemaliger Industrieller –, die an dem offenbar bereits weit fortgeschrittenen Projekt einer neuen Zeitung arbeiteten. Er ging an ihren Tisch und wischte ihn besonders sorgfältig ab.

»Sag mal, junger Mann«, fragte ihn der »Kommerzienrat« unvermittelt. »Würdest du gern eine neue Zeitung von ungefähr sechs bis acht Blatt lesen, die *Hongkew News* hieße?«

Walter blinzelte und strich die blonden Strähnen, die ihm über die Augen fielen, mit den Fingern zurück.

»Das hängt ganz von der Aufmachung und dem Inhalt der Rubriken ab!«

»Selbstverständlich, selbstverständlich«, stammelte der ehemalige Industrielle, der auf eine so sachkundige Antwort nicht gefaßt gewesen war. »Aber es ist noch zu früh, um dir unser Fabrikationsgeheimnis zu verraten«, fing er sich rasch.

»Wann immer Sie wollen«, bot sich Walter mit einer Verbeugung an.

Er würde keine Gelegenheit versäumen, ihr Vertrauen zu gewinnen. Sobald sich eine gewisse Sympathie zwischen ihnen entwickelt hatte, würde er durchblicken lassen, daß er aus Wien kam.

Der Speiseraum war an diesem Tag brechend voll. Bis vor einer Woche hatte Paco, der philippinische Pianist, nur samstags und sonntags gespielt. Inzwischen spielte er jeden Tag, eine Entscheidung, die Franz Bauer getroffen hatte, als er sah, daß seine Kundschaft wegen der kürzlichen Eröffnung des *Fiaker* im Hotel Weida, etwas weiter oben an der Avenue Joffre, stetig abnahm. Die Eigentümer, zwei befreundete Österreicher, hatten weder Kosten noch Mühen gescheut, um ein Restaurant von hohem Niveau zu schaffen, das nicht allein ungarisch-österreichische Spezialitäten anbot wie etwa Schnitzel, Ente mit Rotkraut und gefüllte Paprika, sondern auch tägliche musikalische Unterhaltung:»*Pepi unterhält Sie am Klavier.*« Zog der spritzige Pianist Pepi etwa die Kundschaft an? Die örtlichen Berühmtheiten und die Damen des englischen Establishment eilten jedenfalls ins *Fiaker.* Daher der für Franz Bauer recht kostspielige Entschluß, Paco sieben Tage die Woche zu beschäftigen und ihn in der *Shanghai Evening Post* zu annoncieren.

Niemand wußte etwas über diesen Filipino mit dem glatten Gesicht, das mitunter von krampfhaften Zuckungen verzerrt wurde. Er erging sich in zahlreichen Komplimenten, bei denen ein breites Lächeln seine schönen, gleichmäßigen Zähne entblößte. Dann verschloß sich sein Gesicht wieder, und ein eigenartiger Schleier trübte den Glanz seiner Augen. Von diesem undurchdringlichen Mann kannte man also nur die Fassade. Wo lebte er, wie und mit wem? Rätsel über Rätsel. Er erzählte nie etwas, wie er auch keine Fragen stellte, und verbrachte seine Pausen damit, schweigend an seiner Camel zu ziehen und versonnen die Rauchkringel zu betrachten.

Was für ein Gedächtnis! sagte sich Walter, während er Paco beobachtete. Kaum daß der Filipino einen Blick auf die geöffneten Partituren warf. Statt dessen schaute er immer wieder zur Eingangstür des Cafés hinüber.

Er interpretierte gerade die *Danzas españolas* von Granados – mit etwas zuviel Emphase, fand Walter –, als die Tür aufging. Mit den zwei eintretenden Männern drang ein

Schwall frischer Luft herein, der die verrauchte Atmosphäre des Speiseraums ein wenig belebte. Die beiden trugen ihre Hüte so tief ins Gesicht gedrückt, daß die Krempe ihre Augen verbarg. Die Hände in den Taschen, gingen sie geradewegs auf das Piano zu.

Paco hielt mitten in einem Akkord inne, schnellte hoch, warf den Männern seinen Klavierhocker in die Beine und stürzte zur Küche, prallte mit Franz Bauer zusammen, der die Balance verlor, sein Tablett fallen ließ und mit Bier und Kaffee überschüttet zu Boden sank. Frauen begannen zu schreien. Kaum hatte der Wirt sich aufgerichtet, stießen die beiden finsteren Gestalten, die dem durch die Küchentür fliehenden Paco nachsetzten, ihn ein zweites Mal um.

Nun herrschte die allergrößte Verwirrung. Die zwei Männer und Paco waren zwar verschwunden, doch die Gäste, die fast alle aufgesprungen waren, griffen hastig nach ihrer Garderobe und wollten gehen.

Walter machte einen Satz, hob den Hocker auf, setzte sich ans Klavier, ließ seine Finger über die Tasten eilen und begann die *Berceuse* von Chopin zu spielen. Die Gäste nahmen wieder Platz und beruhigten sich. Walter spielte mit viel Gefühl, weil ihn dieses Werk an seine Mutter erinnerte, die es ihm beigebracht hatte. Lisa strahlte damals vor Stolz, als er es eines Abends – er war vielleicht zwölf Jahre alt gewesen – den Gästen seiner Eltern vorgetragen hatte. Sie selbst war eine ausgezeichnete Pianistin, und Walter konnte ihr stundenlang zuhören, vor allem wenn sie die *Ungarischen Rhapsodien* von Liszt interpretierte.

Nachdem die letzten Noten der *Berceuse* verklungen waren, kehrte Walter in die Gegenwart zurück und schaute sich im Speiseraum um. Alles war wieder wie gewohnt, bis auf die etwas lebhafteren Unterhaltungen, wahrscheinlich über die Vorkommnisse, die diesen ruhigen Nachmittag gestört hatten. Paco blieb verschwunden, und Walter begegnete Klaras Blick, der ihn dringend bat, weiterzuspielen, und so gab er sich gern diesem Vergnügen hin. Er lächelte allen Frauen zu, die ihn ansahen. Er lächelte der amerikanischen Journalistin Emily Stone zu, während er *Rhapsody in blue* spielte; er lächelte Greta zu, die ihn von der Tür zur Küche aus anfeuerte; er lächelte der schönen und geheimnisvollen Chinesin zu, die eine weiße Seidenhose und eine bestickte, von oben bis unten geknöpfte Jakke trug; er lächelte ihrer alten Begleiterin zu; er lächelte Fengyong zu, der Greta von der Küchentür verdrängt hatte – doch das Gesicht des Jungen blieb unbeweglich.

Als Walter den Klavierdeckel zuklappte, stand Franz Bauer vor ihm, hatte seine Heuschreckenaugen auf ihn geheftet und die Hände in den Hosentaschen.

»Du spielst gar nicht so schlecht, wirklich gar nicht schlecht. Man sieht, daß du gern spielst, gell! Es hat dir doch Spaß gemacht, oder?«

Walter witterte eine Falle und gab sich bewußt aggressiv und spöttisch.

»Soll ich Ihnen eine Benutzungsgebühr für das Klavier bezahlen?«

Franz lachte gezwungen. »Nein, bestimmt nicht! Wofür hältst du mich? Du bist ein komischer Junge, Walter. Ich dachte nur, wenn Paco morgen nicht wiederkommt, könntest du für ihn einspringen, wo es dir doch soviel Vergnügen macht.«

»Wieviel?« fragte Walter scheinbar kaltblütig und hielt ihm seine geöffnete Hand hin, während sein Herz wild pochte.

Franz war plötzlich auf der Hut wie eine Katze, die einen Hund auftauchen sieht, und sagte endlich mit verkniffenen Lippen:

»Fünfzig Cent pro Tag. Soviel bekommt Paco auch, und der ist schließlich Berufsmusiker.«

»Morgen sehen wir weiter«, antwortete Walter nur.

XIII

Der Speiseraum leerte sich an jenem Abend schon gegen elf Uhr, und Franz Bauer entschied, sofort zu schließen. Da auf keinen großen Andrang mehr zu hoffen war, wollte er lieber Strom sparen. Die Bars und Cabarets machten zu dieser Stunde bessere Einnahmen als die Restaurants. Ein Glücksfall für Walter! Wieviel verdient ein Pianist in Shanghai? grübelte er, denn er kannte die Knauserigkeit des Wirts. Nun konnte er diese Frage gleich klären. Die Namen, die die im Wiener Café verkehrenden Nachtschwärmer und Lebeleute austauschten, spukten ihm im Kopf herum.

Er beeilte sich, nach Hongkew zu kommen, um seinen Anzug anzuziehen, und winkte unterwegs einer Rikscha. Sofort stritten sich zwei Kulis um die Gunst, ihn befördern zu dürfen. Er wählte den weniger spindeldürren, der auch saubere Kleidung trug.

»*Where Master go?*«

»Shusan Road. *Savey?*«

»*Savey, savey*«, antwortete der Mann eifrig und stürmte, an seine Deichsel geschirrt, los.

Die Fahrt würde zwischen zwanzig und dreißig Cent kosten, ein hoher Preis für Walter, doch der Einsatz konnte sich lohnen. Allerdings wußte er noch nicht, daß die Kulis immer »*savey*« antworteten, um das Gesicht nicht zu verlieren, indem sie ihre Unwissenheit eingestanden!

Der Mann lief mit gleichmäßigem Schritt durch die

Straßen. Walter erinnerte sich an ein Gespräch mit Horst Baumann: Einem seiner Kollegen war zum zweiten Mal das Fahrrad gestohlen worden, und seither nahm Horst seines überallhin mit, trug es sogar bis in die obersten Stockwerke hinauf. »Verflucht anstrengend«, versicherte er.

»Warum nimmst du dir keine Rikscha?« hatte Walter gefragt.

Horst hatte die Stirn gerunzelt. »Ich weigere mich, zur Erniedrigung eines menschlichen Wesens beizutragen.«

Walter war in Gelächter ausgebrochen. »Was für ein Quatsch! Die reine Gefühlsduselei, Horst! Du bringst diese armen Kerle bloß um ein paar Schälchen Reis. Ich bin mir sicher, daß sich die Kulis als erste wundern würden, wenn sie wüßten, welche Hochschätzung du ihnen entgegenbringst! Weißt du, daß die meisten auf der Straße schlafen, bestenfalls im Schuppen ihrer Arbeitgeber?«

Hier hatte sich der Stuttgarter Mathematiker halb im Scherz, halb im Ernst eingemischt: »Ihr Österreicher habt wirklich den Bogen raus, das Leben von der guten Seite zu nehmen!« Es klang wie ein Vorwurf.

Als sie die Avenue Edward-VII überquerten, bemerkte Walter, daß Sikhs, wahre Hünen mit Turban und schwarzem Bart, die kleinen annamitischen Gendarmen abgelöst hatten. Eine Rikscha überholte sie, mit einer dicken wütenden Französin auf der Sitzbank, die auf ihren Kuli einschimpfte, damit er schneller lief. *Porc* – Schwein – war das einzige Wort, das Walter verstand. Die Frau hob sich von den anderen nächtlichen Fahrgästen ab, vorwiegend einzelne Männer und viele Matrosen, die in Gruppen aus den durch Laternen gekennzeichneten Bars kamen und ihre Rikschas zu wilden Wettfahrten antrieben. Verliebte, die in zwei Rikschas saßen, Seite an Seite fuhren und sich an den Händen hielten. Vermögendere Paare drängten sich, vor dem Regen geschützt, auf den Bänkchen der zweisitzigen Fahrradrikschas zusammen.

Der Kuli bog in die Bubbling Well Road ein. Walter erkannte eine Leuchtreklame in Gestalt einer jungen Chinesin wieder, die sich in zwei Meter hohen Schriftzeichen begeistert darüber ausließ, wie gerne sie Burleigh-Zigaretten rauchte. Jedesmal, wenn Walter durch diese Straße kam, bewunderte er diese gigantische Reklametafel und fragte sich, aus wieviel Tausenden von Glühbirnen sie bestehen mochte. Jetzt befand sie sich zu seiner Rechten, was bedeutete, daß sie dem Fluß den Rücken zukehrten, statt in Richtung Bund zu fahren!

»Heda! Heda! Stopp!« rief er.

Im Glauben, er sei seinem Kunden zu langsam, preschte der Kuli mit ausgreifenden Schritten noch schneller vorwärts, so daß er die Trambahn streifte und dicht an den Autos vorbeischrappte. Schließlich gelang es Walter, den Mann am Kragen seiner wattierten Jacke zu packen und ihn unter Lebensgefahr zu einer raschen Wende zu bewegen.

Und schon schossen sie ohne Rücksicht auf die Fußgänger in die andere Richtung. An der Ecke der Park Road erkannte Walter das Park Hotel, eines der schönsten Gebäude Shanghais, vor dem Boys in weißer Livree die vorfahrenden Automobile dirigierten und eilfertig die Wagentüren öffneten. Von den oberen Stockwerken aus konnte man die Pferde sehen, die gegenüber auf der Rennbahn des Shanghai Race Club liefen.

Diesmal achtete Walter auf den Fahrweg und klopfte dem Kuli vor jeder gewünschten Abbiegung auf die Schulter. Was hätte er nur ohne seinen Orientierungssinn angefangen, der seine Freunde bei ihren Streifzügen und Autofahrten im Wiener Umland so sehr beeindruckt hatte?

Der Vollmond spiegelte sich auf den Wassern des Whangpoo. Die ankernden Schiffe schwankten sanft hin und her: Passagierdampfer unter den Flaggen aller Nationen, englische, amerikanische oder japanische Kreuzer, Frachtschiffe, Lastkähne, Schlepper, und selbstverständlich auch die großen Dschunken mit mehreren Decks sowie die Sampans, die Shanghais immer gleiche Kulisse bildeten.

In Hongkew konnte der Kuli nur knapp einem ambulanten Garkoch ausweichen, dessen Last dabei fast zu Boden gegangen wäre. Wundersamerweise blieben Lebensmittel, Brennstoff und Schüsseln auf seinen Schultern im Gleichgewicht. Walter begegnete diesem langen Gerippe mit den X-Beinen jeden Abend. Der Garkoch stand gewöhnlich an einer Straßenecke, schlug, Aufmerksamkeit heischend, mit einem Bambusstock auf seinen Holzkasten, und schon kamen die verschlafenen Chinesen, in ihre Decken gewickelt, herunter, um sich ein Schälchen heiße Nudeln zu kaufen.

Den Schlagstock am Gürtel, bewachte ein Sikh das Gittertor der Einfahrt des Gäßchens Nummer 17. Erst musterte er den Kuli mit strengem Blick, der sich sofort ganz klein machte, dann Walter, und endlich schwang das Tor quietschend auf. Vor dem Haus des Optikers angelangt, erklärte Walter dem Rikschafahrer mimisch, daß er sich umziehen und gleich wiederkommen würde.

»*Allight*«,[1] nickte der Kuli und kletterte unter das Verdeck.

Als Walter kurz darauf zurückkam, schlief der Chinese so fest, daß er ihn rütteln mußte. Der Mann sprang sofort auf die Füße und setzte sich in Trab, noch bevor er wußte, wohin die Fahrt gehen sollte.

---

[1] Für *all right:* gut, alles klar.

»Where Master go?«
Walter mußte sich entscheiden. »Park Hotel. *Savey?«*
»Savey, savey, savey, yesyes!« versicherte der Kuli erneut.
Vielleicht wußte er es diesmal ja tatsächlich; schließlich war das Park Hotel eines der schicksten und bekanntesten Hotels von ganz Shanghai. Wenn schon, denn schon! dachte Walter in Erinnerung an das Lieblingssprichwort seines Vaters, der ein entschiedener Gegner halber Sachen gewesen war.

In der von Licht überfluteten Nanking Road kam eine Rikscha so nah heran, daß sie die seine fast streifte, und fuhr dann auf gleicher Höhe weiter. Im Innern saß eine jener bezaubernden »Blumen« Shanghais, die auch *singsong girls* genannt wurden. Diese hier hatte lackschwarzes, im Nacken geknotetes und mit einer Kamelie geschmücktes Haar, schöne Mandelaugen, eine kleine flache Nase und war wirklich überaus reizend. Sie bedachte Walter mit einem schmachtenden Blick.

»Hello, handsome!«[1] rief ihn die junge Frau an. Ihre Stimme klang fast kindlich.

Er machte ein abweisendes Gesicht.

»Too bad!«[2]

Sie winkte kurz zum Abschied, und schon schwenkte ihre Rikscha in die Dunkelheit eines Gäßchens und auf die Glaslaternen mit den roten Schriftzeichen zu, die übersetzt so verheißungsvolle Namen ergaben wie: Haus der Ewigen Freude, Tempel des Allerhöchsten Glücks oder Garten der Duftenden Blumen.

---

[1] »Hallo, Hübscher!«
[2] Schade!

Vor dem Park Hotel angekommen, ließ der Kuli die Deichsel abrupt fallen, so daß Walter, der vor sich hin geträumt hatte, ihm fast auf den Rücken gerutscht wäre. Der Mann bog sich vor Lachen, und der kleine Trupp Grooms brach ebenfalls in schallendes Gelächter aus.

Eine auffällige Ankunft, dachte Walter, und hatte taube Ohren für das Geschnatter des Kulis, der ihm einen Zuschlag zu entlocken versuchte. Er schaffte sich den Mann mit einer entschiedenen Geste vom Hals und betrat die Eingangshalle.

Wäre es überhaupt noch nötig gewesen, so hätte ihm spätestens seine lächerliche Ankunft klargemacht, daß er in diesem prunkvollen Haus völlig fehl am Platze war. Eine große Vitrine zeigte Artikel, deren Existenz er bereits vergessen hatte: das Parfüm *Soir de Paris*, Gesichtspuder von Coty, Badesalze mit dem Duft von Chypre oder Fichtenessenz. Er kam sich ungeschickt, deplaziert vor, während er zwischen den Tischen hindurchging im Stimmengemurmel, im Klirren der Gläser und Flaschen und in einer Atmosphäre, in der betörende Düfte miteinander wetteiferten. Vornehme Leute in Abendgarderobe schlürften ihre Whiskys, ihre Cocktails oder Liköre. Gelächter ertönte von der Bar, und aus dem Speisesaal wehten die Klänge von Musik herüber.

Walter setzte ein möglichst unbefangenes Gesicht auf und ging ungezwungen auf die Bar zu. Auf der Schwelle stockte er und hätte sich gerne eine Zigarette angesteckt, um seine Unentschlossenheit hinter der Flamme verbergen zu können. Mehrere Oberkellner und Pagen glitten lautlos über den dicken Teppich. Auf einem der Barhocker saß eine Brünette in einem langen grünen, eng geschnittenen Kleid und mit Smaragdschmuck behängt. Sie hatte grüne Satinschuhe an den Füßen, rauchte eine grüne Zigarette und hatte einen Cocktail mit Pfefferminzlikör vor sich stehen. Ihr zwischen grüngeschminkten Lidern aufblitzender Blick glitt eisig über Walter hinweg.

Der Pianist hatte ein wenig einnehmendes Gesicht und spielte lustlos eine Melodie aus irgendeinem amerikanischen Film. Er besaß die kräftigen Schultern eines Russen und brachte trotz seiner dicken, wurstigen Finger Töne von seltener Zartheit hervor. Würde Walter ein Gespräch mit ihm anknüpfen können, ohne ein Getränk zu bestellen? Das konnte er sich wirklich nicht leisten. Das würde eine ganze Monatsmiete verschlingen. Doch wie sollte er sonst vorgehen?

»Walter? He, Walter!«

Er drehte sich um und erkannte nach kurzem Zögern Max wieder.

Max Herzberg hatte auf der *Conte Rosso* zu der Masse der armen Tröpfe gehört, die sich nur die dritte Klasse leisten konnten. Seine Kabinengefährten machten sich über ihn lustig, weil er stets in seinen Schuhen – kräftige, mit guten Ledersenkeln verschnürte Bergtreter – schlief. »Hast du einen Bocksfuß, den du uns nicht zeigen willst?« hatte ihn einer von ihnen gefragt. »Schlimmer!« hatte Max mit einem tragischen Blick geantwortet, der überhaupt nicht zu seinem runden rosigen Gesicht und dem südländischen Gebaren paßte, das er von einer türkisch-italienischen Mutter geerbt hatte. Und dann hatte er sich auch noch brüsk abgewendet, als wollte er schweren Kummer verbergen. Niemand war weiter in ihn gedrungen.

Nicht minder sonderbar für einen derart jovialen Menschen war eine andere Gewohnheit: Er verbrachte die ganze Zeit in der Kabine, in seiner Koje ausgestreckt, und verließ sie höchstens für die Mahlzeiten. Dann erschien Max auch erst zum Hauptgang, stopfte in sich hinein, was er nur konnte, und verschwand sofort wieder.

Max hatte behaglich vor einem Whisky-Soda gesessen und eine dicke Zigarre geraucht, deren Asche auf seinen Smoking fiel, ehe er sich erhob, um Walter zu begrüßen. Er trug feine schwarze Lackhalbschuhe.

»Du hast dich aber verändert, Max!«

Walter war wie vor den Kopf geschlagen. Trotz des Altersunterschieds von gut zehn Jahren hatten sie sich auf dem Schiff schon bald geduzt.

»Setz dich doch, mein Freund!« schlug Max vor, während er Walter kritisch begutachtete. »Hast du deinen Smoking nicht mitgebracht?«

»Er war in dem Koffer, der mir im Zug gestohlen wurde. Nicht schlimm! Ich werde schon einen anderen finden. Hab' bis jetzt nur keine Zeit dafür gehabt!«

Die großspurige Masche verfing aber nicht.

»Ich kann dir einen abgeben, wenn du willst. Dieser hier ist ganz neu, der andere ist mir zu eng geworden.«

»Du siehst verdammt wohlhabend aus! Kannst du mir nicht mal erklären, wie du das geschafft hast?«

Max brach in dröhnendes Gelächter aus.

»Erinnerst du dich noch an meine Bergschuhe?«

Walter nickte. Wie hätte er die vergessen können?

»Mein Vater hatte mir ein kleines Schmuckgeschäft in der Mariahilfer-Straße hinterlassen«, fuhr Max fort. »Sofort nach dem Anschluß, als ich gesehen hab', wie die Sache laufen würde, habe ich meinen ganzen Lagerbestand, natürlich mit Verlust, gegen Diamanten und Goldbarren eintauschen können. Ich bin so lange wie möglich bei meiner Mutter geblieben, die sehr krank war, aber schließlich wurde es zu riskant. Mein bester Freund war Sattler. Er hat die Diamanten in den Absätzen meiner Schuhe untergebracht, und aus dem Gold hat er Nägel und Beschläge für meinen Koffer gegossen. Schlau, nicht wahr! Ich habe einen Diamanten verkauft, das war alles.« Er strahlte.

»Gut getrickst!« meinte Walter anerkennend. »Hast du schon ein Visum für woandershin?«

Max nahm einen großen Schluck Whisky, blinzelte mehrmals und schnalzte mit der Zunge.

»Noch nicht. Ich schwanke noch zwischen Australien, den Staaten und Südamerika. Hab's im Grunde nicht eilig. Hier kann man fabelhaft Geschäfte machen, ich werde mir erst mal ordentlich die Taschen füllen. Und wie geht's dir? Aber sag erst mal, was du trinken möchtest. Einen doppelten Scotch?«

»Ein einfacher reicht mir schon. Ich bin nichts mehr gewohnt.«

»Mach dir keine Gedanken! Das trinkt sich weg!«

Dann bestellte er zwei Doppelte.

Was Walter zu berichten hatte, erinnerte ihn im Vergleich zu dem eben Gehörten an eine Karikatur, bei der ein völlig abgezehrtes Hühnchen neben einem fetten Kapaun saß. Er endete mit der Erklärung, daß er hergekommen sei, weil er erfahren wollte, wieviel ein Pianist verdient; und dann nippte er an dem Whisky, um seine Verlegenheit zu verbergen.

Max lachte schallend, so daß sein dicker Bauch hüpfte, als hätte man ihm gerade den allerbesten Witz erzählt.

»Der Sohn von Arthur Neumann verdient in einem Monat gerade so viel, wie sein Vater täglich für Zigarren ausgegeben hat! Ha! Ha! Ha! Das hätte man sich nicht träumen lassen! Verplempere deine Energie doch nicht mit diesen kleinen undankbaren Tätigkeiten, mein Alter! Du schneidest besser ab, wenn du nützliche Kontakte knüpfst und ein paar gute Geschäfte landest.«

Walter steckte den Hieb ein und bezähmte mühsam sein Verlangen, alles kurz und klein zu schlagen, die Tische samt Gläsern und Flaschen umzustürzen, Max' Seidenhemd in Fetzen zu reißen. Er atmete tief durch und fragte nach:

»Was für Geschäfte?«

»Mach dir mal keine Gedanken! Wer so schlau und so aufmerksam ist wie du, der wird sie schon selber wittern. Bring mir Waren, die sich zu kaufen lohnen, und bring mir Kunden; ich werde dir jeweils eine gute Provision zahlen. Wir nehmen hier gemeinsam ein Zimmer. In der ersten Zeit werde ich dir unter die Arme greifen und dir auch meinen Boy ausleihen. Er tut zwar den ganzen Tag nichts, aber er kann sehr gut Hemden bügeln. Alles klar, oder?« schloß Max und klopfte Walter mit dem Handrücken freundschaftlich auf den Magen.

Das Angebot war verlockend. Walter biß sich nervös auf die Lippen, sein Puls pochte heftig.

»Hallo! Hallo!« rief Max plötzlich auf Deutsch und machte raumgreifende Armbewegungen. »Hier, Erik! Ich bin hier!«

Walter drehte sich um und entdeckte den Schauspieler Erik Oldenburg in Begleitung eines weißhaarigen Fünfzigers. Beide sahen etwas mitgenommen aus, ihre ehedem elegante Kleidung war stark abgetragen. Sie suchten den Barraum mit Blicken ab, die nichts sahen.

Erik Oldenburg war bei den Wiener Journalisten sehr beliebt gewesen. Seine Bände füllenden Eskapaden waren damals in aller Munde. Er war ein großer breitschultriger Mann mit schlanken Hüften, grauen Schläfen und einem schönen Gesicht, dessen Stirn eine Falte in Form eines Krummsäbels zierte. Er sammelte schöne Autos und weibliche Eroberungen. Seine Vorliebe galt den Gattinnen rei-

111

cher Bankiers und Juweliere, von denen manch einer ihn zum Duell gefordert hatte. Eines Tages jedoch war er einfach verschwunden unter Hinterlassung einiger untröstlicher Mätressen und sagenhafter Spielschulden, wie man etwas später erfuhr. Er hatte sich also nach Shanghai abgesetzt!

Endlich gelang es Herzberg, Oldenburgs Aufmerksamkeit auf sich zu lenken, und so kamen die beiden Männer, die nicht mehr ganz sicher auf den Beinen waren, näher. Walter stellte fest, daß es in der Bar keinen einzigen leeren Sessel mehr gab. Hingegen wurde in der Eingangshalle gerade ein Tisch frei. Er wies die anderen darauf hin, und sie nahmen alle dort Platz.

Als sie sich einander vorstellten, erfuhr Walter, daß es sich bei Eriks Begleiter um einen französischen Journalisten namens Robert Duguay handelte. Er hatte als Korrespondent in Wien gearbeitet, war dann nach Shanghai gekommen, um über den chinesisch-japanischen Krieg zu berichten, hatte sich schließlich in die Stadt verliebt und war geblieben. Der Mann wirkte nachgiebig und entschlossen zugleich, eine Mischung, die sich auch in seinem Gesicht wiederfand, das zwar einen energischen Blick, aber weiche Züge aufwies.

Oldenburg bestellte eine Runde Wodka unter dem Vorwand, daß dies der einzige Alkohol sei, den er an diesem Abend noch nicht gekostet habe. Duguay prustete glucksend los.

»Auf den Erfolg unseres zukünftigen *Tai-pan!*« posaunte der Schauspieler, indem er sein Glas in Herzbergs Richtung erhob.

»*Tai-pan?*« fragte Walter.

»So nennt man hier die großen Bosse, die Magnaten«, klärte ihn Duguay auf.

»Die sitzen in ihren glänzenden schwarzen Limousinen und rauchen dicke Zigarren«, vervollständigte Oldenburg. »Herzberg ist die Rolle wie auf den Leib geschrieben.«

Fasziniert wiederholte Walter in Gedanken das Wort *Tai-pan*, das in seinen Ohren nach Macht und Geheimnis klang, gleich jenen Fanfaren, die dem Öffnen schwerer purpurroter Samtvorhänge vorausgehen. *Tai-pan!* Duguay hatte sich so hingesetzt, daß ihm von dem regen Kommen und Gehen nichts entging.

»Da ist Ehrhardt!« verkündete er plötzlich.

»Oberst Ludwig Ehrhardt!« erklärte Max Walter leise.

»Nazioffizier. Wohnt hier im Park Hotel.«

Duguay hatte offenbar ein scharfes Gehör, denn er fügte noch hinzu:

»Chef des deutschen Geheimdienstes für den Fernen Osten.«

Er sprach zwar ein sehr korrektes Deutsch, doch mit dem schönsten französischen Akzent.

»Ach, übrigens«, fiel Oldenburg ungeniert ein. »Kennst du eigentlich den Spitznamen des Barons Jesco von Puttkamer?«

»Der Goebbels des Fernen Ostens«, erwiderte der Journalist, dessen Augen unablässig von rechts nach links und von links nach rechts wanderten, als würde er eine Partie Ping-Pong verfolgen.

»Leiter des deutschen Nachrichtenbüros und zuständig für die Verbreitung der Nazipropaganda«, präzisierte Herzberg, an Walter gerichtet, der spürte, wie Ekel in ihm hochstieg. Aber vielleicht kam das ja auch nur von den durcheinandergetrunkenen Alkoholika.

»Zusammen mit Klaus Mehnert«, setzte Oldenburg hinzu. »Der im übrigen auch der Verleger des hiesigen Nazikäseblatts ist. Hick!«

»*Ostasiatischer Lloyd*«, rülpste Duguay. »Aber, sieh nur, lieber Max, da kommt einer deiner Glaubensbrüder und Namensvettern, der Wäschefabrikant Max Sulzberger in Person. Schau, schau, er spricht mit Ehrhardt! Herr Sulzberger unterhält sich mit Oberst Ehrhardt! Das ist ja äußerst interessant!«

Duguay zog ein speckiges Notizheft hervor, kritzelte drei Zeilen hinein, sah dann aber einen Boy vorbeikommen und rief diesen fingerschnippend herbei.

»*A votre service, monsieur!*« sagte der Chinese, indem er sich tief verbeugte. »*Qu'y a-t-il pour le service de monsieur?*«[1]

»Was gibt es Neues, Shisan?« erkundigte sich Duguay, ebenfalls auf Französisch, während er dem Jungen einige Münzen in die Hand drückte. Der Boy runzelte angestrengt nachdenkend die Stirn. »Ein Mann und eine Frau sind völlig betrunken von der Terrasse im obersten Stock gefallen, Monsieur.«

»Das hast du mir schon erzählt«, sagte Duguay ungeduldig, den Bleistift in der Hand.

»Die gehen mir mit ihrem Französisch auf den Wecker«, meinte Erik zu den beiden anderen. »Versteht ihr diese komische Sprache?«

»Ein bißchen«, antwortete Walter. »Aber wie kommt es, daß der Boy sie so gut spricht?«

»Wurde von den Jesuitenpatres in Zikawei erzogen, hick! Wollen die Gelben bekehren. Der da arbeitet abends, um seiner Familie zu helfen. Seine Alten sind krank, und seine älteren Brüder sind von den Japanern abgemurkst worden, hick! *Shisan* bedeutet auf Chinesisch ›Kleiner Dreizehnter‹. Genauso, als ob ich ›Großer Erster‹ heißen würde, hick!«

---

[1] Zu Diensten, Monsieur! Womit kann ich Monsieur dienen?

114

Damit sank Oldenburg in seinem Sessel zusammen und schien kurz davor, einzuschlafen. Der Alkohol hatte Walters Wahrnehmung geschärft. Die Gedanken schossen ihm kreuz und quer durch den Kopf wie Raketen eines Feuerwerks. Aus den Augenwinkeln sah er, wie Herzberg ihn eingehend musterte. Gleichzeitig lauschte er aufmerksam den Auskünften, die Shisan für Duguay herunterschnurrte.

»Ein Portugiese hat sich in der Herrentoilette eine Kugel in den Kopf geschossen, Monsieur.«

»Gut, und sonst?« drängte Duguay, während er Notizen machte.

»Die Prinzessin Ivanowna hat ihr Kleid aus Straußenfedern in die Pfandleihe gegeben, Monsieur.«

»Kein Liebhaber in Sicht?«

»Sie sucht jemanden, der sie in die Familien Hardoon, Sassoon, Ezra, Kadoorie oder Gubay einführen könnte, Monsieur.«

»Die jüdischen Nabobs«, wandte sich Duguay augenzwinkernd an Walter, doch der sah sich jählings gezwungen, eine Entscheidung zu treffen, da er auf der Standuhr gerade entdeckt hatte, wie spät es war.

Die von den Japanern auferlegte Sperrstunde untersagte die Überquerung der Garden Bridge zwischen ein Uhr nachts und fünf Uhr morgens. Und es war fast fünf. Falls er sofort aufbräche, überlegte Walter, würde er noch rechtzeitig nach Hause kommen, um Hans Fischers Englischaufgaben durchzusehen, wie es versprochen hatte. Und Arthur Neumanns Sohn würde sein Wort niemals brechen. Er sprang auf und packte Duguay bei der Schulter.

»Wieviel verdient ein Pianist in Shanghai?« Er hatte Französisch gesprochen.

»Der Barpianist im Hotel verdient zehn chinesische Dollar, Monsieur«, antwortete Shisan mit versonnenem Blick.

Walter bedankte sich bei Herzberg, versprach, bald von sich hören zu lassen, und nahm die Beine in die Hand.

XIV

Während er keuchend durch die Straßen lief, fragte er sich: Zehn chinesische Dollar, zehn chinesische Dollar! Pro Tag oder pro Monat? Pro Tag wär' das enorm viel. Zehn chinesische Dollar im Monat, das käme dann auf ... Zehn geteilt durch dreißig ... Mal sehen, zehn geteilt durch dreißig ... Auf ungefähr fünfunddreißig Cent. Ja, ungefähr fünfunddreißig Cent pro Tag. Das wäre ja noch weniger, als Bauer mir angeboten hat! Unmöglich! Also zehn Dollar pro Tag? Unglaublich!

Er war ziemlich verwirrt und konnte seine Überlegung wegen des Laufens nur mit einiger Mühe fortsetzen. Außerdem war ihm etwas heftig auf den Magen geschlagen: Wenn man bedenkt, dachte er, daß Herzberg mit soviel Moneten nach Shanghai gekommen ist! Was war ich doch für ein Dummkopf, ein Idiot, ein armer Wicht! Es gibt wirklich kein Wort, das drastisch genug wäre, um meine Blödheit zu bezeichnen. All diese Leute sind Wagnisse eingegangen, nein, nicht alle, aber viele. Und ich, ich wollte unbedingt die Gesetze einhalten! Ich habe es abgelehnt, den Nazi zu hintergehen, der überprüfen sollte, was ich in meinen Koffern mitnahm. Ich hab' mich für besonders edel gehalten, ich war noch stolz auf meine Untadeligkeit, was für ein Schwachkopf! Was für ein dämlicher Schwachkopf! Anstatt meine ganze Kraft darauf zu verwenden, nach Mitteln und Wegen zu suchen, um zu überleben!

Eine im Café gehörte Anekdote schoß ihm in den Sinn: Ein junges Elternpaar aus Karlsruhe hatte den Teddy seines Sohnes aufgetrennt, einen Diamanten in die Nase und weiteren Schmuck in die Roßhaarfüllung gestopft und ihn dann wieder zugenäht. Und da der Bengel ohne sein Bärchen im Arm nicht einschlafen konnte, war es völlig verständlich, daß die Eltern ihn hüteten wie ihre Augäpfel! Sie waren anstandslos durchgekommen. Und nun lebten sie in einer schönen Wohnung, und der Vater hatte eine Praxis eröffnet. Als Facharzt für Geschlechtskrankheiten verdiente er reichlich seinen Lebensunterhalt.

Als ob er sich für seine selbstmörderische Rechtschaffenheit, für diese Albernheit, die er auszumerzen wünschte, bestrafen wollte, rief Walter sich den ganzen Weg über weitere vom Glück begünstigte Tricks ins Gedächtnis, welche sich unter den Gästen des Cafés herumgesprochen hatten: So hatte etwa eine junge Mutter die Zugsaumkordel im Kopfkissen ihres Säuglings durch eine lange breite Goldkette ersetzt; andere hatten Geldbeutelfutter, Mäntelsäume oder Hosenbünde dazu verwendet, Geld und Schmuck zu verstecken.

Diese pfiffigen Kniffe schienen vor allem das Werk von Frauen zu sein. Walter liebte, ja vergötterte seine Mutter, die ihn verwöhnt, gehätschelt, wie einen kleinen Prinzen großgezogen hatte; doch er mußte eingestehen, daß ihr Dasein, das nur der Musik, der Stickerei, den Festen und Empfängen gewidmet war, sie zu jeder praktischen Hilfe unfähig gemacht hatte. Arthur Neumann wollte ihr ein Leben voller Freuden, ohne Kummer und Sorgen bieten. »Die Frauen sind Blumen«, hatte er oft zu Walter gesagt. »Und deine Mutter ist eine der kostbarsten.«

Das Bild seines Vaters, mit dem tadellos gestutzten Bart und dem offenen und aufmerksamen Blick, stieg vor ihm auf. Dieser Enzyklopädist und scharfsinnige politische Analytiker hatte großes Gewicht auf intellektuelle, moralische und physische Geradlinigkeit gelegt. Und nun begriff Walter, weshalb er sich wider alle Logik dagegen sperrte, sich an Max Herzbergs Machenschaften zu beteiligen. Er hätte Verrat an seinem Vater begangen, wenn er sich auf diese krummen Geschäfte eingelassen hätte; Geschäfte, an denen sich ein Robert Duguay beteiligen mochte, diese weichliche und ungeschliffene Kanaille, die sich Journalist zu nennen wagte und doch nur ein mieser Schmierfink war.

Doch bald war Walter außerstande, einen klaren Gedanken zu fassen. Die feuchte Kälte machte ihm die Füße klamm und schwer und verlangsamte seinen Lauf. Auf der Garden Bridge pfiff ihm der schneidende Wind um die Ohren; trotzdem nahm er seinen Hut bereits einige Meter, bevor er den japanischen Kontrollpunkt erreichte, vom Kopf. Die Söhne Nippons ließen nicht mit sich spaßen, wenn es um den Respekt ging, den man ihnen ihrer Meinung nach schuldete.

Nach einem heftigen Streit zwischen einem Posten und einem chinesischen Journalisten hatte der japanische Pressesprecher an die für alle bestehende Pflicht erinnert, vor einem Wachmann den Kopf zu entblößen und den Übergang nicht mit einer Pfeife im Mund zu passieren. Es gab viele Zwischenfällen und Streitigkeiten. Einmal traf es einen Amerikaner, der mit seinem Lastwagen über die Brücke gefahren war und sich etwas zuviel Zeit ließ, seinen Hut zu lüpfen. Der Mann wurde von dem Wachtposten geohrfeigt und ins Hauptquartier gebracht, wo man ihn zwei Stunden lang festhielt und ihn zwingen wollte, den Boden zu wischen. Da er sich jedoch standhaft weigerte, wurde er erneut geohrfeigt. Tags darauf riß ein japanischer Wachmann einer hübschen Amerikanerin den Hut vom Kopf. Sie war wegen einer Umzugsgenehmigung gekommen und hatte es gewagt, den Hut vor ihm aufzuhalten! Manche Chinesen zogen es vor, barhäuptig zu gehen, um sich diesem Zwang nicht unterwerfen zu müssen. Die Leute hatten einen traurigen Vorfall noch in lebhafter Erinnerung. Im März hatten japanische Soldaten einen alten Chinesen geschlagen und anschließend in den Whangpoo geworfen. Die britischen Grenzposten auf der anderen Seite der Brücke mußten ohnmächtig mit ansehen, wie der Greis unter dem Gelächter und dem Beifall der Soldaten des Mikado ertrank. Walter schauderte, während er an dem Japaner mit den krummen Beinen vorbeiging. Der Mann musterte ihn finster von oben bis unten und bellte widerwillig die Erlaubnis zu passieren.

Hans trommelte bereits an Walters Tür, als dieser in den Flur trat. Der Junge war erleichtert und zugleich erstaunt beim Anblick seines Freundes, der offensichtlich durchgefroren war. Hans stürzte sofort in das Zimmer, das er und seine Mutter bewohnten, und kehrte mit einer Tasse heißen Wassers zurück, die Walter gleich in beide Hände nahm und an seine Brust drückte.

XV

Im Wiener Café wartete man neugierig auf Paco. Würde er wiederkommen? Und wenn ja, wie würde er sich verhalten? Was würde er sagen? Würde er sich einfach auf seinen Klavierhocker setzen, als wäre nichts gewesen, das glatte Gesicht so undurchdringlich wie eine Maske?

Frau Bauer las die Zeitung und stieß plötzlich einen Schrei aus. Ein paar Zeilen berichteten, daß am Vortag ein

Filipino namens Paco Buguay auf der Route Père-Robert von einer Revolverkugel getroffen worden sei, nur an die hundert Meter vom Hospital Sainte-Marie entfernt, in dem der Verletzte kurz darauf verstorben war. Die Polizei, die sogleich eine Untersuchung eingeleitet habe, sei der Ansicht, daß es sich um einen Racheakt handele. Paco hatte seine Geheimnisse in die andere Welt mitgenommen.

Walter nahm seinen Dienst tapfer auf, obwohl ihm die schlaflose Nacht ziemlich zusetzte. Er kämpfte gegen die Müdigkeit an und versuchte, die Schmerzen zu ignorieren, die ihm die Frostbeulen an seinen Füßen, die aufgesprungenen Lippen und Hände bereiteten.

»Weißt du, wie spät es ist?« griff ihn Franz Bauer unversehens an. »Du müßtest schon längst am Klavier sitzen!«

Walter warf seine widerspenstige Strähne nach hinten und setzte eine sture Miene auf.

»Wieviel?«

Der Wirt willigte schließlich ein, ihm einen Dollar pro Tag zu bezahlen. Sein Instinkt hatte Walter eingegeben, daß die fünfzig Cent wahrscheinlich Pacos Anfangsgehalt gewesen waren, das mit der Zeit jedoch sicher erhöht worden war.

Die Wirtin meinte, Walter könne aber nicht in der weißen Kellnerjacke spielen und mit seiner eigenen Kleidung sei auch kein Staat mehr zu machen.

»Und dein blauer Anzug, der dir zu eng ist?« fragte sie ihren Ehemann.

Brummend ging ihn Franz Bauer holen. Walter zeigte Klara inzwischen seine aufgesprungenen, von blutigen Rissen gezeichneten Hände. Sie strich ihm ein wenig Vaseline auf die Wunden.

»Das muß fürs erste reichen«, sagte sie. »Wenn Frau

Yang kommt, werde ich sie um das Rezept ihrer berühmten Salbe bitten; die kannst du dir dann in einer chinesischen Apotheke zubereiten lassen.«

Dieses Heilmittel hatte ein Jahr zuvor zu der Freundschaft zwischen Klara Bauer und der Chinesin geführt, an einem Wintertag im März, als Shanghai von zehn Zentimeter Schnee bedeckt war. Frau Yang hatte damals Mitleid mit Klara Bauers aufgeplatzten Händen gehabt, als diese ihr ihre Portion Schlagsahne serviert hatte.

Walter erschien kurze Zeit später mit ordentlich glattgekämmten blonden Haaren und dem marineblauen Anzug des Wirts, den Franz Bauer ihm nebst einem weißen Hemd und einer rotgetüpfelten Krawatte murrend gebracht hatte. Greta Fischer ließ ihrer entzückten Bewunderung freien Lauf:

»Wie gut du aussiehst, Walter!« rief sie. »Wie aus dem Modejournal!«

Er saß am Piano, als sich die Tür öffnete und die alte chinesische Dame, Frau Yang, in Begleitung der bezaubernden jungen Frau mit dem Porzellangesicht hereinkam, die diesmal ein chinesisches Kleid aus blaßrosa Seide trug. Hagedornrosa, dachte Walter versonnen. Sie nahm Platz, unbewegt wie eine Schaufensterpuppe.

Klara Bauer trat zu ihnen an den Tisch und deutete auf Walter. Er sah, wie die beiden Chinesinnen zu ihm herüberschauten, doch die junge Frau wandte den Blick ab, als sie seinem begegnete. Später, als er Pause machte, gab ihm Klara Bauer ein Zeichen, daß er sich zu ihnen gesellen solle. Sie stellte ihn zunächst Frau Yang vor, deren alte Augen ihn durchbohrten, und dann der jungen Feng-si mit den verschlossenen Lippen.

Währenddessen brodelte es in Fengyongs Hirn. Er überlegte, daß Walter ja nicht bedienen konnte, wenn er am Piano saß. Würde Fengyong erneut aufgefordert werden, im Speiseraum zu kellnern? Kurt war inzwischen ins Krankenhaus eingeliefert worden, und die letzten Nachrichten über seinen Gesundheitszustand ließen nicht auf eine baldige Rückkehr schließen.

Der Gedanke an Kurt gemahnte Fengyong an den Verfall seines eigenen Vaters, dessen Zustand sich in den letzten Tagen sehr verschlechtert hatte. Wenn er nun auch ins Krankenhaus mußte? Würde das viel Geld kosten? Konnte seine Schwester auch dafür aufkommen?

Fengyongs älteste Schwester wohnte seit einer Woche nicht mehr zu Hause, sondern bei Frau Yang. Außer dem Raum, in dem Feng-si ihre »Besucher« empfing, hatte die »Mutter« der jungen Frau ein eigenes Zimmer angeboten, in dem sie sich einrichten konnte. Ein Zimmer für eine einzige Person! Unglaublich! Fengyong hatte noch nie etwas Derartiges gehört. Gab es etwas Schlimmeres als Einsamkeit? Schon die Vorstellung, alleine schlafen zu müssen, ließ ihn schaudern, denn Dämonen und böse Geister konnten sich in diesen leeren Raum drängen und sich darin breitmachen.

Feng-si aber hatte furchtlos alle ihre Kleider, Kämme und Schminksachen mitgenommen. Zwar war in der kleinen Behausung nun ein wenig mehr Platz, aber es fehlte inzwischen auch bereits an Geld, um die Kleinen zu ernähren. Fengyong würde mit seiner Schwester darüber reden müssen.

Er reckte den Hals, weil er wissen wollte, was sich im Speiseraum tat und ob Feng-si an diesem Tag gekommen war. Als er dann sah, daß Walter neben ihr saß und der »Mutter« seine Hände zeigte, schoß ihm das Blut ins Gesicht.

»Dieses Schildkrötenei! Diese stinkende Wanze in einem Scheißhaufen! Wenn der Feng-si anrührt, reiß' ich ihm die Augen aus und koch' sie!«

Abermals reckte er den Hals, ohne jedoch erkennen zu können, was da drüben vor sich ging. Frau Yang kritzelte etwas auf ein Stück Papier.

Nachdem sie das Rezept der altbewährten Salbe aufgeschrieben hatte – wobei sie den Bleistift so senkrecht hielt, als handhabe sie einen Pinsel –, reichte Frau Yang Walter den Zettel. Dankbar fragte er sie, mit welchen Melodien er ihr eine Freude machen könne. Sie war gerührt von seinem Angebot, sagte, sie liebe jede Art von Musik, und bat Walter, selbst ein Stück auszuwählen. Und so erklang *September Song* unter Walters Fingern. Er hatte diese Melodie eines gewissen Kurt Weill, die ihn entzückte, auf dem Schiff von einem amerikanischen Pianisten gelernt. Bei den ersten Tönen entspannte ein Lächeln Frau Yangs Gesichtszüge. Nach kurzer Zeit sagte sie ein paar Worte zu Feng-si, die einwilligend mit dem Kopf nickte, ihren Mantel überstreifte und leichtfüßig das Café verließ.

Bei ihrer Rückkehr hielt Feng-si ein Töpfchen in Händen, das sie ihrer »Mutter« reichte. Diese stellte es gut sichtbar auf den Tisch und gab Walter durch Zeichen zu verstehen, daß das Töpfchen für ihn bestimmt sei. Walter lächelte erfreut, und schon eilten seine Finger lebhafter über die Tastatur, als ob der Balsam bereits seine Wirkung entfaltete.

TEIL ZWEI

Casino

Jedesmal, wenn Walter auf ein neues Gesicht traf, erwähnte er den Namen Thomas Schoenberg, ohne daß bisher jemand darauf reagiert hatte. Trotzdem hoffte er auch weiterhin, seinen alten Freund irgendwann wiederzufinden, und war überzeugt, daß dieser ihm helfen würde, sein Glück zu machen.

Die aufgesprungenen Hände waren tatsächlich rasch verheilt, und er wollte nicht mehr daran denken, daß bei der Zubereitung der wundersamen Salbe Schweinefett verwendet wurde. Seine Finger eilten an diesem grauen und verregneten Februartag so flink und leicht wie zuvor über die Klaviertasten, während er sich die Wechselfälle der vergangenen drei Wochen wieder ins Gedächtnis rief.

Am Tage nach Pacos Tod war Walter, entgegen aller Vernunft, sozusagen ins kalte Wasser gesprungen, wofür er sich inzwischen beglückwünschte. Sein stets gleichbleibender Tagesablauf hatte ihm allmählich die Luft abgeschnürt, und so hatte er dem fassungslosen Franz Bauer verkündet, er wolle seine Rolle als Kellner aufgeben, obwohl diese wegen der großzügigen Trinkgelder doch recht einträglich war, um sich von nun an auf die des Pianisten zu beschränken. Das Wort »Rolle« war ihm auf die Zunge gekommen, weil er in beiden Fällen das Gefühl hatte, nur zu spielen. Keine dieser Tätigkeiten stellte in seinen Augen eine richtige Arbeit dar, und noch weniger einen Beruf. Seine wahre Berufung war und blieb der Journalismus, dem er sich nur widmen konnte, wenn er mehr Zeit zur Verfügung hatte.

Zu dieser Einsicht war er im Wiener Café gelangt, als ein Lehrer des französischen Lyzeums beim Vorlesen eines Inserats im *Journal de Shanghaï* in Gelächter ausgebrochen war: »*Réfugié allemand parlant couramment le français, bonne expérience des affaires, comptable, expérimenté, cherche placement n'importe quoi.*[1]« Der Mann hatte sich vor Lachen auf die Schenkel geklopft und seiner Begleiterin erklärt: »Der brüstet sich, fließend Französisch zu sprechen ... und ha! ha! ... und sucht ›jede Art Anstellung‹!«

Dieser kleine Franzose mochte zwar Lehrer sein, er hatte aber nicht zwischen den Zeilen zu lesen verstanden, sonst hätte er darin den verzweifelten Hilferuf eines Familienvaters erraten. Der Mann hatte in seinem Heimatland gewiß redlich sein Geld verdient, war aber völlig mittellos in Shanghai eingetroffen und suchte seitdem verzweifelt eine Möglichkeit, die Seinen zu ernähren und ihnen ein Dach über dem Kopf zu verschaffen. Doch er stieß überall gegen Mauern.

Walter hatte begriffen, daß »jede Art Anstellung« mit »äußerste Not« übersetzt werden mußte, und sofort gespürt, daß hier ein journalistisches Feld brachlag.

Denn Angst und Elend waren das tägliche Brot von Shanghai. Überall, im glanzvollsten Milieu wie in den Armutsquartieren, spielten sich jeden Tag Dramen ab. So hatten die Zeitungen ausführlich von der Tragödie berichtet, die sich im Park Hotel zugetragen hatte: Der von allen geschätzte Concierge verspielte sein ganzes Gehalt am grünen Tisch, so daß seine Frau ihn schließlich verließ. Als er eine neue Braut gefunden hatte, wollte er ein großes Hochzeitsbankett ausrichten. Er lieh sich von einem Freund zweihundert Dollar und ging in der Hoffnung, seine Barschaft zu vergrößern, in eine Spielhölle. Wieder verlor er alles. Daraufhin war er in den vierten Stock des Park

---

[1] Deutscher Flüchtling, spricht fließend Französisch, versiert in Geschäften und Buchhaltung; erfahren; nimmt jede Art Anstellung an.

Hotel gefahren und hatte sich aus einem Fenster gestürzt. Ein gefundenes Fressen für Robert Duguay!

Aus der Feder des französischen Journalisten, dem es im übrigen nicht an Biß fehlte, stammte auch die spannende Schilderung eines phantastischen Gaunerstücks: Eine junge blonde Frau, die einen eleganten grünen Tuchmantel trug, betrat eines der schönsten Juweliergeschäfte der Nanking Road, ließ einen Solitär von mehr als zwei Karat verschwinden und ersetzte ihn durch wertloses Talmi. Wie war ihr das gelungen? Die Blondine in Grün war so schön gewesen, daß die Verkäufer wie hypnotisiert auf ihr Gesicht gestarrt hatten, während sie die Schmuckstücke austauschte.

Sie hieß Lenia, erinnerte sich Walter. Ein hübscher russischer Vorname ...

Wenn ihn das Verlangen quälte, träumte Walter davon, eine russische Freundin zu finden. Kein *taxi-girl,* nein: eine dieser Klassefrauen, wie etwa die Ballettänzerin am nächsten Tisch, die mit dem Bein wippte, eine lange Zigarette rauchte und so raffiniert frisiert und geschminkt war und so elegant gekleidet. Die schönen Russinnen standen in dem Ruf, Expertinnen in der Liebe zu sein, mit einem angeborenen Sinn für die Lust. Walter ließ die ersten Noten des sehnsuchtsvollsten Stückes seines russischen Repertoires erklingen und versuchte dabei, den Blick der Ballerina einzufangen, doch sie schenkte ihm keine Beachtung. Er hatte nicht an seinen Status als armer Pianist gedacht, der sich allerdings schon morgen, zwischen zwei musikalischen Darbietungen, in den eines obskuren Schreiberlings wandeln konnte.

Das Inserat des armen deutschen Buchhalters, der »jede Art Anstellung« suchte, hatte Walter also auf die Idee gebracht, Oskar Bloch, dem Chefredakteur der *Shanghai*

Nachrichten, eine Porträtserie über Flüchtlinge, die besonders ungewöhnliche Odysseen hinter sich hatten, vorzuschlagen. Er spürte, daß die Leser gern Berichte über Schicksale lesen würden, die ihrem eigenen ähnlich und womöglich von noch schmerzvolleren Erfahrungen geprägt waren.

Endlich war Oskar Bloch wieder ins Wiener Café gekommen, um einen Satz Druckfahnen zur Korrektur vorbeizubringen. An seinem Lieblingstisch am Fenster hörte er sich Walters Vorschlag aufmerksam an, wobei er sich jedoch ständig den Brustkorb kratzte. Wanzenbisse, hatte Walter gleich erkannt. Bloch war besorgt wegen eines Gerüchts, das die bevorstehende Gründung eines konkurrierenden Wochenblatts betraf. Er saß eine Weile schweigend da, heftete seine geröteten Augen schließlich auf Walter und antwortete: »Einverstanden, wir versuchen es mal!«

Da es bei seiner Heimkehr noch nicht allzu spät gewesen war, hatte Walter an die Tür der Fischers geklopft, um sie an seinem Glück teilhaben zu lassen. Hans' Begeisterung war so offen und ehrlich, daß Walter ihm gleich eine Freude machen wollte. So entführte er den Jungen seiner Mutter und machte sich mit ihm auf die Suche nach dem »halben Juden, halben Nazi«, wie Walter seinen ehemaligen Kabinengefährten insgeheim nannte. Seit ihrer Begegnung auf der Wayside Road hatten sie sich nicht wiedergesehen.

Als sie vor dem dunklen Haus, in dem Werner Eisenberg wohnte, angekommen waren, wußte Walter nicht, wie er ihn darin finden sollte. Da kam ihm der Gedanke, das Horst-Wessel-Lied anzustimmen, das Nazilied par excellence. Es öffnete sich auch gleich ein Fenster, und kurz darauf fielen sie einander lachend in die Arme.

Werners gute Laune hielt jedoch nicht lange vor, denn er hatte an einer herben Enttäuschung zu kauen: Einige Wochen zuvor, als er mit seinem Köfferchen mit Schuhzubehör die kleinen Villen in Frenchtown abgegrast hatte, hatte er die Bekanntschaft eines deutsch-jüdischen Ehepaars gemacht, das bereits 1934 vor dem Nazismus geflohen war. Zu Hitler und der jüngsten Entwicklung in Deutschland befragt, hatten Werners Berichte Herrn und Frau Weiss so sehr interessiert, daß sie den jungen Mann zum Mittagessen einluden. Ein hübsch gedeckter Tisch, ein köstliches Mahl, Kaffee, zu dem er eine gute Zigarre und ein Zwetschgenwasser bekam, gaben Werner für wenige Stunden das Gefühl, wieder daheim zu sein. Bis auf einen Unterschied: die chinesische Dienerschaft. Ehe er ging, hatte ihm der Hausherr den gesamten Inhalt seines Vertreterkoffers abgekauft und ihn eingeladen, wieder einmal vorbeizuschauen.

»Da ich diese Woche fast nichts verkauft habe«, erzählte Werner seinem Freund Walter und dem jungen Hans, der trotz seiner Ungeduld ganz Ohr war, »bin ich heute wieder hingegangen. Aber das Tor war verschlossen, und sie hatten eine Schelle angebracht. Ich hab' also geklingelt, und ein Boy hat mir aufgemacht. Wie er dann meinen Koffer sieht, ruft er ›*No padling!*‹[1] und will mir die Tür vor der Nase zuknallen. Ich habe dann nach Frau Weiss gefragt. Er ist sie auch holen gegangen, und sie hat dann gesagt: ›Tut mir leid, aber als Sie damals zu uns kamen, waren Sie der erste. Seitdem reißt es nicht mehr ab. Wir könnten inzwischen ein Geschäft eröffnen, um alles wieder loszuwerden, was wir gekauft haben. Jetzt ist Schluß.‹« Nun ist Werner gezwungen, sich einen anderen Broterwerb zu suchen, denn

---

[1] [eigent. peddling] Hausieren verboten!

Dutzende völlig gleicher Köfferchen waren dann überall auf den Straßen zu sehen. Der kleine russische Jude, der es ihm verkauft hatte, mußte sich die Hände reiben.

Werner hatte trotzdem in einen kleinen Ringkampf mit Hans eingewilligt. Der Junge war kaum vom Boden hochgekommen, strahlte auf dem Heimweg aber vor Glück. Was bin ich froh, mich wieder ans Schreiben setzen zu können, freute sich Walter indes.

Die Nachricht von Kurts Tod, diesem armen Kerl, der den Ozean überquert hatte, um sich in Shanghai die Tuberkulose einzufangen, überschattete den folgenden Tag. Um den Bauers auszuhelfen, hatte Walter sich trotz seines kürzlich gefaßten Entschlusses bereiterklärt, die Bedienung so lange zu übernehmen, bis sie einen anderen Kellner gefunden hätten.

In den zurückliegenden Monaten hatte Walter erst in Dachau und dann hier in Shanghai so viele Verletzte, Sterbende und Leichen gesehen, daß ihn der Tod inzwischen kalt ließ. Trotzdem verspürte er eine gewisse Trauer um Kurt und hoffte, daß seine Seele nach all ihren Irrfahrten endlich Ruhe gefunden hatte.

Die Lektüre der Zeitungen bestätigte ihm, daß er auf ein gutes Thema für Reportagen gestoßen war. Der Strom der Europäer, die vor der antisemitischen Verfolgung nach Shanghai flohen, riß nicht ab. Über vierhundert Passagiere waren vergangenen Sonntag mit der *Conte Rosso* angekommen, und fast tausend weitere wurden mit der *Conte Biancamano* erwartet, was die Zahl dieser Flüchtlinge auf dreitausend erhöhte. Das eigens gegründete Hilfskomitee sah sich inzwischen vor einer Aufgabe, die über seine Kräfte ging. Es hatte bereits Aufrufe veröffentlicht, um Spenden von gebrauchten oder überzähligen Haushaltsgegenständen anzuregen wie etwa Bettwäsche und Handtücher, Geschirr und Bestecke.

Im Wiener Café wurden prompt einschlägige Kommentare laut. »Gegenwärtig gibt es leider keine legale Möglichkeit, einen Menschen daran zu hindern, in Shanghai an Land zu gehen«, klagte ein ehemaliger Polospieler. »Die Stadt hat in den letzten zwei Jahren schon soviel durchgemacht, daß befürchtet werden muß, daß der Municipal Council bald einem unlösbaren Problem gegenübersteht, falls er nicht reagiert.« Dabei trommelte er erregt auf den Caféhaustisch. Franz Bauer strich sich über den Bauch und bemerkte: »Die Juden bei uns daheim sind doch hauptsächlich Handwerker. Die werden hier niemals mit den chinesischen Arbeitslöhnen konkurrieren können! Die werden vor Hunger krepieren, das ist sicher!« Am nächsten Tag hatten die ausländischen Konsulate in Shanghai den Vorsitzenden des Municipal Council ersucht, zweckdienliche Maßnahmen zu ergreifen, um der Immigration Einhalt zu gebieten.

Vierzehn Tage waren seither verstrichen. Walter ließ das russische Repertoire ruhen, das die Ballerina kalt zu lassen schien, und schöpfte aus dem Liedgut des *Weißen Rössl,* zur Feier seines allerletzten Tages als Kellner, den er nun endlich hinter sich gebracht hatte! Der Neue sollte am nächsten Tag seinen Dienst antreten. Franz Bauer hatte sich entschlossen, diesem Sergej, dem Bruder des weißrussischen Leibwächters, eine Chance zu geben.

Eigenartigerweise hatten sich Frau Yang und Feng-si nicht mehr blicken lassen seit jenem Tag, als sie Walter so freundlich das Töpfchen Heilsalbe geschenkt hatten. Gewissensbisse plagten ihn. Er hatte sich bei ihnen nicht so bedankt, wie es sich gehört hätte. Ein untersetzter Chinese hatte sie gleich danach entführt, und wegen seiner Arbeitszeiten hatte Walter ihnen den Höflichkeitsbesuch, den er ihnen zu schulden glaubte, bisher nicht abstatten können. So beschloß er, diesen am folgenden Tag nachzuholen. Denn dann war er wieder ein freier Mann.

Ihm fiel ein, daß er die Stimme der jungen Chinesin noch nie gehört hatte.

II

Die Morgendämmerung von Walters erstem Tag als freier Mann war allen vorausgegangenen ähnlich: grau und stinkend. Die Nachttopfleerer dienten ihm als Wecker.

Walter dachte über seinen Tagesablauf nach, während er die Treppe wieder hinaufstieg. Da ihn das Piano des Wiener Cafés erst um fünf Uhr nachmittags erwartete, würde er vorher die beiden chinesischen Damen besuchen. Wie er von Klara Bauer erfahren hatte, wohnten sie kaum fünfzig Meter weiter oben in der Avenue Joffre. Er mußte nur noch Blumen kaufen, auch wenn diese Ausgabe ein großes Loch in sein Portemonnaie riß. Das gehörte sich einfach so.

Walter beschloß, zunächst in der Ward Road vorbeizuschauen, wo das Flüchtlingshilfskomitee gerade ein neues Aufnahmeheim eröffnet hatte. Dort wollte er mit seinen Recherchen beginnen, dann über den Aufbau seines Artikels nachdenken, während er zu den Suppenkesseln des Embankment Building ging. Der einzige Schatten, der seine Freiheit trübte, war die Tatsache, daß er sich ab jetzt täglich um sein Mittagessen kümmern mußte – das *tiffin*[1], wie alle es hier nannten.

[1] Gebräuchliches Wort indischer Herkunft, Mittagessen.

Walter öffnete seinen Koffer und holte den Fotoapparat heraus, in dem glücklicherweise ein Film eingelegt war. Er wollte Aufnahmen von den befragten Personen machen und außerdem die schönen Straßen und Plätze von Shanghai fotografieren für ein Album, das er seiner Mutter schicken wollte, um sie zum Kommen zu bewegen. Denn sämtliche Neuankömmlinge waren sich in einem Punkt einig: Bald würden alle Juden gezwungen sein, das Reich zu verlassen.

Plötzlich wurde Walter von einer Erkenntnis überfallen: Er war im Begriff, wieder in jenes Elend einzutauchen, dem er seit seiner Ankunft so verzweifelt zu entfliehen versucht hatte, und hoffte gleichzeitig, dadurch eben diesem Elend für immer zu entkommen! Ein schwindelerregendes Paradoxon.

Er mußte an Max Herzberg denken. Wozu sich auf diese armseligen Betätigungen versteifen? Was nutzte es denn, um jeden Preis rechtschaffen zu bleiben? Walter streckte sich auf seinem Bett aus, um besser nachdenken zu können, rollte sich in seine Decke ein ... und wurde schließlich von einem fahlen Sonnenstrahl geweckt.

Er sprang aus dem Bett. Wieviel Uhr war es? Walter horchte auf die Geräusche des Hauses: Bei Hans und Greta rührte sich nichts. Er trat hinaus auf den Flur, wo sich bereits Essensgerüche breitmachten, und eilte hinunter in den Hof, um Wasser zu holen. Der japanische Optiker verriegelte gerade die Tür seines Ladens. Es war Mittag!

Zu spät, um noch in der Ward Road vorbeizugehen! Walter wollte den Besuch bei Frau Yang und Feng-si keinesfalls auf den nächsten Tag verschieben.

Er folgte also der Mauer, die die Altstadt umschloß, fand in der Avenue des Deux-Républiques den Durchlaß zu einem Gäßchen und tauchte in die Menge ein. Geräusche und Gerüche bestürmten ihn sogleich in einem Maße, daß ihm schwindlig wurde. Als er sich wieder gefangen hatte, entdeckte er viele Tierhandlungen mit buntgefiederten Vögeln, Aquarienfischen, aber auch Heuschrecken, Zikaden und Heimchen in Käfigen. Betagte Händler saßen auf niedrigen Schemeln, die von ihren weiten Gewändern verdeckt wurden, und rauchten lange Pfeifen mit winzigen Köpfen.

Walter ging weiter, vom köstlichen Duft nach heißem Öl und Knoblauch angezogen. Er vernahm die Rufe der Straßenverkäufer, die Kastanien, Saubohnen, Reis und tausend andere, ihm unbekannte Gemüse anboten, deren Formen und Farben ihn staunen ließen. Schiebekarren kündigten sich durch fürchterliches Quietschen an. Schließlich kam Walter auf dem Markt heraus und fand dort, was er suchte.

Als ihm die pferdegesichtige Blumenhändlerin eine Zahl auf ein Stück Zeitungspapier schrieb, erkannte er, daß sie ihm einen Preis für Fremde machte: den doppelten, wenn nicht gar dreifachen. Soviel konnte er nicht ausgeben, wollte diesen schönen blaßrosa Blütenzweig aber unbedingt haben. So bot er ein Drittel des angesetzten Preises. Die Händlerin begann sofort derart schrill zu keifen, daß Walter es für ratsamer hielt, sich aus dem Staub zu machen. Doch die Frau holte ihn schnell ein; ihre Wangen waren hochrot vor Erregung, während sie dem jungen Mann auf ihrem schmierigen Zeitungspapier einen Betrag aufschrieb, der der Hälfte der ursprünglichen Summe entsprach. Walter willigte eiligst ein. Als er den Zweig entgegennahm, wunderte er sich über die plötzlich freundliche Miene der Frau. Sofort begriff er, daß er das Spielchen gespielt hatte, das sie von ihm erwartete, ohne das jedes Geschäft in den Augen der Chinesen an Reiz einbüßte, und nahm sich fest vor, diese Taktik bei seinem nächsten Kauf zu erproben.

Wieviel Zeit hatte dieser Handel beansprucht? Sicher zuviel. Walter stürzte los, glaubte denselben Weg wieder einzuschlagen, der ihn hergeführt hatte. Er kam aber erst in die Straße der Tuchhändler und dann in die der Seidenwaren. Er hatte sich verlaufen. Die Chinesen, bei denen er sich zu erkundigen versuchte, starrten ihn gleichmütig an oder bedeuteten ihm, daß sie ihn nicht verstanden. Die Chinesinnen ignorierten ihn einfach oder prusteten hinter vorgehaltener Hand los. Walter lief blindlings von einem Gäßchen ins nächste, sah Barbiere, Sargtischler, Korbmacher, und fand endlich den Ausgang. Eine freundliche Französin, auf deren Armbanduhr es Schlag vier war, zeigte ihm den Weg. Es blieb ihm kaum noch Zeit, um seinen Besuch bei den chinesischen Damen zu machen, doch er konnte ihn nicht hinausschieben. Nach seiner Arbeit im Wiener Café wäre es viel zu spät, und falls er bis zum nächsten Tag damit wartete, konnte der Blütenzweig, der ihn so teuer zu stehen gekommen war, bereits verwelkt sein.

Walter begann zu laufen. Als er an einem chinesischen Restaurant vorbeikam, ertönte eine schwere Detonation, und eine schreiende *ama*[1] wurde gegen ihn geschleudert. Sie sank zu Boden, umklammerte aber fest ihren aufgerissenen Sack Reis, der bereits auslief. Walter hielt sie mit seinem freien Arm fest, mußte sie aber loslassen, als er selbst die Balance verlor. Der Besitzer und die Boys des Restaurants waren inzwischen mit schrillem Geschrei herausgerannt und gestikulierten aufgeregt beim Anblick der zerborstenen Scheiben.

[1] Chinesische Bedienstete: Kindermädchen, Zimmermädchen, Näherin, Hilfsköchin, usw.

Walter wurde bewußt, daß er ja kaum noch Zeit hatte, Frau Yang den Zweig zu bringen, bevor er ins Wiener Café mußte; er bahnte sich einen Weg durch die Menge der Gaffer und lief verstört weiter.

Erst als Walter schließlich an die Tür des hübschen chinesischen Hauses klopfte, spürte er, daß ihm etwas Warmes das Bein hinunterlief. Er sah, daß sein Hosenbein zerrissen war. Doch schon öffnete ihm ein Boy. Walter war noch ganz benommen und konnte nur den Namen der jungen Chinesin stammeln: »Feng-si.«

Der Boy antwortete ihm in Englisch, Miss Feng-si habe im Augenblick Besuch, und fragte, ob der Gast zu warten wünsche. Walter bejahte und fand sich gleich darauf in einem kleinen Vorraum mit Möbeln aus Rotholz wieder. Ein zweiter Boy ging mit einem Tablett, auf dem eine Flasche Champagner und Kristallgläser standen, vorbei. Er öffnete eine Tür. Ein Grammophon spielte, und Walter erkannte die Stimme von Marlene Dietrich, hörte einen Mann lachen und wußte plötzlich die Antwort auf eine Frage, die er sich bisher nie gestellt hatte: Die Prinzessin mit dem Porzellangesicht war eine Liebesdienerin.

Er betastete seinen Knöchel und hatte die Hand voller Blut und verschmutztem Reis. Wie betäubt starrte er nun auf den Zweig mit den kleinen rosa Blüten, den er noch immer fest umklammert in der linken Hand hielt, lockerte schließlich den Griff, legte den Zweig auf einen mit rotem Samt bezogenen Hocker und erhob sich. In diesem Augenblick sah er Frau Yang. Wie durch Zauberei stand sie in einem schweren chinesischen Kleid, das mit einem feuerspeienden Drachen bestickt war, plötzlich vor ihm. Sie stand einfach da, auf ihren Gehstock gestützt, atmete schwer und schien durch die Wände zu schauen. Walter fragte sich, ob sie ihn überhaupt sah. Er wußte nicht mehr, weshalb er überhaupt hergekommen war. In seiner Verlegenheit wollte er der alten Dame schon die Hand reichen, erinnerte sich aber, daß sich die Chinesen über diese Geste lustig machten. So verbeugte er sich und deutete auf seine Gabe.

»Für Feng-si«, flüsterte er.

Frau Yang neigte den Kopf, und ihr Blick fiel auf den blühenden Zweig. Walter verbeugte sich ein zweites Mal vor ihr, machte auf dem Absatz kehrt, und die Türen, die vor ihm aufflogen, führten ihn zum Ausgang.

Erst jetzt fragte er sich, was ihn wohl verletzt haben mochte. Wer hatte diese Bombe oder Granate geworfen? Für wen war sie bestimmt? Das Hosenbein seines Anzugs war völlig zerrissen, doch er hielt sich nicht mit einer genaueren Prüfung auf. Er wußte, daß er zu spät kommen würde.

Das bestätigten ihm die vergoldeten Zeiger, die über das schwarze Zifferblatt der neuen Pendeluhr eilten.

»Ah, da bist du ja endlich, Waldi!« rief Klara Bauer aus und faßte ihn an den Händen, als er in das brechend volle Café trat. »Aber du bist ja ganz blaß! Kommst du von dort, wo die Explosion war?«

Er nickte, öffnete den Mund und schloß ihn wieder. Die Wörter wollten ihm nicht über die Lippen.

»Du bist doch hoffentlich nicht verletzt? Ich hatte solche Angst! Weil du ewig nicht kamst, habe ich Franz hingeschickt. Bist du ihm nicht begegnet?«

Walter schüttelte den Kopf und stellte den Fuß auf die Sprosse eines Stuhls. Sein Bein brannte oberhalb des Knöchels.

»Aber du bist doch verletzt! Komm, ich verarzte dich!«

Als er sich umdrehte, um Klara Bauer zu folgen, stieß Walter gegen den blassen Hünen mit Schnurrbart und

mächtigen Koteletten, der sich ihm breitbeinig in den Weg
stellte. Es war Sergej, der neue Kellner – leicht erkennbar
an seiner weißen Jacke. Die Wirtin stellte sie einander vor
und zog Walter dann mit zum Waschraum. Die Wunden
schienen zwar nur oberflächlich zu sein, doch Klara riet
ihm trotzdem, das Hospital aufzusuchen. Walter lehnte ab,
da das Piano ja auf ihn warte. Nachdem sein Knöchel verbunden war, wechselte er den Anzug und ging zu seinem
Klavierhocker.

»Trink erst mal eine heiße Tasse Kaffee«, befahl die Wirtin. »Du siehst doch, daß die Leute noch immer mit der
Explosion beschäftigt sind. Ach, da kommt ja auch Franz
mit dem Herrn Cohen zurück! Die werden uns sicher einiges zu erzählen haben. Wir können mit der Musik warten.«

Die Tür hatte sich geöffnet, und die vierschrötige Gestalt
von Morris »Two-Gun«[1] Cohen stand in ihrem Rahmen.
Bevor der Mann in den Raum trat, leerte er den Rand seines Filzhutes, der mit Regenwasser vollgelaufen war, auf
dem Gehsteig aus.

»Es war eine Bombe, die aus einer Ruby-Queen-Zigaret-
tendose zusammengebastelt worden war!« verkündete er
auf Englisch. »Sie hat mehr Schrecken als sonstwas angerichtet. Ein Passant und eine *ama* wurden leicht an den
Beinen verletzt.«

»Two-Gun« setzte sich an einen kleinen Tisch, und sofort bildete sich ein Kreis von Leuten um ihn: Schließlich
war niemand geeigneter, den Vorfall zu kommentieren, als
der kleine Mann mit den breiten Schultern eines Jahr-
marktringers. Morris Cohen hatte vor gut fünfzig Jahren
in der Pförtnerloge eines Londoner Synagogendieners das

---

[1] Zwei Revolver-Cohen.

Licht der Welt erblickt. Er hatte seinen Eltern als Jugendlicher so viel Kummer bereitet, daß sie ihn nach Kanada auf einen Bauernhof, fern aller schlechten Einflüsse, geschickt hatten. Aber nicht für lange. Schon nach kurzer Zeit machte Morris sich davon und verbündete sich auf Leib und Leben mit einer Gruppe chinesischer Revolutionäre. Eines Tages begegnete er deren oberstem Anführer, einem gewissen Doktor Sun Yat-sen, Gründer der Republik China und der Nationalen Volkspartei Kuomintang, der nach Kanada gekommen war, um dort Waffen zu kaufen. Sun Yat-sen, Arzt und Philosoph, auf den ein Kopfgeld ausgesetzt war, heuerte den ausgezeichneten Schützen Morris Cohen als Leibwächter an, der Two-Gun genannt wurde, weil er mit beiden Händen schießen konnte und auch stets zwei Revolver am Gürtel trug. Nach Sun Yatsens Tod im Jahre 1925 hatte Two-Gun seinen Weg mit der Partei fortgesetzt, die nun von Tschiang Kai-schek geführt wurde. Man verdächtigte Cohen, heimlich Waffen für die Nationalisten zu kaufen, die im übrigen Land den Krieg gegen die Japaner erbittert fortsetzten.

Die Journalistin Emily Stone ließ sich auf dem Stuhl neben Two-Gun nieder und belegte, einen Block in der Hand und ihr Äffchen auf der Schulter, den Helden mit Beschlag.

»Steht diese Explosion mit den vier anderen in Verbindung, die sich gestern abend in den Tanzbars des Settlement ereignet haben?«

Cohen schnaubte. »Sehr wahrscheinlich. In diesem Sommer gab es ja schon einige. Allein zwölf Anschläge am 7. Juli!«

Die Journalistin kaute nachdenklich auf ihrem Bleistift herum. »Die Anschläge von gestern abend zielten aber doch auf Hunderte von Personen«, setzte sie wieder an. »Und in den Flugblättern, die auf die Straßen geworfen wurden, stand, wie schändlich es sei, daß Chinesen tanzten und sich amüsierten, während ihre Brüder für die Freiheit getötet würden. Die Bombe von heute hingegen ist in einem fast leeren Restaurant hochgegangen.«

Two-Gun bequemte sich erst zu einer Antwort, nachdem er eine Portion Strudel bestellt hatte.

»Der Anschlag war gegen den Besitzer des Restaurants gerichtet. Als Strafaktion wegen seiner japanfreundlichen Haltung. Alltägliche Sache! Erst gestern hat die Polizei fünf solcher Bomben in einer Wohnung an der Seymour Road gefunden. Haben Sie schon gehört, was letzte Woche bei Dah Sen passiert ist?«

»Meinen Sie die Spielhölle in der Connaught Road?«

Als Cohen zustimmend nickte, brach Emily Stone in Gelächter aus. »O ja!« meinte sie. »Das habe ich.«

Two-Gun prüfte aus den Augenwinkeln die Zuhörerschaft, die sich immer dichter um sie zusammenscharte. Er liebte es, für die Galerie zu spielen.

»Die Kerle hatten chinesische Gewänder an«, berichtete er gestenreich. »Sie haben ihre Pistolen herausgeholt, die sie darunter versteckt hatten, und dann ging's peng! peng! peng! Alles rannte verschreckt davon, die Spieler, die Croupiers, und die Einsätze blieben auf den Tischen zurück. Ich möchte mal wissen, wer letzten Endes das ganze Geld eingestrichen hat!«

Cohen rutschte auf seinem Sitz hin und her und hüstelte, um einen Lachanfall zu kaschieren.

»Glauben Sie, daß die antijapanische Bewegung noch anwachsen wird?« fragte die Amerikanerin.

Cohen gab einen gespielt resignierten Seufzer von sich.

»Ich werde Ihnen antworten, mein Fräulein, weil ich hübschen Frauen ebensowenig widerstehen kann wie Wiener Backwerk. Alles läßt darauf schließen; ich habe von einem Geheimbund in einer Stadt in der Nähe reden hören, der sich auf die Entführung von japanfreundlichen Gemeindeangestellten verlegt hat. Da kündigt sich ein erbarmungsloser Krieg an. Die einen wie die anderen können sich auf die schlimmsten Repressalien gefaßt machen.«

Nachdem er sich einen großen Bissen Strudel in den Mund gestopft hatte, fuhr er fort:

»Letzte Woche zum Beispiel hat der Chefredakteur einer chinesischen Zeitung ein Päckchen mit einer abgeschnittenen Hand und der Botschaft erhalten: ›Falls Sie Ihre antijapanische Haltung nicht sofort aufgeben, werden Sie noch ganz andere Geschenke bekommen.‹ Diese Vorgänge dürften Ihnen eine Ahnung von dem vermitteln, was noch zu erwarten ist!«

Cohen brach in dröhnendes Gelächter aus, und die beeindruckte Zuhörerschaft gluckste mit.

»Wenn ich Fräulein Li Ming wäre, hätte ich jetzt Angst um meine Haut!« rief Emily Stone betroffen aus.

Dann erzählte sie, daß die chinesische Schauspielerin, die die Hauptrolle in dem in Tokyo gedrehten Film *Der Weg zum Frieden im Fernen Osten* spielte, gerade einen Vertrag mit der Manchukuo[1] Motion Picture Company unterschrieben hatte, der ihr zugestand, ihre Kostüme von Pekinger Schneidern entwerfen und anfertigen zu lassen und täglich fünf Schachteln Pralinen verspeisen zu dürfen!

Emily Stone wußte jedoch viel mehr über Terrorismus, als sie durchblicken ließ, und fragte weiter: »Sagen Sie,

---

[1] Die japanischen Truppen besetzen die Mandschurei 1931, die 1932 zunächst zum Staat Mandschukuo (Manchukuo) und 1934 zum Kaiserreich erklärt wird, mit dem Schattenkaiser und letzten Thronfolger der chinesischen Manchu-Dynastie Pu-Yi an der Spitze.

Mister Cohen, haben Sie tatsächlich die Japaner in Verdacht, Bomben mit Giftgas auf die chinesische Bevölkerung zu werfen?«

Die Gabel in der Hand, musterte er sie mit unbewegtem Gesicht. Diesen Augenblick wählte Mister Pooh, das Äffchen, um sich blitzschnell das letzte Stückchen Strudel auf Cohens Teller zu schnappen.

Two-Gun fixierte die Journalistin mit zusammengekniffenen Augen. »Ihr Affe ist sehr schlecht erzogen, mein Fräulein. Sie müssen ihm beibringen, daß man sich von anderer Leute Teller nichts stibitzen darf.«

Dann kramte er aus seiner Tasche eine Zigarre hervor, zündete sie an, stand auf und ging nach einem Gruß in die kleine Runde zu zwei Chinesen hinüber, die sich gerade am anderen Ende des Gastraums niedergelassen hatten.

Walter dachte, daß es an der Zeit sei, sich ans Piano zu setzen. Wie zuvor Paco hielt auch er den Blick auf den Eingang geheftet, während er spielte. Er hoffte, Feng-si auftauchen zu sehen, deren Name »Glück des Phönix« bedeutete, wie er inzwischen von Klara erfahren hatte. Frau Yang hatte ihr hoffentlich den Zweig übergeben. Schade, daß er nicht wußte, wie Feng-si das Geschenk aufgenommen hatte und er ihr Gesicht bei der Entgegennahme des Zweiges nicht gesehen hatte. Daß sie eine Liebesdienerin war, störte ihn nicht mehr. Er sah sich als Gast in dem chinesischen Haus. Feng-si saß an einem Fenster, ihre Silhouette zeichnete sich im Gegenlicht ab; sie blickte ihn zärtlich an und löste ihr langes weiches Haar. Er mußte es sich eingestehen: Fräulein »Glück des Phönix« übte eine eigenartige Faszination auf ihn aus, etwas, was er bisher noch bei keiner anderen Frau erlebt hatte.

III

Am nächsten Tag betrat Walter am frühen Morgen das Heim in der Ward Road. Es war in einer ehemaligen Kaserne der Weißrussen untergebracht, die während der japanischen Offensive beschädigt und vom Hilfskomitee wieder instand gesetzt worden war. Eine Batterie kleiner Fabrikschornsteine ragte über dem Dach der Küchen auf, die mittlerweile die der Beth-Aharon-Synagoge ersetzten und das Embankment Building mit Essen versorgten.

Walter hatte angenommen, er könnte ohne weiteres mit den Leuten ins Gespräch kommen. Aber nach einigen Blicken durch halbgeöffnete Türen wurde ihm klar, daß sie lieber in ihren Schlafsälen hocken blieben. Mitsamt ihrem aufeinandergestapelten Gepäck waren die Familien dort zusammengepfercht und bemühten sich, durch aufgespannte Decken oder Laken ein Minimum an Intimität zu bewahren. Walter hörte aufgebrachte Stimmen: Wie sollte man sich etwa die beiden Schnarcher vom Hals schaffen, die den Schlafsaal die ganze Nacht wach hielten und mit denen einfach nicht zu reden war.

Bei seinem Rundgang kam Walter auch an dem Tisch vorbei, auf dem ein Verkäufer gerade Süßigkeiten und Zigaretten aufreihte. Eine junge Frau mit langen roten Locken und in einen Schal gehüllt trat an den Tisch, zeigte auf eine Schachtel Kekse und griff nach ihrer Tasche. Dabei riß der Schulterriemen ab. Die junge Frau brach in Schluchzen aus.

Walter sah, daß nur eine Naht an der Tasche aufgegangen war. Ein paar Stiche würden genügen, um den Schaden zu beheben.

»Nehmen Sie eine solche Lappalie doch nicht so schwer, mein Fräulein! Ich habe eben einen ambulanten Schuster gesehen. Soll ich Sie zu ihm bringen?«

Sie willigte ein, brach aber nach ein paar Schritten erneut in Tränen aus. Walter, zunächst genervt, war plötzlich neugierig, denn die Reaktionen der jungen Frau waren derart übertrieben!

Behutsam fragte er sie aus und konnte ihr schließlich ihre Geschichte entlocken:

Josefine Mayer, dreiundzwanzig Jahre alt, war in Hannover geboren. Ihre Eltern, die bei einem Eisenbahnunglück ums Leben gekommen waren, hatten ihr ein kleines Vermögen hinterlassen. Da sie sich für Mode interessierte, war sie nach Paris gegangen, wo sie eine Anstellung in einem Modehaus fand, die sie jedoch wieder aufgeben mußte, weil die französischen Behörden ihr eine weitere Aufenthaltsgenehmigung verweigerten. Da ihre nächsten Verwandten nach Shanghai emigrieren wollten, entschloß sich Josefine, eine Passage auf der *Félix Roussel* zu erstehen und ihnen vorauszureisen. Als sie im Shanghaier Zollhafen an Land ging und ein Hotel suchen wollte, wurde ihr bewußt, daß sie ja kein Geld in lokaler Währung besaß. Ratlos stand sie eine Zeitlang bei ihrem Gepäck, bis ein hübscher junger Mann ihr in einem Französisch mit deutschem Akzent seine Hilfe anbot. Nachdem sie ihm ihre Situation geschildert hatte, erklärte er sich bereit, eine Einpfundnote für sie einzuwechseln und ihr Grammophon bei der Gepäckaufbewahrung abzugeben. Josefine sollte auf ihn warten. Eine Stunde später hatte sie sich dann endlich dazu durchgerungen, die Polizei um Hilfe zu bitten, und war schließlich im Ward Road Heim gelandet, wo sie nun die Ankunft ihrer Verwandten erwartete.

»Ja«, meinte Walter, »hier muß man sich vor jedem in acht nehmen. In dieser Stadt wimmelt es nur so von Gaunern.«

Doch nun mußte er weiter. »Also, Fräulein Meyer, Sie

finden den Schuster rechts vom Ausgang. Entschuldigen Sie mich jetzt bitte, aber ich habe keine Zeit mehr, Sie zu begleiten. Nehmen Sie es mir nicht übel! Viel Glück!«

Zu Beginn des Nachmittags hatte er endlich den Stoff für seinen ersten Artikel, den er am Tisch des gemeinsamen *tiffin* aufgelesen hatte. Ein Mann mit stark zitternden Händen aß dort seine Suppe, ohne darauf zu achten, daß er die kostbare Flüssigkeit verschüttete und alles bekleckerte. Er beteiligte sich an keinem Gespräch.

Diesmal fand Walter die richtigen Worte, um den Mann zum Sprechen zu bewegen. Und als Leopold Laufer schließlich zu reden begann, erzählte er seine Geschichte mit der Gewalt eines Sturzbachs und einem Blick, der durch Wände ging.

Walter stellte wieder einmal fest, daß er nicht begabt dafür war, das Alter von Leuten über dreißig einzuschätzen. Er hatte Leopold Laufer auf etwa sechzig taxiert, tatsächlich aber war er gerade sechsundvierzig.

Laufer lebte als Großmühlenbesitzer in einem Wiener Vorort, als man ihn im März 1938 nach Buchenwald deportierte. Er wurde im Dezember wieder entlassen und erfuhr, daß sein Bruder während der »Kristallnacht« ermordet worden war und daß seine Frau, wahnsinnig geworden, sich bei einem zweiten Selbstmordversuch getötet hatte.

Seine Großmühle war »verkauft« worden, doch er erhielt keinen einzigen Schilling. Als er vor die Wahl gestellt wurde, Österreich zu verlassen oder wieder ins Lager gesteckt zu werden, hatte Leopold immerhin noch genug Geld, um sich einen ausländischen Paß zu besorgen. Doch die ihm gesetzte Frist verstrich, bevor er das nötige Visum erhalten konnte. Also setzte der Mann sich zur französischen Grenze ab, die er dank Fluchthelfer auch passierte. Sie knöpften ihm aber für eine Straßenkarte des Grenzlandes seine letzten Groschen ab. Leopold Laufer schlug sich zur nächsten Kleinstadt durch und bettelte die dortigen jüdischen Familien um Unterstützung an. Er erhielt ein paar Francs und eine Bahnfahrkarte nach Paris, wo er sich dann an das Internationale Jüdische Hilfskomitee wandte. Diese Vereinigung konnte ihm jedoch nicht helfen, da er illegal eingereist war. Man gab ihm lediglich ein Schreiben für die Präfektur mit, die ihm eine zweiwöchige Aufenthaltserlaubnis ausstellte. Nachdem diese Frist abgelaufen war, nahm die Polizei ihn fest.

Leopold Laufer galt in Frankreich nun als unerwünschte Person, konnte aber nirgendwohin. Er wurde einige Male verhaftet. Der Richter entschied jedoch, daß er nicht angeklagt werden könne, solange er nicht irgendein Visum erhalten hätte. Endlich ergatterte der heimatlose Mann eine Passage nach Shanghai auf einem französischen Dampfschiff. So strandete Laufer, der bis zum März 1938 ein glücklicher und erfolgreicher Großmühlenbesitzer gewesen war, schließlich zerbrochen, ohne Familie und Geld, in der chinesischen Hafenstadt. Ein Bettler.

Eine Aufnahme von ihm zu machen, kam überhaupt nicht in Frage. Leopold Laufer hatte Walter gebeten, seinen Namen nicht zu veröffentlichen. Er fürchtete um seine in Österreich gebliebene Halbschwester.

Als Walter das Heim am frühen Nachmittag verließ, war er glücklich, endlich das Material für seinen ersten Artikel zu haben. Seine Freude wurde jedoch getrübt, als ihm Josefine Mayer einfiel, der gegenüber er ein schlechtes Gewissen hatte, noch dazu sie ihn an Anna erinnerte. Was war wohl aus Anna geworden? Vor seinem geistigen Auge sah er ihre letzte Begegnung in dem kleinen Musiksalon ihrer Eltern. Walter spielte Schuhmanns *Lieder* auf dem Piano, und sie sang mit jener Stimme, die er so liebte, die so rein war wie ein klarer Gebirgsbach. Hätte er sie nicht auffordern sollen, auch nach Shanghai zu kommen? Vielleicht war ja noch Zeit dafür! Doch er war ja viel zu arm, um ihr helfen zu können. Er würde sie nur enttäuschen. Also?

Außerdem mußte Walter sich eingestehen, daß Feng-si seine Gedanken völlig einnahm. Eigenartig. Er hatte noch kein einziges Wort mit ihr gewechselt. Konnte sie überhaupt sprechen?

Die Schmerzen an seinem Knöchel wurden zunehmend heftiger, so daß er sich endlich die Schürfwunde genauer ansah. Sie hatte sich entzündet. Was konnte er zur Abhilfe unternehmen, das ihn nicht ruinieren würde? Klara Bauer und Greta hatten ihn bislang nach besten Kräften versorgt, verfügten aber nicht über die nötigen Heilmittel, um eine eiternde Wunde zu behandeln. Der Schmerz reichte mittlerweile bis in die Leiste hinauf. Er erinnerte sich, im Ward Road Heim einen Mann mit verbundener Hand gesehen zu haben, der hinter eine Tür verschwand, die beim Öffnen einen deutlichen Äthergeruch freigesetzt hatte.

Wieder zurück im Heim, öffnete Walter die mit einem roten Kreuz versehene Tür und sah sich drei Personen gegenüber, die wie aufgereiht in einem schmalen Flur saßen. Ein vierter Stuhl schien ihn bereits zu erwarten.

Die erste Patientin, die eine geschwollene Backe hatte, lauschte gespannt auf die Geräusche, die durch die Tür am Ende des Gangs drangen.

»Das dauert aber«, beklagte sie sich seufzend.

Keiner antwortete ihr. Hatte ihr Nachbar sie überhaupt gehört? Sein Gesicht war schmerzverzerrt, er führte ständig die Hand zu seinen geschlossenen Augen und drückte auf die Lider.

»Tun Ihnen die Augen weh?« fragte die Frau.

Er blickte sie an, ohne sie zu sehen. Der dritte Patient forderte die Neugierige mit einem Blick auf zu schweigen. Als er Walters fragende Miene bemerkte, neigte er sich zu ihm und flüsterte ihm ins Ohr:

»Das hat er seit dem zehnten November. Sie wissen doch, die ›Kristallnacht‹! Er hat nämlich mit ansehen müssen, wie sein Vater in ihrem Haus verbrannt ist, und seitdem verfolgt ihn dieses Bild.«

Die hintere Tür öffnete sich endlich, und eine junge Mutter kam mit ihrem Säugling auf dem Arm heraus. Ein zweites Kind klammerte sich an ihren Rock. Walter erkannte in dem Arzt mit weißem Kittel sofort Horst Bergmann.

In ihrem Wiedersehen schwang nicht nur eitle Freude mit. Horst war zwar der beste aller Menschen, aber seine rigiden Moralvorstellungen nervten Walter, und er fragte sich, ob die Hilfsbereitschaft des Arztes wirklich aus dem Herzen kam oder von Pflichtgefühl diktiert wurde.

Horst erkundigte sich nach den genauen Umständen der Verletzung. Während er dann die Wunde fachkundig säuberte, desinfizierte und verband, kam ein Gespräch in Gang, das zusehends an Schärfe gewann.

»Ich werde dir sagen, was ich wirklich denke, Horst. Die Weißen hier, also die, die den Municipal Council leiten oder sich ein gutes Gewissen durch wohltätige Werke verschaffen, die haben ganz einfach nur Angst vor der Konkurrenz. Deshalb pferchen sie auch die Flüchtlinge in Hongkew zusammen! Wie in einem Ghetto! Deshalb halten sie die Leute mit ihrer Armenküche ruhig! Aus reiner Konkurrenzangst! Hier fürchtet doch jeder um sein Schnitzel, vom russischen Busfahrer über den englischen Juden, der sich irgendein fettes Monopol gesichert hat, bis zum japanischen Hausierer. Wir fallen hier nur unangenehm auf mit unserem Wunsch, in Würde zu leben. Aber es ist ja sinnlos zu versuchen, dir meinen Standpunkt begreiflich zu machen, Horst, denn wir haben einfach nicht dieselbe Auffassung von Würde.«

»Beruhige dich, Walter! Wir werden uns deswegen doch nicht zanken.«

Walter hatte Lust auf eine Zigarette, doch Horst rauchte nicht. Auch über das Rauchen hatten sie sich bereits gestritten. Walter glaubte seit jenem noch nicht weit zurückliegenden Tag im November, rauchen zu *müssen*. Damals hatte Julius Streicher[1] erklärt, die Juden hätten den Deutschen das Rauchen beigebracht, um das deutsche Volk zugrunde zu richten und sich gleichzeitig dabei zu bereichern; Nikotin sei der größte Feind des Reiches, weil es die deutschen Frauen unfruchtbar mache. Außerdem seien die Herren Mussolini und Hitler bekanntlich Nichtraucher, was ihnen ermöglicht hätte, Großes zu vollbringen.

»Nein«, entgegnete Walter und fuhr sich mit der Hand übers Gesicht. »Wir werden uns nicht zanken.«

Seine Geste erinnerte ihn an den Mann mit dem untröstlichen Kummer, den er auf dem Gang gesehen hatte. Vielleicht könnte er ihm ja irgendwann seine Geschichte entlocken. Walter kam der Gedanke, daß der Arzt aufgrund seiner Tätigkeit viele Immigranten kennenlernte und ihn womöglich zu interessanten »Fällen« lotsen

---

[1] Eines der führenden Mitglieder der NSDAP. Gründer und Herausgeber der antisemitischen Wochenzeitschrift *Der Stürmer;* leitete die Kampagne zur Boykottierung jüdischer Geschäfte.

könnte. Also beschrieb er Horst voller Enthusiasmus seine Porträtserie für die *Shanghai Nachrichten*, mußte aber plötzlich recht verblüfft feststellen, daß sich das Gesicht des Arztes unwillig verzog.

»Was ist nur in dich gefahren?« herrschte ihn Horst an. »Das Komitee hat den Flüchtlingen strikt verboten, mit Journalisten zu sprechen. Was hier abläuft, geht niemanden etwas an. Hat man dir das nicht gesagt?«

»Nein«, antwortete Walter, ballte die Fäuste und zwang sich, gelassen zu bleiben. »Die Leute, mit denen ich gesprochen habe, schienen eher erfreut darüber, endlich einmal ihr Herz ausschütten zu können.«

Ein tüchtiger Verband zierte mittlerweile den unteren Bereich von Walters Wade. Er bedankte sich bei Horst, der es sich nicht verkneifen konnte, noch zu bemerken:

»Du hast wirklich den Bogen raus, um dich in unmögliche Situationen zu bringen. Was wolltest du eigentlich bei diesen beiden Chinesinnen? Das sind doch Prostituierte, oder? Hüte dich vor den Chinesinnen, mein Lieber! Hier in Shanghai machen die Fachärzte für Geschlechtskrankheiten das meiste Geld. Aber vielleicht willst du die ja noch wohlhabender machen.«

»Stimmt das wirklich, was du da sagst, Horst?« fragte Walter in eisigem Ton, die Hand bereits auf der Türklinke. »Glaubst du wirklich, daß die Chinesinnen stärker verseucht sind als die Russinnen? Und die deutschen Huren, haben die vielleicht keine Mikroben?«

Sie schieden grußlos voneinander.

Hinter ihrem Fenster schaute Feng-si zu, wie der Sturzregen niederging und die Bäume zerzauste. Die Trambahn mit den gelben Augen glitt über die glänzenden Schienen und spie Zornesfunken auf die Oberleitungen.

Wind- und Regenböen peitschten die Stadt seit drei Tagen, seit dem Tode Yang Laomas. Inzwischen hatte ihr Leichnam das Haus unter den Klängen von Trauermusik verlassen, und Feng-si war nun zum allerersten Male allein.

Erschöpft ließ sich Feng-si auf eine der beiden Bänke an den Wänden des Salons fallen, der wegen der Abschiedszeremonie leergeräumt und weiß ausgeschlagen worden war. Während sie ein kleines Seidentaschentuch zwischen den Fingern knüllte, fragte sich Feng-si, ob sie auch keine der unerläßlichen Riten vergessen hatte, um den Geist der Verstorbenen in aller Form zu ehren. Würde er auch weiterhin Glück und Wohlstand über ihr ausschütten, so wie Frau Yang es zu ihren Lebzeiten getan hatte?

Sie hob den Blick zu dem weiß umrahmten Porträt auf dem Altar, den viele kleine Teller mit Blumen, Früchten und Süßigkeiten bedeckten. Laomas von zwei Kerzen beleuchtetes Lächeln blieb rätselhaft.

Frau Yangs plötzlicher Tod hatte das Haus in große Unruhe versetzt. Feng-si hatte zwar gewußt, daß ihre Wohltäterin krank war, und gesehen, wie dieser das Gehen immer größere Mühe bereitete; daß der Tod aber bereits so nah war, hatte sie nicht geahnt. Noch vor kurzem schien Doktor Cheng sogar recht hoffnungsvoll, als Frau Yang das Rauchen aufgab und auf ihre kleine Pfeife verzichtete.

Feng-si rief sich Laomas letzte Augenblicke ins Gedächtnis. An jenem Nachmittag hatte ihrer beider Beschützer

Wu Yutsing seinen üblichen Besuch abgestattet. Sie saßen zu dritt in dem Salon mit den Möbeln aus rotem Birnbaumholz beisammen. Da Feng-si wußte, was ihm Freude machte, hatte sie die Marlene Dietrich-Platte aufgelegt. Plötzlich erhob sich Laoma von ihrem Sessel. »Soll ich Euch begleiten, Mama?« hatte Feng-si gefragt. »Nein, Tochter, dein Platz ist hier.« Feng-si hatte noch die kurzatmige, aber feste Stimme im Ohr.

Laoma war kurze Zeit später zurückgekommen, einen Pflaumenzweig mit rosa Blüten in den Händen, den sie ihrer »Tochter« überreichte. Ihre letzte bewußte Handlung. Sie hatte noch den Mund geöffnet, um etwas zu sagen, vielleicht, von wem diese Gabe kam, war dann aber weiß wie Papier auf einem Sessel zusammengebrochen; ihr Kopf fiel zur Seite, und ein wenig Schaum trat auf die Lippen. Der sofort herbeigerufene Dr. Cheng konnte nur noch ihren Tod feststellen.

Woher kam nun dieser Pflaumenzweig? Keiner der Boys hatte es ihr erklären können. Feng-si hatte ihn in eine Vase gestellt, die nun auf dem Altar stand. Einige der Knospen öffneten sich gerade und verströmten den zarten Duft des Frühlings.

Laoma hatte keine Familie mehr. Sie war die Tochter armer Bauern und hatte mit dem in Shanghai verdienten Geld für den Lebensunterhalt ihrer Eltern, ihres Bruders und dessen Familie gesorgt. Doch alle Familienmitglieder waren von Soldaten umgebracht worden, als sie sich der Beschlagnahme ihrer Ernte widersetzten.

Der Clan der Verschworenen Schwestern, die sich bei einer geheimen Zeremonie feierlich geschworen hatten, auch im Unglück fest zueinanderzuhalten, war also neben Feng-si, ihrer Adoptivtochter, Laomas einzige Familie gewesen.

Die beiden noch rüstigen »Tanten« waren auf Feng-sis Hilferuf sofort herbeigeeilt und hatten ihr geholfen, der Verstorbenen ihr schönstes Kleid aus bestickter Seide anzuziehen. Um ihr zu ewigem Glück in der anderen Welt zu verhelfen, hatte Feng-si Laomas Kopf auf das Kissen mit dem kleinen weißen Stück Stoff in Gestalt eines Hahns[1] gebettet, das, in einer Holzschatulle verwahrt, auf diesen Moment gewartet hatte. Anschließend hatte der Seher aus der Rue Brenier-de-Montmorand Tag und Ort der Bestattung bestimmt. Der ehrwürdige Mann mit dem Kinnbärtchen, den runden Brillengläsern und einem grauen wattierten Gewand saß für gewöhnlich, von Buddhastatuen umgeben, an einem Tisch, auf dem ein Eichhörnchen in einem Käfig seine Runden drehte. Dort hatte er zunächst seine weisen Bücher zu Rate gezogen und sich dann zum Friedhof begeben. Mit Zirkel, Kompaß und einem kleinen Spiegel, der ihm helfen sollte, die Strömungen des *fengshui*[2] zu bestimmen, studierte er die Beschaffenheit des Bodens, die Schatten der Berge und nahen Hügel sowie die von den benachbarten Wasserläufen gebildeten Winkel und vergewisserte sich, daß sich der Strom des Weißen Tigers zur Rechten des Grabes und der des Blauen Drachen zur Linken ergießen würde. Erst dann hatte er die Beerdigung auf den übernächsten Tag festgelegt.

---

[1] Die beiden Wörter *Hahn* und *Glück* werden im Chinesischen gleich ausgesprochen: *ji*.

[2] Geomantie oder Punktierkunst. *Feng* bedeutet »Wind« und *shui* »Wasser«, die beide als die wichtigsten Vehikel von gutem und bösem Geschick, von Glück und Unglück betrachtet werden. Drei Prinzipien bestimmen den *fengshui*: 1. Die Himmel und Gestirne beherrschen die Erde. 2. Himmel und Erde beherrschen die Lebewesen, aber der Mensch hat die Macht, diesen Einfluß zu seinen Gunsten zu nutzen. 3. Das Geschick der Lebenden hängt vom Wohlwollen der Toten ab.

Laomas blumenbedeckter Leichnam hatte im hinteren Bereich des Salons auf seine Bestattung gewartet, von einem Vorhang verborgen, der ihn vom Totenaltar trennte. Den Sarg aus kostbarem und wohlriechendem Zedernholz, der außen mit feinstem Lack überzogen und erlesenen Vergoldungen verziert war, hatte Feng-si ausgesucht.

Zwei Tage lang hatte ein unablässiges Kommen und Gehen das Haus erfüllt. In einer Mischung aus Weihrauchduft und Zigarettenqualm erwiesen so viele Besucher der toten die letzte Ehre, daß die Boys, die Tee und Limonade reichten, bald nicht mehr wußten, wo ihnen der Kopf stand. Jeder Ankömmling warf sich dreimal vor dem Bildnis der Verblichenen, das auf dem Altar stand, auf die Knie. Jedesmal warf sich Feng-si ebenfalls dreimal zu Boden, weshalb sie am Ende des Tages derart erschöpft war, daß zwei ihrer »Schwestern«, Susu und Manli, ihr aufhelfen mußten. Auch der Vertrauensmann von Du Yuesheng hatte sein Automobil mit den Panzerscheiben anhalten lassen, um seinen Kondolenzbesuch abzustatten. Das hieß, daß die Macht des Oberhaupts der Grünen Bande, des bedeutendsten Geheimbundes, Feng-si auch weiterhin beschützte und daß niemand es wagen sollte, sie zu behelligen.

Gedämpfte Trompetenklänge, rhythmische Gongschläge und traurige Flötenweisen hatten die ehrfürchtigen Verneigungen, das laute Weinen und Klagen begleitet. Anschließend hatte das Orchester dann alle die Melodien gespielt, die Laoma im Wiener Café so gerne gehört hatte, von der *schönen blauen Donau* über den *Kuhreigen* und den *Radetzkymarsch* bis hin zu *Carmen* und den *Bolero*. Ein Stück hat aber doch gefehlt! dachte Feng-si. Das, das der hübsche blonde Pianist mit den widerspenstigen Strähnen, die ihm stets in die Stirn fielen, für Laoma gespielt hatte, als diese ihm die Salbe für seine aufgesprungenen Hände schenkte.

Laoma war von dieser Melodie ganz hingerissen gewesen und hatte den Titel wissen wollen; doch sie mußten damals rasch aufbrechen und waren nicht wieder in das Café gekommen.

Feng-si nahm sich fest vor, den Pianisten nach dem Stück zu fragen; dann wollte sie die Noten kaufen, sofern es sie gab, und sie anschließend verbrennen, so daß die Melodie bis zu der Verstorbenen gelangen konnte.

Nachbildungen aus Papier und Pappmaché der unterschiedlichsten Dinge waren auf dem Kiesweg vor dem Haus in einem großen Feuer aufgegangen. An den mächtig aufsteigenden Flammen konnten alle Nachbarn sehen, wie glücklich Yang Laoma – von Kostbarkeiten und Gegenständen begleitet, die sie während ihres irdischen Daseins geliebt hatte – in der anderen Welt doch sein würde. Da gab es die üblichen Silber- und Goldbarren, die Dollarbündel, aber auch einen weißen Cadillac, einen Radio- und Grammophonschrank, Musikinstrumente, Schuhe in Hülle und Fülle. Laomas »Schwestern« hatten für das Ritual ein dreistöckiges Haus beigesteuert, das an die drei Meter hoch war. Nichts fehlte darin, weder das erlesene Mobiliar des Salons noch das prunkvolle Schlafgemach, weder der Mah-Jongg-Tisch noch das Sofa. Auch Boys und *amas* fehlten nicht.

Feng-sis »Schwestern« hatten eine Motorradrikscha in voller Größe mitsamt einem so lebensecht modellierten Fahrer geschenkt, daß man meinen konnte, er würde gleich nach dem Handtuch auf seiner Schulter greifen und sich den Schweiß abwischen. Frau Bauer war ebenfalls gekommen und hatte den Flammen Nachbildungen von Strudelstücken, Kaffeetassen, Kakaobechern und Gebäck aller Art übergeben. Laoma würde alle diese Dinge im Jenseits sehr zu schätzen wissen. Feng-si durfte keinesfalls versäumen, sich ganz besonders bei der österreichischen Jüdin zu bedanken, die es mit solchem Feingefühl verstanden hatte, den buddhistischen Bräuchen Genüge zu tun.

Weshalb nennt man Klara Bauer eine Jüdin? fragte sich die Chinesin. Was unterscheidet sie von den anderen Fremden? Sie mochte noch so angestrengt überlegen, sie fand nichts.

Feng-si hatte auch Teeschale, Kanne und Pfeife der Toten verbrennen lassen, damit ihr diese geliebten Gegenstände dort nicht fehlten, wo sie sich jetzt befand. Anschließend wurde Laomas gesamtes Geschirr mit viel Lärm zerschmettert, um auch die dreistesten bösen Geister fernzuhalten. Und zu der vom *fengshui* bestimmten Stunde, weder früher noch später, da sonst zu befürchten war, die Verstorbene könnte zurückkommen und sich eine andere Seele holen – genau zu dieser Stunde also hatten die sechs Träger den Sarg zu dem schwarzweißen, von zwei Drachen flankierten Leichenwagen gebracht.

Zuvor jedoch waren zwei brennende Kerzen, zwei Schälchen mit Wasser, zwei Schalen mit Reis und je einem Ei und zwei Köcher mit Eßstäbchen aus Bambus auf dem Sarg plaziert worden. Die Flammen hatten kaum geflakkert, das Wasser sich kaum gewellt, die Eier hatten sich auf ihrem Untergrund aus Reis nicht bewegt, und keines der Eßstäbchen war heruntergefallen: Laomas Seele hatte ihr Haus in Frieden verlassen.

»Hier ist Ihr Tee, junge Herrin!«

Huilan stellte das Tablett auf die Bank, dann fiel sie vor dem Altar auf die Knie. Sie war so dünn, daß ihre Wirbelknochen hervortraten, als sie den Nacken beugte. Diese Magerheit beunruhigte Feng-si. Das Mädchen wurde gut behandelt. Aß sie nicht genug? Sie schien doch froh, hier angestellt zu sein. Huilan hatte selbst erzählt, daß das Kind, das von seinen Eltern in das Nachbarhaus verkauft worden war, von früh bis spät dienen mußte, ohne je entlohnt zu werden.

Während Feng-si über Huilans Los nachdachte, dankte sie dem Himmel, daß er es so gut mit ihr gemeint hatte. Wäre sie weniger hübsch, hätte sie sich im Heer der armseligen Sklavenmädchen wiedergefunden. Dennoch würde sie alle ihre Ressourcen mobilisieren müssen, um den Gefahren zu entgehen, die Mädchen ihres Berufs bedrohten.

Dank des Schutzes, den Laoma ihr hatte angedeihen lassen, brauchte Feng-si die chinesischen Erpresser nicht zu fürchten. Und Monsieur Piquet, *Inspecteur* der französischen Polizei, mußte sie nur schnellstens mitteilen, daß er seine Zahlungen weiterhin ebenso regelmäßig erhalten würde wie zu Frau Yangs Lebzeiten.

Sollte Feng-si allein in diesem Haus weiterarbeiten? Das wäre nicht sehr lustig. Doch Susu und Manli, ihre liebsten »Schwestern«, waren bei einer besonders geldgierigen Kuppelmutter gelandet und weit davon entfernt, sich freikaufen zu können. Lianyin war tot, von einem ihrer Kunden, der eine große Summe bei Pferdewetten verloren hatte, erwürgt und ihres Schmucks beraubt. Und die unglückselige, vom Alkohol aufgeschwemmte Xiaoxiu war unter die Knute eines üblen Bandenchefs geraten, der sie in der »Blood Alley« arbeiten ließ, einem Gäßchen, in dem sich der Brunnen der Lüste aus menschlichem Elend speiste, den an manchen Abenden betrunkene Matrosen noch mit Blut färbten. Dort verdiente Xiaoxiu ihren Lebensunterhalt in einem dieser »Pökelfleischläden« oder *ham shops*[1], wie die Amerikaner sie nannten. Schäbige Tanz-

---

[1] Schinkenläden.

schuppen, in denen chinesische, japanische, koreanische und russische *taxi-girls* auf Gäste warteten. Wenn ein Kunde anbiß, lockten sie ihn in eines der Zimmer im ersten Stock. Mit etwas Glück blieb er bis zum Morgen.

Es kostete zehn Yuan[1] für einmal, sechzig für die ganze Nacht. Xiaoxiu erhielt nur ein Fünftel davon.

Ein Lächeln zeigte sich auf Feng-sis Lippen. Als Erbin der Verstorbenen würde sie nun über das Geld verfügen können, das ihre »Mutter« noch am Tage ihres Todes, etwa von dem deutschen Oberst, einem von Feng-sis Stammkunden, kassiert hatte. Die Scheine, zumeist amerikanische Dollar, befanden sich im Geheimfach von Laomas Frisiertisch. Mit einemmal befand sich Feng-si in der ungewohnten Situation, völlig eigenständig über ihr gesamtes Einkommen bestimmen zu können.

Diese unverhoffte Unabhängigkeit durfte sie jedoch auf keinen Fall durch ungeschickte Manöver aufs Spiel setzen! Feng-sis innigster Wunsch war es, Fengyong zu ermöglichen, ein eigenes Geschäft zu eröffnen, damit er die Familie unterhalten könnte. Allerdings war er noch etwas jung. Feng-si würde also wohl oder übel noch einige Zeit arbeiten müssen, bis die Schultern des jüngeren Bruders kräftiger waren. Später wäre es wunderbar, die zweite Ehefrau oder sogar die Konkubine eines reichen Mannes zu werden. Falls sie in Shanghai keiner haben wollte, war Feng-si fest entschlossen, in einer anderen Stadt, wo niemand sie kennen konnte, ein neues Leben zu beginnen.

Einstweilen aber mußte sie einen klaren Kopf behalten. »Sei vorausschauend in allen Dingen«, lautete eine Lehre des weisen Mandarin Zhu. »Denke daran, dein Dach einzudecken, bevor der Regen fällt, und deinen Brunnen zu

---

[1] »Chinesische Dollar«

graben, bevor der Durst kommt.« Der Spiegel warf Feng-si zwar nach wie vor das Bildnis einer blühenden jungen Frau zurück; doch sie wußte auch, wie flüchtig Schönheit war, sie hatte es oft genug an mancher ihrer »Schwestern« beobachten können.

Sie müßte also eine Betätigung finden, bei der sie sich von anderen unterstützen lassen könnte. Feng-si dachte auch, daß nichts Laomas Geist eine größere Freude bereiten könnte als ein lebendiges Haus, in dem fröhliches Lachen und Musik durch alle Räume schallen würden.

Warum dann nicht einen Teesalon eröffnen, mit Sängerinnen, Erzählerinnen und Musikantinnen, in dem sich reiche und wohlgesittete Herren entspannen könnten?

Von ihrem Platz aus sah Feng-si auf den Altar mit dem Porträt der Verstorbenen, eingerahmt von den Blüten des Pflaumenzweigs. Laoma lächelte glücklich.

V

Erwacht unter einem Mantel aus weißem Rauhreif, brodelte Shanghai bereits um die Mittagszeit wie Traubenmost, der in seinem Bottich gärt. An diesem Sonntag, dem 19. Februar, bereiteten sich die Chinesen in freudiger Erregung auf das Neujahrsfest vor, das den Beginn des Frühlings ankündigte. Um das Jahr des Hasen angemessen zu begrüßen, hatte man Feuerwerkskörper gehortet und über den Hauseingängen die roten Laternen – in der Farbe der Feste und des Glücks – aufgehängt. Diese Papierlampions waren rund, quadratisch oder länglich und stets mit Fransen und Troddeln verziert.

Jeder, ob Tai-pan oder Kuli, hatte sich bemüht, das nötige Geld zusammenzubringen, um seine Schulden vor dem Jahresende zu bezahlen, so wie es Brauch war. Auch die Räuber verstärkten ihre Aktivitäten. Sie bedrohten Bedienstete, drangen am hellichten Tag in reiche chinesische Häuser ein, zückten ihre Pistolen und trieben die Familien in einem Raum zusammen. Dann ließen sie sich die Tresore öffnen, steckten zehn- oder zwanzigtausend Dollar ein, rissen die Telefonleitungen aus der Wand und verschwanden wieder. Später verlustierten sie sich in Badehäusern und bei den Friseuren, weil man von jeder Verunreinigung befreit ins Neue Jahr treten sollte.

Wenn sie wieder in ihre Behausungen im Westen Shanghais heimgekehrt waren, die ihre Frauen zwischenzeitlich gründlich geputzt hatten, legten die Verbrecher auf den Ahnenaltären Opfergaben nieder: Apfelsinen, Reiskuchen, Fleisch, Tee und alkoholische Getränke. Nichts unterschied sie von den rechtschaffenen Leuten, wenn sie vor den Lacktäfelchen mit den Namen der Verstorbenen die Weihrauchstäbchen entzündeten, die die ganze Nacht über brennen mußten.

Am anderen Ende Shanghais, in einem Gäßchen von Hongkew, zündete Frau Erna Gruenbaum, die nichts vom chinesischen Neujahr und seinen Bräuchen wußte, unterdessen eine der dicken kurzen *Jahrzeit*-Kerzen[1] an, die nun vierundzwanzig Stunden lang vor der Fotografie ihres verstorbenen Mannes brennen würde. Frau Gruenbaum hatte die Kerze vorsorglich aus Deutschland mitgebracht, weil sie fürchtete, diese Art in China nicht zu finden. Ihr Ehemann war im Dezember letzten Jahres während seiner zweiten Inhaftierung totgeschlagen worden, nur wenige Tage bevor er das Schiff nach Shanghai besteigen sollte.

---

[1] Jahrgedächtniskerzen.

Erna war damals ins Büro des Konzentrationslagers bestellt worden, wo ihr eine kleine Schachtel ausgehändigt wurde mit den Worten: »Hier haben Sie die Asche Ihres Mannes, Oskar Gruenbaum.«

Erna reiste alleine nach Shanghai. Erst auf dem Schiff brach sie zusammen. Ein Arzt, Dr. Robert Wertheimer, half ihr fürs erste mit Beruhigungsmitteln. Doch auch nach ihrer Ankunft in Shanghai vermochte sie ihre Verzweiflung nicht zu überwinden und verlor bereits nach drei Tagen eine wundersamerweise gefundene Stellung als Verkäuferin. Ihr Arbeitgeber fand ihr Verhalten »unnormal«. Da hatte sie beschlossen, jenen Doktor Wertheimer aufzusuchen, der inzwischen eine Praxis in der Bubbling Well Road eröffnet hatte.

Der Arzt war stark abgemagert. Er schlug jede Bezahlung aus und schenkte ihr auch die Medikamente. Und während sie an diesem Sonntag die verordnete Dosis mit etwas Wasser einnahm, fand der Boy des Arztes den Mann leblos auf. Wertheimer hatte sich mit einem Röhrchen Veronal umgebracht. Drei Wochen nach seiner Ankunft.

Wie viele Selbstmorde würden in Shanghai am Vorabend des Neuen Jahres verübt werden? Dutzende, Hunderte? Wie jener Komprador im kostbaren Brokatgewand, der in der Nacht zuvor seine Tochter am Mah-Jongg-Tisch aufs Spiel gesetzt und verloren hatte, sich auf sein Baldachinbett legte und sich eine Kugel in den Kopf schoß. Oder die beiden chinesischen Tänzerinnen mit dem langen, dichten, ihren zierlichen Körper umhüllenden Haar, die sich Tee in dem schäbigen Hotelzimmer servieren ließen, in dem sie sich gerade einquartiert hatten. Die beiden Frauen hatten ihr letztes Geld auf den Kranich gesetzt – eines der siebenunddreißig Symbole der Blumenlotterie. In der Tasche der einen befand sich eine kleine Dose mit der nötigen Menge

Opium, das sie nur zu schlucken brauchten, um aus dieser grausamen Welt befreit zu werden.

Die Droge hatten sie in der Concession française erstanden, wo die Hersteller, Händler und Schmuggler der Rauchopiumpaste die Polizei schmierten, so daß sie dem braven Bürger Sand in die Augen streute, indem sie ein- oder zweimal im Jahr ein paar Körbe Opium, Morphium und Heroin beschlagnahmte und mit großem Brimborium im Hof des Gerichtsgebäudes verbrannte. An diesem Sonntag des neuen Mondjahres setzte das heimtückische Opium, dieses Gold, das die Tresore der einen füllte und in den Pfeifen der anderen in Rauch aufging, seinen Totentanz unaufhaltsam fort. Die hunderttausend Opiumsüchtigen Shanghais gaben sich in Opiumhöhlen, Teehäusern oder Hotelzimmern dem erdigen Rauch hin, der ihnen die Pforten eines Paradieses öffnete, neben dem die Wonnen und Genüsse des Weins und der Liebe verblaßten.

Am Quai de France konnte sich Wang, einer der fünftausend Docker der Stadt, vor Schmerzen im Kreuz und in den Schultern kaum noch rühren. Er zählte die Kupfermünzen, die in seinem Gürtel steckten. Wenn er sich die gute Pfeife gönnte, die seine Schmerzen lindern würde, mußte er ohne die von ihm erwarteten Nahrungsmittel nach Hause gehen. Wang schwankte noch, als er eine Handkarre mit Kohl vorbeifahren sah. Er stürzte vorwärts und stahl einen Kohlkopf. Um dem ihm nachsetzenden Händler zu entwischen, rannte Wang auf die Straße und wurde an diesem Vortag des Neuen Jahres von einem Buick überfahren.

Der englische Tai-pan auf der Rückbank des Buicks befahl seinem russischen Chauffeur, einfach weiterzufahren, da er einen Termin beim Administrator des Municipal Council hatte, von dem er sich die Erteilung einer neuen

Konzession erhoffte, die sein Vermögen verdoppeln konnte. Bei den vielen Leichen, die jeden Tag die Shanghaier Straßen säumten, würde es auf eine mehr oder weniger nicht ankommen. Der Tai-pan beglückwünschte sich zu seinem Entschluß, als er vor der Hausnummer 3 des Bund aus seinem Wagen stieg und den Packard seines Gesprächspartners ankommen sah. Arm in Arm betraten sie den Shanghai Club, eine britische Institution, deren marmorne Eingangshalle nie eine Frau durchqueren würde und die sich rühmte, die größte Bar der Welt zu besitzen. Die fünfzig Meter lange Theke bot fünfhundert Zechern Platz. Tausend in Flaschen gebannte Dämonen leuchteten verlockend in den von Palisanderbögen umrahmten Spiegeln. Hundert Ventilatoren warteten an der Decke auf den Sommer. Auf der anderen Seite der Theke mixten blasse chinesische Teetrinker für die rotgesichtigen Fremden die Cocktails der ganzen Welt. Man hörte Lachen und das Geräusch fallender Würfel.

Gegenüber vom Shanghai Club lag die *Félix Roussel,* der herrliche weiße Dampfer des *Messageries Maritimes,* vor Anker. Monsieur und Madame Armand Boutard de Salany hatten vor ihrer endgültigen Abreise noch einmal alle Shanghaier Freunde zu einem Kostümball an Bord unter dem Motto *Tausendundeine Nacht* eingeladen.

Während die Gastgeberin die Dekorationen inspizierte, versetzte Mrs. Lawrence, eine der Geladenen, das Personal ihrer Villa mit dem fürchterlichsten Wutanfall, den man je erlebt hatte, in Angst und Schrecken. Die für Näharbeiten zuständige *ama* war an diesem Morgen nicht gekommen, um den Saum des Bajadere-Kostüms auszubessern. Mrs. Lawrence lief auf und ab wie eine Tigerin im Käfig, während sie auf die Rückkehr der Kulis Nummer Eins wartete, der die *ama* mit der privaten Rikscha holen sollte.

Als Kuli Nummer Eins die Robinson Road erreichte, hörte er schon von weitem das Geschrei der Menge, während ihm gleichzeitig Rauch in die Nase stieg. An diesem Vortag des Neuen Jahres war die *ama* in ihrem Holzhäuschen mit den schmalen Außentreppen sehr zeitig aufgestanden, um die Wan-tang-Suppe für das Neujahrsfest zuzubereiten. In ihrer Eile hatte sie den Petroleumkocher umgestoßen. Jetzt tanzten die Flammen bereits im Sägemehl des benachbarten Korklagers. Soldaten und Polizisten besprengten die Bambuspalisade, die das Lagerhaus von einem *lilong* trennte; eine der übervölkerten Bretterbuden knisterte bereits bedrohlich. Die Bewohner drängten und stießen sich auf den Treppen, warfen ihre Habe aus den Fenstern. Ein Greis mit geröteten Augen jammerte um seinen Vorrat frischer Eier im Wert von achtzig Dollar, die in der Feuerhölle gebraten wurden.

Und wegen eines einzigen Eis verlor Fräulein Sandor an jenem Vortag des Neuen Jahres ihr Leben. Die junge Russin lebte mit einem amerikanischen Kapitän im zwanzigsten Stock der Broadway Mansions. Beim Frühstück hatte sie den Diener ausgeschimpft, weil die Toasts zu stark geröstet seien. Später, weil er das Schlafzimmer nicht aufgeräumt und auf dem Radioapparat nicht Staub gewischt hatte; oder auch nur, weil ihn einer seiner Freunde angerufen hatte. Der Boy hatte alle Abfuhren ohne Aufmucken hingenommen. Dann aber fand Fräulein Sandor ein zerbrochenes Ei auf dem Küchentisch und ohrfeigte den Jungen. Der Diener zahlte es ihr in gleicher Münze heim, und es kam zu einem Handgemenge. Als sie ihn dabei biß, schlug sie der Diener mit einem Hieb an den Kopf bewußtlos. Um nicht von ihr angezeigt zu werden, holte der Junge eine Flasche Bier aus dem Kühlschrank und zertrümmerte ihr damit den Schädel. Wie viele Morde mochten wohl an jenem Vortag des Neuen Jahres in Shanghai verübt werden?

Zur gleichen Zeit erwachte ein japanisches *taxi-girl* und mit ihr ihre Verbitterung. Das Café Venus hatte Fräulein Shiroki entlassen. Alles hatte im Dezember begonnen, als das Cabaret von Chapei in die Gegend der Garden Bridge, in Frenchtown, umgezogen war. Der Besitzer hatte viel Geld für eine riesige Silberkugel ausgegeben, die aus einer Unzahl Glühbirnen bestand und in Shanghai einmalig war. Wenn Walzer gespielt wurden, verbreitete sie ein ganz besonderes Licht. In der ersten Zeit wurden Männer in Uniformen nicht eingelassen. Der Eigentümer mußte jedoch feststellen, daß ein Großteil seiner hundert Tänzerinnen zumeist müßig herumsaß, und wies fortan in seiner Werbung ausdrücklich darauf hin, daß das Militär willkommen sei. Fräulein Shiroki war indes weiterhin wie ein Mauerblümchen sitzengeblieben ... Nachdem sie sich sorgfältig angekleidet hatte, ging sie hinunter und schlug den Weg zum Lotosclub ein. Abends spielte dort ein Pianist, um als Cabaret erscheinen zu lassen, was tatsächlich ein Bordell war. In den Zimmern im ersten Stock versuchten die farbigen Mädchen, die in den Nachtclubs der ausländischen Konzessionen keinen Zutritt hatten, ihren Lebensunterhalt auf eigene Rechnung zu verdienen. Doch allein die Miete erforderte hohe Einnahmen. Falls Fräulein Shiroki auch dort scheiterte, blieb ihr nur noch, sich in der Avenue Edward-VII zu postieren oder in der Foochow Road auf den Strich zu gehen und sich dort den Matrosen und Soldaten anzubieten, ein Mädchen mehr im Heer der Tausende, die die Chinesen in die Kategorie der »Wildhühner«[1] einordneten. Gedankenverloren stieß Fräulein Shiroki mit

---

[1] Schnepfen; billige Huren.

einem jungen Chinesen zusammen, der *Nandin-Zweige*[1] verkaufte; als Kind hatte sie die scharlachroten Beeren gern gegessen, damals in Japan ... »Viel Glück im neuen Jahr, viel Glück im neuen Jahr!« rief der Junge. Fräulein Shiroki brach in Tränen aus.

Es war fünf Uhr nachmittags. *Nandin*-Verkäufer waren in ganz Shanghai unterwegs. Einer von ihnen stand an der Route Cardinal-Mercier und der Avenue Joffre und lockte die Passanten mit seinem durchdringenden Ruf an, der Walter an seinem Piano neugierig machte. Er reckte den Hals und sah die Zweige mit den Beerentrauben am Ende, deren Farbe ihn an Feng-sis Lippen erinnerte. Was war aus ihr geworden? Hatte Frau Yang ihr seinen Blütenzweig noch übergeben können? Wie konnte er das herausfinden? Der kleine Hans Fischer saß wie jeden Sonntag auf einem Hocker und aß selig das dicke, von Klara Bauer gestiftete Stück Sachertorte, während Walter neben ihm die letzten Akkorde der *schönen blauen Donau* anschlug.

»Willst du mir einen Gefallen tun, Hans?«

Der Junge strahlte: nichts Schöneres, als den Erwachsenen helfen zu können! Außerdem vergötterte er Walter geradezu.

»Geh bitte auf die Straße und frag nach dem Preis dieser Zweige. Ich sage dir dann noch, wie viele du kaufen und zu welcher Adresse du sie bringen sollst.«

Stolz marschierte Hans mit seinen kräftigen Beinen los, und Walter stimmte *September Song* an.

Er wußte, daß er sich Feng-si mit äußerster Behutsamkeit nähern mußte.

---

[1] Japanisches Berberitzen- oder Sauerdorngewächs.

VI

Die Leute behaupteten, sie hätten noch nie einen derart verregneten Mai erlebt. An diesem ersten Junitag jedoch löste eine brütende Hitze den Regen ab, als wollte das Wetter eine deutliche Zäsur setzen. Walter zog seine Jacke aus und lockerte den Kragen seines Hemds.

Chinesische Familien nahmen die Gehwege in Beschlag, wuschen dort ihre Wäsche oder hielten ein Mittagsschläfchen, kochten ihre Mahlzeiten mit reichlich Knoblauch und Ingwer, spielten Karten oder kippten ihre Abfälle aus. Rot gekleidete und schwarz verschmierte Kleinkinder krabbelten umher. Alle, ob Mädchen oder Jungen, trugen geschlitzte Hosen, die ihre kleinen nackten Hintern durchblitzen ließen.

Die Rundfunkapparate plärrten in voller Lautstärke durch die geöffneten Fenster. Jeder schien den Lärm seines Nachbarn übertönen zu wollen. Die schrillen Fistelstimmen klangen in Walters abendländischen Ohren wie das Quietschen eines schlecht geölten Rades. Von dieser Kakophonie wie benommen, war er froh, als er die Avenue Joffre erreichte, wo nur die Glocke der Trambahn mit dem Hupen, Schreien, Klingeln und den schlecht geölten Rädern der Schiebekarren wetteiferte.

Walter ließ die Schultern hängen. Zum ersten Mal seit seiner Ankunft in Shanghai fühlte er sich entmutigt und niedergeschlagen.

Werner Eisenberg, inzwischen Vertreter für Toilettenartikel, war vor kurzem in einem *lilong* von zwei kleinen japanischen Hausierern der Arm gebrochen worden. Obwohl er ein guter Ringer war, hatten ihn die beiden Adepten des Karatekampfs, die ihn wegen unlauterer Konkurrenz beschimpften, mit einem einzigen Tritt auf den Gehsteig befördert. Walter hatte dem Verletzten einen Besuch abgestattet, und dabei hatte Werner ihm eine lehrreiche Geschichte erzählt.

Er, der ehemalige SS-Mann, hatte erfahren, daß die Deutschen in Shanghai am 20. April Hitlers Geburtstag feierten, und war aus Neugierde hingegangen, um sich die Reden der Naziführer anzuhören. »Ich habe sogar das *Horst-Wessel-Lied* und *Deutschland, Deutschland über alles* mitgegrölt«, hatte er grinsend eingestanden. Er hatte dort einen kleinen Ganoven aus Berlin wiedergetroffen, einen Taschendieb, der Shanghai haßte. »Auch bei denen gibt's hier zuviel Konkurrenz!« kicherte Walter. Der Kerl konnte seine Abreise in der folgenden Woche in die Vereinigten Staaten kaum erwarten. Er hatte durch einen Jesuiten ein Visum erhalten.

Und diesen Jesuiten hatte Walter gerade aufgesucht. Ihn aufzustöbern war keine leichte Sache gewesen. Walter mußte mehrere Male im Park Hotel anrufen, bevor er Max Herzberg an den Apparat bekam, der ihn einlud, mit ihm und Robert Duguay ein Gläschen in der Bar zu trinken. Duguay unternahm einige Recherchen und rief ihn vierzehn Tage später im Wiener Café zurück. Nachdem er Walter die gewünschten Auskünfte gegeben hatte, erzählte ihm Duguay lachend, daß es einen ganzen Häuserblock mit Bordellen gebe, die den französischen Missionaren gehörten. Angeblich ging der Pater Kurator einmal im Monat höchstpersönlich die Miete abkassieren.

»Falls Sie zum katholischen Glauben konvertieren, erhalten Sie ein Visum«, hatte der Jesuit erklärt, ein dicker Mann, der seine Augen hinter Brillengläsern so dick wie Flaschenböden verbarg. Und Walter, der gern Schweinefleisch aß, am Sabbat genau wie an den anderen Tagen arbeitete und selbst den Versöhnungstag *Jom Kippur* nicht beachtete, hörte sich brüllen:»Kein Visum ist es wert, daß ich dafür die jüdische Religion aufgebe!«

Er zitterte noch immer vor Erregung.

Die Vereinigten Staaten kann ich vorläufig abhaken, dachte er bitter. Wer weiß, für wie lange? Und Lisa, seine Mutter, die jetzt im jüdischen Viertel von Wien unter den erbärmlichsten Wohnbedingungen leben mußte und noch immer hoffte! Sie mußte unbedingt möglichst bald nach Shanghai kommen. Walter wollte ihr gleich am nächsten Tag schreiben.

Wie gut, daß er Feng-si von seinen Erkundigungen bei dem Jesuitenpater nichts gesagt hatte! Er hätte nur riskiert, sie zu verlieren. Er mußte wieder an die Tragödie denken, von der sie ihm erzählt hatte, als sie gemeinsam durch die Gärten des Mandarin Yu spazierten.

Am Tage nach dem chinesischen Neujahrsfest war Feng-si in Begleitung ihrer Freundin Manli wieder im Wiener Café aufgetaucht. Ihre reizenden Lippen hatten zwar gelächelt, als sie Walter für die *Nandin*-Zweige dankte, doch ihr Blick blieb ausdruckslos. Mit einer dunklen Stimme, die mit ihrem sanften Gesicht kontrastierte, schnurrte sie eine entsprechende Phrase in einer Mischung aus Pidgin und einfachstem Schulenglisch herunter und zündete sich dann eine Zigarette an, als wollte sie damit andeuten, daß das Gespräch beendet sei. Pochenden Herzens nahm Walter sich jedoch die Freiheit, sich neben sie zu setzen und sie zu fragen, ob Frau Yang ihr den Pflaumenzweig gegeben hätte. »*Oh, it was you!*«[1] rief sie aus und sah ihn zum ersten Mal richtig an, und Walter hatte das Gefühl, daß er nun endlich für sie existierte. Warum aber hatte sie den Titel

---

[1] Sie waren das also!

jener Melodie wissen wollen, die Walter für Frau Yang gespielt hatte? *September Song?*

Die Noten waren nirgends zu kaufen, erklärte Feng-si ihm drei Tage später bedauernd, während sie mit Manli vor einer heißen Schokolade saß. Walter verbrachte in der folgenden Nacht einige Stunden damit, die Melodie zu transkribieren, und ging am nächsten Nachmittag zu Feng-sis Haus, um ihr die Noten zu bringen. Sie war allein, doch die junge Chinesin blieb an jenem Tag wie auch später verschlossen, wich allen Fragen aus, und ihr Gesicht blieb stets glatt und undurchdringlich. Was empfand sie für ihn? Er hätte es nicht zu sagen vermocht und versuchte auch gar nicht, es herauszufinden.

Walter wäre es selbstverständlich lieber gewesen, wenn Feng-si einen anderen Beruf gehabt hätte. Da sie ihm aber gefiel, da er niemals unmittelbar mit ihrem Gewerbe konfrontiert wurde und sie bei ihm ihre Reize auch nicht zu Geld machte, wollte er sich nicht darüber beklagen, daß die Braut zu schön war.

Als Feng-si die Blätter in den Händen hielt, die Walters sorgfältig gezogene Linien und Noten trugen, hatte sie ihn zu dem Laoma gewidmeten Altar geführt. Dort hatte sie Weihrauchstäbchen angezündet, mit ihnen durch die Luft gewedelt, sich dabei verbeugt und die Notenblätter schließlich in aller Gelassenheit verbrannt! Mit zusammengebissenen Zähnen hatte Walter empört, aber stumm der Vernichtung einer ganzen Nacht Arbeit zugesehen. Inzwischen jedoch kannte er die Bedeutung dieser rituellen Verbrennung.

Später, als sie ihm Tee servierte und er sich wieder beruhigt hatte, nahm er seinen Mut zusammen und fragte sie, ob sie ihm wohl die chinesische Altstadt zeigen würde. Sie blieb indes ausweichend. »Eines Tages vielleicht ...« antwortete sie nur mit einem höflichen Lächeln.

Walter hatte schon seit langem Feng-si zu einem Spaziergang einladen wollen. Er hatte sogar einen Erkundungsgang durch die Public Gardens gemacht, die sich den Bund entlang über dem Whangpoo bis zur Ausfahrt der Garden Bridge hinzogen. Das Shanghai Municipal Orchestra gab im Musikpavillon des Parks Konzerte. Doch das Schild am Gittertor neben dem Sikh-Wachmann besagte, daß Chinesen der Zutritt untersagt war.

Kein derartiges Verbot konnte den Zugang zur chinesischen Stadt verwehren, was Walter veranlaßt hatte, Feng-si diesen Ort für einen Spaziergang vorzuschlagen.

Feng-si besuchte auch weiterhin regelmäßig das Wiener Café, wo sie sich häufig mit Klara unterhielt. Es kam auch vor, daß sie ein paar Worte mit Fengyong wechselte. Walter hatte inzwischen von Sergej erfahren, daß er Feng-sis Bruder war. Während er am Klavier saß, schaute Walter immer wieder zu Feng-si hinüber. Als er bemerkte, daß auch sie ihn ansah, klopfte sein Herz schneller.

Der Monat März ging bereits seinem Ende zu, als Feng-si kurz vor Verlassen des Cafés Walter, der gerade die letzten Takte eines Musikstücks gespielt und nun krampfhaft nach den Noten von *Moonlight Sonata* suchte, fragte, ob er sie am nächsten Tag zu einem Spaziergang durch die chinesische Altstadt abholen wolle. Fengyong, der dauernd um sie herumschlich, mußte das gehört haben, denn er baute sich vor dem Klavierhocker auf, nachdem seine Schwester gegangen war. Seine geballten Fäuste beunruhigten Walter.

»No catchee my sistel walkee tomollo! No catchee!«[1]

Der Ton war zwar drohend, doch Walter, der am Ziel

---

[1] Hol meine Schwester morgen nicht ab, um mit ihr spazierenzugehen.

seiner Wünsche war, zuckte nur die Schultern. Mit dem schmächtigen Chinesen nahm er es doch zweimal auf! Was konnte diese halbe Portion ihm schon anhaben?

»Yu Gardens«, schlug Feng-si am Eingang der chinesischen Stadt vor. Erst gingen sie Straßen entlang, gesäumt von Häusern mit Fassaden und Balkonen aus geschnitztem Holz, durchschritten bald darauf gewundene und widerlich stinkende Gäßchen, in denen eine bejammernswert elende Einwohnerschaft im Schmutz dahinvegetierte, wo die Wäsche auf Bambusstangen zum Trocknen aufgehängt war und beinahe ein Dach bildete. Endlich tauchte inmitten eines rechteckigen Teichs der alte fünfeckige Pavillon auf: ein Teehaus, in das sie später zurückkehren sollten.

Zunächst aber überquerten sie einen großen Platz, bepflanzt mit Bäumen von sonderbaren Formen und knorrigen Stämmen, deren dichtes Blattwerk nur gelegentlich einen Sonnenstrahl durchließ. Dann kam eine weiße Mauer mit einer runden Öffnung »in der Form des vollen Mondes«, hatte Feng-si hervorgehoben. Von zwei Löwen bewacht – der eine hielt ein Junges im Maul, der andere hatte eine Tatze auf eine Kugel gelegt –, bot diese Pforte Zugang zu den Gärten. Dahinter bildeten Pavillons und Laubengänge, kleine Hügel und Felsen, Weiher und Brücken, jahrhundertealte Bäume und Sträucher eine eigene Welt. Herrlich geschnitzte Drachen schmückten die Dachfirste, die hinauf zum Himmel strebten. Feng-sis begrenzter Englischwortschatz machte es ihr unmöglich, die Namen all dieser Gebäude zu übersetzen. Ihre linkischen Versuche endeten stets in einem Kichern, das sie hinter vorgehaltener Hand zu unterdrücken suchte. Jedenfalls gab es einen »Pavillon der Neun Löwen« und den der »Tausend Blumen«, den »Pavillon zum Bewundern des Großen Muschelwerks« und auch den »Turm zum Betrachten des Mondes«.

Feng-si brachte ihm ein chinesisches Wort bei: »*shie shie*«,[1] und er lehrte sie die deutsche Übersetzung: *Danke*.

Wunderliche Möbel zierten den »Pavillon der Zärtlichkeit«. Dort erzählte Feng-si Walter, daß hier alle Mädchen Shanghais jener Schullehrerin gedachten, die sich einst in den Whangpoo stürzte, nachdem sie in einem Brief an alle Zeitungen den für ihren Tod Verantwortlichen bekanntgab: einen französischen Offizier, der sie nach Treueschwüren im Pavillon der Zärtlichkeit verlassen hatte.

Damals hatte Walter Feng-sis Worten keine große Beachtung geschenkt. Er hatte nur auf ihre Lippen geschaut, hatte sich ihre Brüste als zwei vergoldete Äpfel vorgestellt und sich gefragt, ob er es wagen sollte, ihre Hand zu ergreifen. Nun aber, während er zum Wiener Café ging, erinnerte er sich an diese Geschichte. Ein Glück, daß er Feng-si von seinen Bemühungen bei dem Jesuitenpater nichts gesagt hatte. Im Grunde seines Herzens wußte er, daß er sie irgendwann verleugnen würde, dennoch setzte er alles daran, von ihr geliebt zu werden.

Ohne mordsmäßiges Glück ist es einfach unmöglich, ein Visum zu ergattern, gestand er sich verbittert ein. Er war dazu verdammt, in Shanghai zu bleiben. Das Geld, das er durch sein Klavierspiel und mit dem Schreiben von Artikeln für die *Shanghai Nachrichten* verdiente, reichte kaum für das Nötigste.

Aus den zweitausendfünfhundert Flüchtlingen Ende Februar waren im März bereits viertausend geworden. Zum gleichen Zeitpunkt berichteten die Zeitungen von der endgültigen Zerschlagung der Tschechoslowakei und der

---

[1] Chinesisch: *xie*.

Besetzung der tschechischen Gebiete Böhmen und Mähren durch die deutschen Truppen. Viertausend Menschen also, die es zu ernähren und zu beherbergen galt! Die Hilfskomitees verzweifelten vor dieser Aufgabe. Allein für dreihundert Säuglinge Milch zu beschaffen, war fast unmöglich. Ende April waren es schon siebentausend Flüchtlinge, die sich in notdürftigen Baracken zusammendrängten, und nun zählte man zehntausend! Das Schlimmste daran war, daß noch einmal soviel für die kommenden Monate angekündigt wurden.

Durch den stetig anwachsenden Konkurrenzkampf auf dem Arbeitsmarkt machte sich ein Klima der Mißgunst in der Stadt breit. Falls die Anzahl der Flüchtlinge aus Mitteleuropa tatsächlich auf zwanzigtausend ansteigen sollte, wären die ansässigen Europäer mit rechtmäßigem Paß in der Minderzahl. Dies schloß auch die Amerikaner mit ein, da diese befremdlicherweise die Bezeichnung *Europäer* annahmen, sobald sie den Fuß auf den Boden Asiens oder Afrikas setzten! Wie sollten die Behörden allein das Problem der sanitären Verhältnisse der Stadt bewältigen? Man munkelte, die Herren Sassoon und Hayim, die führenden Sepharden und Philanthropen, wollten die Japaner bitten, den Hafen für Immigranten zu schließen.

Die Situation war derart besorgniserregend, daß die Einnahmen aus dem alljährlich zum Purimfest stattfindenden Ball diesmal für die Bedürfnisse der Flüchtlinge verwendet wurden statt für die Schule und das Altenheim. Ob Jude oder nicht, keine Persönlichkeit, die für sich in Anspruch nahm, zur Shanghaier High-Society zu zählen, durfte bei den beiden Bällen fehlen, die die Gemeinde anläßlich des Purimfestes und des Chanukkafestes gab.

Und dort, im funkelnden Lichtermeer des Ballsaals im Cercle Sportif Français, dem schicksten Club von ganz

Shanghai, entdeckte Walter die untrüglichen Anzeichen sagenhafter Vermögen.

Eigentlich hätte er gar nicht dort sein dürfen, doch er hatte sich im Wiener Café mit drei unzertrennlichen Amerikanern angefreundet. Der eine arbeitete im Büro der Metro-Goldwyn-Mayer, der andere war Betreiber eines Lichtspielhauses und der dritte Festveranstalter. Während Walter sich in der Pause seine tägliche Zigarette anzündete, hörte er, wie sie über ihn sprachen.

»Der Pianist hier«, meinte der Betreiber des Lichtspielhauses, »benimmt sich ordentlich, sieht ganz gut aus und hat ein gutes Repertoire.«

»Er spielt wirklich nicht schlecht«, bestätigte der Hollywoodmann.

Walter ging absichtlich dicht an ihnen vorbei, als er den Raum durchquerte, und der Veranstalter hielt ihn an. »Haben Sie einen Smoking?«

Konnte er über den von Max Herzberg noch immer verfügen? Walter hatte keine Ahnung.

»Ja«, antwortete er dennoch mit fester Stimme.

So war er engagiert worden, um nach seiner Darbietung im Café die Tanzband zu vervollständigen, die die ganze Nacht lang beim Purim-Ball im Cercle Sportif Français spielen sollte. Er sprang für einen an Scharlach erkrankten Pianisten ein, der erste Fall einer Epidemie, die über hundert Opfer unter den Flüchtlingen fordern sollte.

Der Smoking stand ihm noch zur Verfügung und paßte bestens. Jetzt muß ich mich aber unbedingt mal mit einem guten Geschäft bei Herzberg revanchieren, dachte Walter und warf die widerspenstige Strähne zurück. Das ist jetzt das dritte Mal, daß er mir aus der Patsche hilft. Das Bild dieser Paare im Cercle Sportif, die unter dem kuppelförmigen Glasdach Walzer tanzten, wollte Walter nicht mehr aus dem Kopf gehen. Diese Ungezwungenheit, diese Leichtigkeit. Die Abendroben aus Tüll und Musselin flatterten und wirbelten, und es war offensichtlich, daß ein dickes Polster aus Goldbarren diesen Frauen zu ihrem ätherischen Aussehen verhalf. Wenn sie beim *Lambeth-walk* den Cockney nachahmten – mit wiegenden Hüften und schlenkernden Armen –, kamen bei vielen ihre funkelnden Diamanten besonders zur Geltung: glitzernde Diademe, Kolliers und Armbänder in Hülle und Fülle. Trotz ihrer stolzen Preise hatte man sich um die Tombolalose förmlich gerissen. Ein Mantel, ein Kleid und ein Hut hatten bei einer Versteigerung völlig aberwitzige Summen erzielt.

Während der ganzen Zeit hatte Walter jedes Gesicht genau gemustert, in der Hoffnung, jemanden zu entdecken, den er in Wien gekannt hatte, wobei er vor allem an die Schoenbergs dachte. Doch vergeblich.

Jetzt brannte Walter die Sonne im Nacken. Er ging schnell, so wie man es ihm in Dachau mit dem Schlagstock beigebracht hatte – hier in Shanghai konnten es nur die Kulis mit ihm aufnehmen –, und spürte, wie ihm Schweißperlen auf die Stirn traten. Als er sich abtupfte und dabei überlegte, wie er Thomas wiederfinden könnte, kam ihm plötzlich eine Idee.

In den letzten Monaten waren vier neue Zeitungen herausgekommen, drei Wochenblätter und eine, die alle zwei Wochen erschien. Sie wandten sich vor allem an Flüchtlinge und veröffentlichten Suchanzeigen! »Falls jemand die derzeitige Adresse von Peter Niels Heller aus Wien kennt, wird er gebeten, sie der Zeitung mitzuteilen«, hatte Walter beispielsweise gelesen. Die ehrgeizigsten Publikationen waren das deutsch-englische Wochenblatt *Shanghai Jewish Chronicle* und die Zweiwochenzeitschrift *Die gelbe Post.* Letztere umfaßte ungefähr dreißig Seiten von beeindruckender Qualität, sowohl was die Form als auch den Inhalt anging. Sie war das Werk des österreichischen Journalisten Adolf Joseph Storfer, Mitglied der Wiener Psychoanalytiker-Vereinigung, der seinem Freund Sigmund Freud nach London hatte folgen wollen, aber in Shanghai gelandet war. Wie Walter war er Ende Dezember angekommen. *Die gelbe Post* behandelte alle Themen, für die sich ein wißbegieriger und gebildeter Mensch interessieren konnte: vom chinesischen oder japanischen Kultur- und Gesellschaftsleben bis hin zur Integration der Flüchtlinge (Walter erinnerte sich an die fettgerahmte »Empfehlung, sich schnellstens gegen Cholera impfen zu lassen«) und zu politischen Analysen wie etwa: »Was geschieht in Shanghai, falls in Europa ein Krieg ausbricht?« Ein ganz anderes Niveau als die *Shanghai Nachrichten*.

Er würde in der *Post* eine Suchmeldung aufgeben und sie am besten gleich selbst in der Hongkong Road vorbeibringen. Vielleicht hätte er sogar das Glück, Storfer zu treffen.

Walter war auch weiterhin begeistert bei seinen Recherchen. Die daraus entstehenden Porträts schienen die Leser zu interessieren. Außerdem waren diese Begegnungen jedesmal eine Bereicherung für ihn. Er begann allmählich, einen Begriff von der phantastischen Vielfalt der menschlichen Spezies zu gewinnen, und bildete sich nach und nach eine Meinung über das Schicksal. Obwohl es für jeden von uns vorgezeichnet ist, gestalten wir es doch selbst, indem wir unsere Chancen entweder verstreichen lassen oder sie ergreifen, faßte er seine Erkenntnisse zusammen.

Walter fand sich indes nur sehr schwer damit ab, all den Haß und den tiefen Groll verschweigen zu müssen, mit denen ihn das Naziregime erfüllte. Die japanischen Behörden nahmen jede Veröffentlichung genauestens unter die Lupe und hätten keine Äußerung geduldet, die die ehrenwerten Angehörigen der deutschen Gemeinde hätten verletzen können, die mit ihrer Kaiser-Wilhelm-Schule, ihrer Kirche, ihrem Verein, ihrer Handelskammer, ihrer Gestapo und ihren Hitlerjugend-Aufmärschen in Frenchtown angesiedelt waren.

Daher wollte Walter lieber über andere Themen schreiben. Da ihm die große Zahl geflohener Künstler aufgefallen war, hatte er sich überlegt, Interviews mit ihnen zu machen, in denen er sie über ihre künstlerischen Metiers befragen wollte – Artikel also, die allein eine Zeitschrift wie *Die gelbe Post* ins Auge fassen könnte.

Er zog seinen Notizblock hervor und kritzelte die Namen aufs Papier, die ihm in den Sinn kamen: Hildegard Orlowsky Rager, die große Berliner Kabarettsängerin. Oder das österreichische Filmemacherehepaar Luise und Jakob Julius Fleck. Jakob Julius war durch Vermittlung von Wilhelm Dieterle, dem berühmten, nach Hollywood ausgewanderten Schauspieler und Regisseur, aus Buchenwald entkommen und dürfte fesselnde Erlebnisse zu berichten haben. Selbstverständlich gehörte der fröhliche Tanzorchesterleiter Giulio Veneto dazu, ein Berliner mit italienischem Pseudonym, wie auch Wiener, dessen Vorname Walter vergessen hatte, ein Berufstänzer, der zu den Attraktionen des Purim-Balls gehört hatte und zusammen mit einer spritzigen Französin *Tango moderne* und *Valse d'amour* dargeboten hatte. Nach ihnen war dann Ruth Dani mit ihren »Glamourettes« aufgetreten. Welcher Nationalität konnte Ruth Dani wohl sein?

Künstler, die bereits seit mehreren Jahren in Shanghai lebten und deren Namen Walter bei seiner Zeitungslektüre aufgelesen hatte, vervollständigten seine Liste: Der Zeichner Friedrich Schiff, ein begnadeter Karikaturist und Schöpfer der Wandfresken, die den Ballsaal des Cercle

Sportif Français schmückten; Maître Valentinoff von der Pariser Oper, der soeben ein Studio eröffnet hatte. Professor Lazareff, der Klavier unterrichtete und kürzlich im American Women's Club einen Konzertabend seiner Schüler veranstaltet hatte.

Ein englisches Plakat erregte plötzlich Walters Aufmerksamkeit. Die Lafayette Gardens kündigten für den 15. Juni einen Rollschuhwettbewerb an, eine Sportart, die in letzter Zeit sehr in Mode war. Feng-si hatte ihm davon erzählt, als ihre » Schwester« Manli von einer Rollschuhrevue zurückkehrte, die sie in Gesellschaft eines gewissen Johnson besucht hatte. Vielleicht neidete Feng-si Manli den Amerikaner? Bill Johnson, ein Handlanger von Jack Laley, der die Geldspielautomaten – von den Chinesen »die geldfressenden Tiger« genannt – in Shanghai eingeführt hatte, nahm Manli in die Tanzbars, Spielhöllen und Restaurants mit, die er zu überwachen hatte. Feng-sis Stammkunden gehörten eher zur Sorte der Stubenhocker. Der Deutsche tat nichts lieber, als Zigarre rauchend Opernarien anzuhören, und der Chinese schien gute Gründe zu haben, sich nicht allzuoft in der Öffentlichkeit zu zeigen. Ihre Besuche verliefen so geregelt und gleichförmig wie ein Uhrwerk. Der erste brachte seine Schallplatten mit, der andere sein Opium. Keiner von ihnen, wie auch kein anderer Mann, hatte jemals daran gedacht, Feng-si Blumen mitzubringen.

Ich müßte einmal mit ihr ausgehen, damit sie sich amüsieren kann, dachte er. Aber woher das Geld nehmen? Und die Zeit?

Doch als Walter gegen fünf Uhr das Wiener Café erreichte, stand sein Plan fest.

VII

»Eine zweite Sonja Henie«, hatten Gäste des Cafés von einer Eistänzerin geschwärmt und versichert, sie sei den Besuch wert. Die High-Society von Shanghai war letzten Februar in die Eröffnungsgala des Golden Gate Theater geströmt, um Sonja Henie, die norwegische Olympiasiegerin im Eiskunstlauf, als Schauspielerin in dem Film *My Lucky Star* zu bewundern.

Die Shanghaier Eisläuferin glich ihr tatsächlich ein wenig, besaß jedoch nicht ihr Talent. Walter schaute sich lieber Feng-sis glückliches Gesicht an, während sie gebannt und kerzengerade neben ihm saß. Sie gab ihm zu verstehen, daß ihr das Kostüm der Schlittschuhläuferin sehr gefalle. Die kurze Tunika aus himmelblauem Satin mit einem breiten Besatz aus weißem Kanin harmonierte wunderbar mit einem türkisblauen Faltenröckchen. Buttergelbe Strapse hielten die Seidenstrümpfe.

Die Chinesen hatten ihre helle Freude und begleiteten jeden Glanzpunkt mit einem dröhnenden »Ha!«. Die Lokalberühmtheit, ein großes junges Mädchen, das trotz häufiger Stürze gute Miene machte, errang sich ebenso viel Beifall wie der erfahrene und gefeierte Pekinger Kunstläufer, die russische Meisterin oder die Punktrichter an ihrem langen Tisch, wenn diese ihre Sandwiches und ihr Bier zur Seite zu legen geruhten, um die Wertungen bekanntzugeben.

Walter zog die Falten seiner Hose gerade und strich über den Stoff. Gleich bei der ersten Anprobe hatte er gespürt, daß dieser erstklassig geschnittene Anzug ihm bestens stehen würde.

Die letzten Begebenheiten der jüngsten Vergangenheit fügten sich wie ein Puzzle ineinander. Als Walter Greta

Fischer am Tag der Explosion seine zerrissene Hose gezeigt hatte, war diese hocherfreut gewesen, sich endlich bei ihm für die Nahhilfestunden von Hans erkenntlich zeigen zu können. Greta hatte sofort gesehen, daß der Schaden mit einer Nähmaschine ausgebessert werden müßte. Nur, wo eine finden? »Mister Silberstein!« hatte sie plötzlich ausgerufen, die Hose unter den Arm geklemmt und gleich darauf das Haus verlassen.

Richard Silberstein war aus Wien gekommen, zusammen mit seiner jungen Frau, der bezaubernden Silva, den kaum einjährigen blonden Zwillingen mit blauen Augen und seinem Bruder Markus, der wie er von sehr kleinem Wuchs war. Richard war Schneider und Markus Violinist. Der eine hatte seine Nähmaschine mitgebracht, der andere seine Geige.

Das Hilfskomitee hatte ein riesiges *godown*[1] an den Kais mit Betten und Decken ausgestattet und die Flüchtlingsschar einquartiert. Gleich am ersten Morgen war Richard zum argentinischen Konsulat gegangen. Er war heilfroh, daß er noch in Wien sein letztes Hemd für argentinische Pässe hergegeben hatte, und zweifelte keinen Augenblick daran, schon in kürze in seine neue Wahlheimat einwandern zu können. »Ihre Pässe sind vollkommen wertlos!« hatte jedoch der Konsul Argentiniens in Shanghai erklärt und ihm die Dokumente wieder zurückgegeben. Richard glaubte, sein Herz würde stehenbleiben. »Wie? Völlig wertlos?« stammelte er und dachte an die unter großen Mühen zusammengekratzten Reichsmark. »Ich habe sie sehr teuer bezahlt!« »Völlig wertlos für die Einwanderung«, erklärte der Vertreter der argentinischen Regierung. »Ich bedaure.« Wenige Monate später sollte Richard über

---

[1] Lagerhaus.

diese Fehleinschätzung lachen, doch in jenem Augenblick hatte er die Tür hastig hinter sich zugeworfen, um dem Verlangen zu widerstehen, das Büro des Konsuls kurz und klein zu schlagen. Er kehrte so verstört in das *godown* zurück, daß er außerstande war, die Freude seiner jungen Frau zu teilen, denn in der Zwischenzeit war eine hübsche französische Dame gekommen, hatte Silva weinend bei ihren Kleinkindern sitzen sehen und ihre Hilfe angeboten. Sie hatte ihr sofort einen Petroleumkocher, Milch und zwei warme Kinderdecken besorgen lassen. Richard hatte am Abend dann Gelegenheit, sich bei Madame Cohen zu bedanken, als diese mit einem Boy wiederkam, der die Arme voller Lebensmittel hatte. Während die Zwillinge entzückt nach dem kostbaren Kollier der Besucherin griffen, erzählte er von seinem Mißgeschick.

Schon am nächsten Morgen kam Madame Cohen wieder. »Ich besitze eine große Villa und lebe dort nur mit meiner Schwester und zwei meiner Nichten«, erklärte sie. »Im zweiten Stock ist noch viel Platz. Sie können bei mir wohnen.« Hocherfreut hatte Richard das Angebot für Silva und die Kleinen angenommen, für sich selbst und seinen Bruder jedoch ausgeschlagen. Er wollte arbeiten. Das wollten auch die meisten seiner ungarischen und österreichischen Leidensgenossen. Nur wenige Tage nach ihrer Ankunft sah man auf den Gehsteigen Hot-dog-Verkäufer wie Pilze aus dem Boden schießen. Gleichzeitig hörte man überall die Schanghaier Weißen klagen, die Flüchtlinge würden sie das Gesicht verlieren lassen, wogegen die Beschuldigten sich jedoch nachdrücklich verwahrten. Das angeratene »*Wait and see*«[1] löste bei ihnen nur Zorn und Argwohn aus. Sie wollten das *godown,* in das man sie ge-

---

[1] Abwarten und Tee trinken

pfercht hatte, schnellstens verlassen und sich ihre Unabhängigkeit verdienen.

Richard und Markus teilten sich ein Zimmer in der Shusan Road mit einem österreichischen Ehepaar, das sie auf dem Schiff kennengelernt hatten. Während Richard seine Nähmaschine vor der gespannten Decke aufstellte, die ihren Bereich von dem des Ehepaars abtrennte, ging Markus von Tür zu Tür und pries das Können seines Bruders an. Greta ließ sich allein durch die Eleganz des Anzugs davon überzeugen, den der junge Violinist trug, so daß sie Franz Bauer schon am nächsten Tag überredete, den kleinen Schneider einmal auszuprobieren. Der Wirt des Wiener Cafés wurde somit Silbersteins erster Kunde; nie zuvor hatte Franz Bauer ein Kleidungsstück von so tadellosem Schnitt getragen.

Richard Silberstein war bald in ein fünf Quadratmeter großes Zimmer gezogen, wo er allein mit seinem Bruder wohnte – der reinste Luxus! Und dorthin hatte Greta die von der Granate zerrissene Hose gebracht und dem Schneider im Tausch für die Reparatur eine große Schüssel Knödel angeboten.

Walter bewunderte, wie es Greta auf so begrenztem Raum und mit ihren dürftigen Mitteln gelang, auf dem winzigen Holzkohlenherd richtige Mahlzeiten zuzubereiten. Wenn es Reis geben sollte, brachte sie Wasser und Reis zum Kochen und steckte den Topf anschließend unter Hansens Bettdecke, wo der Reis weiter garen konnte, während Greta das andere Gericht zubereitete.

Wie gewöhnlich hatte Greta Walter kein Detail der Geschichte des kleinen Schneiders erspart. Und als er verzweifelt überlegte, wie er Geld und Zeit auftreiben könnte, um Feng-si diese Eislauf-Gala bieten zu können, hatte sich Walter wieder an den Schneider und die argentinischen

Pässe erinnert. Die waren ein unerwarteter Glücksfall für Max Herzberg, der sich die Hände rieb und sie im Park Hotel sofort an zwei Zuhälter weiterverkaufte. Max hatte Walter eine üppige Provision gezahlt, so daß er die Eintrittskarten sowie den Stoff für einen Anzug kaufen konnte, den Richard ihm zum Dank nähen wollte.

Jetzt blieb ihm noch, sich von seinem täglichen Konzert freizumachen. Walter hatte Franz Bauer schließlich überreden können, seine Kundschaft mit den Künsten eines jungen Geigenvirtuosen namens Markus Silberstein – dem Bruder des Schneiders – zu erfreuen.

Die Chinesen applaudierten den Gewinnern des Eislaufwettbewerbs stürmisch, und Feng-si schloß sich dem Beifall begeistert an. Sie drehte sich zu Walter und lächelte ihn strahlend an. Sie sah wundervoll aus in ihrem modischen, doch zugleich orientalisch inspirierten Anzug: Eine kurze, bestickte Jacke über einem enganliegenden Kleid aus schwarzer Rohseide, das kürzer als ihre chinesischen Gewänder war und ihre zarten Fesseln zeigte.

Walter machte inzwischen ein quälender Gedanken zu schaffen. Ihm war gedämmert, daß der Abend nicht nach dieser Vorstellung zu Ende wäre, daß Feng-si eine typische Shanghaier Nacht von ihm erwartete, eine Nacht in der Stadt der tausend Cabarets. Und er hatte kaum ein paar armselige Dollar in der Tasche! Außerdem machte es sich inzwischen bemerkbar, daß er kein Abendessen gehabt hatte, das er üblicherweise im Wiener Café bekam! Und Feng-si erwartete eine dieser tollen Nächte, in denen man sich von einem Vergnügungslokal ins nächste stürzte, eine halbe Stunde blieb, eine Kleinigkeit aß, etwas trank und ständig weitergetrieben wurde, um zu sehen, ob man sich anderswo nicht besser amüsieren würde. So wechselte man vom chinesischen Cabaret des Großkaufhauses Wing

On, in dem ein anspruchsloses Publikum sich schon tot-
lachte, wenn Taschenspieler und Zauberkünstler auf der
Bühne auftauchten, in den Jessfield Club hinüber, wo Joh-
ny Bulmer, alias Scotch Cossack, sein Foxsky-Trotsky-Or-
chester in Schwung brachte. Weiter in ein japanisches
Lokal, dessen Wände mit Motiven der Bayrischen Alpen
bemalt waren, bevor man einen Abstecher ins Eldorado
unternahm: *den* russischen Nachtklub, in dem Talmiprin-
zessinnen mit Exoffizieren der zaristischen Garde zu den
Klängen der Balalaiken eines falschen *Muschik*-Orchesters
Wodka aus Wassergläsern tranken. Die Nacht wurde
schließlich im Del Monico beendet, wo ganz Shanghai um
drei Uhr morgens Rühreier und Zwiebelsuppe verspeiste,
wenn man nicht lieber um fünf zu Jimmy's ging, wo Prügeleien zwischen italienischen und amerikanischen Matrosen den *ham and eggs* zusätzliche Würze verliehen. Und an
jedem dieser Orte warf man seine Kröten mit vollen Händen in die Rachen der »geldfressenden Tiger«, um womöglich den Jackpot zu gewinnen. Bei neun von zehn Versuchen kam der Einsatz Jack Laley zugute, dem weißen
Besitzer der Spielautomaten, der die Spielleidenschaft der
Chinesen auszunutzen verstanden hatte.

Mit einemmal zeigte sich ein triumphierendes Lächeln
auf Walters Gesicht. Er zog Feng-si mit nach draußen und
rief zwei Rikschas, die sie zur Nummer 626 der Avenue
Haig brachten.

In Shanghai gab es zahlreiche sehr elegante Spielclubs
im Besitz von Chinesen. Diese gewitzten Geschäftsleute
verfolgten die Strategie, den Kunden mit allen Mitteln
möglichst lange dazubehalten, was Walter jetzt sehr gelegen kam: Kleine Gerichte, Leckereien, Getränke und Zigaretten standen dem Kunden dort gratis zur Verfügung.

Die Tür öffnete sich auf eine in Rot und Schwarz gehal-

tene Eingangshalle, in die bereits die Geräusche der Spiel-
räume drangen. Ein flachgesichtiger Chinese bugsierte sie
rüde zu dem Schalter, an dem man sein Geld gegen Plaques
und Jetons eintauschen mußte, bevor man ins Paradies
vorgelassen wurde.

Walter leerte beschämt seine Taschen, hielt aber in der
letzten Sekunde die Cents für den Kuli zurück, der ihn
später nach Hongkew bringen mußte. Er spürte, daß Feng-
si durch die schmalen Schlitze ihrer Lider jede seiner zö-
gernden Bewegungen registrierte.

Es herrschte kein Mangel an Spiegeln, Lüstern und
Drachen in den Sälen, wo die Spieler, zumeist Chinesen
in langer Tracht, sich um die Tische drängten und dabei
wüst zeterten oder Selbstgespräche führten, die an das
Knattern von Maschinengewehren erinnerten. Kleine be-
hagliche Salons schlossen sich an die Säle an. Dort reichten junge Hostessen in seitlich hochgeschlitzten Kleidern
und mit aufreizend wiegendem Gang chinesische oder
abendländische Gerichte, Obst, Gebäck und Süßigkeiten
oder schritten mit ihren Bauchladen voller Zigarren, Pfeifen und Zigaretten umher. Eine Bar bot Hunderte von
Getränken an.

In dem dichten Rauch begegnete Walter dem undurchdringlichen Blick eines Aufsehers, der offenbar sein Verhalten »fotografierte«. Er zog Feng-si an den nächsten
Spieltisch und sah zum ersten Mal in seinem Leben ein
Roulette sich drehen.

Walter versuchte sich anhand seiner cinematographi-
schen Erinnerungen in dieser Umgebung zurechtzufinden.
Die Rollen des Croupiers, des Ansagers und des Wechslers
waren hier mit drei pfirsichwangigen Grazien besetzt, die
mit ihren geübten Gesten so geschmeidig wie Lianen wirkten. Er schenkte Feng-si die Hälfte seiner Jetons und setzte

seine auf die Sieben, eine Zahl, mit der ihn ein Aberglaube seiner Familie verband.

Die »Croupière« setzte die Scheibe in Bewegung und die Kugel in Umlauf: Sie hüpfte zunächst, tänzelte und ließ sich endlich in einem der roten Fächer nieder. Die Sieben! Ein kleiner Stapel Jetons landete unvermutet vor Walter. Er verstand nicht, was man ihm sagte, und schon kam das Rad erneut in Schwung, ohne daß er sich gerührt hatte. Diesmal bedachte ihn der Rechen sogar mit Plaques unter den Jetons. Strahlend nahm er den ganzen Haufen an sich und ging zu Feng-si, von der ihn die Menge getrennt hatte. Auch sie strahlte. Er hatte sie noch nie so fröhlich gesehen. Anmutig drehte sie wieder und wieder ihre leeren Hände.

Sie ließen sich in weiche Sessel sinken, tranken und aßen etwas. Walter fühlte sich wie in einem Traum und glücklich wie ein Fisch im Wasser, während er Feng-si betrachtete, wie sie eine White Lady schlürfte, eine englische Zigarette mit vergoldetem Mundstück rauchte und ihre Schmachtlocke glattstrich.

Es war recht frisch, als sie sich endlich einen Weg durch die Bettler bahnten. Die Bitterkeit, die Walter empfunden hatte, als der Rechen seine letzten Jetons hinweggraffte, war inzwischen verflogen. Immerhin blieb ihm die Erinnerung an Feng-sis glückliches Gesicht.

Lachend machte ihn Feng-si auf einen Chinesen aufmerksam, der gerade den Laden nebenan verließ.

»*Look at shoes!*«[1]

Der Mann im Smoking trug völlig abgelaufene und schiefgetretene Schlappen. Er eilte zur Nummer 626. Mehrere Läden in unmittelbarer Umgebung der Spielhölle waren noch beleuchtet. Was wurde dort verkauft? Durch die

[1] Sieh dir mal die Schuhe an.

Schaufenster des ersten sah Walter Kleider und ein Sammelsurium verschiedener, auf Stellagen gestapelter Gegenstände. Vor der Kasse stand gerade ein Kunde und hielt dem Mann dahinter eine Armbanduhr hin. Der Händler nahm sie und setzte sich eine Uhrmacherlupe ans Auge. Hier lieh man also Geld gegen Pfand, und Feng-si zeigte, immer noch lachend, auf den Vorrat an Schlappen, der für diejenigen vorgesehen war, die nur noch ihre Schuhe verpfänden konnten.

Walter war froh, daß er wenigstens die Münzen für die Rikschafahrer gerettet hatte. Doch Feng-si schickte einen der beiden Kulis wieder fort. Wollte sie ihm helfen, Kosten zu sparen? Dann forderte sie Walter auf, sich in der verbleibenden Rikscha niederzulassen, und setzte sich lachend auf seinen Schoß. Wie leicht sie war! Ein Vogel! Weder aus ihren Gesten noch ihrem Blick las er irgendeine Zweideutigkeit heraus. Feng-si hatte sie beide in ein unschuldiges Kinderspiel entführt. Die Morgendämmerung färbte einen Streifen Himmel mit perlmutternem Glanz, als sie in der Avenue Joffre ankamen.

Feng-si bedeutete Walter, den Kuli fortzuschicken. Dann zog sie ihn an der Hand ins Haus, und dieser Morgen wurde zu ihrer ersten Nacht. Sie erfanden eine eigene Sprache aus Schweigen und Lachen, ein geheimes, nur ihnen verständliches Pidgin.

VIII

Gegen Ende dieses Tages sah Fengyong seine Schwester Feng-si allein im Wiener Café auftauchen. Wo war Manli? Weshalb hatte Feng-si nicht eine andere ihrer »Schwestern« gebeten, sie zu begleiten?

Er bemerkte, daß sie sich, statt an einem der Caféhaustische im Freien Platz zu nehmen, ganz nah beim Klavier niederließ. Dann sah er, wie sie mit diesem Hund von Walter ein Lächeln tauschte. Und als Walter schließlich lächelnd zu ihr hinüberging und sich, ohne sie vorher zu begrüßen, auch noch neben sie setzte, begriff er, daß die beiden sich an diesem Tag bereits gesehen hatten.

Fengyong wußte, daß Feng-sis Preise Walters Finanzen bei weitem überforderten. Die Wahrheit stand ihm plötzlich klar vor Augen. Dieses faulige Ei, das ihn das Gesicht hatte verlieren lassen, hatte sich die Gunst seiner Schwester errungen. Haß brannte ihm wie Feuer in der Lunge. Er ließ in der Küche die Schranktüren knallen und spritzte mit dem Spülwasser, unterbrach seine Arbeit gleich wieder, um zähneknirschend und grummelnd auf und ab zu gehen. Man sollte diese stinkende Wanze mit dem Stock totschlagen, ihn totbeißen! Dieser dreckige Kothaufen einer haarigen Schildkröte sollte wie ein Hund vermodern!

Mit gesenktem Kopf dachte Fengyong über eine Möglichkeit nach, Rache zu nehmen. Eine Granate werfen! Genau! Das würde nach einem politischen Anschlag aussehen. Allerdings wußte er nicht, wie man eine herstellte, und er kannte auch niemanden, der ihm hätte helfen können. Da erinnerte sich Fengyong an die Geschichte, die sein Freund Guang ihm erzählt hatte. Ein fahrender Händler verkaufte kleine Phiolen mit einer Flüssigkeit, die angeblich die Manneskraft steigern sollte. Guangs Bruder nahm zwei Tropfen in einem Glas Wasser ein, wie es der Händler empfohlen hatte; doch statt der erwarteten Wirkung bekam er derart grauenvolle Magenkrämpfe, daß er sich vor Schmerzen am Boden wälzte. Er kam ins Krankenhaus, wo bereits vier weitere Personen lagen, die sich durch diesen Zaubertrunk vergiftet hatten.

Fengyong wollte sich auf die Suche nach dem Mann machen. Fünf Tropfen in Walters Kaffee, und die Sache wäre geregelt. Plötzlich stürzte sich Sergej wie ein Taifun auf ihn, brüllte unverständliche Worte und trieb ihn mit Tritten in den Hintern in den Saal und wies auf einen Tisch voll schmutzigen Geschirrs. Fengyong hatte die Rufe des Russen überhört. Da dieser aber weiter tobte, setzte der Junge eine zerknirschte Miene auf und sagte in entschuldigendem Ton auf Chinesisch: »Krepier doch, du dikker verfaulter Fleischklops!«

Ein paar Monate zuvor hätte Fengyong noch geglaubt, er hätte das Gesicht verloren. Inzwischen hatte er jedoch begriffen, daß die Fremden sich den Teufel um das Gesicht eines Chinesen scherten, und begnügte sich damit, sie insgeheim zu beschimpfen und auf Rache zu sinnen.

Inzwischen gab sich der bleiche Koloß den Anschein, als beruhige er sich, obwohl er vor Zorn fast erstickte. Da hatte er sich diese hübsche kleine Chinesin ausgeguckt, die Schwester dieses Esels Fengyong, der ihm bei ihr endlich einmal von Nutzen sein konnte. Sergej war wie eine Glukke zu ihr, brachte ihr doppelte Portionen, wollte sie reifen lassen. Und jetzt schnappte sie ihm dieser Rotzlöffel von Pianist doch tatsächlich vor der Nase weg!

Alle Welt beklagte sich über die Deutschen und die Österreicher. Seit deren Ankunft leerten sich die Kassen der Stadt zu ihren Gunsten, und so mancher Russe hatte ihretwegen seine Arbeit verloren. Dieses Gesindel sahnte alles ab, was umso ungerechter war, als dreißig Prozent von ihnen – so hatte Sergej es in seiner russischen Zeitung gelesen – vermögend waren. Nicht wenige wohnten in den schönsten Appartements des Cathay, des Palace, des Plaza und des Park Hotel. Man brauchte sich nur ansehen, wie sie sich im Café Delmonte mit Champagner vollschütteten und sich in den besten Geschäften eindeckten. Nichts war zu schön für die! Und wer zahlte die Zeche? Die rechtschaffenen Leute.

»Dieser dreckige Jude soll doch krepieren!« murmelte Sergej zwischen den Zähnen, den Blick haßerfüllt auf Walter geheftet.

IX

Die Quecksilbersäule hatte die Marke von siebenundzwanzig Grad überschritten. Ein normaler Juli, wie es schien. Die Luft ließ sich vor Feuchtigkeit kaum atmen, und an manchen Tagen bewegte man sich wie durch ein Dampfbad. Die Haare klebten im Nacken, die Finger hinterließen überall dicke Abdrücke. Und die Hitze verschärfte Shanghais typischen Geruch, diese Mischung aus dem Schweiß der Kulis, Bratfettdünsten und Weihrauch. Die Schultern der Rikschafahrer zeigten unter den zerschlissenen Lumpen tiefe Wunden, über die die Fliegen herfielen.

So mußte man sich zu Elektroventilatoren mit ihrem lästigen Geheul durchringen; selbst die ärmsten Chinesen besaßen solche Geräte. Wenn Walter in seine kleine Wohnung mit Veranda an der Route Gaston-Kahn heimkehrte, setzte er als erstes seinen Ventilator in Gang. Er war heilfroh, daß er nicht mehr in diesem Kaninchenstall in der Shusan Road steckte. Bei Hitze der reinste Backofen!

Feng-si hatte ihn ein paar Tage zuvor hierher, in dieses chinesische Haus gebracht, das nur fünf Minuten von der Avenue Joffre entfernt lag. Dies sei nun sein neues Zuhause, und er solle bitte keine Fragen stellen, hatte sie gesagt. Von ihrem ovalen Gesicht mit den sanft geschwungenen Augenbrauen ließ sich nichts ablesen. Doch sie hatte Walters Reaktionen mit neugierigen Augen belauert. Er hatte das Geschenk ohne weiteres angenommen und ihr offen seine Freude gezeigt. Sie behielt die Zweitschlüssel. Kiakiu, »Neunter der Familie«, ein Boy so munter und geschäftig wie ein Sperling und einer von Feng-sis jungen Vettern, gehörte gewissermaßen mit zum Mobiliar. »Er ist am selben Tag wie Fengyong geboren!« hob sie hervor. »Also sind sie fast Zwillinge.«

Die schlichten Bambusmöbel nahmen glücklicherweise in dem einzigen kleinen Raum nur recht wenig Platz ein. Walter würde auch seine Mutter hier unterbringen können, wenn sie sich je dazu entschließen sollte, ihm nachzureisen. Der Paravent würde das Bett mit dem Moskitonetz verbergen, und man bräuchte lediglich an die gegenüberliegende Wand ein Feldbett zu stellen. Müßte Walter auch seine Großeltern beherbergen? Er hatte keine Ahnung. Bilder traten vor seine Augen: Er sah die geräumige Wohnung, die das alte Ehepaar in Wien bewohnte, dann die Zimmerchen in Hongkew, in denen drei bis fünf Personen lebten, kochten, schliefen und vergebens gegen Reptilien und Insekten ankämpften, die an den Wänden hochkrabbelten. Im günstigsten Fall gab es immerhin eine Toilette, die sie sich mit anderen Familien teilten.

Walter nahm sich fest vor, das für seine Mutter begonnene Fotoalbum schnellstens fertigzustellen und ihr einen langen Brief zu schreiben, der sie endlich überreden würde herzukommen.

Wie hatte Feng-si diese Wohnung nur ergattert? Walter wußte es nicht. War es ein Geschenk eines ihrer Beschützer oder Gönner? Eine Erbschaft von Yang Laoma, der »Alten Mutter Yang«? Oder hatte Feng-si selbst die Miete übernommen? Sie schien recht gut zu verdienen. Vor kurzem hatte sie drei reizende Mädchen eingestellt, die im

Haus in der Avenue Joffre als Sängerinnen arbeiteten und Laute, Flöte und Sitar spielten. Eine der drei, und zwar die schönste, mußte bald ersetzt werden, denn Feng-si hatte sie an einen Pekinger »verkauft«, der sie zu seiner Konkubine machen wollte. So erfuhr Walter einiges über den offiziellen Status der Konkubinen in manchen chinesischen Familien: Sie werden von den Gemahlinnen formell akzeptiert.

Walter hatte nie mit Feng-si Worte der Liebe gewechselt, doch sie erwiderte sein ungestümes Verlangen mit einer Intensität, die alle Liebeserklärungen und Schwüre der Welt aufwog. Unter Walters Bekannten gab es keinen, der ein Verhältnis mit einer Chinesin hatte. Sicher, da war die Sprachbarriere, aber das erklärte nicht alles. Vielmehr schien ein stark ausgeprägter Familiensinn den Töchtern des Reichs der Mitte zu verbieten, sich an einen Fremden zu binden. Der blühende Pflaumenzweig, den Laoma kurz vor ihrem Tode Feng-si übergeben hatte, mochte sie für ihn eingenommen haben. Und sicherlich dürfte Klara Bauer, die für Walter eine Art mütterliche Zuneigung hegte, Feng-si beeinflußt haben. »Ein junger Mann, der einmal ein großer Herr wird«, so stellte sie ihn zumeist vor, wenn eine interessante Persönlichkeit im Café auftauchte.

Feng-si, deren Schweigsamkeit Walter zu Anfang neugierig gemacht und betört hatte, war ihm gegenüber inzwischen sehr gesprächig. Er war froh, daß ihrer Beziehung Gewohnheiten fehlten und sie beide in einer gewissen Unbeschwertheit dahinlebten. Wenn ihn zu irgendeiner Tages- oder Nachtzeit das Verlangen überkam, sie zu sehen, fand er sich einfach bei ihr ein, und sie empfing ihn, wenn sie wollte, wenn sie konnte. An Feng-sis Seite entdeckte Walter die Kultur eines Volkes. In Wien hatte er Leute gekannt, die zwar wandelnde Bibliotheken waren, zugleich aber auch grob und vulgär. Feng-si entzückte ihn, weil sie ihm trotz der Beschränkung auf einen einfachen Grundwortschatz weit mehr über menschliche Werte beibrachte, als es seine Lehrer je vermocht hatten. Jede Geste, jeder Gegenstand ihres Alltags war wie ein kleines Kunstwerk.

Die chinesische Lebensart faszinierte Walter. Als er endlich imstande war, glitschige Pilze und Wan-tang ohne Zuhilfenahme eines Löffels oder seiner Finger zwischen den Stäbchen zu halten, fand er auch Geschmack an den fremdartigen Gerichten, die Feng-si ihn entdecken ließ. Sie hatte eine reizende Art, mit ihren Stäbchen nach den besten Stücken zu suchen und sie ihm auf seinen Teller zu legen.

Im Bett machte sie ihn unwahrscheinlich glücklich. Bei seinen geringen Erfahrungen mit europäischen Frauen war es kein Wunder, daß Walter immer wieder verblüfft war. Verstanden sich die Chinesinnen besser auf die männliche Lust und waren erfahrener darin, oder besaß Feng-si eine besondere Begabung? Sie hatte sich amüsiert über sein Erstaunen bei der Betrachtung alter erotischer Darstellungen.

Da liebkoste ein Fettsack mit allen Anzeichen höchsten Genusses die winzigen, von einem feinen Stoff umhüllten Füße einer jungen Schönen. Woher stammte diese barbarische Sitte der gebundenen Füße, der »Lotos-Füße«?[1] Mit ihrem unschuldigen Mädchenlachen hatte Feng-si ihm offenbart, diese Puppenfüßchen mit der Hand zu umschließen sei ebenso erregend, wie Brüste zu umfassen, und sie zu streicheln verursache bei Männern wollüstige Schauer. Die berühmten Liebhaberinnen der Vergangenheit hätten einst das Feuer der Greise wiedererweckt, indem sie das

[1] Auch Lilien-Füße genannt.

schlummernde Glied zwischen ihre kleinen Füße betteten. »So etwa«, hatte Feng-si ihm zärtlich demonstrieren wollen und gleich darauf lachen müssen, als sie feststellte, daß nichts mehr erweckt zu werden brauchte.

Walter bemühte sich, die chinesische Sprache zu erlernen, begeisterte sich für die Lektüre der Ideogramme, interessierte sich für Horoskope und Geomantie. Feng-si erklärte ihm, daß die verschiedenen Praktiken des Wahrsagens und Prophezeiens nicht dazu dienten, individuelle Schicksale zu ergründen, sondern vor allem zu erfahren, ob zu handeln oder besser abzuwarten sei. Walter machte sich mit Yin und Yang vertraut, den beiden untrennbaren kosmologischen Prinzipien des Weiblichen und Männlichen, die vereint eine runde Welt schaffen. Feng-si strebte nach einer Harmonie aller Kräfte, die die Menschheit beeinflussen, die Himmel und Erde, Licht und Dunkel, das Gerade und das Ungerade, Wärme und Kälte, den Osten und den Westen, das Gute und das Böse in Einklang bringen. Sie beherrschte die Kunst, alles, was sie unternahm, zur Vollkommenheit zu bringen.

Was jedoch nicht bedeutete, daß sie vollkommen war. Zeitweilig zog sie sich in ein undurchdringliches Schweigen zurück, dessen Grund Walter zumeist verborgen blieb. Er ärgerte sich auch über die Wichtigkeit gewisser Freundschaften, die sie plötzlich für längere Zeit in Anspruch nehmen konnten. So hatte sie neulich alles daran gesetzt, den Eigentümer eines Cabarets freizubekommen, der unter dem Verdacht, einen Anschlag auf den Polizeichef der projapanischen Regierung angezettelt zu haben, verhaftet worden war. Das setzte einen ausgeprägten Sinn für Freundschaft voraus. Walter zweifelte nicht daran, daß Feng-si notfalls für ihn die gleiche Hilfsbereitschaft an den Tag legen würde.

Manchmal dachte er an seinen Freund, den Arzt, den er seit der Ausheilung seines verletzten Wadenbeins nicht wiedergesehen hatte. Was würde Horst Bergmann dazu sagen, wenn er erführe, daß Walter der Liebhaber einer Prostituierten geworden war? Er mußte lachen bei der Vorstellung, wie Horst vor Empörung nach Luft schnappen würde. Oder hatten die Umstände dem Berliner inzwischen zu mehr Nachsicht und Verständnis verholfen? Bei seinen Recherchen hatte Walter Flüchtlinge kennengelernt, die dramatische Entscheidungen hatten treffen müssen. Ein ehemaliger Germanistikprofessor der Universität Hannover fuhr seine junge Gattin jeden Abend in das Cabaret Jardin des Fleurs, wo sie den einzigen Lebensunterhalt des Ehepaares verdiente. Andere Frauen, *taxi-girls* oder *barmaids,* mußten die ganze Nacht tanzen und landeten zumeist von der Bar im Bett. Welche anderen Möglichkeiten hatten sie denn, die Familie zu ernähren, wenn sich dem Ehemann alle Türen verschlossen? Wenn sich nun eine von ihnen eine Geschlechtskrankheit einfing, würde Horst sich weigern, sie zu behandeln? Oder einen Schwangerschaftsabbruch vorzunehmen? Und könnte er es sich in diesen Fällen verkneifen, seine Mißbilligung offen zu zeigen und den armen Frauen auch noch Moral zu predigen?

Die Welt stand in Flammen, und ihr Gerüst aus rigiden Prinzipien sank in der Feuersbrunst dahin. Hier hatten sich Witwe und Tochter eines weißrussischen Generals einen soliden Ruf unter den japanischen Offizieren erworben, die sie in ihrer winzigen Wohnung in der Rue de Molière empfingen. Dort machten sich zwei Jüdinnen gegenseitig ein Stück Gehsteig streitig – wer hätte so etwas in Europa je für möglich gehalten? Die rothaarige Lisa Mosquito, eine schlaksige, bei den Matrosen sehr beliebte Dünne, und Hava Ox, eine regelrechte Tonne, lieferten sich einen erbit-

198

terten Kampf. Beide waren jedoch auch dafür bekannt, daß sie häufig in die Synagoge gingen und das Waisenhaus unterstützten.

In jenen Julitagen, in denen die schwüle Hitze an die stickige Luft Wiener Wäschereien gemahnte, verschaffte der Ventilator nur die Illusion von Kühle. Vorausgesetzt, man hielt sich überhaupt in seiner Nähe auf. Walter lupfte sein Hemd und fächelte sich mit dem Stoff, der ihm auf der schweißnassen Brust klebte. Er freute sich darauf, vor dem Aufbruch noch eine Dusche nehmen zu können, ein sagenhafter Luxus in den Augen eines ehemaligen Bewohners der Shusan Road!

Wäre er in Hongkew geblieben, so hätte er mittlerweile mühelos eine bessere Wohnung gefunden. Flüchtlinge kauften dort heruntergekommene Bruchbuden auf, installierten europäischen Komfort, zerstückelten sie dann nach chinesischer Sitte und vermieteten sie schließlich. Durch den meist illegalen Einbau sanitärer Einrichtungen ergab sich eine Verbesserung für die Abortleerer der Shusan, der Wayside sowie der Broadway Road. Sie kamen nur noch einmal im Monat vorbei und strichen ein Trinkgeld für ihre Bereitwilligkeit ein, das eine oder andere Haus zu übergehen.

Um sich nicht unterkriegen zu lassen, setzten die Exilierten ihre ganze Zeit und Kraft darein, sich aus dem Schlamassel herauszuarbeiten, und hatten Hongkews Gesicht dabei gründlich verändert. Die Japaner nahmen diesen jähen Wandel sehr unterschiedlich auf. Die Kaufleute fürchteten um ihr Geschäft, die im Bezirk wohnenden Beamten jedoch freuten sich über diesen »Glücksfall«, als sie sahen, wie jüdische Unternehmen japanisch geführte Betriebe und Geschäfte ablösten.

Jeden Tag öffneten neue Läden: Haushaltswaren, Bäk-

kereien, Metzgereien, Lebensmittel- und Gemischtwaren-
handlungen. Konditoreien lockten mit Versuchungen, denen kein Wiener widerstehen konnte. Ein Geflügelhändler
hatte sich mit einem Rabbiner zusammengetan und mitten
auf dem chinesischen Markt einen Stand für koscher ge-
schlachtete Hühner, Enten und Gänse aufgemacht. Die
Flüchtlinge kauften bei ihm portionsweise ein, etwa für
das Sabbatmahl, was ihnen die Illusion verschaffte, den
Feiertag würdig zu begehen. Ärzte und Dentisten boten
ihre Dienste an. Schneider flickten, fertigten Neues aus Al-
tem, wendeten Hemdkragen und Manschetten. Schuster
widmeten sich der Rettung abgetragener Straßenschuhe,
die glorreichere Zeiten erlebt hatten.

Unter diesen Ladenbesitzern fanden sich auch Leute wie
Richard Silberstein, die vordem zu den besten Handwer-
kern von Budapest, Berlin, Prag und Wien gehört hatten,
und die Damen aus Frenchtown oder dem Settlement
strömten nach Hongkew, um sich frisieren, einkleiden und
beschuhen zu lassen.

Restaurants und Cafés nahmen die Innenhöfe alter ver-
wüsteter Häuser in Beschlag. Die Tiroler Kellner des netten
Lokals Zum Weißen Rössl wußten vor lauter Kundschaft
nicht mehr, wo ihnen der Kopf stand. Künstler traten dort
auf, und unter Lampions wurde getanzt. Alle waren glücklich, bis auf die russischen Musiker, die zusehen mußten,
wie ihr Monopol zerbröckelte. Sie fingen bisweilen mit den
Neuankömmlingen sogar Streit an, und es kam vor, daß
auf offener Straße Prügeleien ausbrachen.

Die Chinesen waren eher unauffällig in dieses brodelnde
Viertel vorgedrungen. Boys und *amas* radebrechten in der
Shusan Road Wienerisch, Berlinerisch in der Tongshan
Road und Jiddisch in der Seward Road. Der fliegende
Schuster hatte gelernt, sich auf Deutsch durch »Schuma-

cher! Schumacher!« anzukündigen, und ein Porzellanflik-
ker bellte: »Porzellan kaputt ganz machen.«

Das Leben in Hongkew war für Walter trotz seiner Mittellosigkeit anheimelnd und interessant gewesen; doch in
der Route Gaston-Kahn zu wohnen, verschaffte ihm, von
der kostenlosen Miete einmal abgesehen, ganz andere An-
nehmlichkeiten. Endlich war Schluß mit den langen Wegen! Außerdem boten sich ihm dort intellektuell und
künstlerisch anregende Begegnungen.

In der engen Duschkabine ließ Walter den letzten dünnen Wasserstrahl der Brause über seine geschlossenen Lider rinnen. Er trocknete sich nur die Hände ab, zündete
sich eine Zigarette an und wünschte sich dabei, daß das
Glück ihm weiterhin so hold bleiben mochte wie seit jenem Abend, als er alles auf Feng-si gesetzt hatte.

Am Tag danach hatte ihm der Besitzer eines neueröffne-
ten Restaurants angeboten, sieben Tage die Woche, von
morgens bis in die Nacht, in seiner Gaststätte zu spielen.
Noch dazu für das dreifache Gehalt. Eine verlockende Möglichkeit. Doch das Bild seines Vaters stieg vor ihm auf, und
Walter lehnte schließlich dankend ab. Er war es sich schuldig, sich für den Journalismus freizuhalten. Und kurz darauf
stellte ihm Klara einen Mann vor, der beim amerikanischen
Rundfunksender XMHA eine Sendung für Flüchtlinge
machte. Friedrich Bender hatte Walter über seine Internie-
rung in Dachau interviewt, und diese erste Berührung mit
dem Hörfunk hatte ihm unendliche Möglichkeiten aufge-
zeigt. Da er und Bender sich auf Anhieb sympathisch waren
und *Die gelbe Post* auf sein Projekt nicht geantwortet hatte,
bot Walter an, eine Radiosendung zu gestalten, in der exi-
lierte Künstler zu Wort kommen sollten. Der Vorschlag wurde begeistert angenommen, allerdings gab es kein Honorar!
Pech, aber das wichtigste war, irgendwo Fuß zu fassen.

Walters erste Hörfunksendung sollte in vierzehn Tagen stattfinden. Er hatte sich für den Schauspieler Herbert Zernik als ersten Gesprächspartner entschieden, der sich zur Zeit als Sänger im Black Cat versuchte, einem kürzlich in der Avenue du Roi-Albert eröffneten Nightclub.

Walter hatte inzwischen immer mehr Leute kennengelernt und konnte die unterschiedlichsten journalistischen Aufgaben übernehmen. Wenn es ihm an Zeit fehlte, ein Porträt auszuarbeiten, bot er Übersetzungen interessanter Artikel aus den internationalen Tageszeitungen an. Dabei ergab sich eine amüsante Geschichte:

Die Japaner, deren Zensurbehörde die gesamte Shanghaier Presse unter die Lupe nahm, beschäftigte zwei jüdische Flüchtlinge für die Übersetzung der Nazizeitung *Ostdeutscher Lloyd.* »Weil sie so gut Deutsch können!« erklärten die Söhne Nippons mit größtem Ernst. Als ein Übersetzer wegen Krankheit ausfiel, waren die Japaner an Walter herangetreten, der ihnen Werners Dienste empfahl. Der ehemalige Nazi schlug sich nur mühsam durch, hatte im Englischen aber solche Fortschritte gemacht, daß er diese Aufgabe übernehmen konnte. »Jetzt sieh mal zu, ob du dich als Wiedergutmachung nicht als Spion gegen die Nazis nützlich machen kannst!« hatte Walter gespottet. Doch Werner kaufte sich erst einmal eine Scheibe Wassermelone …

Es war nämlich gerade die Saison dieser riesigen smaragdgrünen Melonen, die die Flüchtlinge bisher nicht gekannt hatten. Sie wurden an allen Straßenecken verkauft, direkt vom Wagen, von Schiebekarren, aus Körben oder von Strohmatten. Schon für ein paar Sapeken. Die in Lumpen gekleideten Händler warteten in ihrer typischen Haltung auf Kunden: auf ihren Fersen hockend und mit einer Kippe im Mund. Bei der Hitze konnte kaum einer der Verlockung des roten durstlöschenden Fruchtfleischs widerstehen; allerdings verseuchten die Händler die Melonen mit Bakterien, indem sie Wasser hineinspritzten, um ihr Gewicht zu erhöhen. Und so belegte Werner bald ein Bett im Emigrant's Hospital. Walter jedoch entging der Ruhr.

Zu den glücklichen Episoden gehörte die Begegnung mit Klara Bauers russischen Vettern. Die russische Kolonie lebte sehr abgekapselt. Ihre Mitglieder hatten eines Tages ihre Läden in Rußland zugemacht und ein paar Monate danach in Shanghai neu eröffnet. Sie hatten das alte Schild abgenommen und hier wieder angenagelt. Es war ihnen nicht nötig erschienen, Englisch oder Französisch zu lernen, weil sie nur auf russische Kundschaft zählten.

Walter wäre wohl niemals in dieses Milieu gelangt, wenn Frau Shapiro, die Kusine der Bauers, nicht an der Organisation eines Wohltätigkeitsabends im Jewish Club beteiligt gewesen wäre. Auch die Russen hatten ihre Habenichtse und Elendsgestalten, denen man helfen mußte, sich über Wasser zu halten.

Franz und Klara Bauer frequentierten diesen Kreis zwar nicht, hatten Walter aber, dessen Ansehen als Pianist stetig wuchs, auf Kusine Shapiros Bitte hin »ausgeliehen«, die sich außerdem von ihm einen lobenden Bericht über den Abend in der Presse erhoffte. Greta hatte den Violinisten Markus Silberstein benachrichtigt, und so war die Sache zu Walters großer Freude geregelt, denn er war immer froh, dem alltäglichen Trott einmal entwischen zu können. Des Vergnügens wegen, aber auch, weil jeder Wechsel ihn einen Schritt weiterbrachte.

Walter kleidete sich nach seiner Dusche an, steckte die Brosche ein, die Greta ihm anvertraut hatte, und verließ das Haus. Ein rascher Blick auf die Uhr an seinem Handgelenk, ein Geschenk von Feng-si, beruhigte ihn. Er würde genau um vier Uhr im Park Hotel sein, wo ihn Max Herzberg erwartete.

Die Familie Fischer ertrug die Trennung nicht mehr. Greta wollte ihre Brosche verkaufen, um eine Nähmaschine anschaffen und zu Hause arbeiten zu können. Wenn es ihr gelang, sich eine treue Kundschaft aufzubauen, könnte Otto bei dem reichen Chinesen kündigen und sich um seine Familie kümmern. Seit Walters Wegzug brauchte Hans seinen Vater mehr denn je. Die Familie hoffte, sich schon bald ein etwas größeres Zimmer mit einem Balkon zu mieten, auf dem sie Kaninchen halten könnten.

Walter behielt die Hand in der Tasche, um auf die Brosche achtzugeben. Es war die Tageszeit, an der die kleinen Opiomanen mit Schrecken den Abend näherrücken sahen, wenn sie sich ihre tägliche Dosis noch nicht hatten beschaffen können, und sich daher zu dreisten Taten hinreißen ließen. Die Fälle schweren Raubs nahmen ständig zu. Die vom »König der Bettler« geleitete Zunft wurde zusehends bedrohlicher. Die Polizei vermochte dieser Bruderschaft nichts anzuhaben, die von ihrem Oberhaupt und dessen Leutnants noch straffer geführt wurde als die Gilde der Kulis. Im fleckigen, stinkenden, von Läusen wimmelnden Gewand mit zerschlissenen Ärmelaufschlägen handelte Seine Majestät höchstselbst Schutzgelder aus gegen die Garantie, daß die Gäste chinesischer Hochzeiten nicht behelligt, Bestattungen nicht gestört und Kaufhäuser nicht von Bettlerscharen umlagert werden würden. Das Zunftoberhaupt besaß Wohnhäuser und Bankkonten, finanziert mit den Gewinnen, die seine Soldaten jeden Abend im Hauptquartier ablieferten.

Vor Aufnahme in die Bruderschaft war eine Lehrzeit zu absolvieren. Jeder »Bruder« schuf sich dann eine eigene Kundschaft, die ihm feste Einkünfte sicherte, die rücksichtslos eingetrieben wurden.

Der Verkauf des Schmuckstücks würde Walter nichts einbringen; er wollte Greta die gesamte Summe überbringen. Es freute ihn sehr, daß er ihr diesen Dienst erweisen und sich gleichzeitig bei Max Herzberg wieder in Erinnerung bringen konnte. Dieser hatte sich einmal gebrüstet, er könne jedes beliebige Visum besorgen. Greta hätte ihre Brosche eigentlich selbst zur Leihanstalt bringen können, die das Flüchtlingshilfskomitee erst vor kurzem in Hongkew gegründet hatte; dort konnten die Leute auch ihre Tischwäsche verkaufen, große Silberplatten, Ölgemälde, Pendeluhren und Kronleuchter, die ihnen doch nur Platz wegnahmen. Da Greta aber gehört hatte, wie die Leute sich über die geringen Erlöse beklagten, hatte sie Walter gebeten, für sie den Weg über Herzberg zu versuchen.

In seinem Apartment im zehnten Stock hatte Max große Fliegennetze vor die fast bis zum Fußboden gehenden Fenster spannen lassen, die er stets offen ließ. Drei Ventilatoren wirbelten die Luft der beiden Räume und des Badezimmers auf.

Max Herzberg war gerade dabei, einen sportlichen Anzug aus anthrazitfarbener Seide anzuprobieren, zu dessen Wahl Walter ihn nur beglückwünschen konnte.

»Trägt sich sehr angenehm«, knurrte Herzberg. »Wirkt aber zu neu. Der Herr …« Er wies mit dem Kinn auf den Schneider, der, den Mund voller Nadeln, um ihn herumschlich und den Stoff hier und da absteckte.

»… Der Herr rät, ihn von einem Kuli durchfeuchten zu lassen, um den Glanz zu brechen.«

Ein zynisches Lächeln kräuselte seine Lippen.

»Wie soll das mit dem Durchfeuchten gehen?«

»Der Kuli muß ihn bei seinen Fahrten tragen. Schweiß ist sehr gut für Seide.«

Max ließ ein wieherndes Lachen vernehmen. Er war ein

Mensch, der jede Möglichkeit, in Schweiß zu geraten, aus seinem Leben verbannt hatte. In diesen heißen Tagen gingen nur verarmte Weiße zu Fuß durch die Straßen. Walter sparte jeden Groschen. Eine alte Arzneibüchse in seinem Wandschrank trug die Aufschrift »Schiffskarte nach New York«, und was er hineinzuquetschen vermochte, kam nie mehr heraus. War es Herzberg ernst damit, daß er den Seidenanzug durchschwitzen lassen wollte?

»Und wem wirst du deinen Anzug dann anvertrauen?«

»Niemandem, denn dazu bräuchte man einen fest angestellten Kuli, eine Privatrikscha, verstehst du? Und ich hab' momentan nicht mal einen Boy. Sei so nett, Walter, leg die Brosche auf meinen Schreibtisch und bring Sulzberger dieses Stück Stoff. Sag ihm, er soll mir eine Auswahl an Hemden und Krawatten fertigmachen. Du wirst nicht lange dafür brauchen.«

Diese Bitte verdarb Walter zwar die gute Laune, doch er konnte sie nicht verweigern. Er steckte also das Muster ein und rannte los, um sich nur ja nicht zu verspäten. Ihn erwartete ein großer Abend. Ein begüterter Russe hatte Walters kürzlich gegründetes Ensemble zu dem Fest engagiert, das er anläßlich des achtzehnten Geburtstages seiner Tochter Irina gab. Das Quartett, drei russische Juden und er selbst, spielte vor allem Zigeunerweisen und Jazz. Er hatte gerade noch Zeit, rasch nach Hause zu gehen und sich in seinen Smoking zu werfen.

Walter durchquerte gerade die Eingangshalle und kaute noch immer an seinem Groll auf Herzberg – »der hält mich doch wirklich für seinen Lakai« –, als jemand nach ihm rief, der die erste Silbe seines Vornamens nach österreichischer Art stark dehnte und das abschließende *r* rollte: »Waalterr!«

Er drehte sich um. Ein Unbekannter winkte ihm zu. Die

gut geschnittene Kleidung schlackerte um den großen hageren Körper. »Dann bist du also jetzt auch in Shanghai!« rief der Mann freudig aus.

Wer war das? Ein halbes Lächeln auf den Lippen, kam er auf Walter zu und musterte ihn dabei mit einem starren, glänzenden Blick, der in deutlichem Kontrast zu dem erdfahlen Teint und der dünnen, pergamentartigen Haut stand. Jetzt erkannte Walter den zweifarbigen Blick von Thomas Schoenberg, das braune und das grüne Auge.

»Thomas!«

Es war kein Ausruf des Wiedererkennens, sondern des Schmerzes. Walter schlang die Arme um seinen alten Freund, der die Umarmung nur schwach und zitternd erwiderte.

»Ich habe mehrmals bei deinen Eltern angerufen, Thomas!«

»Ich wohne nicht mehr bei ihnen«, gestand der junge Mann mit belegter Stimme. »Wir haben uns zerstritten.«

Walter war beunruhigt. Das Hemd seines Freundes war am Kragen abgetragen, doch Nachlässigkeit konnte wohl kaum der Grund dafür sein. Aus welcher Schatulle mochte Thomas der Verschwender inzwischen schöpfen, dieser Prinz, dem das Geld nur so durch die Finger rann?

»Na, hast du Arbeit? Was machst du so?«

»Ich habe Glück im Spiel.«

Ein gekünsteltes Lächeln höhlte Thomas' abgezehrte Wangen aus. Mit unsicherer Hand rückte er seinen Krawattenknoten gerade.

Plötzlich begriff Walter. »Opiumraucher«, hatte Feng-si ihm einmal erklärt und auf einen ausgemergelten Mann gezeigt.

Thomas war in diesen Teufelskreis von Opium und Spiel geraten. Er versuchte, am grünen Tisch das nötige Geld für seine Droge zu gewinnen. Wenn er verlor, verpfändete er seine Habe oder verschuldete sich. In diesem Stadium der Drogensucht wurden Menschen zu kränkelnden, notleidenden Elendsgestalten, die ohne Opium nicht einmal mehr fähig waren, sich vom Bett ins Badezimmer zu schleppen. Niedergeschmettert konnte Walter nur noch stammeln:

»Wo wohnst du?«

»Hôtel des Colonies, in der Rue du Consulat. Und du?«

»Ich ruf' dich an.«

Walter ergriff die leichenhafte Hand seines Freundes und hielt sie bekümmert eine Weile in der seinen. Doch die Zeit verstrich. »Sei mir nicht böse, aber ich muß dich jetzt verlassen.«

»*Farewell*«,[1] sagte Thomas traurig lächelnd.

Von der Begegnung mit seinem abgerutschten Freund Thomas noch wie unter Schock, brach Walter schweißgebadet auf seinem Bett zusammen. Enttäuschung hatte das Mitgefühl abgelöst. Die Hoffnung, daß er den Pfiffikus Thomas irgendwann aufspüren würde und sich mit seiner Hilfe die Möglichkeit ergattern könnte, nach New York zu gelangen, hatte ihm bisher geholfen, alle Kröten zu schlukken. Doch er hatte nur Luftschlösser gebaut. Aus der amerikanische Traum! Er saß in Shanghai, in den Sümpfen des Whangpoo fest, wie eine Ratte in ihrem Loch. Er hätte weinen können.

Walter kühlte sich das Gesicht. Sein Zimmer, das ihm wie ein kleines Paradies erschienen war, solange er es für ein Provisorium hielt, wurde unerträglich. Das Kindergeschrei auf den Gehwegen, das Gezeter der Schwestern Birilev in der Nachbarwohnung und die Stimme einer chine-

---

[1] Englisch: Leb wohl.

sischen Sängerin, die aus einem Radio drang, steigerten seinen Groll. Aber er hatte keine Zeit, sich seiner Stimmung zu überlassen. Ein Klavier wartete auf ihn. Walter mußte an diesem Abend auf dem Fest spielen, das Herr Mintz, der Teppichimporteur aus Odessa, anläßlich des achtzehnten Geburtstages seiner Tochter gab. Trotz der kurzen Entfernung hatte Walter eine Rikscha nehmen müssen, um seinen Smoking nicht zu verschwitzen. Welche Zukunft bot sich ihm nun? Sollte er sich an der Besiedlung der Provinz Yünnan beteiligen, wie es der deutsche Finanzexperte Jakob Berglas hunderttausend europäischen Flüchtlingen empfahl? Nein danke. Hacke und Schaufel waren wirklich nicht sein Fall! Also blieb ihm nur noch, jede sich in Shanghai bietende Gelegenheit auszunutzen. Das Spiel dieser verfluchten Hurenstadt zu spielen. Seine Haut zu riskieren, ohne Federn lassen zu müssen.

Der Anblick des weißen Herrenhauses, in dem das Fest stattfand, führte ihm das ganze Ausmaß seiner Mittellosigkeit überdeutlich vor Augen. Hundert Lampen strahlten bereits, und Lampions leuchteten aus den Bäumen im Garten. Weißgekleidete Boys und *amas* richteten in einem kleinen Magnolienhain ein Dinerbuffet her. Walter stieg die von Kletterrosen umrankte Granittreppe hinauf.

Die drei russischen Musiker erwarteten ihn bereits im Salon. Sie begrüßten Walter nur flüchtig, denn sie waren Nachbarn. Die Zwillingsbrüder Birilev hatten Zwillingsschwestern geheiratet, ein lediger Vetter hatte sich bei ihnen einquartiert, in einer Wohnung, die kaum größer war als die von Walter. Er diente bei Streitereien abwechselnd als Puffer und Urteilsvollstrecker. Die hübschen, stark geschminkten Zwillingsschwestern hatten wunderschöne Stimmen, konnten aber offenbar nicht mit Nadel und Faden umgehen, denn ihre Satinwäsche, die auf dem Balkon trocknete, ging langsam in Fetzen.

Das Ehepaar Mintz, er im weißen Smoking, sie in einem rosa Lamékleid, empfing seine Gäste und geleitete sie zum Gartenbuffet, wo eiskalte *long drinks* auf die Geladenen warteten. Mit Sprühdosen bewaffnete Boys mühten sich, alle in eine Wolke Insektengift zu hüllen. Irina, der Mittelpunkt des Abends, stolzierte in einem türkisblauen Tüllkleid umher.

Das Orchester begann zu spielen. Der Vetter der Birilevs stürzte sich wie in Rage auf sein Schlagzeug und schien es totprügeln zu wollen. Als der Hausherr vorbeikam, ließ er ihn wissen, die Musiker wären trotz der herrschenden Temperaturen für etwas Wärmendes sehr empfänglich. Sofort brachte ihnen ein Boy Cognac. Auch Walter trank und begann dann ebenfalls, wie ein Rasender zu spielen.

Die Väter trugen auf der Veranda eine Pokerpartie aus, rauchten Manila-Zigarren und tranken dabei Wodka, während die jungen Leute trotz der Hitze Swing tanzten, unter den wachsamen Augen der Mütter. Eine verließ empört den Raum, als Irina Mintz lachend auf einen Tisch stieg und einen Boogie-Woogie tanzte, der ihre weißen Schenkel entblößte.

Walter war im gleichen Alter wie diese unbekümmerten jungen Leute, die sangen, in die Hände klatschten und mit den Füßen stampften. Hätte das Leben seinen normalen Lauf genommen, dann hätte auch er sich an diesem Abend in einem festlichen Haus in Wien oder Budapest amüsieren können, genau wie sie, deren Augen vor Glück und Erregung leuchteten.

Lediglich ein junges Mädchen schien schlecht gelaunt: Walter sah, wie sie hinter vorgehaltenem Fächer gähnte. Die schöne junge Russin war so brünett, wie Irina Mintz blond war. Walters Blick begegnete den samtschwarzen Augen, aus denen der Ausdruck von Langeweile zu verschwinden schien. Sie wandte den Kopf ab und schüttelte ihr Haar auf.

Als das Quartett Pause machte, legte Irina eine Platte des schwarzen Baßbaritons Paul Robeson auf, den die meisten Russen vergötterten; ganze Familien strömten ins Lichtspielhaus Lafayette, um ihn in dem neuen Film nach einem Roman von Edgar Wallace Gospels singen zu hören. Seine Stimme klang warm, sinnlich. *Sometimes I feel like a motherless child*, sang Robeson. Die schöne Brünette saß noch immer auf ihrem Stuhl. Walter schaute ihr tief in die Augen und wußte, daß sie seiner Aufforderung gefolgt wäre, wenn er hätte tanzen dürfen.

Um zwei Uhr morgens tauchte der Vater des Geburtstagskindes auf und gab das Signal zum Aufbruch. Er zündete sich eine Zigarre an, während Gattin und Tochter die Gäste verabschiedeten. Als die Brünette am Piano vorbeikam, wandte sie den Kopf den Musikern zu. Ihre Augen sandten Walter eine Botschaft voller Melancholie – er erwiderte sie sogleich. Sein Blick folgte der jungen Russin, die sich im Schlepptau ihrer Eltern mit langsamen Schritten entfernte.

In diesem Augenblick brach das Gewitter los und verbreitete mit sintflutartigem Regen Frische und Chaos.

TEIL DREI

Taifune

I

An diesem 14. Juli hatte auch nicht der kleinste Hoffnungsschimmer den Horizont aufgeheitert. Walter machte dennoch gute Miene, im Gegensatz zu den traurigen Hundeaugen der Zwillingsbrüder Birilev oder der Leichenbittermiene des Vetters! Wenn nervöse Erschöpfung ihn befiel, erquickte ihn Feng-si. Sie erstaunte ihn stets aufs neue. Walter fand bei ihr gute Laune, gutes Essen, Zerstreuung und sexuelle Befriedigung. Er verließ sie jedesmal wie neu belebt und träumte davon, ihr ein schönes Schmuckstück aus Jade schenken zu können, dem göttlichen Stein und Sinnbild der Vollkommenheit und Ewigkeit, dem aphrodisische und vor Krankheiten schützende Eigenschaften zugesprochen wurden.

Dafür hätte er viel Geld benötigt. Das ewige Problem. Und dabei floß das Geld in Shanghai geradezu in Sturzbächen. Man mußte nur die Quelle finden. Darüber dachte Walter nach, während er die Parade vorbeimarschieren sah, die die Franzosen aus Anlaß ihres Nationalfeiertages veranstalteten. Die Musiker des Fanfarenzuges wurden von Russen und Chinesen heftig beklatscht. Schulen, Banken und Behörden von Frenchtown waren geschlossen und beflaggt, und ein Feuerwerk sollte den Tag festlich beschließen. Doch all diese Festivitäten ließen Walter völlig gleichgültig. Man muß nur die Quelle finden, wiederholte er wie ein Papagei.

Ihm fiel wieder ein, wie er sich das erste Mal ins Park Hotel vorgewagt hatte. Robert Duguay notierte damals die Beobachtungen eines Boys in sein Heft. »Die Prinzessin Ivanowa sucht jemanden, der sie in die Familien Hardoon, Sassoon, Ezra, Kadoorie oder Gubay einführen könnte.« »Die jüdischen Nabobs«, hatte Duguay augenzwinkernd erläutert. Wie kam man an diese Leute heran?

Der Weg der Sassoons ließ sich folgendermaßen zusammenfassen: von Babylon nach Shanghai! Sir Victor Sassoon entstammte einer reichen Baumwollhändlerfamilie aus Bagdad, die sich zu Beginn des 19. Jahrhunderts in Bombay niedergelassen hatte. Sein Urgroßvater David, den man den »Rothschild des Fernen Ostens« nannte, hatte die Angewohnheit, alles bis ins Detail selbst zu kontrollieren. Als er an einem Tag im Jahre 1843 persönlich seine Post abholte, stellte er zufällig fest, daß einer seiner Konkurrenten mehrere Briefe aus China erhalten hatte. Diskrete Nachforschungen ergaben, daß diese Korrespondenz beständig anwuchs und auf einer Handelsbeziehung mit dem Reich der Mitte basierte. Also schickte David Sassoon seinen Sohn Elias schleunigst nach Shanghai. Bald darauf folgten ihm drei jüdische Angestellte, und so entstand die sephardische Gemeinde der Stadt.

Lukrative Spekulationsgeschäfte an der chinesischen Küste, umfangreiche Investitionen im Jangtsekiang-Tal und Anteile am Opiumhandel verhalfen der Familie bald zu Wohlstand. Durch ihre Aktivitäten trugen die Sassoons ein Gutteil zu der Entwicklung Shanghais und Hongkongs bei. Unter anderem gründeten sie die Hongkong and Shanghai Banking Corporation, die zu einer der bedeutendsten Banken des Fernen Ostens wurde.

Das dem Judentum eng verbundene Haus bildete seine Angestellten in Indien in einer von David Sassoon gegründeten Schule aus. Vier Sprachen wurden gelehrt – Englisch, Arabisch, Hebräisch und Hindi – sowie Geographie, Mathematik und Buchhaltung. Neben den Gesetzen des Kaschrut[1] lernten die Absolventen auch das Schächten

---

[1] Religiöse Vorschriften für orthodoxe Juden, die erlaubten, reine (koschere) Speisen, deren Zubereitung und Verzehr festzulegen.

eines Huhns, um ihnen auch auf langen Fernreisen den Verzehr von Fleisch zu gestatten. Hongkong verdankt den Sassoons die Ohel-Leah-Synagoge und Shanghai die zu Ehren von Davids Ehefrau errichtete Ohel-Rachel-Synagoge.

Walter hatte die an der Seymour Road gelegene Synagoge bereits besucht, allerdings mehr aus Neugierde gegenüber den Sassoons denn aus religiösem Interesse. Das Bauwerk mit dem hohen Gewölbe auf Marmorsäulen bot eintausendfünfhundert Gläubigen Platz, obwohl die damalige Gemeinde kaum sechshundert Seelen zählte, und zeugte von der Sassoon'schen Extravaganz. Sir Victor gab den Ton an. Er war Junggeselle, trug ein Monokel und mußte sich nach einem Flugzeugunfall der Hilfe eines Gehstocks bedienen. Als Erbe und Sachwalter der Familieninteressen in Asien hatte er im Jahre 1931 sein ganzes Kapital von Bombay nach Shanghai transferiert und sein Hauptquartier im Sassoon House eingerichtet, einem zwei Jahre zuvor erbauten Wolkenkratzer, der weithin sichtbar am Bund aufragte und das Cathay Hotel beherbergte.

Walter entsann sich eines Gesprächs mit der amerikanischen Journalistin Emily Stone. Sie erzählte ihm damals, das Cathay habe seit seiner Eröffnung selbst das Majestic in den Schatten gestellt, obwohl General Tschiang Kai-schek, der Nachfolger Sun Yat-sens, 1927 noch das Majestic für seine Hochzeitsfeier mit Sung Mei-ling ausgewählt hatte. Berühmtheiten aus der ganzen Welt waren jedoch alsbald ins Cathay geströmt.

Während er seine großangelegten Bauvorhaben vorantrieb – Metropole Hotel, Grosvenor Hotel, Embankment Building, Cathay Mansions, Hamilton House –, lebte Sir Victor teils in seiner Suite im Sassoon House teils in einer Villa in der Hongqiao Road, oberhalb des Golfplatzes. Die

Villa war im Stil eines englischen Landhauses errichtet, besaß einen Kamin, in dem man einen ganzen Ochsen braten konnte, und wurde von großen Stallungen flankiert. Pferde waren Sir Victors Leidenschaft; er hatte den Ehrgeiz, eines Tages das berühmte Epsom-Derby zu gewinnen.

Die Empfänge, die Sir Victor im prunkvollen, von Lalique gestalteten Interieur des Cathay Hotels gab, waren legendär.

Walter erinnerte sich nicht mehr genau, wie die Verbindung der Sassoons mit den Kadoories zustande gekommen war, einer aus Bagdad stammenden Familie sephardischer, philanthropisch gesinnter Krösusse. Deren Geschichte hatte etwas von einem Feenmärchen. Um das Jahr 1880 verließ Elly Kadoorie das Elternhaus in Bagdad, um im Auftrag der Firma Sassoon in Hongkong zu arbeiten. Nach einem unverdienten Verweis seines Arbeitgebers schied er aus der Firma, machte sich als Makler selbständig und kam zu Vermögen. Er heiratete Laura Mocatta, eine junge Engländerin aus bester Familie, die ihm zwei Söhne, Lawrence und Horace, gebar. Die Familie ließ sich in Shanghai nieder, wo Laura 1919 bei einem Brand ihres Hauses ums Leben kam. Elly zog mit seinen Söhnen nach London, wo er auf seinem Anwesen auch König Feisal I. von Arabien sowie Haile Selassi, den Kaiser Äthiopiens, beherbergte. Inzwischen wurde in Shanghai sein neues Haus errichtet.

Bei ihrer Rückkehr fanden die Kadoories einen Palast vor mit einem Ballsaal von neunzehn Metern Deckenhöhe und einer Terrasse, die sich über eine Länge von siebzig Metern erstreckte. Zunächst waren sie sprachlos angesichts dieses Gigantismus, der ihrer Meinung nach nur der durch Gin inspirierten Phantasie des Architekten zu verdanken war. Nachdem sie den Schock überwunden hatten, genossen die Kadoories ihr neues Heim Marble Hall, wo sie die Crème de la Crème der ganzen Welt empfingen. An diesem Tag dürfte Marble Hall ganz im Zeichen fröhlicher Festlichkeit stehen. Die beiden Brüder, Lawrence – Leiter der Hongkonger Büros – und Horace, waren nämlich von der französischen Regierung zu Rittern der Ehrenlegion ernannt worden. Sir Elly, der Vater, hatte schon vor langer Zeit das Band eines Kommandeurs dafür verliehen bekommen, daß er in Syrien, im Iran und Irak Schulen gegründet hatte, wo jedes Jahr fünf- bis sechstausend Jugendliche aller Konfessionen und Nationalitäten Französisch als Pflichtfach erlernten. Eine Fotografie im *Journal de Shanghaï* zeigte den Vater mit Bauch und weißem Bart neben seinen Söhnen. Obwohl diese bereits um die Vierzig waren, wirkten beide noch immer wie brave Jungs.

Kräftiger Applaus weckte Walter aus seinen Überlegungen. Das Korps der französischen Feuerwehr kehrte von der Parade mit dem chromblitzenden Spritzenwagen in die Kaserne zurück. Die Chinesen klatschten begeistert. Schließlich verging nicht ein Tag, ohne daß die Mannschaft zu einem Brand gerufen werden mußte.

Walter setzte seinen Weg fort und ärgerte sich darüber, daß er sich verspätet hatte. Er hatte tschechische Flüchtlinge in einem Heim interviewen wollen und hatte nun zu lange getrödelt, um noch Zeit dafür zu haben, bevor er wieder auf seinen Klavierhocker im Wiener Café mußte.

Dabei verdiente es die Geschichte dieser Leute durchaus, geschrieben zu werden. Nach ihrer Freilassung aus Konzentrationslagern hatten ihnen nichtjüdische Landsleute beigestanden und eigens für sie ein auf der Donau verkehrendes Dampfschiff geheuert. Zwar waren sie auf dem internationalen Fluß unantastbar, mußten aber eine Irrfahrt von Hafen zu Hafen auf sich nehmen, ohne irgendwo an

Land gehen zu können. Und während sie unterwegs waren, änderte Kuba, wohin sie eigentlich wollten, obendrein noch seine Einwanderungsgesetze. Einige der Heimatlosen konnten in Holland oder in Santo Domingo unterkommen. Das Hilfskomitee hatte die übrigen in seine Obhut genommen und keine andere Möglichkeit gehabt, als sie nach Shanghai zu schicken.

Daß Walter seine Zeit vertan hatte, lag wohl an einer in ihm brodelnden Mischung aus Unzufriedenheit, Überdruß und Ekel, die eine lähmende Wirkung hatte. Wie nur könnte er sein Leben ändern? Während er in die Route Cardinal-Mercier einbog, fiel er wieder ins Grübeln. An die Sassoons oder die Kadoories heranzukommen, ist unmöglich, erkannte er. Die leben auf einem anderen Stern. Aber vielleicht hab' ich bei den Hardoons ja mehr Glück?

Walter hatte sich Silas Hardoons Geschichte mehrmals von Feng-si erzählen lassen. Dieser war einst ohne Geld in Shanghai angekommen und hatte zunächst als Nachtwächter in einem Lagerhaus der Sassoons gearbeitet. Bei seinem Tod im Jahre 1931 hinterließ er seiner Witwe und seinen zwölf chinesischen und eurasischen Adoptivkindern ein dreizehn Hektar großes Anwesen an der Kreuzung der Bubbling Well Road und Avenue Foch. Im Gegensatz zu den Kadoories und Sassoons hatte er in der chinesischen Welt Fuß gefaßt, was durch seine Heirat mit Liza, der Tochter eines annamitischen Gendarmen und einer Chinesin, bewiesen wurde. Manche argwöhnten, sie sei aus einem Bordell gekommen. Fest stand jedoch, daß Liza Hardoon ihren Gatten bewogen hatte, Cent um Cent zurückzulegen und seine Ersparnisse in den Kauf von Vorortgrundstücken zu stecken, die damals für ein Butterbrot zu haben waren. Wenig später hatte sich das Settlement ausgedehnt, und die

Grundstücke waren von einem Tag auf den anderen beträchtlich im Wert gestiegen.

»Seinen ganzen Reichtum verdankte er nur dem Land!« bemerkte Feng-si, wobei ihre Augen vor Ironie blitzten, denn das chinesische Wort *tu* bedeutet sowohl Land als auch Opium. Einer von Hardoons Söhnen hatte sie eines Abends durch das Anwesen geführt, auf dem fast zweihundert Menschen lebten. Es gab dort einen botanischen Garten im chinesischen Stil mit Becken und Teichen, Brücken und Grotten, einen buddhistischen Tempel mitsamt Mönchen, mehrere Wohnhäuser, eine Schule, großzügige Behausungen für die Bediensteten sowie Silas Hardoons Gruft. Das Grabmal trug auf der einen Seite buddhistische Inschriften auf Chinesisch und auf der anderen jüdische Segenssprüche auf Hebräisch. Feng-si hatte jedoch – leider! – keine Verbindung zur Familie dieses einstigen Freundes, ein Spieler und Opiumraucher.

Von den einen gehaßt und den anderen vergöttert, war Silas Hardoon ein Mann der Gegensätze. Nachdem er die prächtige Synagoge Beth Aharon erbaut hatte, weigerte er sich, auch nur einen Cent für deren Unterhalt auszugeben. Trotz seines ungeheuren Vermögens machte er auch weiterhin die Runde bei den armen Bewohnern seiner Häuser, um selbst die Miete zu kassieren. Sein Wohnsitz war ein fürstlicher Palast, sein Büro aber ein wahres Loch: weder Teppiche am Boden noch Gardinen an den Fenstern. An kalten Tagen mummelte er sich lieber in seinen Mantel ein, als die Räume zu heizen.

Seine über fünfundsiebzigjährige blinde und kranke Witwe bot noch immer Anlaß für Klatsch und Tratsch. Sie besaß viel Macht, stand aber selbst unter einem gewissen Einfluß. Sie hatte ihren getreuen Butler entlassen, und nun zerriß man sich unter allen Dächern die Mäuler über ihre Beziehungen zu dem buddhistischen Mönch, der sich Abt Chao Kung nennen ließ.

Dieser Abt war als Jude in einer ungarischen Stadt unter dem Namen Ignatius Trebitsch-Lincoln geboren, hatte sich in Hamburg in einer lutherischen Kirche taufen lassen, hatte in Kanada als presbyterianischer Missionar und in Großbritannien als anglikanischer Vikar gewirkt, bis er schließlich Quaker wurde. Sein politischer Weg war nicht minder bewegt als sein religiöser und hatte in den zwanziger Jahren zu seiner Flucht nach China geführt. Allein die Titel seiner Schriften, *Autobiography of an Adventurer* und *Revelations of an International Spy*[1], vermittelten bereits einen Eindruck von seiner Persönlichkeit. Seit er zum Buddhismus übergetreten war und sich als Lama ausgab, sah man ihn in Shanghai nur noch in ein safrangelbes Gewand gehüllt. Er war überzeugt, daß sich China in seinem Kampf gegen Japan auf dem falschen Weg befinde und hatte sich gerade in einen projapanischen Kreuzzug gestürzt. Obendrein hieß er die Politik der Nazis in Österreich, die erbarmungslos gegen seine ehemalige Glaubensbrüder vorgingen, von ganzem Herzen gut. Angeekelt verzog Walter das Gesicht.

Er nahm sich zusammen: Schluß mit diesen unmöglichen Chimären! Du mußt dich richtig ins Zeug legen, mein Alter! Arbeiten, und sonst nichts! Gönn dir heute einen freien Tag, morgen mußt du doppelt loslegen! Walter war sich plötzlich sicher, daß ihm seine gute Nase helfen würde. Er beschloß, einen Schaufensterbummel zu machen und ging zu den Cathay Mansions, um sich die Auslagen der dortigen Luxusläden anzuschauen. Da gab es Lei-

---

[1] Autobiographie eines Abenteurers und Bekenntnisse eines internationalen Spions.

nenanzüge, Seidenkrawatten mit Einstecktüchern, Kaschmirpullover und Halbschuhe aus falbem Wildleder.

Im nächsten Geschäft hätte Walter seine Wohnung neu einrichten können mit einer Bar aus massivem Mahagoni und Sesseln aus violettem Damhirschleder.

Die folgenden Schaufenster gehörten dem Juwelier Sokolow. Walter bewunderte die mit kostbaren Steinen besetzten Schmuckstücke und hätte gern eines der eleganten Zigarettenetuis in seine Jackentasche gesteckt. In diesem Augenblick schwang zu seiner Rechten die Tür langsam auf. Eine weibliche Gestalt, das Gesicht noch von der Markise verborgen, kam aus dem Geschäft.

»Bis heute abend, Papa!« rief sie auf Russisch nach hinten.

Als sie in die Sonne trat, erkannte Walter sofort die Freundin von Irina Mintz. Ihre Blicke trafen sich. Er warf seine blonde Tolle zurück und begrüßte sie auf Englisch. Sie erklärte ihm, errötend, mit starkem russischem Akzent, daß sie zum Vorsprechen ins Lyceum Theater müsse. Leider.

Demnach war sie also Schauspielerin!

»Darf ich Sie bis dorthin begleiten?«

Sie wirkte plötzlich nervös. »Nein. Mein Vater beobachtet uns.«

Sie schenkte ihm einen Blick voller Melancholie.

»Also dann, viel Glück! Ich hoffe, eines Tages das Vergnügen zu haben, Sie auf der Bühne zu sehen.«

»Das wollen wir hoffen!«

Sie reichte ihm die Hand und ging eilig davon. Er sah, wie sie die Kreuzung überquerte. Vor dem Eingang des Lyceum-Theaters angelangt, drehte Fräulein Sokolow sich kurz um, winkte ihm freundschaftlich zu und verschwand.

Walter schimpfte sich einen Idioten. Er hatte sie nicht einmal nach ihrem Vornamen gefragt.

II

Die Seite der *China Daily Post* mit Walters Artikel lag aufgeschlagen auf dem Bett. Feng-si stand an der Zimmertür
und wies Huilan, die »Wohlwollende Orchidee«, an, bevor
es zu heiß sei, mit der Nachtigall auf den Vogelmarkt zu
gehen und ihr einen morschen Zweig zu kaufen. Die Nachtigall pickte die winzigen Insekten aus diesen Zweigen und
brachte dann ihre Zufriedenheit durch Triller und Kolora-
turen zum Ausdruck. Als Walter das erste Mal sah, wie die
Chinesen ihre Vögel ausführten oder die Käfige in einen
Baum hingen, während sie selbst sich am Fuße des Stamms
niederließen, mußte er lachen. Doch weshalb, fragte er
sich gleich darauf, sollte es lächerlicher sein, einen Goldpi-
rol auszuführen statt einen Spitz, die bei Europäerinnen so
beliebt waren?

Walter wischte sich den Schweiß von der Stirn. Nach der
Liebe hatten Feng-si und er lange vergeblich nach einem
kühlen Fleckchen auf ihrem Lager gesucht, bis schließlich
die Lust wieder in ihnen erwacht war.

Die feuchte Hitze, die seit einigen Tagen herrschte, war
fast unerträglich. Selbst nachts betrug die Temperatur unter dem Moskitonetz noch immer siebenundzwanzig Grad.
Die armen Leute, die in der drangvollen Enge ihrer winzigen Wohnungen, wo sie in Großfamilien zusammenleb-
ten, keinen Schlaf finden konnten, legten sich in den Gas-
sen zur Ruhe. Ein auf seinem Handkarren schlafender Kuli
wurde allerdings eines Nachts erstochen. Ein Racheakt,
vermutete die Polizei.

Rache – ein Walter unbekanntes Gefühl, das zu seiner
Bestürzung in gewissen Kreisen Chinas stark ausgeprägt
war.

Er lächelte der sanften Feng-si zu, die sich wieder aufs

Bett gesetzt hatte. Ihre Augen glänzten vor Stolz, als sie sich vorbeugte, um die Zeitung glattzustreichen. Sie deutete auf seinen Artikel und sagte: »Du und ich!«

Tatsächlich war sie es gewesen, die dem Chefredakteur der amerikanisch-chinesischen Tageszeitung Walters Text zukommen lassen hatte. Mein erster Artikel in Englisch! dachte er glücklich. Doch es war auch sein erster Leitartikel in einem internationalen Druckerzeugnis, und er freute sich, daß er den Vornamen seines Vaters seinem angefügt hatte.

Während Feng-si sich an ihn schmiegte und Walter ihr Haar streichelte, las er den Artikel noch einmal aufmerksam durch, um aus den vom Redakteur vorgenommenen Änderungen zu lernen:

Zustrom jüdischer Flüchtlinge
von Walter Arthur Neumann

Provokationen und Reibereien bilden unablässig neuen Nährboden für die gereizte Stimmung in den Auffangheimen, in denen die jüdischen Flüchtlinge eingesperrt sind. Nicht selten begannen die Streitigkeiten bereits, bevor die Emigranten in Shanghai landeten. Viele hatten bis dahin nie mehr als einige Stunden an Bord eines Schiffes verbracht, etwa wenn sie sich zur Sommerfrische in einen Badeort begaben. Nun aber waren sie über Wochen unterwegs, um in eine völlig unbekannte Welt zu gelangen. Offiziere der italienischen Dampfschiffe oder auch andere Passagiere mußten häufig einschreiten, um Streitereien und Handgreiflichkeiten ein Ende zu machen.

Die Reise nach Shanghai war kein Erholungsurlaub für diejenigen, die weder die passende Kleidung noch Geld besaßen, das sie an Bord hätten ausgeben können. Von den betuchten Passagieren, die der Ansicht waren,

Flüchtlinge müßten in der dritten Klasse reisen, wurden sie abschätzig behandelt. So geschah es beispielsweise Ludwig F., einem einfachen Schuster, der noch nie das Meer gesehen hatte. Dem jungen Mann hatten seine Eltern von ihrem mühsam Ersparten eine Passage in der ersten Klasse der *Conte Rosso* gekauft, da dies die einzig erhältliche Schiffskarte war, als er Deutschland verlassen mußte. Nach seiner Freilassung aus dem Konzentrationslager war er zusammen mit anderen Gefangenen von einem Wachkommando der SS geradewegs nach Genua gebracht worden.

Was unterschied Ludwig F., einen armen Handwerker, von dem ehemaligen Richter, der das gleiche Schicksal teilte? Ihrer beider Anzüge hatten seit Monaten kein Bügeleisen mehr gesehen; sie trugen abgelaufene Schuhe, einen angeschmutzten Hut. An Bord schloß sich der Schuster in seiner Kabine ein und hing schwermütigen Gedanken nach, während der Richter mit allen Streit suchte.

Die meisten Flüchtlinge haben keine Arbeit gefunden und waren auch nicht in der Lage, sich selbständig zu machen. Im Mai 1939 hatte das Flüchtlingshilfskomitee mit 170 000 Dollar, einer Spende von Sir Victor Sassoon, dreihundertsiebzig Personen zu finanzieller Unabhängigkeit verhelfen können. Dies sind etwa vier Prozent der neuntausend Flüchtlinge, die bis zu diesem Zeitpunkt in Shanghai Zuflucht gefunden hatten; es waren zumeist Ärzte, Zahnärzte, Schneider, Köche, Musiker, Textilarbeiter, usw. Bei den anderen handelt es sich um Verkäufer, Buchhalter, Angestellte.

Im Juni sind eintausend weitere Flüchtlinge eingetroffen, und die Zahl derer, die Arbeit finden konnten, stieg auf sechshundertachtzig an. Hinzu kommen die fünfhundert Personen, die nicht auf die Hilfe des Komitees angewiesen waren: einige Journalisten und Musiker,

Lehrer, Ärzte, die eine eigene Praxis eröffneten, und Glückspilze, denen bereits etablierte Freunde unter die Arme griffen.

Es muß zugegeben werden, daß unter diesen Tausenden von Arbeitslosen einige wenige sind, die Gefallen an einem Leben des Müßiggangs finden, bei dem ihnen Unterkunft, Verpflegung und einige Dollar Taschengeld zur Verfügung gestellt werden. Manche haben sogar Banden gebildet, die anderen das Geld aus der Tasche ziehen, indem sie ihnen irgendwelche Ammenmärchen vorschwindeln.

Glücklicherweise sind dies nur wenige. Der Großteil will arbeiten, doch viele aus Konzentrationslagern Entkommene haben jedes Selbstvertrauen verloren und leiden unter Minderwertigkeitsgefühlen. Sie wagen nicht einmal mehr zu hoffen, eine Anstellung zu finden. Was sie bisher in Shanghai erlebt haben, läßt sie befürchten, daß sie das Konzentrationslager noch nicht hinter sich gelassen haben. Die Trümmer in Hongkew, die Anwesenheit japanischer Militärstreitkräfte haben sie überzeugt, daß sie hier bald unter der Kontrolle einer Regierung leben werden, die mit dem Regime des Landes, aus dem sie gerade geflohen sind, befreundet ist. Unter denen, die das Flüchtlingsproblem zu lösen suchen, gibt es unterschiedliche Meinungen. Die einen sehen Shanghai nur als eine Zwischenstation für ein paar Monate; die anderen gehen davon aus, daß sich die Emigranten endgültig hier niederlassen werden, so wie es die Russen vor zwei Jahrzehnten getan haben. Dabei wird die politische Entwicklung Chinas eine große Rolle spielen, so daß in der derzeitigen Unkenntnis des weiteren Schicksals dieses Landes keiner der beiden Theorien der Vorzug gegeben werden kann.

Die Lage der Flüchtlinge in diesem August 1939 ist besorgniserregend. Die Notleidendsten könnten besser versorgt werden, wenn andere, die keineswegs bedürftig sind, die gebotenen Möglichkeiten nicht ausnutzen würden. Diese bleiben in den Übergangsquartieren, obwohl sie sich eigene Zimmer mieten könnten, und lassen sich verköstigen, während die wirklich Mittellosen Hunger leiden. Sie bemitleiden sich selbst und jammern über den aufgezwungenen niedrigen Lebensstandard. Da Männer und Frauen in verschiedenen Sälen schlafen, haben die Familien kaum die Möglichkeit, das neue Leben, die Zukunft ihrer Kinder gemeinsam und in aller Ruhe zu besprechen. Keine guten Bedingungen also, um denen Zuversicht zurückzugeben, die sie verloren haben.

Andere Davongekommene sind dem Hilfskomitee dankbar und sind froh, jede gebotene Arbeit anzunehmen, im Gegensatz zu jenen, die den lieben langen Tag lamentieren, ohne je daran zu denken, daß ihnen beispielsweise auch medizinische Betreuung völlig kostenlos geboten wird.

Viele behaupten von sich, steinreichen Familien anzugehören und in prächtigen Villen mit Dienstboten gelebt zu haben. Das darf bezweifelt werden. Von russischen Flüchtlingen in Shanghai, oft Bardamen oder Leibwächter, kennen wir die Neigung, sich eine glänzende adlige Herkunft zuzulegen: alles reine Erfindungen! Ähnlich verhält es sich auch mit unseren Flüchtlingen, die durch törichte Geschichten einen Ausgleich für ein ungerechtes Schicksal suchen. Inzwischen ist die Versorgung der Flüchtlinge schlechter geworden. Das Hilfskomitee hat keine zusätzlichen Gelder auftreiben können, während die Flüchtlingsströme weiter anhalten. Die Kinder in den Auffangheimen sind unterernährt, was sie glücklicherweise nicht davon abhält, fröhlich auf den Höfen herumzutollen. Sie besuchen Grundschulen eigens für Flüchtlinge. Begüterte Eltern schicken ihren Nachwuchs vorzugsweise in die englischen oder amerikanischen Einrichtungen.

Gewisse hochgestellte Persönlichkeiten bezweifeln, daß das, was die einen »die deutsche Invasion« und die anderen »ein Heer von Bettlern« nennen, der Stadt Shanghai irgendeinen Nutzen gebracht hat. Ich erlaube mir, das Gegenteil zu behaupten. Viele konnten sich ihr Vermögen nachschicken lassen, andere haben beachtliche Gelder von ihren in den USA oder in Europa ansässigen Familien erhalten. Die Geschäftsleute kaufen siebzig Prozent ihrer Waren an Ort und Stelle ein; die einheimischen Schneider, Schuhmacher und Händler konnten einen Zuwachs an Kundschaft verbuchen. Die exilierten Restaurant- und Caféhauswirte haben chinesische Bedienungen eingestellt. Die von den Heimen benötigten Lebensmittel stammen ausschließlich vom Shanghaier Markt.

»Bist du zufrieden?« fragte Feng-si.

Er warf seine Tolle zurück und rang seinem Gesicht ein Lächeln ab. »Sehr zufrieden. Danke, mein Schatz. Was wäre ich ohne dich?«

Sie legte ihm ihre kleine Hand auf die Lippen. »Sag nicht solche Albernheiten.«

Ihm aber war, als hörte er Arthur Neumanns Stimme: »Zu unstrukturiert, mein Junge, und schlecht gegliedert. Es fehlt die Schlußfolgerung. Du mußt lernen, deine Gedanken auf den Punkt zu bringen. Erst in gedruckter Form offenbart ein Text seine Schwächen.« Walter wurde sich bewußt, daß er, statt Fortschritte zu machen, sein Händchen fürs Schreiben offenbar verloren hatte.

Unzufrieden mit sich selbst, legte er die Zeitung beiseite; er brannte darauf, einen neuen, besseren Artikel zu schreiben. Er löste sich aus Feng-sis Armen und machte sich auf nach Hongkew. Dort war vor kurzem ein neues Heim in der Chaofoong Road eröffnet worden.

Als er dort eintraf und die große Verwüstung sah, dachte er zunächst an einen Taifun. Bereits Ende Juni hatte ein Wirbelsturm Hunderte der Strohhütten zerstört, die die Kulis sich als Unterschlupf gebaut hatten: Hütten mit Reis- oder Schilfrohrdächern, mit Wänden aus getrocknetem Schlamm und gestampftem Lehmboden. Tausende Chinesen waren obdachlos und ihrer Habe beraubt worden. Die Straßen waren von Ziegeln und abgerissenen Schildern, umgekippten Rikschas, eingefallenen Mauern und umgestürzten Bäumen gesäumt. Die Überschwemmungen hatten eine Rekordmarke erreicht. Die den Verkehr regelnden Polizisten hatten sich ihre Schuhe an den Schnürsenkeln einfach um den Hals gehängt. Vorbeifahrende Autos verursachten mächtige Wassergarben und spritzten chinesische Kinder naß, die dabei laute Freudenschreie ausstießen. Die Katastrophe war eine wahre Goldgrube für die Rikschakulis: Sie verlangten zehn Cents dafür, Passanten trockenen Fußes über die Straße zu bringen.

Heute jedoch waren die Straßen trocken und von aufgeregten Menschenscharen überrannt. Viele weinten und klagten. Die Chinesen schienen allerdings unberührt. Offenbar waren nur die Flüchtlinge von einem rätselhaften Unheil betroffen.

»Was geht denn hier vor?« fragte Walter auf Deutsch einen kleinen Mann, der nervös an seiner Zigarette zog.

Als Antwort reichte ihm dieser den *Shanghai Jewish Chronicle,* der in Englisch und Deutsch erschien: »Der Shanghaier Hafen ist von heute an für Flüchtlinge geschlossen. Niemand wird mehr an Land gelassen.«

»Und was wird aus meiner Schwester und ihrem Mann, die mit ihren drei Kindern noch auf der *Biancamano* sind?

Kommen die noch von Bord?« rief eine Frau, die einen Säugling im Arm hielt. »Oder müssen sie jetzt wieder umkehren? Und wohin dann? Wohin?«

Plötzlich übertönte das Gezeter von Rikschafahrern die Klagen. Sie beförderten japanische Offiziere, frisch und rosig in ihren sorgfältig gebügelten Uniformen, die wütend waren, daß sie von der Menge aufgehalten wurden. Einer von ihnen schlug mit seinem Offiziersstab auf die verstörten Menschen ein, die nicht schnell genug zur Seite wichen.

»Wenn sie doch bloß krepierten!« stieß ein Mann auf Jiddisch hervor, dessen Gesicht so rot geworden war wie die frische Strieme auf seinem Arm.

Walter entfernte sich von der Gruppe. Hatte er richtig verstanden? Bedeutete dieses Verbot, daß seine Mutter ihm nicht mehr nach Shanghai folgen könnte?

Etwa zehn Tage zuvor hatte er zum ersten Mal Gerüchte über Einwanderungsbeschränkungen gehört. Damals wollte er seiner Mutter gleich einen drängenden Brief schreiben, hatte aber zu Hause eine Nachricht vorgefunden, die er niemals vergessen würde. Lisa Neumann mußte ihm die traurige Mitteilung machen, daß seine Großeltern Selbstmord begangen hatten. »Sie konnten sich nicht dazu durchringen, nach Shanghai auszureisen, und wußten, daß sie mich davon abhielten, dir, mein lieber Sohn, zu folgen«, schrieb sie. »Du bist jetzt der einzige Mensch auf der Welt, der mir noch bleibt. Gebe der Himmel, daß wir bald wieder vereint sind.«

Walter hatte sofort geschrieben und seine große Trauer ausgedrückt und seiner Mutter befohlen, Wien unverzüglich zu verlassen. In Großbuchstaben hatte er noch hinzugefügt: »BESORG DIR EINE SCHIFFSKARTE FÜR EINE WELTREISE, DAS IST SICHERER!« Falls die Gerüchte begründet waren, falls man Lisa in Shanghai tatsächlich nicht von Bord ließe, könnte sie wenigstens weiterreisen, und Walter würde Himmel und Erde in Bewegung setzen, damit sich das Internationale Hilfskomitee ihrer annähme.

Zwei Tage, nachdem er den Brief abgeschickt hatte, erfuhr Walter, daß die Behörden nur noch Personen, die eine gesicherte Anstellung und ein Monatseinkommen von zweihundertfünfzig Chinesischen Dollar erwartete, eine Zuzugsgenehmigung für die Stadt ausstellten. Walter selbst verdiente nicht einmal so viel! Auch diesmal half Klara Bauer: Sie bewog ihren Ehemann, schriftlich zu bestätigen, Frau Lisa Neumann, künftige Geschäftsführerin des Wiener Cafés, werde bereits mit großer Ungeduld erwartet.

Jeder Tag brachte sein Quantum an alarmierenden Nachrichten. Eine teuflische Maschinerie schien sich plötzlich in Bewegung gesetzt zu haben. Der japanische Pressesprecher hatte unlängst erklärt, jüdischen Flüchtlingen werde vom 22. August an nicht mehr gestattet, sich in den Distrikten Hongkew und Yangtszepoo anzusiedeln. Alle Immigranten, die sich dort bereits niedergelassen hätten und bleiben wollten, müßten über das jüdische Flüchtlingshilfskomitee beim Kommandanten der Japanischen Seestreitkräfte um eine Aufenthaltsgenehmigung nachsuchen. Wer sich dieser Prozedur nicht unterziehen wolle, werde ausgewiesen.

Walter machte sich wieder an die Lektüre der Zeitung, die ihm ein Mann mit Zigarette gegeben hatte. Die Japaner rechtfertigten das Verbot, an Land zu gehen, damit, daß der anhaltende Zustrom neuer Flüchtlinge die Existenzgrundlage derjenigen bedrohe, die sich bereits in der Stadt aufhielten. Sie wiesen darauf hin, selbst das Hilfskomitee habe ja nachdrücklich den Einwanderungsstopp gefordert. Sie betonten, daß alle bis zum 14. August eingeschifften Passagiere von dieser Regelung ausgenommen blieben. Die Schiffahrtsgesellschaften würden nach diesem Datum keine Schiffskarten mehr für Shanghai ausgeben.

Lisa Neumann konnte sich noch nicht eingeschifft haben. Es sei denn, sie hätte bereits vor dem Eintreffen von Walters Brief eine Passage ergattert.

Walter suchte nach dem Mann, der ihm die Zeitung geborgt hatte. Der saß gramgebeugt auf den Überresten einer Mauer und weinte. Walter fragte den Unglücklichen sanft:

»Haben Sie jemanden erwartet?«

Sein Bruder, erklärte dieser, hatte ein Visum für die Vereinigten Staaten erhalten und war im Mai an Bord der *Saint-Louis* von Hamburg ausgelaufen. Die meisten der neunhundertachtzig Passagiere wollten nach Havanna und von dort aus in die USA. Zwischenzeitlich hatte Kuba jedoch seine Gesetze geändert, das Schiff durfte nicht landen und fuhr die amerikanische Küste hinauf, doch Präsident Roosevelt ließ sich nicht erweichen, die Flüchtlinge aufzunehmen, ebensowenig wie England oder Frankreich. Erst kurz vor der Ankunft in Europa bot Belgien endlich zweihundert Passagieren Asyl. Holland, Frankreich und England folgten schließlich diesem Beispiel.

»Die ›Reise der Verdammten‹«, murmelte Walter bitter. »Und wo ist Ihr Bruder jetzt?«

»In Holland. Er sollte hierher nachkommen.«

Dem Mann kamen wieder die Tränen. Walter legte ihm tröstend den Arm um die Schulter.

»Nur Mut! Ich warte auch auf meine Mutter. Ich kann nicht glauben, daß alles aus ist. Es wird sicher noch eine Lösung geben.«

Doch wie sollte seine zarte Mutter Lisa jetzt ans andere Ende der Welt kommen? Im Kopf rechnete er die Entfernung nach, die sie voneinander trennte. Die ganze ungeheure Landmasse Asiens lag zwischen ihnen. Die Bergzüge des Ural, Sibirien. *Sibirien!* Er fühlte auf einmal, daß aus dieser Ecke Hilfe kommen könnte, und plötzlich fiel es ihm wie Schuppen von den Augen. *Die Transsibirische Eisenbahn!* Lisa könnte die Transsibirische Eisenbahn nehmen!

Zum Glück hatte Walter etwas Geld bei sich. Er eilte zum stets überfüllten Postamt. Nach langem Warten gelang es ihm, ein Telegrammformular zu ergattern: HAFEN VON SHANGHAI GESCHLOSSEN – STOP – NICHT VERZWEIFELN MAMA – STOP – FINDE MITREISENDE UND NIMM TRANSSIBIRISCHE – STOP – BEEIL DICH – STOP – DRINGEND – STOP – ICH ERWARTE DICH.

War es überhaupt möglich, die Transsibirische Eisenbahn zu nehmen? Walter war sich dessen zwar nicht sicher, wollte es jedoch gern glauben. Er fühlte sich erschöpft, als er den Schalter verließ. Die Kosten für das Telegramm würden ihn zwar nötigen, Geld aus der Dose »Fahrkarte nach New York« zu nehmen, aber er war glücklich.

Walters unbändige Freude, die ihn einen wahren Indianertanz aufführen ließ, als er von der Unterzeichnung des deutsch-sowjetischen Nichtangriffspaktes erfuhr – Lisa würde nun gewiß mit der Transsibirischen Bahn kommen können! –, war leider nur von kurzer Dauer. In der Nacht zum 2. September erfuhren die Europäer in Shanghai, daß Deutschland Polen überrannt hatte, und tags darauf, daß Großbritannien und Frankreich dem Reich den Krieg erklärt hatten. Der Krieg würde ganz Europa erschüttern. Als Walter am Abend des 4. September in gedrückter Stimmung nach Hause kam, trieb ihm der Anblick des Albums, das er für seine Mutter zusammengestellt hatte, das Wasser in die Augen.

III

Wem gleicht Mascha? fragte sich Walter. Dem Vater oder der Mutter?

Er war zum zweiten Mal in die modern und teuer eingerichtete Wohnung der Sokolows eingeladen. Vitrinen voll kostbarer Sammlerstücke aus Jade, Elfenbein und Silber nahmen eine ganze Wand ein, und im Salon thronte ein Flügel. Während Walter, im weißen Anzug, noch hinter dem Stuhl zur Rechten der Hausherrin stand, der ihm zugewiesen worden war, spürte er Maschas verlangenden Blick auf sich ruhen. Ihre Liebesgeschichte hatte sich in drei Akten abgespielt. Im Juli hatten sie sich kennengelernt, im August das erste Mal geküßt und im September beschlossen, sich zu verloben. Nachdem Mascha Walter ihren anfänglich sehr reservierten Eltern vorgestellt hatte, war er nun auch für den 13. September, dem Vorabend von Rosch-ha-Schana, dem jüdischen Neujahrsfest, zum Essen eingeladen worden.

Einen Kelch Wein in der Hand und den Blick auf sein Gebetbuch gerichtet, sprach Alexander Sokolow, Maschas Vater, den Kiddusch.

Bei Walters erstem Besuch hatte er ihm detailliert erzählt, wie er im Jahre 1935 Harbin – die in der Mandschurei gelegene Geburtsstadt seiner beiden Kinder, Mascha und Ivan – verlassen hatte, um sich in Shanghai niederzulassen. »Wegen antisemitischer Vorfälle«, hatte er betont.

Sokolows Vater, ein russischer Jude, hatte sich als Soldat 1905, während des russisch-japanischen Krieges auf Nimmerwiedersehen von der zaristischen Armee verabschiedet. Er war nicht der einzige gewesen. Zu Hunderten schlugen sie sich damals nach Harbin durch, zu einer kleinen

Gruppe Juden, die Jahre zuvor im Zuge des Eisenbahnbaus dort angesiedelt worden war.

Die Deserteure trugen dazu bei, der kleinen Handelsstadt zu Wachstum zu verhelfen, während sie gleichzeitig selbst zu Vermögen gelangten. Die jüdische Gemeinde wuchs mit der Zeit auf dreizehntausend Mitglieder an. Ihre Schule, ihre Bank, ein eigenes Krankenhaus, ein Altenheim, ein eigener Friedhof und die herrliche Synagoge waren ihr ganzer Stolz. Sie lebte, mit Billigung der chinesischen Regierung, in fast völliger Autarkie.

Die handstreichartige Besetzung der Mandschurei durch die Japaner hatte diese angenehme Situation jedoch schlagartig verändert. Die Mitglieder der *Kempeitai*, der gefürchteten japanischen Geheimpolizei, taten sich mit habgierigen Militärs und skrupellosen Zivilisten – ausnahmslos Japaner – zusammen, um sich durch Terror zu bereichern. Wie viele andere hatte Alexander Sokolow alsbald seinen gesamten Besitz in Harbin liquidiert und seine Familie nach Shanghai gebracht.

»Aber Hitze hier sehr schlimm«, hatte Sokolows Gattin sich bei Walters erstem Besuch in mühsamem Englisch beklagt. Sie lag halb hingesunken auf dem mit Lamé bezogenen Sofa, von dem aus sie das Haus regierte, und fächelte sich so energisch Luft zu, daß das schlaffe Fleisch an ihrem Arm wabbelte. »Xenia verträgt die Hitze nicht«, bestätigte der Hausherr und wandte sich dann an Walter: »Und wie steht es mit Ihnen, junger Mann? Woher stammt Ihre Familie? Was machen denn Ihre Eltern?«

Der Anfang von Walters Geschichte hatte Herrn Sokolow an jenem Abend nicht imponieren können: Großeltern, die aus einem Budapester Vorort kamen, sich in Wien niedergelassen und zehn Jahre nach ihrer Ankunft eine kleine Hutfabrik gegründet hatten, entlockte ihm kaum ein halbes Lächeln. Erst der Aufstieg Arthur Neumanns in höhere intellektuelle und politische Sphären schien eine Spur von Interesse in ihm zu wecken.

»Und wie leben Sie in Shanghai, junger Mann? Wo wohnen Sie?« hatte er sich dann etwas liebenswürdiger erkundigt. Walter hatte es wohlweislich unterlassen zu erwähnen, daß er seine Brötchen im Wiener Café verdiente.

Ein Pianist, der dieser Bezeichnung würdig war, mußte Sokolows Dafürhalten nach auf den Plakaten des Shanghai Municipal Orchestra stehen.

»Ich wohne in der *Concession française*«, antwortete Walter einfach und zog dabei die Bügelfalten seiner Hose glatt. »Und ich bin Journalist.« Das war das Stichwort für Mascha. Sie stürzte mit der Ausgabe der *China Daily Post*, die Walters Artikel veröffentlicht hatte, zu ihrem Vater. »Sehr interessant«, hatte Herr Sokolow nach der Lektüre zu bemerken geruht.

Zwei Wochen waren seit diesem ersten Kennenlernen verstrichen. Nachdem Walter heute Alexander Sokolows strenges Gesicht ausgiebig betrachtet hatte, während dieser mit näselnder Stimme den Kiddusch sang, kam Walter zu dem Schluß, daß Mascha ihrem Vater kaum glich, ganz im Gegensatz zu dem zwölfjährigen Sohn Ivan.

Glich Mascha also ihrer Mutter? Was die Farbe der Augen und der Haare anging, vielleicht. Bei allem übrigen jedoch wollte Walter lieber keine Ähnlichkeiten zwischen dem jungen Mädchen und der korpulenten Frau ausmachen, die das Regiment in diesem Hause führte. Mascha selbst sah an diesem Abend reizender denn je aus.

Nach der Segnung des Brotes ließen sich alle um den großen ovalen Tisch nieder, den die Flammen der Kerzen erhellten. Wie lange war es her, daß Walter nicht mehr an einer solchen Festtafel Platz genommen hatte? Ein weißes

Tischtuch, Silberbesteck, feines Porzellan und Kristall erweckten in ihm wehmütige Erinnerungen an sein Wiener Elternhaus. Ein Boy und eine *ama* trugen die Speisen auf: Fisch in Aspik, süßsaure Gurken, Störfilets, Kaviar, Lachsrogen und kleine Sesam- und Mohnbrötchen.

Derweil versuchte Walter jede Unterhaltung, die ihn zwingen könnte, sich über seine persönliche Situation auszulassen, zu vermeiden.

»Wenn ich Sie richtig verstanden habe, lebt Ihre Frau Mutter noch immer in Wien«, sagte Alexander Sokolow, während er einen dicken gelben Pfirsich mit Messer und Gabel schälte. »Wie erträgt sie das Alleinsein?«

Walter wollte nicht erkennen lassen, wie sehr ihn Lisas ungewisse Lage bedrückte. Noch nicht. Er wußte nicht, ob er nicht noch Unterstützung brauchen würde, um ihre Einreise nach Shanghai zu erreichen. Sokolow konnte mißtrauisch werden. Die Russen hatten seit der japanischen Invasion mit großen wirtschaftlichen Problemen zu kämpfen gehabt und kümmerten sich ausschließlich um ihre eigenen Flüchtlinge. »Wir haben euch nicht gerufen«, hatten sie auf die Bitten notleidender Deutscher und Österreicher geantwortet. »Wir sind für eure Lage nicht verantwortlich. Seht zu, wie ihr zurechtkommt! Wendet euch an die reichen Sepharden!« Daher gab sich Walter jetzt ganz entspannt.

»Mama hat einen sehr großen Freundeskreis. Ich nehme an, daß dieser ihr weiterhin beisteht, aber ich habe keine neueren Nachrichten von ihr. Seit Hitler Polen überfallen hat, sind die postalischen Verbindungen unterbrochen. Eine Tragödie für Warschau und ganz Polen. Stellen Sie sich vor, was ich gerade gehört habe: Zwei deutsche Juden haben sich gegenseitig beglückwünscht, daß die deutsche Armee so schnell vorrückt. ›Unsere Armee!‹ haben sie gesagt! Sie betrachten sich nach wie vor als Deutsche, trotz der Greueltaten, die die Nazis am jüdischen Volk verüben! Dabei hat sogar Marlene Dietrich die deutsche Staatsbürgerschaft abgelegt!«

Der Moment, Herrn Sokolow um eine Unterredung unter vier Augen zu bitten, rückte näher. Walter wischte sich mit dem Taschentuch die feuchten Hände trocken und suchte in Maschas Augen nach Ermutigung.

Die Tischrunde hatte sich inzwischen zum Samowar begeben. Herr Sokolow schlürfte das dunkle, heiße Getränk durch ein Stück Zucker, das er auf der Zunge behielt.

Walter nahm einen Anlauf, als wollte er sich in einen Abgrund stürzen: »Dürfte ich Sie um eine vertrauliche Unterredung bitten?«

Alexander Sokolow suchte den Blick seiner Tochter, dann den seiner Gattin, erhob sich und forderte Walter auf, ihm in sein Büro zu folgen.

Dort bot er Walter einen der beiden grünen Ledersessel an, er selbst blieb stehen.

»Was kann ich für Sie tun, junger Mann?« fragte er nicht allzu freundlich, während er im Zimmer auf und ab zu gehen begann.

»Für mich nichts. Es geht um Ihre Tochter.« Walter erhob sich, um dem Russen gerade in die Augen blicken zu können, und da dieser stumm blieb, fuhr er fort: »Ich habe Ihnen ja von meinem Vater erzählt. Er fehlt mir heute schmerzlicher denn je.«

Er verstummte. Ein Jahr zuvor hatte er erfahren, daß Arthur Neumann in Dachau zu Tode gekommen war.

Herrn Sokolows schrägstehende Augen verengten sich, als Walters Schweigen ihn nötigte, das Wort zu ergreifen: »Es wäre mir eine große Freude gewesen, die Bekanntschaft Ihres Herrn Vaters zu machen.«

»Dann wäre es ihm auch zugefallen, bei Ihnen die Hand Ihrer Tochter Mascha für mich zu erbitten.«

»Das habe ich befürchtet«, antwortete Sokolow, ohne sein Mißvergnügen zu verhehlen.

Walter gab sich nicht geschlagen. »Es tut mir leid, daß ich Ihnen nicht gefalle. Aber lassen Sie mich ...«

»Setzen Sie sich«, unterbrach ihn Sokolow, nahm selbst in dem anderen Sessel Platz und fuhr fort: »Sie sind intelligent genug, um zu erraten, daß ich mir für meine Tochter eine bessere Partie erhoffte. Sie ist hübsch und wird eine beträchtliche Mitgift bekommen. Ihre prekäre Lage entspricht keineswegs den Hoffnungen, die ich für Maschas Zukunft gehegt habe. Außerdem bin ich über Ihre mangelnde Verbundenheit mit unserer Religion schockiert, ja schockiert! Wenn ich Sie recht verstanden habe, besuchen Sie nie eine Synagoge, selbst nicht an einem so heiligen Tag wie dem heutigen. Ich weiß, daß viele jüdische Familien in Österreich vollkommen assimiliert gelebt haben. Doch die hervorragendsten Mitglieder der dortigen Gemeinschaft haben dies durch ihren Kampf für die jüdische Sache wiedergutgemacht. Denken Sie an Theodor Herzl, den Gründer des Zionismus. Als wir bei Tisch das britische *White Paper* zu Palästina und die dramatischen Ereignisse danach angesprochen haben, schienen Sie diese Vorgänge nicht stärker zu bewegen als irgendeine andere Auseinandersetzung in der Welt!«

»Eine chinesische Lebensregel behauptet, ›Freundschaft verleiht selbst Wasser Geschmack‹«, sagte Walter mit fester Stimme. »Und Liebe gewiß noch mehr. Wenn Maschas Glück diesen Preis erfordert, bin ich bereit, mich für die jüdische Sache einzusetzen.«

IV

»Papa war völlig verblüfft«, erzählte ihm Mascha anderntags. »Er meinte hinterher: ›Ich muß zugeben, daß es diesem jungen Mann, der im übrigen wirklich noch zu jung ist, nicht an Witz und Fähigkeiten mangelt. Er wird es weit bringen‹.«

Sie saßen im Teesalon des Astor House, eines Hotels im eleganten Viertel Hongkews, wo das russische Konsulat in trauter Nachbarschaft neben dem deutschen mit seiner Hakenkreuzfahne und dem Konsulat von Japan stand. Mascha hatte den Salon für ihr Treffen gewählt. Alexander Sokolow hatte Walter seine Antwort für Anfang Oktober zugesagt. Einstweilen bemühte er sich, seiner Tochter eine glänzende Zukunft mit einem Sohn einer herausragenden Familie auszumalen. Doch sie wollte davon nichts hören.

»Und deine Mutter?«

Mascha lächelte. »Ich habe ihr anvertraut, wir wollten nach New York auswandern. Sie verabscheut Shanghai und würde selbst gerne ihrer Familie folgen, die in Amerika lebt. Daher ist sie jetzt weniger gegen dich eingenommen als mein Vater.«

»Du hast den schönsten Blick Shanghais vor Augen.«

Zu ihren Füßen schwang sich die Garden Bridge über die Einmündung des Soochow Creek in den Whangpoo. Der langgestreckte, dem Fluß folgende Bogen des Bund schloß sich an, wo ein Wald aus Schiffen festgemacht hatte. Dort, auf der anderen Seite der Brücke, war Walter an seinem ersten Tag in der Stadt angelangt, nachdem er den Bund entlanggelaufen war; dort hatte er die Sampans entdeckt, auf denen ein bettelarmes Volk sein Dasein fristete. Ein aus dem Schlamm aufgetauchter Diamant, entsann er sich. Die Härte des Edelsteins hatte er sich bereits zum Teil erworben. Aber nur zum Teil, befand er. Seine Kiefermuskeln spannten sich.

»Woran denkst du?« fragte Mascha und blickte ihn eindringlich an.

Grinsend antwortete er: »An den atemraubenden Gestank des Whangpoo! Wenn diese Hundstage nur schon vorbei wären! Sobald ich in New York eine gute Stelle habe, werden wir auch einmal nach Tirol reisen und dort Ferien machen. Da wirst du einen wunderbaren Sommer erleben.«

»Ich kann es gar nicht erwarten, nach Amerika zu kommen«, murmelte sie und trank einen Schluck von ihrer Coca-Cola.

»Bist du sicher, daß uns dein Onkel ein Affidavit schicken wird?« fragte Walter.

»Ganz sicher. Er ist mein Patenonkel und hat mich sehr gern, und außerdem ist er sehr reich. Er besitzt in New York ein großes Pelzgeschäft in der Nähe des Waldorf Astoria.«

Nun, da würde er seiner Nichte und Patentochter das erforderliche Schriftstück wohl nicht verweigern, mit dem er sich den amerikanischen Behörden gegenüber verpflichtete, für die Bedürfnisse des jungen Paares aufzukommen. Es war noch zu früh, um auch über ein Affidavit für Lisa Neumann zu sprechen. Walter fragte sich, ob seine Mutter und Mascha sich so gut verstehen würden, wie er es sich erhoffte. Was hatte er nicht schon für haarsträubende Geschichten über Schwiegermütter und Schwiegertöchter gehört!

Der Pianist spielte *Sophisticated Lady*.

»Ich liebe dieses Stück«, sagte Mascha. »Und du?«

»Ich auch. Ich spiele es oft.«

»Warum darf ich nicht ins Wiener Café kommen und dich spielen hören?« fragte sie schmollend.

Er mußte lachen. »Denk an deinen Ruf, Mascha, Schatz. Du weißt doch, daß sich das nicht gehört und daß die Leute nur die dümmsten Gerüchte herumerzählen würden!«

Sie senkte den Kopf. Das war nur allzu wahr.

Vor allem mußte Walter vermeiden, daß Feng-si und Mascha sich im Café begegneten. Ohne sich über die wahren Gründe im klaren zu sein, wußte er, daß er dort zwei eingeschworene Feinde hatte: Fengyong, der »Diener des Phönix«, und Sergej würden es nicht versäumen, sich die Situation zunutze zu machen.

V

Walter behielt nur mühsam die Geduld, während er auf Alexander Sokolows Antwort wartete. Zwei Wochen waren seit ihrem Gespräch vergangen. Mascha und er trafen sich an diesem Tag auf einer Bank der Public Gardens. Die Sokolows hatten Mascha angewiesen, sich in der Öffentlichkeit nicht mit Walter zu kompromittieren. Zu dieser Stunde hielten Maschas Eltern jedoch ihr Mittagsschläfchen.

Hinter ihrem Rücken ragten die arroganten Hochhäuser empor: Sassoon House, Bank of China, Yokohama Specie Bank, Jardine Matheson & Co Building, der Kuppelpalast der Hongkong and Shanghai Banking Corporation, das Gebäude des Zollamtes mit seinem Londoner Glockenturm. Vielleicht hörten die Weißkragen in ihren Büroräumen ja bisweilen das Murren des Kulivolkes zu ihnen aufsteigen, aber gönnten sie dem Gewimmel der gelben Menschen zu ihren Füßen je einen einzigen Blick?

Auf den schmalen Brettern, die die Schiffe mit der Kaimauer verbanden, herrschte ein unablässiges Kommen und Gehen von den Kulis. Trotz der Tragejoche, an denen zu beiden Seiten schwere Baumwollballen oder volle Tonkrüge hingen und die ihnen in die Schultern schnitten, eilten sie mit der Geschicklichkeit von Seiltänzern hin und her. Manchmal luden sie sich ungeheure Lasten auf den Nacken, die ihre Rücken tief zu Boden zwangen, und bewegten sich dann blindlings vorwärts, einen unablässigen Singsang auf den Lippen, mit dem sie sich selbst anfeuerten und gleichzeitig den Weg vor sich freimachten.

Während Walter die belebte Szene betrachtete, redete und redete Mascha. Sie war mit ihrer Mutter bei mehreren Antiquitätenhändlern gewesen, die seit einiger Zeit *absolut* einzigartige Gelegenheiten boten, alles zu wahrhaft lächerlichen Preisen.

»Lauter Dinge, von denen sich die Flüchtlinge trennen müssen, um ein Dach über dem Kopf und etwas zu essen zu haben«, meinte Walter und blickte Mascha forschend ins Gesicht.

»Sieh mich nicht mit so bösen Augen an«, entgegnete sie verärgert. »Ich mag es nicht, wenn du mich so ansiehst.«

»Meine Augen sind wie die Wasser des Whangpoo«, erwiderte Walter. »Manchmal trüben sie sich eben.«

Mascha war bald wieder heiterer gestimmt und begann erneut zu plappern. Ihre Mutter hatte sie zu einem Tee mitgenommen, den eine ihrer Freundin ausgerichtet hatte, um Gelder für wohltätige Zwecke zusammenzubringen. Dabei wurde ausgiebig geplaudert. Über Friseure und Dauerwellen. Hauchzarte Seidenblusen aus einem kleinen Laden in der Yates Road. Chinesische Schneider, die die französische Haute Couture mit unglaublicher Schnelligkeit kopierten.

Auch die Hutmacherinnen vollbrachten wahre Wunder,

wobei die Hüte, die Marlene Dietrich in ihren Filmen trug, besonders gern kopiert wurden.

Walter nickte belustigt. Er wunderte sich, daß Mascha nie die anstehende Entscheidung ihrer Eltern hinsichtlich ihrer Verlobung ansprach, und fragte sie nun geradeheraus:

»Wann gedenkt dein Vater, mir seine Antwort zu geben? Du bist mir das Liebste auf der Welt, Mascha, das weißt du, doch ich werde es nicht hinnehmen, daß man mich geringschätzig behandelt.«

»Werd nicht ärgerlich, ich flehe dich an!«

Schon perlten Tränen an ihren Lidern.

»Verzeih mir, mein Schatz, ich wollte dich nicht kränken, aber ich habe den Eindruck, daß du mir irgend etwas verheimlichst.«

Sie schwieg weiter, den Blick auf ihre Hände gesenkt.

»Vertraust du mir nicht mehr?«

»Doch«, antwortete sie schniefend.

»Was ist es dann?«

»Papa sagt, wenn man keinen einzigen Zeugen aus der Vergangenheit eines Menschen kennt und keine Referenzen über ihn einholen kann, dann kann einem diese Person so ziemlich alles weismachen.« Sie wandte ihm ihr tränenüberströmendes Gesicht zu. »Und daß du ja auch alles erfunden haben könntest, was du über deine Familie und deinen Vater erzählt hast.«

Eigenartigerweise ließen ihn diese Worte kalt. Er hatte nicht einmal den Wunsch, zu widersprechen oder aufzubegehren. In gewisser Weise klärten Alexander Sokolows Bedenken die Atmosphäre und warfen ihn auf sich selbst zurück. Er beschloß, dem Schicksal zu vertrauen. Er drückte Maschas Hand, schaute ihr lange und tief in die Augen, so als wolle er ihr dadurch das Ausmaß seiner Liebe deutlich machen, und verließ sie.

Während er sich schnell entfernte, hoffte Walter, daß er in dieser Nacht bei Feng-si bleiben konnte. Er wußte, daß sie ihn, ohne Fragen zu stellen, von diesem ihr unbekannten Kummer heilen konnte.

VI

Der Rikschafahrer hielt vor dem Grosvenor House. Walter stieg aus, hielt sein Handgelenk ans Licht, streifte Mantelärmel und Handschuhsaum zurück und schaute auf die nun sichtbare Armbanduhr. Es war noch zu früh, um bei den Sokolows zu klingeln; Mascha war sicher noch dabei, sich zurechtzumachen. Er suchte Schutz vor der Kälte im Eingang des Gebäudes. Abermals schaute er auf seine Armbanduhr. Welch ein herrliches Stück! Er erinnerte sich, daß er damals in Wien dieses Modell lange in einem Schaufenster des Sacherhofs bewundert hatte. Die Reverso von Jaeger-LeCoultre! Walter klappte das Gehäuse auf und zu, ließ mal das Zifferblatt, mal den mit seinen Initialen geschmückten Boden erscheinen und dachte dabei, daß sich die Stationen seines Weges in Shanghai an seinem Handgelenk ablesen ließen. Er war mit der Tissot seines Vaters in China angekommen. Die war ihm gestohlen worden. Dann erhielt er die japanische Uhr mit dem flexiblen Armband von Feng-si als Geschenk. Und nun diese prachtvolle Jaeger-LeCoultre mit dem Armband aus Straußenleder, die ihm Alexander Sokolow gestern, am Tag seiner Verlobung mit Mascha, geschenkt hatte; und die eine Zukunft nach dem Material des Gehäuses aus Gold und Stahl zu besiegeln schien.

Er hatte noch Zeit, eine Zigarette zu rauchen. Walter zog das silberne Etui hervor, das Mascha ihm geschenkt hatte, und frage sich dabei, wie er ohne Max Herzberg zu einem Verlobungspräsent für seine Braut gekommen wäre. Max hatte ihm ein herrliches altes Kollier mit Brillantanhänger zu einem sehr erschwinglichen Preis aufgestöbert und keine Provision verlangt. Sokolow hatte seiner Tochter selbst den klassischen Verlobungsring mit Diamant geschenkt, einen herrlichen rhombusförmigen Solitär mit blauweißem Feuer. »Was halten Sie davon, mein lieber Walter?« hatte ihn Sokolow eines Tages gefragt und den Stein aus seinem Seidenpapier gewickelt. Man brauchte kein geschultes Auge zu haben, um zu erkennen, daß er vollkommen war. »Ich bezweifle, daß Ihnen der augenblickliche Stand ihres Vermögens gestattet, meiner Tochter ein solches Stück zu schenken«, hatte der zukünftige Schwiegervater gemeint. »Daher werden Sie mir den Gefallen tun, dies anzunehmen.« Walter hatte sich überschlagen. Nein, das könne er nicht annehmen. Ein kleines Schmuckstück werde doch einstweilen genügen, was zähle, seien doch die Gefühle, und außerdem sei er sich sicher, seine Frau eines Tages mit kostbaren Pretiosen überhäufen zu können. »Das ist nicht die Frage«, meinte Sokolow. »Ich habe keine Zweifel an Ihren guten Absichten, doch es liegt mir sehr daran, daß Mascha einen Ring trägt, für den ich mich bei meinen Standesgenossen nicht zu schämen brauche. Also tun Sie mir den Gefallen.« Walter hatte sich dem Ansinnen gefügt.

Übrigens hatte Max außer dem Kollier für Mascha noch ein Paar fein gearbeitete Ohrringe aus schimmernder Jade in seiner Schatulle. Als er sie sah, wußte er, daß sie wie geschaffen waren für das zarte elfenbeinfarbene Gesicht Feng-sis. Er hatte sich nicht getäuscht. Die Jadeohrgehänge standen der schönen Chinesin so gut, daß sie sich nicht mehr von ihnen trennte.

Was machte es da schon, daß das für die Passage nach

New York Ersparte dadurch beträchtlich zusammenschmolz! Walter war glücklich, ihr eine Freude bereitet zu haben.

Der Stundenzeiger bewegte sich auf die Sieben zu. Nun war es an der Zeit, bei den Sokolows zu läuten. Walter übergab dem Boy Hut und Mantel und ging dann auf das Sofa zu, wo er seine künftige Schwiegermutter antreffen würde. Er küßte ihr die Hand. Der mit Zeitungen unterm Arm hinzukommende Hausherr begrüßte ihn mit einem freundschaftlichen Klaps auf die Schulter und bat ihn, sich zu setzen und ein Gläschen Wodka anzunehmen.

»Wo ist Mascha?« erkundigte sich der Vater. »Noch nicht fertig?«

»Doch, Mascha ist fertig!« versicherte Xenia. »Was du nur wieder haben? Sie zieht schnell ein anderes Kleid an, das ist alles!«

Als Walter sah, wie Alexander Sokolow in seiner Gegenwart den *Shanghai Jewish Chronicle* aufschlug, begriff er, daß er von nun an zur Familie gehörte.

Diese Publikation war im März zunächst als Wochenblatt erschienen und bereits drei Monate später in eine Tageszeitung umgewandelt worden. Sie hatte Walter Glück gebracht! Er hatte darin einen wichtigen Artikel über das musikalische Leben in Shanghai veröffentlicht. Alexander Sokolow hatte ihn mit Interesse gelesen, nachdem er den Namenszug des Journalisten entdeckt hatte, und erwog daraufhin ernsthaft, Walter als Schwiegersohn zu akzeptieren.

Das alles geschah Ende Oktober. An jenem Tag war Mascha, hochrot vor Aufregung, im Wiener Café aufgetaucht und hatte sich an den Tisch in nächster Nähe des Pianos gesetzt, wo sie Walter dann unablässig Zeichen machte.

Was weder Fengyong noch Sergej entgangen war, der doch tatsächlich die Chuzpe besaß, Mascha auf Russisch auszufragen. Was hatte er wissen wollen, was hatte sie geantwortet? Walter würde es nie erfahren. Doch daß seine beiden Feinde gleich darauf miteinander beratschlagten, war ihm nicht verborgen geblieben. Mit haßerfüllten Augen lauschten sie dann, wie Mascha Walter erregt und verliebt offenbarte, daß er der Erwählte sei.

»Sie haben ja gesagt, Walter, sie haben ja gesagt! Ich bin ganz außer mir vor Glück! Und du, bist du das auch? Liebst du mich? Wirst du mich immer lieben?« Er hatte es bestätigt, gelächelt, die Verlegenheit, in die ihn die neugierigen Blicke der beiden unwahrscheinlichen Kumpane brachten, überwunden und die Furcht bekämpft, daß Feng-si im nächsten Augenblick auftauchen könnte. Atemlos hatte Mascha erzählt, wie die Sokolows sich zu Walters Gunsten entschieden hatten: Der Vater war irgendwann Max Herzberg begegnet, der Arthur Neumanns Qualitäten und die hervorragende Stellung der Wiener Familie bestätigte. Außerdem hatte Sokolow Walters Kultursendungen im Rundfunk verfolgt. Dann war der Artikel im *Shanghai Jewish Chronicle* erschienen …

Shanghais schädliches Klima, eine wachsende Unsicherheit durch steigende Inflation und politische Unwägbarkeiten in China und Europa hatten Alexander Sokolow dazu bewogen, auf den Wunsch seiner Ehefrau einzugehen und in zwei oder drei Jahren in die Vereinigten Staaten auszuwandern. Damit bestand für ihn auch kein Grund mehr, einen Schwiegersohn aus alteingesessener Shanghaier Familie den Vorzug zu geben.

So hatte Sokolow sein Einverständnis zur Verlobung gegeben und Walter versichert, er werde seinen Schwager in New York um das notwendige Affidavit bitten. Das Datum ihrer Hochzeit sollte festgelegt werden, sobald die Papiere aus Amerika eingetroffen wären.

Walter nippte an seinem Wodka und schaute sich in der Wohnung um, die die Boys und *amas* seit dem vorabendlichen Verlobungsfest bereits wieder vollkommen aufgeräumt hatten. Niemand hätte mehr ahnen können, daß sich hier Dutzende von Personen mit Gläsern und Tellern voller Blinis, Piroggen oder Kuchen bewegt hatten.

Die Sokolows hatten Walter gebeten, seine Freunde einzuladen. Er hatte die Bauers, die Familie Fischer, Horst Bergmann, Max Herzberg, Robert Duguay, die »kleinen Gebrüder« Silberstein, Richard den Schneider und Markus den Violinisten eingeladen. Jeder hatte Wert darauf gelegt, ein Geschenk mitzubringen, selbst Werner Eisenberg, der sich nicht jeden Tag satt essen konnte.

Walter hatte wohlweislich davon Abstand genommen, seine Bekannten aus dem Milieu von Presse und Rundfunk einzuladen. Diese Leute sollten besser nicht erfahren, daß er sich in derart vermögenden Kreisen bewegte. Dutzende von Bekannten hatten ihm die Hand geschüttelt und ihn begutachtet, bevor sie Mascha und ihren Eltern ihre mehr oder minder aufrichtigen Glückwünsche aussprachen. Doch es war ein schönes Fest gewesen, von dem lediglich Xenia sich noch nicht ganz erholt zu haben schien. Heute abend wollten Walter und Mascha ihre Verlobung unter sich feiern.

Walter freute sich darauf, Mascha in die chinesische Welt zu entführen, von der sie überhaupt keine Vorstellung besaß. Sie wollten ins Great World[1], die größte Vergnügungsstätte Shanghais, ein weiträumiges, sechsstöcki-

---

[1] Große Welt.

ges Gebäude mit einem Spitzturm, der hinter ungeheuren Leuchtreklamen fast verschwand. Eine Art »Luna-Park« mit Restaurants, mehreren Tanzlokalen, Spielsälen mit Roulettetischen, Geldautomaten und anderen Glücksspielgeräten, einer Bar, Billardtischen, Magiern, Akrobaten, einem Opernsaal und einem chinesischen Theater, mit Vögeln und Heuschrecken in Käfigen, Heilkräuterhändlern und Barbieren, Massage- und Akkupunktursalons – und sogar einem ausgestopften Wal. Walter freute sich darauf, Mascha dorthin mitzunehmen, zu sehen, wie sie lachte und sich amüsierte inmitten fröhlicher und erregter Chinesen. Kein Abendländer setzte je den Fuß in diese fremde Welt.

Während er auf Mascha wartete, überlegte er verzweifelt, worüber er mit seinem künftigen Schwiegervater reden konnte. Politik? Sie hatten bereits die Kapitulation Warschaus nach vierzehn Tagen Bombardierung eingehend analysiert, ebenso die Aufteilung Polens durch die Herren Joseph Stalin und Adolf Hitler, nachdem die sowjetischen Truppen und die Wehrmacht bei Brest-Litowsk zusammengestoßen waren, wie auch die Besetzung der wichtigsten baltischen Militärstützpunkte und schließlich die Besetzung Finnlands durch die UdSSR.

Da endlich war das Rascheln eines Seidenkleids zu vernehmen, und Mascha trat ein.

»Ich bedaure nicht, daß ich habe warten müssen«, sagte Walter bewundernd.

Als sie sich von Maschas Eltern verabschiedeten, sagte Alexander Sokolow, er habe seinem Schwager am selben Morgen geschrieben und um das Affidavit gebeten. Walter äußerte seine Verwunderung. Hätte dies nicht bereits vor zwei Monaten geschehen sein müssen?

»Nennen wir es Aberglaube«, antwortete Sokolow achselzuckend. »Xenia wollte nicht, daß wir ihm vor der Verlobung schreiben. Sagen Sie mal, mein Lieber, wollen Sie Sonntag mit mir zu dem Fußballspiel gehen?«

Walter biß sich auf die Lippen. Den Grund für diese Einladung konnte er sich denken: ein Gespräch unter Männern. Sokolow wollte ihn sicher wieder einmal dazu überreden, ihm im Geschäft zur Seite zu stehen.

Sicher, Edelsteine faszinierten ihn. Doch Walter legte großen Wert auf seine Freiheit. Es kam nicht in Frage, den Journalismus aufzugeben. Und das müßte er, wenn er den lieben langen Tag im Laden stand. Nein, er mußte unbedingt weiter als Musiker arbeiten.

»Vielen Dank für die Einladung, aber ich kann leider nicht«, antwortete er. »Ich habe heute ein Engagement bei der Giulio Veneto's Band unterschrieben. Ich fange morgen an und muß also am Sonntag im Wing On spielen. Aber es wäre nett, wenn Sie alle vier dorthin kommen würden.«

»O ja, Papa!« rief Mascha strahlend. »Laß uns hingehen, Papa!«

Sie hatte es nur schwer verwunden, daß Walter ihr kategorisch verboten hatte, noch einmal den Fuß ins Wiener Café zu setzen, und fand nun endlich eine Möglichkeit zur Revanche.

VII

Im Wing On, einem der großen Warenhäuser in der Bubbling Well Road, gab es alle nur möglichen europäischen und asiatischen Produkte: Konserven, Nippes, Brautkleider, Teekannen, grüne, gelbe und rosa Leckereien, Seidenwaren, Haifischflossen, Schwalbennester und hundertjäh-

252

rige Eier, Pariser Modeschmuck, Aphrodisiaka, Spirituosen, Juwelen, Dörrfisch, Böhmisches Kristall, Fotoapparate, Füllfederhalter, Mandragorawurzeln. Dies alles unter ohrenbetäubender Schallplattenmusik aus überall angebrachten Lautsprechern. Wenn man aus dem Warenhaus in das angrenzende Gebäude hinüberwechselte, das unter derselben Leitung stand, konnte man in einem der zahlreichen Restaurants dinieren, sich ein Hotelzimmer nehmen, ein Bordell besuchen oder eine Kunstausstellung, Rollschuh laufen, Billard oder Pingpong spielen, sich in ein Cabaret oder ein chinesisches Nachtlokal setzen oder auch hinauf zum siebten Stock in das Tanzlokal fahren, das vor allem in der schönen Jahreszeit wegen seiner großen Terrasse sehr beliebt war.

Dort spielte die Giulio Veneto's Band, ein zehnköpfiges Orchester, und animierte chinesische und abendländische Paare zum Tanzen.

Giulio Veneto hieß eigentlich Arthur Blumenfeld und kam aus Berlin. Er hatte sich den Künstlernamen zugelegt, weil dieser so schön italienisch klang und an Venedig erinnerte. Walter hatte ihn im November in seine Sendung eingeladen. Veneto kam sehr aufgeregt im Rundfunk an, weil sein Klavierspieler gerade wegen Krankheit ausgefallen war. »Wir sind in einer Minute auf Sendung«, unterbrach ihn Walter. »Fertig?« Und mit großer Lebendigkeit hatte Veneto den Hörern seine Geschichte erzählt.

Bereits 1933 hatten die Berliner Behörden ihm, dem jüdischen Künstler, jedes öffentliche Auftreten untersagt. Er war nach Estland gegangen, dort durfte er nicht arbeiten, weil er Deutscher war. Er kehrte nach Berlin zurück, wo er erfuhr, daß die Gestapo ihn suchte. So beschloß er, nach Shanghai zu gehen. Veneto und seine Ehefrau Fanny wurden zur Gestapo bestellt, um dort ihre Papiere abzuholen.

»Hier haben Sie Ihre Pässe«, sagte der Beamte. »Nehmen Sie sie und hauen Sie ab.« Seine Frau wandte sich schon zur Tür, während er sich noch die Dokumente ansah. »Halt, Fanny!« rief er plötzlich aufgeregt. »Da stimmt was nicht. Die haben kein ›J‹ eingestempelt, und die vorgeschriebenen Zusatznamen Israel und Sara fehlen auch. Er zögerte kurz und machte kehrt. »Ihr Glück«, sagte der Kerl von der Gestapo mit zynischem Lächeln. »Wenn Sie einfach so gegangen wären, dann hätte ich alle Häfen benachrichtigt, und Sie wären im Lager gelandet.«

Sie gelangten schließlich mit dem Zug in die Schweiz, von dort nach Neapel, wo sie sich an Bord der japanischen *Yasukuni Maru* einschifften, die am 1. September 1939 glücklich in Shanghai anlegte. Dort traf Veneto auf der Straße einen alten Freund, der ihm erzählte, der Direktor des Tanzlokals Wing On suche ein Orchester. So wurde die Giulio Veneto's Band, eine zehnköpfige Kapelle, gegründet. War das nicht Glück?

Die Radiosendung mit Giulios Bericht war ein Erfolg gewesen. Hinterher war dem Orchesterleiter wieder sein erkrankter Pianist eingefallen, für den er noch in der nächsten Stunde Ersatz finden mußte. Walter bot ihm gleich seine Dienste an, die Veneto auch gern annahm.

Vielleicht hätte sich Veneto einen professionelleren Pianisten gewünscht, doch er war in einer Notlage und konnte Walters Bewerbung nicht ablehnen. Inzwischen mußte er sich eingestehen, daß dieser keine Mühe scheute, um sich unbekannte Stücke anzueignen. Walter hatte Franz Bauer erklärt, man habe ihm eine höhere Gage angeboten – ein Argument, das dem Wirt einleuchtete. Klara hatte sofort verstanden und seinen Erklärungen vorgegriffen: »Das ist auch besser so, Waldi. Es roch hier allmählich etwas brenzlig!« In der Tat war das Wiener Café das reinste

Pulverfaß geworden. Walter mußte sich unbedingt Sergej vom Halse schaffen, der ihm ständig üble Streiche spielte; und Fengyong ebenfalls, der ihn die ganze Zeit belauerte. Vor allem wollte Walter ein letztlich unvermeidliches Zusammentreffen von Mascha und Feng-si vermeiden, das ihn womöglich mit allen beiden entzweit hätte – und beide waren für ihn gleichermaßen lebenswichtig. Nun hatte er Ruhe. Die Chinesin würde nie in den *roof-garden* des Wing On kommen, der im Settlement lag und ausschließlich von Paaren besucht wurde.

Mascha hatte Walter zu verstehen gegeben, daß sie gern jeden Tag kommen und bis zum Feierabend auf ihn warten würde. Doch das könnte er nicht ertragen, noch dazu sich die Verlobungszeit in die Länge zu ziehen drohte. Ehrlicherweise gestand sich Walter ein, daß er auf Feng-si nicht verzichten konnte. Zur Trennung würde es sowieso von selbst kommen, da Walters Hochzeit mit seiner Abreise in die Vereinigten Staaten zusammenfallen sollte. Bis dahin wollte er Bewegungsfreiheit haben und Feng-si aufsuchen können, wann immer ihm danach war. Diese Nacht wollte er endlich das neue Baldachinbett ausprobieren. Er freute sich schon darauf.

Selbstverständlich mochte er es, Mascha in den Armen zu halten, sie zu streicheln, ihren Körper an seinem zu spüren. Dies alles war sehr erregend. Doch sie fuhr stets rasch ihre Krallen aus, und Walter wußte, daß er zum gegebenen Zeitpunkt viel Takt und Geduld aufbringen müßte, um sie in alle Geheimnisse der Liebe einzuführen.

Alexander Sokolow hatte es nicht sonderlich geschätzt, daß sein künftiger Schwiegersohn einem Tanzorchester beitrat. Walter würde bald einen guten Zeitungsartikel schreiben müssen, um ihn zu besänftigen. Sonst würde der Juwelier ihn einmal mehr zu überreden versuchen, ihm bei seinen Geschäften zur Hand zu gehen. Um ihm eine Freude zu machen, hatte Walter bereits einige Male ein paar Stunden im Laden verbracht. Es gefiel ihm zwar, mit der Lupe am Auge Diamanten, Smaragde und Saphire zu begutachten, die Sokolow auf einem samtbezogenen Tablett vor ihm ausbreitete und dabei Gewicht, Größe und Farbe kommentierte. Doch da hörte das Einvernehmen auch schon auf, und sie gerieten leicht aneinander. Insbesondere, wenn Sokolow Walter vorhielt, er interessiere sich zu wenig für den Judaismus.

Und da er versprochen hatte, sich »für die jüdische Sache einzusetzen«, wohnte Walter jetzt manchmal samstags morgens dem Gottesdienst in der aschkenasischen Ohel-Moshe-Synagoge in der Ward Road bei. Und jedesmal belehrte ihn Sokolow, daß es noch wichtiger sei, sich bereits am Freitag abend dorthin zu begeben. Das Vorabendgebet fand jedoch während der Öffnungszeit des Tanzlokals statt. Wenn er mir noch mal auf den Wecker geht, brummte Walter vor sich hin, während er aus der Rikscha sprang, die ihn zu Feng-si gebracht hatte, dann trete ich zum Buddhismus über!

VIII

Feng-si saß auf dem Bett und knabberte gezuckerte Lotoskerne. Walter lag zwischen ihren Schenkeln, sein Kopf ruhte auf dem weichen Kissen ihres geheimen Vlieses. Die Wärme ihrer Haut und ihr Duft nach Ylang-Ylang berauschten ihn.

Dennoch bedrückte Walter tiefe Traurigkeit. Das ersehnte Affidavit war endlich im Haus der Sokolows eingetroffen. Nun fehlte nur noch eine Steuerbescheinigung und eine Vermögensaufstellung von den Wiener Behörden. Würde er sie erhalten? Davon konnte wohl ausgegangen werden. Anschließend bräuchte Walter diese Schriftstücke nur noch im Generalkonsulat der Vereinigten Staaten einzureichen. Eine Sache von höchstens acht bis zehn Wochen. Demnach konnte im Mai alles geregelt sein. Einen Monat später würde er Mascha heiraten, dann den Anker lichten, und schon wären sie beide unterwegs nach New York und würden Shanghai, sein schlechtes Klima und seine Flüchtlinge vergessen.

Und Feng-si? Walter spürte ihren Herzschlag, ihren Atem, roch ihren betörenden Duft. Wie würde er sie vermissen! In diesem Augenblick beugte sie sich über ihn und streichelte ihm mit ihren geschmeidigen Fingern die Stirn.

»Was bedeuten diese Falten?« fragte sie liebevoll. »Was verheimlichst du deinem Paradiesvogel?«

Er antwortete ihr, er verheimliche ihr nichts, doch sie bedrängte ihn weiter. So sprach er von den Schwierigkeiten der jüdischen Presse. Die *Shanghai Nachrichten* waren untergegangen. Kurzlebige Zeitschriften tauchten auf und verschwanden wieder. Zum Beispiel *Der Querschnitt,* ein Wochenkäseblatt; oder die *Ward Road News,* die bald nach Erscheinen zum *Gemeindeblatt der Jüdischen Kultusgemeinde* wurde, das sich auf religiöse Aktivitäten und Familienanzeigen konzentrierte; und endlich *Am Mittag,* eine Tageszeitung, die nur eine Saison überdauert hatte. Wie lange würden die beiden frischgebackenen Gazetten überleben: das *8-Uhr-Abendblatt* und *Die Tribüne,* eine kleine, wöchentlich erscheinende und sehr gut redigierte Literaturzeitschrift? Gleichwohl blieb der Eifer der Flüchtlinge ungebrochen, und es kündigten sich schon neue Projekte an. Als Journalist mußte er mit allen gute Beziehungen unterhalten, was wahrhaftig nicht leicht war.

Feng-si schob ihm eine kandierte Kumquat, eine jener kleinen bitteren Zwergpomeranzen, in den Mund. »Dein Paradiesvogel will wissen, weshalb deine Augen so trüb sind.«

Er küßte die Innenfläche ihrer Hand. »Ich habe keine Ahnung. Woher soll ich das wissen?«

Feng-si dachte kurz nach und fragte dann, wie es nun mit Lisa stehe.

Walter war zum deutschen Konsulat gegangen, hatte dort Franz Bauers eidesstattliche Versicherung vorgelegt und einen Ausreiseantrag für seine Mutter ausgefüllt. Er hatte einen Brief von Lisa erhalten, in dem sie von ihren Vorbereitungen für ihre Abreise aus Wien berichtete. Sie wollte sich mit ihrer Freundin Frieda Epstein, deren Sohn, Schwiegertochter und Enkel zusammentun. Frau Epsteins Sohn war Arzt, was irgendwie beruhigend war. Doch wann würden sie eintreffen? Unmöglich zu sagen.

Lisa mußte einen Paß beantragen, eine Aufstellung ihrer Habe anfertigen, diese bei der Behörde einreichen, verkaufen, was sie nicht mitnehmen durfte, und den Erlös auf einem Sperrkonto hinterlegen; Transitvisen für Rußland und die Mandschurei besorgen, Fahrscheine kaufen, die Auswanderungsgebühr bezahlen und so weiter. Schon bei der Aufzählung konnte einem übel werden. Wie sollte die arme Lisa das alles bewältigen.

»Ich werde dir noch eine kleine Wohnung in deinem Haus besorgen«, versprach Feng-si, während sie weiter seine Stirn streichelte. Sie überschüttete Walter mit Freundschaftsbeweisen. Letzten November hatte sie ihm einen Fernsprecher installieren lassen, so daß er Lisa eine eigene Nummer angeben konnte.

»Ja«, erwiderte er mit schwacher Stimme. »Ich bin dir sehr dankbar, Feng-si.« Seine Kehle war wie zugeschnürt.

Er wollte abwarten, bis er Lisas genaues Ankunftsdatum wußte, um mit Alexander Sokolow zu besprechen, wie sie bis zum Erhalt ihres eigenen Visums für die USA in Shanghai leben konnte. Falls sich zwischen ihr und Xenia Sympathie, ja vielleicht sogar Freundschaft einstellen sollte, würde sich Xenia vielleicht auch bis zu einer gemeinsamen Ausreise in die Staaten gedulden können.

Lisa hatte auf die Ankündigung von Walters Verlobung mit einer derart herzlichen Freude reagiert, daß er zutiefst gerührt war. »Ich bin sicher, daß Du Dir Deine Verlobte gut ausgewählt hast, mein lieber Junge, und ich wünsche Euch beiden von ganzem Herzen, daß Euch ein glückliches Leben in einer friedlichen Welt beschieden sein möge.« Ihr Brief enthielt zudem einen Pfennig, damit es dem jungen Paar nie an Geld fehlen sollte, und eine Prise Salz, auf daß es sich stets satt essen konnte.

Was hatte Walter nur an diesem Abend? Wo war sein Feuer geblieben? Als Chinesin hätte Feng-si es einem Liebhaber zwar nie eingestanden, doch sie liebte Walter leidenschaftlich. Ungeduldig wartete sie auf den Moment, wo sie ihre Familie endgültig abgesichert hätte und sich ihm dann ganz widmen könnte. Gewiß, ihre Freundin Manli hatte entsetzt aufgeschrien, als Feng-si sich ihr vor kurzem anvertraut hatte. Man könne diesen fremden Teufeln doch überhaupt nicht trauen! Feng-si solle sich nur an die Lehrerin erinnern, die von ihrem französischen Offizier trotz aller heiligen Schwüre im Pavillon der Zärtlichkeit verlassen worden war und sich dann in den Whangpoo gestürzt hatte! Hatte Feng-si ihr überhaupt zugehört? Nein, Feng-si hatte ihr nicht zugehört. Walter war der wunderbarste Mann, den sie je kennengelernt hatte. Großzügig, ehrlich, aufmerksam. Stets gut gelaunt.

So träumte Feng-si weiter. Sie beide würden weit weg

ziehen, in eine andere chinesische Stadt, um dort ein neues Leben zu beginnen. China war so groß, in diesem Land war alles möglich ...

Walter betrachtete Feng-si, ihren halb gelösten Haarknoten, aus dem eine Strähne auf ihren zarten Hals herabfiel. Ein lockendes Lächeln lag auf ihrem schönen Gesicht mit den hohen Wangenknochen. So hakte er die Mandoline, die neben dem Bett hing, von der Wand, reichte sie ihr, nahm Feng-si in seine Arme und setzte sie sich auf den Schoß. Sie griff nach einer Schale Reiswein auf dem Tisch, die sie schlückchenweise leerten. Dann begann sie die Saiten zu zupfen, und sie sangen gemeinsam zu den Klängen.

Sie sangen lange, lachten dabei und bezähmten die aufsteigende Lust, die ihre Wangen rötete.

IX

Hsiao-hsue, »Zarter Schnee«, so nennen die Chinesen mit der ihnen eigenen Poesie den Mond des ausgehenden Novembers. In jenem verregneten Herbst blieb der Himmel von Shanghai jedoch zum Verzweifeln trostlos und grau. Walter erkannte in der Bubbling Well Road den Ruf des kleinen Straßenhändlers mit den Kastanien und gebackenen Süßkartoffeln, den er bereits im Jahr zuvor gehört hatte. Der schneidende Wind verursachte ihm Stechen im Hals. Er schlang seinen Schal fester. In einem Monat würde es genau zwei Jahre her sein, daß Walter in Shanghai an Land gegangen war, fest entschlossen, diese Stadt bald wieder zu verlassen. Doch alles zog sich in die Länge. Ein niederschmetternder Schock folgte dem anderen. Walter konnte noch immer nicht fassen, was er gerade erfahren hatte. Ein Schlag auf den Kopf hätte keine größere Wirkung haben können.

Dieses Jahr 1940, das Jahr des Drachen im chinesischen Kalender, brachte ihm wahrhaftig kein Glück.

Zunächst war da diese nie aufgeklärte Geschichte mit Alexander Sokolow. Im Juli waren die sehnlichst erwarteten Schriftstücke angekommen. Ein Termin im Konsulat der Vereinigten Staaten war auf den folgenden Morgen festgesetzt worden, und Mascha wartete mit den Papieren bereits auf Walter, als er sie abholen kam. Im Konsulat händigte sie dem Beamten das wertvolle Schriftstück mit theatralischer Geste aus und sagte: »Wir möchten unsere Visa für die Vereinigten Staaten!« Nachdem der Konsulatsbeamte die Dokumente eingehend geprüft hatte, sagte er trocken: *»Unsere Visa?* Sie möchten zwei Visa beantragen, doch Ihr Affidavit ist nur auf einen einzigen Namen ausgestellt. Ich kann Ihnen nur ein einziges Visum ausstellen und zwar auf den Namen Walter *Neunmann.«* Automatisch berichtigte Walter: »Neumann.« Er war kreidebleich geworden. Mascha hatte sich zitternd auf einen Stuhl fallen lassen. Er hatte sie sofort nach Hause bringen müssen.

Sokolow hatte gebrüllt, daß er das Ganze nicht begreife und daß sein Schwager schon immer ein vollkommener Idiot gewesen sei. »Ich habe ihn um ein Affidavit für *euch beide* gebeten!« hatte er geschrien. »Ich begreife das nicht! Ich begreife es einfach nicht!«

War Sokolow aufrichtig? Walter war sich darüber noch immer nicht im klaren. Konnte es sein, daß er sich diesen Kniff ausgedacht hatte, um sich Walter vom Halse zu schaffen? Um seine Selbstlosigkeit zu prüfen? Oder um die Heirat zu verzögern? »Sie stehen nicht mit den Füßen auf dem Boden, mein Junge«, wiederholte er stets verständnislos, wenn Walter es ablehnte, sein Angestellter zu werden.

Jetzt mußte man abermals warten, bis ein Affidavit für Mascha eintraf. Doch das war nicht das Schlimmste.

Walter betrat das Café Louis, das um diese morgendliche Stunde nur spärlich besucht war. Der stets fröhliche Ferdi kam ihm entgegen.

»Ich freue mich, dich zu sehen, Walter! Setz dich da hin!«

Die Eisfelders hatten das Café Louis 1939 eröffnet. Ferdinand war unter dem Namen Fred Fields ebenfalls journalistisch tätig. Walter und er waren fast gleichaltrig: einundzwanzig. Ferdi begeisterte sich für Sport, war an Politik und Kunst interessiert. Hatte er Walters aufgelöste Miene bemerkt? Jedenfalls sagte er in tröstendem Ton:

»Weißt du, das Leben hier ist vielleicht nicht einfach, aber wir können froh sein, daß wir aus Europa rausgekommen sind, wenn man sieht, wie es dort zugeht. Hast du mitgekriegt, was sich momentan in Frankreich abspielt? Diese widerlichen Gesetze zum Status der Juden!«

»Hab' ich«, erwiderte Walter. Am Abend zuvor war er mit Mascha bei den Eltern ihrer Freundin Rena Rabinovich eingeladen gewesen, wo sie lange über dieses Thema gesprochen hatten. Rena hatte eine französische Erziehung erhalten und sich mit großer Begeisterung die Werte zu eigen gemacht, die der gallische Hahn symbolisierte. Die Parade des 14. Juli rührte sie stets zu Tränen. Bis zu dem Tag, als Pétain nach der Besetzung von Paris durch die Deutschen den Waffenstillstand unterzeichnete, den *État français* in Vichy gründete und den eingebürgerten sowie den algerischen Juden die französische Staatsbürgerschaft aberkannte. »Hier sind alle *Pétainisten!*« erklärte Rena angewidert. »Frankreich, das Land der Freiheit!« lachte sie höhnisch. In Shanghai konnte man die *Gaullisten* an den Fingern abzählen.

Zu normalen Zeiten hätte Walter Ferdi die Abendgesellschaft bei David Rabinovich in allen Einzelheiten geschildert. Dieser plante nämlich, eine russische Kulturzeitschrift namens *Nasha Jizn – Our Life* herauszugeben, die Artikel in mehreren Sprachen beinhalten sollte. Walter war jedoch zu niedergeschlagen.

»Hörst du die beiden da?« sagte Ferdi und wies mit den Augen in Richtung eines Tischchens, an dem sich ein Italiener und ein Japaner ereiferten. »Seitdem sie den Dreimächtepakt mit Deutschland unterzeichnet haben, gehört denen die Welt! Ich frage mich, wie weit die Deutschen noch gehen werden. Zum Glück haben die Engländer die französische Flotte vor Mers el-Kebir zerstört, sonst hätten die Teutonen sie in die Finger bekommen.«

Die Wehrmacht kontrollierte inzwischen die Küstengebiete von Ostpreußen bis hinunter zum Baskenland. Sie war in Dänemark und Norwegen einmarschiert, hatte Holland, Belgien und Frankreich zur Kapitulation gezwungen und drei Fünftel des französischen Staatsgebietes besetzt. Paris war jetzt deutsch. Unglaublich! Und seit Mussolini an Hitlers Seite in den Krieg eingetreten war, hatten die Flüchtlinge trotz aller denkbaren Bescheinigungen und Garantien keine Möglichkeit mehr, das Mittelmeer zu überqueren.

»Gott sei Dank leisten die Engländer weiter Widerstand«, setzte Ferdi hinzu. »Aber was wird aus den Juden werden? Hier im Café reden die Leute nur noch von den verzweifelten Briefen, die sie von ihren Familien erhalten, und sie können überhaupt nichts machen, um ihnen bei der Flucht aus Europa zu helfen. Aber angeblich kommen jetzt einige über Sibirien her. Hast du auch davon gehört?«

Walter seufzte tief.

»Aber was hast du denn, Walter? Ist dir nicht gut?«

In diesem Augenblick traten Franz und Leopoldina Epstein herein. Walter stand so hastig auf, daß er seinen Stuhl umstieß. Leopoldina küßte ihn auf die Wangen, drückte ihn an sich, ergriff seine Hände. Franz legte ihm einen Arm um die Schulter.

»Kommt, setzen wir uns«, sagte Walter und schob sie zu dem kleinen Tisch.

Er ließ sich noch einmal wiederholen, worüber Franz ihn bereits am Telefon unterrichtet hatte: Lisa hatte den Zug verpaßt.

»Wir hätten sie abholen sollen«, jammerte Leopoldina. »Aber wir mußten ja schon Franzens Mutter abholen. Dabei verdanken wir es doch nur dir, Walter, daß wir überhaupt hier sind. Wenn du deiner Mutter nicht das Telegramm geschickt hättest, hätten wir vielleicht nie an die Transsibirische Bahn gedacht.«

Franz erklärte, er habe Frau Neumann mehrmals angeboten, sie zu Hause abzuholen, doch sie habe es jedesmal abgelehnt. Walter dachte, daß ihr das ähnlich sah: nur ja keinem anderen zur Last fallen. Er stellte sich ihre Verzweiflung vor, als sie auf dem Bahnsteig ankam und zusehen mußte, wie der Zug in Dampfwolken verschwand. Ganz allein in Wien.

Walter hätte am liebsten geheult. Lisa! Wo war Lisa? Was war aus ihr geworden? Wie würde sie jetzt zurechtkommen? Wo konnte er sie erreichen?

Plötzlich ertrug es Walter nicht mehr, untätig in diesem Café zu sitzen. Er mußte handeln, alle möglichen Hilfskomitees benachrichtigen, nach Lisa suchen lassen, selbst wenn dies hoffnungslos schien. Er sprang auf.

»Du gehst schon?« fragte Leopoldina mit ängstlicher Miene.

Beim Anblick der Verzweiflung in Leopoldinas Augen

begriff Walter, daß sie Hilfe von ihm erhoffte. Ohnmächtige Wut stieg in ihm auf. Was konnte er schon für andere tun, wo er doch selbst wie eine Fliege auf dem Leim zappelte? Er rief Ferdinand herbei, der mit verschränkten Armen im Café auf und ab ging.

»Ferdi! Komm mal! ... Ich möchte dir zwei sehr liebe und sehr gute Freunde aus Wien vorstellen. Franz ist Arzt, Leopoldina Krankenpflegerin. Sie sind gerade über Sibirien hier angekommen. Das interessiert dich doch. Also, ich verlasse euch jetzt.«

Ferdinand setzte sich und ließ sich erzählen, wie die Familie erst nach Berlin und dann bis zur russischen Grenze gelangt waren. Dort hatten Soldaten mit dem roten Stern die Waggons auf der Suche nach illegalen Passagieren durchstöbert und Zöllner hatten mit schmutzigen Händen in Taschen und Koffern gewühlt, jeden Toilettenbeutel und jedes Arzneibehältnis ausgeleert, und alles Gedruckte an sich genommen, sogar die Bilderbücher der kleinen Elisabeth.

Nach mehrmaligem Umsteigen folgten zwei Tage erzwungener Rast in Moskau, bis sie den »Transsiberian Express« nehmen konnten, der für annähernd zwei Wochen zu ihrem Zuhause wurde. Tagelang fuhren sie durch flache, gelbe Steppe oder dunkle, dichte Wälder mit riesigen Bäumen; über Stunden hin an den Ufern des Baikalsees entlang, der groß wie ein Meer war. Eines Morgens kuppelte man ihren Waggon von der Transsibirischen Bahn ab, die nach Wladiwostok weiterfuhr, und beförderte sie nach Manchouli. Diese kleine Grenzstadt hatte große Ähnlichkeit mit den von Karl May oder Jack London beschriebenen Handelsniederlassungen. Hier mußten sie in die Ostchinesische Eisenbahn umsteigen. Unter Androhung schwerer Strafen wurde den Reisenden befohlen, die Vorhänge bis zu ihrem Bestimmungsort geschlossen zu halten. Schwerbewaffnete japanische Soldaten patrouillierten durch die Waggons. So ging es weiter bis nach Harbin, wo die Epsteins die Nacht verbrachten, dann bis zum Hafen Dairen, wo sie ein japanisches Schiff bestiegen. Zwei Tage später trafen sie endlich in Shanghai ein.

Doch wo war ihr Platz in dieser Stadt? Was sollten sie mit ihrem Leben anfangen? Wie konnten sie für die Bedürfnisse ihrer Familie aufkommen? Sie hatten wegen Franz Epsteins jüdischer Abstammung aus dem Reich fliehen müssen. Hier aber galten sie als Christen und hatten nur für ein paar Nächte eine Unterkunft erhalten, wobei ihnen das jüdische Flüchtlingskomitee gleich erklärt hatte, sie könnten nicht auf weitere Hilfe hoffen. Hinzu kam noch, daß die Kisten aus Wien nicht mitgekommen waren. Würden sie ihre Habe je wiedersehen? Und wann? Ihr ganzer Besitz beschränkte sich momentan auf vier kleine Koffer – einer pro Person.

X

Mit geschlossenen Augen überließ Feng-si ihr Gesicht den kundigen Händen Anastasias. Laoma hatte dieser Weißrussin als Gegenleistung für Hausbesuche ein Zimmer zur Miete in ihrem Wohnhaus in der Rue Gaston-Kahn angeboten, wo Feng-si auch Walter inzwischen einquartiert hatte.

Ziemlich erschöpft nach einem anstrengenden Tag – *alle* wollten noch rasch für das Weihnachtsfest am nächsten Tag frisiert und manikürt werden –, war Anastasia froh über Feng-sis nachdenkliches Schweigen. Diese grübelte über eine Forderung ihres Beschützers Wu Yutsing, des

Anführers der Grünen Bande, nach. So sehr es ihr auch widerstrebte, sie hatte sich seinem Ansinnen nicht verschließen können: Sie sollte mit ihrer Anwesenheit das Festbankett verschönen, das er zu Ehren von Kapitän Inuzuka, dem Kommandanten der japanischen Seestreitkräfte, geben wollte, die die Region Shanghai beherrschten. Mit anderen Worten: Wu Yutsing erwartete von ihr, daß sie den illustren und allmächtigen Gast betörte.

Die Chinesen verabscheuten und verhöhnten die Japaner. Die Zwerge von den Inseln, dachte Feng-si geringschätzig. Wie hätte man die Greueltaten vergessen können, die die Soldaten der Aufgehenden Sonne seit der Invasion begingen? Sie hatten ganze Viertel von Nantao, der übervölkerten chinesischen Altstadt, niedergebrannt, in der Feng-sis Familie noch immer in einer wie durch ein Wunder verschonten Straße lebte. Ein französischer Jesuit, Pater Jacquinot, hatte dort eine Schutzzone eingerichtet, in der er den Unglücklichen, die alles in den Flammen verloren hatten, Zuflucht und ein Dach über dem Kopf bot. Dank seines unermüdlichen Einsatzes überlebten Tausende völlig mittellos dastehender Chinesen.

Pater Jacquinot hatte den Militärs den Zutritt zur Schutzzone untersagt. Dennoch fielen die japanischen Soldaten dort häufig ein, raubten und vergewaltigten Mädchen und junge Frauen und verschleppten sie.

Nach der Einnahme Shanghais waren die Sieger ins Hinterland nach Nanking vorgedrungen und hatten die Stadt im Namen des Tennos der Plünderung preisgegeben, Zivilisten erschossen und Kinder mit ihren Säbeln aufgespießt. Und Japan setzte die Eroberung des chinesischen Bodens unaufhaltsam fort.

Als Anastasia gegangen war, zündete Feng-si sich eine Zigarette an, betrachtete ihre frisch lackierten Nägel und nahm ihre Gedanken wieder auf. Nach der Plünderung Nankings hatte die japanische Armee eine »Schattenregierung« ausgerufen. Zwei chinesische Republiken existierten nun nebeneinander: eine japanfreundliche, unter der Führung von Wang Tsching-wei, einem ehemaligen Nationalisten, und die andere, die der Kuomintang, die wahre Republik China, geführt von dem Nationalisten Tschiang Kai-schek und mit Regierungssitz in Chungking, in der Provinz Szechwan.

Und nun verlangte Wu Yutsing, sie sollte der Kuomintang einen Dienst erweisen! Und um der guten Sache willen, sollte sie einen dieser verhaßten Japaner, diesen Kapitän Inuzuka, umgarnen! Was war das eigentlich für ein Mann? Sie wußte von ihm nur den Vornamen, Koreshige, und daß er eine schwindsüchtige Ehefrau in Tokio hatte und antike Gegenstände sammelte. Durch die Sammelleidenschaft des Japaners hatte Wu Yutsing, der in der chinesischen Altstadt ein Raritätengeschäft besaß, auch seine Bekanntschaft gemacht. Gegenstand ihrer letzten Transaktion war ein Zwillingspaar kleiner Bäume aus Jade und Kristall gewesen, über das sie sich nach erbittertem Feilschen schließlich handelseinig geworden waren. Inuzuka unterschrieb einen dicken Scheck, worauf ihn Wu Yutsing, ganz chinesischer Gentleman, zu einem kleinen Festbankett einlud.

Feng-si rief nach Huilan; es war Zeit, sich anzukleiden. Sie wählte ein hautenges Kleid aus hellgrauer bestickter Seide, das ihren zarten Teint noch hervorhob, Schuhe mit sehr hohen Absätzen, die ihre Füße winzig erscheinen ließen, und dazu ein Täschchen aus grauen und weißen Perlen.

Wu Yutsing hatte einen separaten Raum in einem Restaurant der Wuching Road reserviert und hatte auch seinen Teilhaber, den dicken Chang, den Kapitän Inuzuka bereits kannte, sowie einen Europäer namens Doktor Abraham Cohn zu dem Essen geladen. Sie nahmen alle an einem runden Tisch Platz, Feng-si saß zwischen dem Kapitän in Uniform und dem Europäer.

Das Abendessen begann zunächst mit Hangchow-Tee. »Wir drei sind leider ungebildete Chinesen«, erklärte Wu Yutsing dem Kapitän. »Doch Doktor Abraham Cohn spricht sehr gut Japanisch.«

Er hatte den Namen Abraham besonders betont.

Inuzukas Augenbrauen hoben sich fragend, doch er sagte kein Wort und begnügte sich damit, an Dr. Cohn gewandt eine Verbeugung anzudeuten.

»*Jing!*« rief Wu Yutsing und erhob seine kleine Tasse mit dem gelbem Shaohsing-Wein.

»*Kampai!*« fügte der dicke Chang hinzu, und alle leerten ihre Tassen in einem Zug.

Nun konnte der Tanz der Stäbchen beginnen. Man begann mit kalten Gerichten: geschnetzeltes Huhn mit duftenden Blüten, Schinken mit Blumenkernen, gebratene Ente in Scheiben, Qualle und Meeresfrüchte. Wu fischte nach ausgesuchten Stücken und legte sie auf den Teller des Japaners. Begeisterte Ausrufe und lautes Schmatzen zeugten von der ausgezeichneten Güte der Speisen. Schon bald übersäten Knöchelchen und Fettstückchen, Gräten und Schalen die Tischdecke. Fürs erste gesättigt, wischte sich Kapitän Inuzuka die Lippen ab, wandte sich dem Europäer zu und fragte ihn, welche Umstände den ehrenwerten Fremden dazu geführt hätten, eine im Welthandel so nutzlose Sprache wie das Japanische zu erlernen. Feng-si versuchte zu begreifen, weshalb auch er so großen Nachdruck auf den Vornamen Abraham des Doktor Cohn legte.

Der erzählte nun, wie seine Eltern mit dem damals

Sechsjährigen aus Rumänien nach Nagasaki gezogen waren. Sind alle Rumänen so schön? fragte sich Feng-si. Cohn beschrieb seine schulische und universitäre Laufbahn in Japan, die er mit dem Medizindiplom abgeschlossen hatte. Der Kapitän nickte mehrere Male anerkennend.

»*Kampai!*« rief Wu. »Auf die Freundschaft zwischen unseren Völkern!«

»Einfach hervorragend, dieser Wein!« bemerkte Inuzuka. Er schnalzte mit der Zunge, strich sich den Schnurrbart glatt und blickte Feng-si an, als hätte er ihre Anwesenheit gerade erst bemerkt. Sie lächelte ihm zu, doch die Augen des Kapitäns blieben kalt.

Der Wein wurde geleert und ein mit Honig glasiertes Spanferkel in Angriff genommen. Wu wiegte genießerisch sein breites rotes Gesicht und schielte dabei unter den dichten Augenbrauen unauffällig zu seinem Gast hinüber.

»Doktor Cohn hat den schwarzen Gürtel in Karate und gilt als Meister des Haiku …« setzte er wieder an, sobald das Spiel der Eßstäbchen etwas abnahm. »Dreizeilige Gedichte, wenn ich mich nicht irre.«

»Nein, nein. Ganz richtig«, pflichtete Inuzuka bei. Er rezitierte sofort ein Haiku, Cohn gab ein anderes zum besten, die Chinesen klatschten Beifall, und Wu brachte einen Trinkspruch auf den Geist der Poesie aus. Allmählich verlieh der Reiswein den Wangen der Tafelgäste Farbe.

Nun wurden Fischblasen in weißer Tunke und Abalonen in Austernsoße aufgetragen. Inuzuka protestierte. Zuviel der Ehre, viel zu zuviel!

»Wir haben unser Bestes getan«, erwiderte Wu, wie es sich gehörte. »Und dennoch ist dieses bescheidene Mahl unseres erlauchten Gastes nicht ebenbürtig.«

Nach einem Rülpser entgegnete Inuzuka: »Es ist Ihr Gast, der dieses Mahles in solch reizender Gesellschaft nicht würdig ist.« Höflich wandte er Feng-si ein ausdrucksloses Gesicht zu. Dann begann er sich wieder mit Doktor Cohn zu unterhalten.

»Wenn ich mich nicht irre, tragen Sie einen jüdischen Namen«, bemerkte er.

»In der Tat. Ich habe vor ungefähr einem Jahr in Shanghai Zuflucht gesucht.«

Daraufhin sprachen beide zu Feng-sis Verwunderung über die Bibel, die die heilige Schrift der Juden zu sein schien – Walter hatte sie jedoch noch nie erwähnt –, und über eine obskure Geschichte um einen dreizehnten Stamm, der irgendwie verloren gegangen war.

»Ich bin ein großer Bewunderer des jüdischen Volkes«, erklärte Inuzuka und bohrte seinen Blick in Cohns Augen.

Feng-si zweifelte allmählich am Nutzen ihrer Gegenwart. Würde der einflußreiche Wu Yutsing ihr verzeihen, daß sie es an Verführungskunst mangeln ließ?

»Ich habe die Geschichte dieses Volkes ausgiebig studiert«, fuhr der Japaner fort. »Die Juden sind berühmt für ihre Intelligenz, ihre vielfältigen Begabungen, ihren Zusammenhalt und Gemeinschaftssinn.«

»Verallgemeinern wir nicht, Kapitän! Jedes Volk …«
Inuzuka brachte ihn mit einem Wink zum Schweigen.

»Ich persönlich bin hocherfreut, daß sich viele Juden in Shanghai niederlassen konnten, und tue mein möglichstes, um ihre Eingliederung in China zu erleichtern. Letztes Jahr habe ich an einem Vorschlag mitgewirkt, der von der japanischen Regierung gebilligt wurde. Darin befürworteten wir, Israel hier in Asien neu zu erschaffen. Doch statt uns behilflich zu sein, wie es angebracht wäre, haben die britischen Juden, die Herren Sassoon, Kadoorie, Haim und Konsorten, sowie Herr Boris Topas, der Vorsteher der russisch-jüdischen Gemeinde, uns aufgefordert, den Hafen von Shanghai für Flüchtlinge zu schließen. Ich bin sehr enttäuscht, Herr Cohn«, fügte Inuzuka mit einem eindringlichen Blick hinzu. »Unsere einzige Hoffnung liegt nun bei den amerikanischen Juden. Sie haben in der Vergangenheit bereits deutlich bewiesen, daß sie sich den Brüdern ihres Volkes gegenüber verpflichtet fühlen; allerdings haben sie auf unsere Telegramme bisher nicht reagiert.«

Wu trug ein Gedicht vor, das die Tugenden der Geduld pries, und erhob sein Weintäßchen: »Auf das jüdische Volk, Kapitän!«

Während sie auf das Wohl der Juden in aller Welt und auf das der amerikanischen sowie der europäischen Juden im besonderen tranken, wurde eine köstlich duftende ganze Haifischflosse aufgetragen. Entzückte Ausrufe begrüßten diese auserlesene Gaumenfreude, und Wu ließ den Koch holen, der als Antwort auf die Belobigungen nur demütig den Kopf schüttelte.

Es folgte eine Ente mit fünf Gewürzen, ein frittierter roter Karpfen, dessen Kopf allen Protesten zum Trotz dem Ehrengast zugesprochen wurde, sowie gedünsteter Ochsenschwanz. Inuzuka brachte einen Trinkspruch auf seine Gastgeber aus, und schon gesellte sich die leere Karaffe zu den vorherigen.

Beim Nachtisch lachten und redeten alle durcheinander. Feng-si erhaschte Inuzukas aufdringlichen Blick.

»Kapitän Inuzuka hat mich gefragt, wann er dem Klang deiner Mandoline und dem Gesang deiner Stimme lauschen dürfe«, sagte Wu bedächtig, während er Feng-si in seinem von einem Chauffeur gelenkten Ford nach Hause brachte.

Feng-si lächelte. Da sich die Unterhaltung überwiegend um Juden gedreht hatte und Walter Jude war – wobei sie noch immer nicht zu begreifen vermochte, inwiefern dies eine Besonderheit war, die ihn von den anderen Fremden abhob –, würde ihn ihr geheimer Auftrag sicher im höchsten Maße interessieren.

Dann dachte sie daran, daß sie ihrem kleinen Vetter Kiakiu, Walters Boy, ein paar Fragen stellen wollte. Wer konnte dieses russische Mädchen – oder junge Frau – wohl sein, die, wie Kiakiu gegenüber Fengyong behauptet hatte, Walter so häufig anrief?

XI

Fast ein Jahr danach, am 6. Dezember 1941, saß Walter in der Straßenbahn, die nach Hongkew fuhr. Es war ein Samstag. Es war bei den Fischers zum Essen eingeladen – ohne Mascha, die das »dreckige und stinkende« Hongkew verabscheute und darüber hinaus keinerlei Sympathie für die Fischers empfand.

Walter rief sich die Ereignisse des zu Ende gehenden Jahres ins Gedächtnis. Der *Shanghai Herald,* ein neues Abendblatt, hatte einen Artikel zum Thema »Das Jahr 1941« bei ihm in Auftrag gegeben, und er mußte sich dringend an die Arbeit machen! Trotz des Ruckelns der Bahn begann er, ein paar Ideen auf seinen Notizblock zu kritzeln.

Die Schwierigkeiten der jüdischen Flüchtlinge waren unverändert die gleichen. Walter fragte sich, ob das inzwischen sehr weit zurückliegende Angebot der Japaner immer noch galt. War es im Jahre 33 oder 34 gewesen? Nach Hitlers »Machtergreifung« hatte der japanische Minister für Auswärtige Angelegenheiten einen Plan veröffentlicht, der fünftausend deutsche Juden einlud, sich im neuen Staat Mandschukuo niederzulassen. Wie stand es nun damit? War dieser Vorschlag 1938 in Evian-les-Bains, bei der gemeinsamen Konferenz – ein trauriger Mißerfolg übrigens – über das Schicksal der jüdischen Flüchtlinge, überhaupt zur Sprache gekommen? Danach waren mehrere unrealistische Lösungen und Siedlungsorte vorgebracht worden. Zunächst Britisch-Guayana, eine Kolonie in den Tropen. Stellten die Engländer sich tatsächlich vor, ein Moische oder eine Rachel könnten sich von heute auf morgen in Kopra-Farmer verwandeln? Frankreich brachte Madagaskar aufs Tapet – genauso unmöglich! Dann rühmte ein amerikanischer Minister die Vorzüge Alaskas – ein wahrlich traumhaftes Land für Juden aus dem Mittelmeergebiet –, während einer seiner Landsleute, ein Senator, die Gründung eines jüdischen Staates in Zentralafrika propagierte! Zu guter Letzt erklärten sich die Philippinen bereit, zehntausend Einwanderer aufzunehmen. Derweil hatte die kleine jüdische Gemeinde von Shanghai allein einundzwanzigtausend Flüchtlinge eingegliedert!

Annähernd dreitausend Personen hatten nach Schließung des Shanghaier Hafens noch an Land gehen können. Dreitausend, das war auch die Anzahl der Österreicher, die nunmehr in China lebten. Sie hatten ihre österreichische Lebensart, ihr österreichisches Bewußtsein, die Sitten und Bräuche ihrer Heimat mitgebracht, während der Staat selbst von der Weltkarte verschwunden war. Nonkonformistisch, fröhlich und unbekümmert, erreichten sie ohne erkennbare Mühe in allem das Beste. Ein Erfolg, der die ernsten, nörgeligen und kleinlichen Deutschen im höchsten Maße verstimmte. Der einzige gemeinsame Nenner zwischen den Auswanderern aus beiden Ländern war eine instinktive gegenseitige Abneigung. Nun waren diesen Sommer – was die Gemüter gewiß nicht beruhigen würde! – auch noch etwa eintausend Polen nach einem abenteuerlichen Exodus über Japan herbeigeströmt. Eine unglaublich zusammengewürfelte Gruppe! Zionisten und Bundisten[1], Journalisten und Künstler, Schriftsteller, Rechtsanwälte, Ärzte, Lehrer, Bauern, Handwerker. Diejenigen, die sowohl bei den Chinesen als auch bei den Europäern für Verblüffung sorgten, waren die Religiösen. Ihre *Peies,* die beiden Schläfenlocken, schaukelten an jedem Ohr unter den breitkrempigen Hüten hervor, und ihre buschigen Bärte fielen auf lange Mäntel aus schwarzem Samt. Zweihundertfünfzig polnische Studenten der Jeschiwa[2] von Mir, zu denen noch einhundertfünfzig Schüler von anderen Schulen kamen, lauschten nun der Stimme der Thora[3] hinter den Pulten der prächtigen weißen Synagoge, die der Bagdader Silas Hardoon zu einer Zeit errichten ließ, als er noch Jude gewesen war. Sicher hätte der knausrige, zum Buddhismus übergetretene Milliardär sich noch im Grabe umgedreht, wenn er das gewußt hätte.

All dies geschah im Juni, zur Zeit des »Unternehmens Barbarossa«, als das Reich seine Truppen gegen Rußland geworfen hatte; danach war den Flüchtlingen jeder Weg in den Fernen Osten versperrt.

Die Aufnahmekomitees hatten sich als völlig außerstande erwiesen, den polnischen Flüchtlingen Beistand zu leisten oder auch nur vereint an einem Strang zu ziehen. So viel Geld und guter Wille sinnlos vergeudet! Ein bißchen gekränkte Eitelkeit reichte schon aus, damit ein Vorhaben ins Wasser fiel. Ein Streit zwischen Sir Victor Sassoon und

---

[1] Der Bund war eine gegen Ende des 19. Jh. gegründete Arbeiterbewegung in Polen, die die jüdischen Arbeiter vereinigen wollte, Jiddisch als Nationalsprache propagierte, Hebräisch und die hebräische Kultur verwarf.
[2] Talmudschule, an der Lehrer und Rabbiner ausgebildet werden.
[3] Das jüdische Gesetz, die Fünf Bücher Mose.

Herrn Speelman, dem Vorstand des Beihilfekomitees, zerschlug für immer jede Hoffnung auf ein gemeinsames Vorgehen der Wohltätigkeitsvereinigungen. Die auf den Plan gerufene amerikanische Organisation Joint Distribution Committee ergriff daraufhin die Initiative und entsandte im Mai eine Expertin für Hilfsmaßnahmen namens Laura Margolis. Der gestrengen Miss Margolis mit der Adlernase und den flachen Schuhen eilte der Ruf voraus, ohne Umschweife auf ihr Ziel zuzusteuern. Die in Konstantinopel geborene und mehrsprachige Amerikanerin hatte zwei Jahre auf Kuba verbracht, um dort Flüchtlingen zu helfen, die in die Vereinigten Staaten einwandern wollten. In Shanghai sollte sie nun dem Konsulat ihres Landes assistieren, potentielle Einwanderer auszuwählen, und die Verteilung von Hilfsleistungen zu organisieren. In ihrer Suite im Cathay Hotel mit Marmorbadewanne und vergoldeten Wasserhähnen war ihr schnell klargeworden, daß die aus Kuba mitgebrachten Röcke und Blusen weder dieser Pracht noch dem für ihre Arbeit wichtigen Umgang angemessen waren. Wollte sie etwa mit den reichen Sepharden zusammenkommen, die bei den Komitees die Fäden in der Hand hielten, dann mußte sie jeden Tag Cocktails, Abendgesellschaften oder Diners besuchen. Wenn sie dann am anderen Morgen einen Besuch in einem der zahlreichen Schlafsäle, wo vierhundert Flüchtlinge sich mit zwei Aborten begnügen mußten, zu machen hatte, sprang ihr das Elend umso deutlicher in die Augen.

Walter hob den Kopf, kaute an seinem Bleistift und suchte weitere Ideen für seinen Artikel. Die Naziflagge flatterte über der Kaiser-Wilhelm-Schule und erinnerte ihn daran, daß die Deutschen – die Alliierten der Japaner – zur Elitenation geworden waren. Haß stieg in ihm auf.

Trotz aller Nachforschungen hatte er über Lisa nichts in

Erfahrung bringen können und befürchtete nun das Schlimmste. Sie hätte ihm gewiß geschrieben, wenn sie dazu in der Lage gewesen wäre. Seine Ohnmacht nagte an ihm. Er durfte nicht an Lisa denken, wenn er den Kopf über Wasser behalten wollte.

Er versuchte sich zu konzentrieren. Die Japaner ... Er hatte den Faden verloren. Was hatte er sich noch über die Japaner notieren wollen? Ah, jetzt wußte er es wieder: Er hatte gelesen, daß sich Kapitän Inuzuka, der Kommandant der japanischen Seestreitkräfte, in einer Rundfunksendung im Namen seines Landes verpflichtet habe, die Juden so gut wie möglich zu behandeln. Und tatsächlich wurde behauptet, die über den japanischen Hafen Kobe eingereisten Polen hätten sich zu dem Empfang nur beglückwünschen können, der ihnen im Land der Aufgehenden Sonne zuteil geworden war.

Ende September hatte derselbe Inuzuka Koreshige – die Japaner stellten genau wie die Chinesen den Familiennamen voran – Walter in ein arges Dilemma gestürzt. Seine wöchentlichen Rundfunksendungen erfreuten sich bei der jüdischen Gemeinde einer großen Zuhörerschaft. Und bei der letzten im September sollte er die Grußadressen der ausländischen Konsulate anläßlich des jüdischen Neujahrsfestes durchsagen. Die Jahre zuvor hatten die Japaner sich nicht gerührt. Diesmal aber hatte Kapitän Inuzuka gebeten, die Grüße seiner Kaiserlichen Majestät zu übermitteln. Was tun? Japan hatte einen Pakt mit Deutschland unterzeichnet. Die Vereinigten Staaten, die einen japanischen Angriff befürchteten, waren Nippon gegenüber sehr mißtrauisch, und die Rundfunkstation, die Walter einen Sendeplatz bot, war in amerikanischer Hand! Was tun? Während der Tag der Sendung unaufhaltsam näher rückte, quälte er sich, ohne eine Lösung zu finden. Dann wurde ihm plötzlich bewußt, daß er den Japanern ja seine Freiheit verdankte! Was wäre wohl aus ihm und aus den anderen zwanzigtausend Verfolgten geworden, wenn ihnen der Hafen von Shanghai, wie alle anderen weltweit versperrt gewesen wäre? Walter hatte die Botschaft des Mikado durchgegeben.

Walter stieg aus der Straßenbahn, überquerte die Garden Bridge und wartete dort auf den kleinen Ford, dessen Besitzer, zwei Flüchtlinge, eine regelmäßige Pendelverbindung zur Wayside Road anboten. Unterwegs stellte er fest, daß ein neuer kleiner Laden für Bürobedarf, Silberman's Stationery, eröffnet hatte. Und hier eine neue Gemischtwarenhandlung, da eine Bäckerei, dort eine Apotheke und etwas weiter eine Badeanstalt. Zwei kürzlich eröffnete Lichtspielhäuser, das Wayside Theater in der Broadway Road und das Broadway Theater in der Wayside Road, führten die neusten Hollywood-Filme vor. Restaurants, Wiener Konditoreien, Gebrauchtwarenläden ...

»Jeden Tag macht hier irgendein Geschäft auf«, bestätigte Greta, als Walter endlich bei seinen Freunden angelangt war. Sie bewohnten inzwischen ein Zimmer in einem Nachbarhaus, das um drei Quadratmeter größer war als das vorherige. Walter nahm seine Jacke ab, und nach einem kurzen Ringkampf im Gang – der Junge war inzwischen sehr kräftig geworden! – überreichte er Hans sein Geschenk: eine Flöte.

Es gab nur zwei Stühle. Hans setzte sich neben seinen Vater aufs Bett. Greta hatte Wunder vollbracht und ein köstliches Gulasch gezaubert! Die Fischers lebten von der Hand in den Mund, beklagten sich aber nie. Otto hatte es nicht mehr ausgehalten, nur zum Profit eines chinesischen Brikettherstellers zu schuften und hatte gekündigt.

»Im Sommer wurde es unerträglich«, erzählte er. »Weißt du, die Briketts bestehen aus einer Mischung aus Steinkohlenteerpech und Kohlenstaub. Wir waren vier Mann, die wie Pferde die Presse bewegen mußten. Schon nach zehn Minuten waren wir von oben bis unten schwarz und kamen um vor Durst. Zu trinken gab es nur Tee. Und je mehr wir getrunken haben, desto heißer wurde uns, desto mehr haben wir geschwitzt und desto mehr klebte uns der Kohlenstaub auf der Haut!«

Jetzt war Otto »Innendekorateur«, machte Leute ausfindig, die nach einem Vorhang oder einer Tagesdecke suchten, und bot ihnen Gretas Dienste an.

»Das hier ist sicher nicht das Eldorado, aber wir schlagen uns durch. Wenn mir früher jemand gesagt hätte, ich würde mal ›Innendekorateur‹ werden!«

»Und Kaninchenzüchter!« sagte Greta und deutete mit dem Kinn auf die kleine Veranda.

Otto brach in dröhnendes Gelächter aus. »Das ist noch gar nichts! Weißt du, man hört hier von Leuten …«

Eine Dame, die in Berlin ein großes Hotel besessen hatte, arbeitete nun als Tellerwäscherin in der Küche des Shanghai General Hospital. Andere, die in glänzenden Verhältnissen gelebt hatten, verdienten sich ihr Brot bei russischen Kürschnern, japanischen Papierherstellern, chinesischen Weißwäschern oder auch in einer Erdnußmühle. Eine Hamburgerin stellte Lumpenpuppen her. Alle rackerten sich nach Kräften ab, doch nur wenige verdienten genug, um sich satt essen zu können.

Walter sprach den Artikel an, den er über das fast abgelaufene Jahr schreiben wollte, und fragte seine Freunde, ob sie Polen kannten. Otto und Greta hatten selbst keinen Umgang mit polnischen Flüchtlingen und konnten nur berichten, was sie gehört hatten. Diesen Leuten mangelte es offenbar nicht an Chuzpe! Sie hatten Kobe noch nicht verlassen, da übten sie schon Druck auf den aschkenasischen Rabbiner, das geistliche Oberhaupt der russischen Gemeinde von Shanghai, aus, damit eigens für sie ein unabhängiges Hilfskomitee eingerichtet werden sollte! Und sie hatten ihr Ziel erreicht! Im März war Eastjewkom gegründet worden. Trotz ihrer katastrophalen finanziellen Lage hatten die polnischen Flüchtlinge die Unterbringung in Heimen abgelehnt, deren Bedingungen sie entwürdigend fanden, und die Zuteilung von Einzelwohnungen durchgesetzt.

»Denen haben die russischen Juden geholfen«, bemerkte Otto erbost. »Wir hingegen konnten ja krepieren.«

»Tss, tss, tss!« meinte Greta, um ihn zu mäßigen.

Walter wußte, daß sie an Sokolow dachte.

»Laß nur, Greta. Ich habe mit Alexander ausführlich darüber gesprochen. Er hat seine Ansichten, und ich habe meine. Für die Eastjewkom hat er sich tatsächlich mächtig ins Zeug gelegt, wie auch für den Bau der New Synagogue. Dingen, die ihn ansprechen, widmet er sich mit ganzem Herzen, aber alles übrige berührt ihn nicht. Man darf es ihm nicht übelnehmen. Er ist sicher nicht der einzige seiner Art.«

Otto zündete sich eine Zigarette an und fuhr fort: »Obendrein haben die Polen vom Joint Distribution Committee sogar noch Tagegelder erhalten unter dem Vorwand, daß ihre koschere Nahrung weit teurer wäre als unsere!«[1] grollte er. »Wenn ich das gewußt hätte, hätte ich mir *Peies* wachsen lassen. Aber das ist noch nicht alles! Die haben es sogar durchgedrückt, daß extra für sie ein koscheres Restaurant aufgemacht wurde, in dem sie zum halben Preis essen können! Das ist doch der Gipfel, oder?«

---

[1] Wegen der Überwachung durch einen Geistlichen, die diese Nahrung erfordert.

»Beruhig dich, Otto!« sagte Greta. »Das nimmt dir doch nichts weg.«

Doch er schäumte vor Wut.

Walter erhob sich, um sich zu verabschieden. Er küßte Greta auf die Wangen.

»Und Feng-si?« fragte sie, bereits auf der Türschwelle. »Siehst du sie noch?«

Walter nickte. Er umarmte Greta nochmals und ging.

Maschas Affidavit kam und kam nicht, und Walter sah Feng-si so oft wie möglich. Er hatte beschlossen, die glücklichen Momente zu horten, und zeigte sich bei ihr stets in bester Laune.

Während er die Treppe hinabstieg, fragte sich Walter, wie er ein neues von Mascha verursachtes Problem lösen könnte, die darauf bestand, sich seine Wohnung ansehen zu wollen. Fürs erste hatte er ihr erwidert, daß sich das nicht schicke. Jeder x-beliebige könne sie dabei beobachten, und schon wäre es um ihren guten Ruf geschehen. So dachte er tatsächlich. Darüber hinaus aber fürchtete er das Geschwätz Kiakius, seines jungen Boys, den Feng-si ihm mitsamt dieser Wohnung »geschenkt« hatte und der mit seinem Vetter Fengyong eng befreundet war. Walter wollte Feng-si ohne Streit verlassen. Es sollte ein glatter, wenn auch radikaler Schnitt sein, der die Erinnerungen unversehrt lassen würde.

Er befand sich noch im Treppenhaus, als er bereits Hans' Versuche auf der Flöte vernahm. Wie er auf die Straße trat, sah er neben dem Jungen eine Frau mit langem blondem Haar. Er ging auf die beiden zu. Sie zeigte Hans, wie er die Löcher mit den Fingerspitzen verschließen mußte. Walter blieb stehen. Die Frau wandte sich zu ihm um. »Anna!«

Er umarmte sie ungestüm. Sie brach jäh in Tränen aus.

»Wie bist du hergekommen, Anna? Gott, bin ich glücklich, dich zu sehen! Wenn du wüßtest, wie oft ich an dich gedacht habe! Laß uns in das Café da drüben gehen, du mußt mir alles erzählen.« Als er sah, daß sie ihr Taschentuch nicht fand, reichte er ihr seins. »Kommst du mit, Hans?«

Die Augen des Jungen leuchteten auf. Er steckte die Flöte in sein Hemd und folgte seinen Freunden in das Caféhaus, dessen Bänke wie in Wien mit grünem Samt bezogen waren.

Anna begann, von ihrer Irrfahrt zu erzählen. Zunächst berichtete sie, wie stark Walters Verhaftung sie erschüttert hatte. Ein paar Monate später hatte sie von Gustav, einem gemeinsamen Freund, erfahren, Walter habe sich nach China retten können, eine Nachricht, die sie damals mit Kummer- und Freudentränen aufgenommen hatte. Als sie einmal die Nacht bei einer Freundin verbrachte, wurden Annas Eltern und ihre Schwester Magdalena verhaftet. Jeder riet ihr, unverzüglich zu fliehen, ohne auch nur noch einmal in ihre Wohnung zurückzukehren. Annas einzige Angehörige waren ihre Großeltern mütterlicherseits und Bruder und Schwägerin ihrer Mutter, die in Warschau lebten, wo sie eine große Papierfabrik besaßen. Dank der Unterstützung des *Hilfsbüros*[1] gelangte Anna zu diesen Verwandten.

Drei Tage vor der Besetzung der polnischen Hauptstadt quetschten sich die fünf mitsamt ihrem Gepäck in das Automobil des Onkels und machten sich inmitten der Scharen von Juden, die zu Fuß vor der deutschen Gefahr flohen, auf den Weg nach Litauen. Dort lebten sie recht und schlecht bis zum Juni 1940, als die sowjetischen Truppen

---

[1] Büro für gegenseitigen Beistand.

Litauen besetzten. Die Russen vertrieben Anna und ihre Verwandten aus ihrer Wohnung und quartierten sie in einem elenden Loch ein. Ende August erfuhren sie, daß ein japanischer Konsul in Kaunas, der litauischen Hauptstadt, Transitvisa für Japan ausstelle, sofern man in die niederländische Kolonie Curaçao auswandern wolle, die keine Einreisepapiere verlangte. Japan war das einzige Land, über das man auf diese Insel gelangen konnte, die vor der Küste Venezuelas in der Karibik lag.

»Wie hat der Konsul eines mit Deutschland alliierten Landes jüdischen Familien Visa ausstellen können?« wollte Walter wissen.

»Irgendwann hat jemand den Trick mit Curaçao herausgefunden. Das machte wie ein Lauffeuer die Runde, so daß sich schließlich Hunderte von Bittstellern vor dem Haus des Konsuls Sugihara versammelten. Der Konsul sandte mehrere Telegramme nach Tokio, die abschlägig beschieden wurden, doch er entschloß sich, die Weisungen seiner Regierung zu übergehen. Er wußte, daß die Nazis die Juden in Ghettos zusammentrieben und sie von dort in Konzentrationslager brachten.«

Die Flüchtlinge hofften darauf, daß sie, wenn sie erst einmal in Japan angekommen waren, in ein Land ihrer Wahl auswandern könnten.

Nach Erhalt einer Bestätigung des Konsuls von Holland, Herrn Zwarendijk, daß kein Einreisevisum für die niederländischen Besitzungen verlangt werde, konnte man sich um ein Transitvisum für Japan bemühen. Was Anna und ihr Onkel sowie Dutzende andere nicht wußten, war, daß Konsul Sugihara Kaunas endgültig verließ. Als sie am nächsten Tag in aller Frühe vor dem Konsulat eintrafen, machte er sich mit seiner Familie gerade zum Bahnhof auf.

»Warten Sie! Warten Sie!« riefen die Menschen. »Warten Sie, wir haben die Bestätigung der Niederlande!« Der Konsul setzte seinen Weg fort. Doch dann griff Sugihara nach einem Paß, stempelte und unterzeichnete ihn im Weitergehen inmitten größten Gedränges. Als er bereits auf dem Bahnsteig angelangt war, hatte Anna ihm ihren Paß und den ihres Onkels noch durch das Abteilfenster reichen können.

»Das Visum der letzten Chance«, murmelte Walter. Als sich der Zug in Bewegung setzte, riefen die auf dem Bahnsteig zusammengedrängten Juden: »Sugihara, wir werden dich nie vergessen!«[1]

Anna trank einen Schluck Tee. Hans saß wie gebannt und hatte den Blick auf ihre Lippen geheftet.

Jetzt mußten sie nur noch einen Ausreiseantrag für die UdSSR, zu der Litauen inzwischen gehörte, stellen.

Nach dreiwöchiger Wartezeit erfuhr Anna von Intourist, daß von ihrer ganzen Familie allein ihr Gesuch bewilligt worden war.

»Du wirst uns vielleicht von dort aus helfen können«, hatten ihr Großeltern, Onkel und Tante gesagt.

Intourist hatte zweihundert amerikanische Dollar für Annas Reise nach Japan verlangt. In Litauen waren diese jedoch nur auf dem Schwarzmarkt zu haben. Eine unerlaubte Transaktion! Doch Anna beschaffte sich die Dollar und machte sich schließlich im März tränenüberströmt auf die Reise. In Moskau mußte sie ein Verhör durch die GPU über sich ergehen lassen und konnte danach endlich in die

---

[1] Die Herren Sugihara und Zwarendijk sollen sechs- bis achttausend Menschenleben gerettet haben. Ein Visum galt für die gesamte Familie. Sugihara Chiune erhielt die »Medaille der Gerechten unter den Völkern«, die die jüdische Holocaust-Gedenkstätte Jad Waschem in Jerusalem an jene verleiht, die »unter Einsatz ihres Lebens, ihrer Freiheit und ihrer Sicherheit Juden Hilfe leisteten«.

Transsibirische Bahn steigen. Als der Zug in Wladiwostok anhielt, wurde sie in ein Hotel gebracht, in dem bereits viele Polen warteten. Die Japaner hatten die Transitvisa für Curaçao für ungültig erklärt. Russische Soldaten begannen nun, die Reisenden zu durchsuchen und Wertgegenstände zu beschlagnahmen, doch keiner fand den kleinen Diamanten, den Annas Großmutter in ihrem Gürtel eingenäht hatte.

Vierzehn Tage später durften sie sich doch einschiffen und gelangten endlich nach Kobe, wo sie von der kleinen jüdischen Gemeinde überaus herzlich empfangen wurden. Von dort konnten manche tatsächlich nach Palästina, in die Vereinigten Staaten, nach Kanada oder Australien weiterreisen.

Die anderen gewöhnten sich allmählich an dieses fremde Leben in einem Land, in dem alles so klein, so sauber, so hübsch war. Ihre Visa wurden einmal, zweimal und noch weitere Male verlängert, bis es ihnen plötzlich verweigert wurde. Da kam jemand auf den Gedanken, nach Shanghai weiterzureisen, und erhielt tatsächlich Kapitän Inuzukas Erlaubnis. Von Juni bis September waren die polnischen Flüchtlinge dann in kleinen Gruppen am Ufer des Whangpoo an Land gegangen.

»Ich bin am 7. Juli angekommen«, erzählte Anna.

»Am 7. Juli«, wiederholte Walter mechanisch. Er versuchte sich über das, was zunächst zu tun war, klar zu werden. Er mußte zum Wing On, fühlte sich aber für Anna verantwortlich. Wie sollte sie nun zurechtkommen?

»Ich wohne mit einer Freundin zusammen, die ich in Kobe kennengelernt habe. Ihr Mann ist im August gestorben.« erklärte Anna. »Morgens hüte ich österreichische Kinder, abends englische. Und nachmittags gehe ich spazieren.«

»Du könntest mir doch weiter Flöte spielen beibringen?« fiel Hans ein.

»Sicher! Sehr gern.«

Sie lächelten einander zu. Diese beiden da mochten sich bereits.

»Komm doch mit zu uns, Anna!« schlug Hans im Aufstehen vor. »Ich glaube, es ist noch etwas Strudel übrig.«

Sie warf Walter einen fragenden Blick zu.

»Eine ausgezeichnete Idee!« meinte dieser, schaute auf seine Armbanduhr und sprang auf.

Schweißgebadet traf Walter im Wing On ein und beschloß, die Toilette des *roof-garden* aufzusuchen, um sich zu erfrischen.

Als er wieder herauskam, erwartete ihn Mascha.

»Ich hab's!« rief sie und warf sich ihm an den Hals. Sie hielt ein Stück Papier in der Hand. Das Affidavit!

»Was für ein Glück, mein Schatz!« stammelte er. Sie tauschten einen langen innigen Blick miteinander, und er drückte sie an sich.

»Das reicht jetzt, ihr Turteltäubchen!« schnauzte Veneto, der seinen Pianisten holen kam. »Ihr habt doch noch das ganze Leben vor euch, oder?«

Sterne tanzten vor Walters Augen, als er sich ans Piano setzte. Er schaute zu seiner Braut hinüber. Sie saß neben Fanny, Venetos Frau, und strahlte. »Fanny wird weiterhin an diesem Tisch auf Giulio warten«, hatte sie eines Tages gesagt, »während wir beide in Amerika tanzen gehen werden als glückliche Menschen.« In einem Monat, höchstens sechs Wochen, dachte Walter, werden Mascha und ich auf unserer Hochzeitsreise nach New York sein.

Er verwehrte es sich, an all das zu denken, was sein Glück hätte trüben können, an die Sehnsucht, die Shanghai, die Feng-si einst in ihm aufkeimen lassen würde. Jetzt aber zählte nichts anderes als sein Einzug in das Land des Erfolges zusammen mit der Frau, die er liebte. Die dunklen Jahre verschwanden bereits in den Nebeln des Vergessens. Walter befand sich schon, wie Giulio in diesem Augenblick sang, »*On the sunny side of the street* ...«[1]

1 Auf der Sonnenseite der Straße ...

TEIL VIER

Fliegenbar

I

Die Stunde des Abschieds hatte geschlagen.

In seiner Wohnung an der Route Gaston-Kahn strich Walter über den kleinen Tisch aus lackiertem Bambus, an dem er gegessen, getrunken, geraucht, geträumt, gearbeitet hatte. Der Aschenbecher, ein Keramikfrosch, war ein Geschenk Feng-sis. »Er wird dir Glück bringen«, hatte sie ihm mit einem Madonnenlächeln verheißen. Walter nahm eine Zeitschrift, wickelte das kostbare Stück sorgfältig ein, verstaute es zwischen einem Pullover und Strümpfen und klappte seinen Koffer zu.

Hatte er auch nichts vergessen? Er entdeckte ein Exemplar der *China Daily Post*, die inzwischen im Untergrund erschien und seinen letzten Artikel veröffentlicht hatte. Selbstverständlich würde er die mitnehmen! Er hatte nicht einmal Zeit gehabt, einen Blick hineinzuwerfen. Aus Vorsicht hatte er seinen Artikel mit einem Pseudonym – Willy Heine-Mann – unterzeichnet, das er sich zu Ehren zweier Schriftsteller zugelegt hatte, deren Bücher von den Nazis verbrannt worden waren.

Walter ließ sich an dem kleinen Tisch nieder, schlug die Zeitung auf und begann, seinen eigenen Beitrag zu lesen. Er hatte plötzlich keine Eile mehr, ja er wollte wohl den Zeitpunkt des Aufbruchs hinauszögern.

Ein Sperrgebiet in Shanghai
von Willy Heine-Mann

Die Teilnehmer des letzten sonntäglichen Gottesdienstes der *Marines* Ende November 1941 im Grande Théâtre an der Bubbling Well Road konnten nicht ahnen, wie sehr die feierliche Bläserfanfare bereits einem Abgesang glich. Die Amerikaner verließen China, und die Marineinfanteristen, die zuversichtlich »*Onwards Christian soldiers, marching as to war* ...« anstimmten, bevor sie in Richtung Philippinen in See stachen, wußten nicht, daß die meisten von ihnen nur wenige Tage später bei dem japanischen Überraschungsangriff auf Pearl Harbor ums Leben kommen sollten ...

Dieses Datum, der 8. Dezember 1941[1], würde Walter unauslöschlich im Gedächtnis bleiben. An jenem Montag waren gegen drei Uhr morgens Kanonenschüsse auf dem Whangpoo zu hören gewesen: Der japanische Kreuzer *Izumo* hatte zwei Torpedoboote, die amerikanische *Wake* und die englische *Petrel*, genau zur selben Zeit unter Beschuß genommen, als die Jäger und Kampfbomber der Japaner den amerikanischen Stützpunkt Pearl Harbor auf einer der Hawaii-Inseln überfielen.

Noch in derselben Nacht bemächtigten sich die Japaner Shanghais, ohne auf Widerstand zu stoßen. Am Morgen verbreiteten sie ein Radiokommuniqué, in dem sie erklärten, daß die Kaiserliche Marine im Pazifischen Ozean den Kampf gegen die Streitkräfte der Vereinigten Staaten und Großbritanniens aufgenommen hätte.

Die Seeverbindungen mit Amerika waren selbstredend abgeschnitten.

Walter seufzte und setzte seine Lektüre fort.

Kurz nach Pearl Harbor wurden die Inhaber britischer, amerikanischer, belgischer und holländischer Pässe zu »Staatsfeinden« erklärt und gezwungen, rote Armbinden zu tragen, die ihnen zunächst nur den Besuch von Lichtspielhäusern und öffentlichen Parkanlagen ver-

---

[1] Der 7. Dezember in Europa und den USA.

wehrten. Bald jedoch wurden sie interniert, teils in großen Lagern, teils in Lagerhäusern oder eilig hochgezogenen Baracken. Dort verbringen sie zur Zeit ihr zweites Jahr als Gefangene im Namen eines Krieges, der darauf abzielt, Millionen von Asiaten von der kolonialen Ausbeutung, dem Joch der »angelsächsischen Dämonen«, zu befreien und eine »Großsphäre allseitigen Wohlstands in Ostasien« zu schaffen.

Klar, daß sich das Aussehen des Settlement völlig verändert hat, seitdem die Japaner das Regiment führen. Die abendländischen Gesichter sind verschwunden. Geschäftsleute, Bankiers, Juweliere, Industrielle, Händler und Makler sind nunmehr allesamt Japaner. Die ehedem bei internationalen Gesellschaften beschäftigten Russen und Portugiesen haben ihre Anstellungen verloren und müssen sich in einer katastrophalen wirtschaftlichen Lage über Wasser halten. Um auf halbwegs glückliche Abendländer zu treffen, muß man sich nach Frenchtown aufmachen. Daß kein französisches Gebäude am Whangpoo in der Nacht des 8. Dezember beschossen wurde, war kein Zufall, sondern den der Vichy-Regierung nahestehenden französischen Beamten und ihrer Willfährigkeit gegenüber den Achsenmächten zu verdanken. Zwar haben die Japaner Tausende Wohnungen von Franzosen requiriert, ihre Freiheit jedoch nicht angetastet. Frei sind auch die staatenlosen Russen. Wenn es ihnen gelingt, trotz Verlust ihrer Arbeit und galoppierender Inflation zu überleben …

Hier, dachte Walter, hätte er die gravierenden Veränderungen im Alltagsleben in ein paar Sätzen beschreiben müssen. Das Jahr 1942 verzeichnete mit seinen durch den Krieg im Pazifik bedingten Einschränkungen einen starken Anstieg der Armut: So hatte etwa ein Mann seine Tochter gegen einen Sack Reis eingetauscht. Mascha hatte beobachtet, wie ein ausgezehrter Chinese mit schwärenden Beinen einer Russin, die aus einer Metzgerei kam, das Fleischpaket entriß und das rohe Fleisch verschlang. Auf den Straßen brachen die unterernährten Kulis reihenweise zusammen. Räuber legten sich in den Friedhöfen auf die Lauer, um vereinzelte Besucher auszuplündern. In den Häusern und Läden häuften sich bewaffnete Diebstähle, bei denen Schmuck und Bargeld entwendet wurde.

Durch Geldentwertung verdoppelten sich die Preise der Nahrungsmittel binnen vierundzwanzig Stunden. Jedesmal mußten die Gehälter neu ausgehandelt werden. Eine Fahrt mit der Rikscha war zum unerschwinglichen Luxus geworden.

Walter setzte seine Lektüre fort.

... zu überleben, können sie auch weiterhin auf ihre liebenswerte Art singen, trinken und tanzen.

Die englischen Villen hatten ihre Türen nach einer letzten *garden-party* geschlossen. Den Russen indes blieb weiterhin gestattet, ihre zaristische Nostalgie zu kultivieren, die sie einst aus Moskau oder Sankt Petersburg mitgebracht hatten.

Für die anderen europäischen Flüchtlinge hatte sich das Kulturleben grundlegend geändert. Filme oder Musik englischer oder amerikanischer Herkunft waren sofort verboten worden. Und mit dem Jazz war ebenfalls Schluß. Doch diese Veränderungen waren im Vergleich zu anderen minimal.

Obwohl Hitlers Alliierte, scheinen die Japaner dessen antisemitischen Wahn nicht zu teilen. Allein Juden irakischer Herkunft wurden interniert, darunter auch die Familie Kadoorie. Zugleich mit den ausländischen Rundfunksendern, die ihre Sendungen einstellen mußten, erhielt auch die jüdische Presse Veröffentlichungsverbot, mit Ausnahme der von Herrn Ossi Lewin geleiteten Tageszeitung *Shanghai Jewish Chronicle*.

Ein Wiener, der seinen Vorteil zu wahren wußte! Er hatte auf die Empfindlichkeit der Japaner Rücksicht genommen und am Tage nach Pearl Harbor einen Leitartikel veröffentlicht, in dem er, auch namens der Flüchtlinge, seine Überzeugung ausdrückte, daß die weltweite Auseinandersetzung zweifellos zu einer friedlichen Lösung führen würde. Ossi Lewin verstand das Wohlwollen hochrangiger Persönlichkeiten zu erringen und blieb für alle Kritik taub. Er leitete sein Unternehmen mit harter Hand und verkündete lautstark, daß er nicht dazu berufen sei, soziale Probleme zu lösen, sondern ein Kapital zu schaffen.

Diese skrupellose Persönlichkeit übte auf Walter eine seltsame Faszination aus.

Er schaute auf seine Armbanduhr, weil er fürchtete, sich zu verspäten, fand aber, daß ihm noch genügend Zeit blieb, seine Lektüre zu beenden.

... Eine Entscheidung, die Kapitän Inuzuka, der Kommandant der japanischen Seestreitkräfte, mit der Einbestellung aller ausländischer Journalisten verbunden hatte.

Walter hatte seinen Lesern die genauen Umstände dieser Einbestellung feige verschwiegen. Er war im Morgengrauen von einem japanischen Soldaten barsch aus dem Schlaf gerissen und in die Broadway Mansions gebracht worden.

Dort warteten bereits andere ausländische Journalisten. Eine Japanerin in Uniform rief einen nach dem anderen auf und führte sie hinaus. Keiner kam zurück. Eine zunehmend gedrückte Stimmung bemächtigte sich der Anwesenden. Walters Name fiel erst am späten Nachmittag; er wurde zu einem mit Orden behängten Marineoffizier geführt, dessen Säbel quer über dem Schreibtisch lag. Auf der Schreibunterlage eine Akte mit Walters Namen! »Wir wissen, wer Sie sind«, stieß der kleine Mann in perfektem Englisch hervor. »Wir haben Ihre Rundfunksendungen mit Ihren Verleumdungen unserer deutschen Alliierten verfolgt. Alle, die ich heute zu mir zitiert habe, habe ich ins Bridge House geschickte.« Walters Kehle schnürte sich zusammen. Bridge House war ein ehemaliges Wohngebäude, das die Japaner in ein gefürchtetes, mit Folterräumen ausgestattetes Gefängnis umgewandelt hatten. »Wissen Sie, wer ich bin?« fragte ihn nun der Offizier mit herausfordernder Miene. »Nein, das weiß ich nicht«, stammelte Walter. »Ich bin Kapitän Inuzuka, der Befehlshaber der japanischen Seestreitkräfte«, erklärte der Japaner und lächelte Walter plötzlich an. »Ich sehe, Sie erinnern sich an mich. Ich hatte Sie damals gebeten, die Glückwünsche des Kaisers zum Jüdischen Neujahrsfest im Rundfunk zu übermitteln. Sie haben mir diesen Gefallen getan. Nun ist es an mir, mich zu revanchieren.« Er hatte Walters Akte genommen und sie in den Papierkorb gleiten lassen. »Jetzt gehen Sie nach Hause und verhalten sich unauffällig.«

Walter hatte Feng-si später diese Unterredung geschildert. Während seines Berichts entschlüpfte ihr ein entsetztes »Inuzuka!« »Kennst du ihn etwa?« hatte Walter gefragt. »Nein, o nein!« hatte sie sich verwahrt. »Du weißt doch, daß ich mit den Japanern keinen Umgang pflege! Glaubst du, ich hätte Lust auf einen Besuch im Haus Num-

296

mer 76 an der Jessfield Road?« Dieses Gebäude, das eine Geheimorganisation beherbergte, die auf die Beseitigung projapanischer Chinesen spezialisiert war, galt als Sinnbild für Gewalt und Grausamkeiten. Feng-si schauderte betont. Dann meinte sie lächelnd, sie könne Walter vielleicht dazu verhelfen, Auslandskorrespondent der *China Daily Post* zu werden. Ein Versprechen, das sie auch einhielt, wie die Zeitung in seiner Hand bewies.

... Abgesehen von einer Flut von Artikeln, die alle Juden bezichtigten, sich am Schwarzmarkt zu beteiligen, wurde das Leben der Flüchtlinge nie von offiziellen Auflagen erschwert. Viele dieser Menschen begannen nach ihrem Exodus wieder aufzuatmen, als der Krieg im Pazifik ausbrach. Bis zu jenem 18. Februar 1943, nach der Veröffentlichung eines weiteren antisemitischen Artikels in der *Shanghai Times* ...

Sieben Wochen waren seither verstrichen, sieben Wochen der Furcht und der Suche nach einem Ausweg, die Walter mit dem Gefühl durchlebt hatte, eine Ratte zu sein, die mit dem Kopf fortwährend an die Wände des Labyrinths stößt!

... als die japanischen Kommandanturen der Marine, des Heeres und der Polizei einen Erlaß herausgegeben hatten. Wegen militärischer Erfordernisse sollten die Geschäfts- und Wohngebiete der heimatlosen Flüchtlinge, die seit 1937 in Shanghai eingetroffen waren, von nun an auf ein abgeschlossenes Gebiet des Settlement beschränkt werden, das im Westen die Chaofoong Road, die Muirhead Road und die Dent Road begrenzten; im Osten der Fluß Yangtszepoo; im Norden eine Linie entlang der East Seward Road und der Wayside Road; und im Norden die Grenze der Konzession. Weiter hieß es, die Verordnung solle ab dem 18. Mai in Kraft treten, und jeder, der diesem Erlaß zuwiderhandeln würde, setze sich schweren Ahndungen aus ...

»Du wirst doch nicht etwa dorthin umziehen?« hatte Mascha damals geschrien. »Was soll denn dann aus mir werden?« Sie trocknete ihre geröteten Augen. Walter litt mit ihr. »Und wir?« jammerte Xenia mit ersterbender Stimme. »Sie sicher, daß wir bleiben können hier? Ich zu krank, ich nicht überleben noch einen Umzug.« Sie hatte sich von der Beschlagnahme ihrer schönen Wohnung im Grosvenor House durch die Japaner nicht erholt und klagte jedesmal, wenn sie sich ihren üppigen Körper an den Möbeln stieß, die in diesem dunklen ersten Stockwerk an der Rue Ratard wie bei einem Trödler zusammengerückt und gestapelt waren. »Ich habe es dir doch schon zehnmal gesagt, Xenia!« rief Sokolow außer sich. »Wir sind vor 1937 angekommen, Xenia. Das weißt du doch selbst, oder?« Er hatte Russisch gesprochen, ein deutliches Zeichen, daß Sokolow verstört war. Auf diese »Zone« reagierten die seit langem in Shanghai seßhaften Russen und Deutschen mit Hysterie, wogegen die Flüchtlinge, die erneut einen Laden oder eine Behausung aufgeben mußten, um in die zugewiesenen Straßen von Hongkew umzusiedeln, der Situation verhältnismäßig gelassen entgegensahen. »Was soll denn nun aus mir werden?« schluchzte Mascha in Walters Armen. »Bleib hier, ich flehe dich an! Laß mich nicht im Stich!« Der Kummer seiner Verlobten bewegte Walter so sehr, daß er ihr versprach, in der *Concession française* zu bleiben.

»Du bist verrückt!« hatte Feng-si geschrien, als Walter ihr, ohne den wirklichen Grund zu nennen, seinen Entschluß verkündete, in Frenchtown zu bleiben. »Die Japaner werden dich aufspüren und dich ins Bridge House bringen. Inuzuka ist nicht mehr da, um dich oder andere Juden zu schützen. Und von diesem Kapitän Saneyoshi, der ein enger Freund Baron von Puttkamers ist, kannst du dir nichts erhoffen!«

Wie vom Donner gerührt, hatte Walter Feng-si angestarrt. Wieso sprach sie von Juden? Sie waren in keinem einzigen Kommunique erwähnt worden. Allerdings war es klar, daß die Anordnung sie allein betraf: Die Juden waren die einzigen Staatenlosen, die nach 1937 nach Shanghai gekommen waren. Wie hatte Feng-si, die keinen Unterschied zwischen einem Juden und einem anderen Fremden machte, diesen Zusammenhang erkennen können? Woher wußte sie über die Bestrebungen der Nazis so gut Bescheid? Sie mußte weit mehr wissen, als sie durchscheinen ließ. »Sag mir alles, was du weißt!« hatte er geschrien und sie geschüttelt.

Da erzählte ihm Feng-si, wie sie auf Befehl der Grünen Bande Inuzukas Mätresse geworden war. Durch ihn hatte sie im Mai 1941 einen deutschen Oberst namens Josef Meisinger kennengelernt, der kurz vorher von Tokio gekommen war, wohin er geschickt worden war, um in Japan und China eine Gestapo-Organisation aufzubauen.

Dieser Meisinger, der sich seines Spitznamens, »Schlächter von Warschau«, rühmte, propagierte für die vierzigtausend in Shanghai angesiedelten Juden das, was er die »Endlösung« nannte. Die Operation sollte im September 41 ausgeführt werden, und zwar am Festtag Roschha-Schana, an dem sich alle Juden in ihren geschmückten Synagogen und Bethäusern versammeln würde. Als Gegenleistung sollten die Japaner den gesamten Besitz der jüdischen Einwohner erhalten.

Walter hörte Feng-si fassungslos zu. Selbst hier in China,

am anderen Ende der Welt, verfolgten ihn die Nazis mit ihrem Haß. Und diese »Endlösung«, was war denn das nun wieder? »Endlösung!« Endlösung von was? Oder von wem? Was war darunter zu verstehen? Walter konnte sich diesen Begriff noch so oft durch den Kopf gehen lassen, er blieb ihm unklar. Und Feng-si hatte alles gewußt und nichts gesagt!

Sie hatte ihm wie einem Kind die Wange gestreichelt und ihren Bericht mit einer Ruhe fortgesetzt, die das Entsetzliche daran noch deutlicher machte. Hätte man die Juden erst einmal versammelt, hatte Meisinger erklärt und eine Karte der Region auf dem Tisch ausgebreitet, böten sich mehrere Möglichkeiten an. Man könne sie alle auf alte Kähne laden, diese auf hohe See schleppen und dort treiben lassen. Notfalls müsse ein Geschwader sie versenken. Oder die Juden würden auf die unbewohnte Insel Tsungming in der Mündung des Jangtsekiang gebracht, wo sie vermodern könnten. »Vermodern!« rief Walter geschockt. »Du meinst, daß er uns umbringen lassen wollte! Daß er vierzigtausend Menschen ermorden wollte!« Es war nicht zu glauben. »Das hat er gesagt«, versicherte ihm Feng-si mit jenem Lachen, mit dem Chinesen ihre Verlegenheit kaschieren. Inuzuka hatte sich jedoch beharrlich dagegen gesperrt. Doch er wurde im Juli 1942 nach Tokio zurückberufen. Auf Druck der Deutschen, die ihm seine Schwäche vorwarfen? Das konnte Feng-si nicht bestätigen, doch es schien plausibel.

Inuzuka hatte Feng-si gebeten, mit ihm nach Japan zu gehen, was sie aber abgelehnt hatte.

Walter schwieg angewidert. Demnach war Feng-si ein Jahr lang die Mätresse Inuzukas gewesen! »Du hast mich hintergangen!« schrie er. »Ich habe mich immer bemüht, nicht daran zu denken, womit du deinen Lebensunterhalt verdienst. Hier aber … in dem Fall … Inuzuka hat dich nicht bezahlt. Du hast mich betrogen!« In seiner Empörung hatte er Maschas Existenz vergessen! »Warum wirst du so böse?« hatte Feng-si sanft erwidert. »Das war doch ein Befehl der Grünen Bande. Niemand kann sich der Grünen Bande widersetzen. Außerdem war Inuzuka sehr nett. Er hätte mir ein Haus in Tokio gekauft, und ich hätte ein neues Leben beginnen können. Wenn ich trotzdem in Shanghai geblieben bin, dann nur deinetwegen.« Sie ahnte nicht, wie sehr sie Walter damit quälte, der von diesem Opfer bisher nichts gewußt hatte.

Walter stieß einen tiefen Seufzer aus. Er faltete die Zeitung zusammen, ohne das Ende des Artikels gelesen zu haben, steckte sie in die Tasche, nahm seinen Koffer, sein Bündel und seinen Hut und ging.

Sein angekettetes Fahrrad, das er sich mit seinen letzten Ersparnissen gekauft hatte, erwartete ihn im Hof. Walter legte den Koffer und das Bündel Wäsche in den kleinen einrädrigen Anhänger, den er sich für seinen Umzug von den Bauers ausgeliehen hatte, band den konischen Hut – einer von denen, wie die Kulis sie trugen – fest und schwang sich auf den Sattel.

Er setzte sein Fahrrad mit wütenden Tritten in die Pedale in Bewegung und fuhr Richtung Hongkew davon. Daß er Mascha enttäuschen würde, tat ihm zwar leid, doch eine Bemerkung von Feng-si ging ihm immer wieder durch den Sinn. »Inuzuka ist nicht mehr da, um dich oder andere Juden zu schützen. Und von diesem Kapitän Saneyoshi kannst du dir nichts erhoffen.« Er folgte daher lieber den Anordnungen der Japaner und ließ sich im Sperrgebiet einpferchen. Und mit einemmal begriff er, was dieses Gebiet war, in dem die Juden versammelt wurden: ein Ghetto! Eine Vorgehensweise, wie sie sich damals, im Frühjahr 1940, im polnischen Lodz und später in weiteren Städten abgespielt hatte, als die Deutschen die jüdischen Viertel abriegelten. Geschah hier in Shanghai nicht *genau das gleiche?*

Vielleicht hätte Walter besser daran getan, auf Mascha zu hören. Doch wie sollte man das wissen? Die Gefahr lauerte überall, was er auch tat, wohin er auch ging.

II

Während Walter durch die Straßen radelte, gingen ihm viele Dinge durch den Kopf. Im vergangenen Januar hatte Mascha unbedingt Hochzeit feiern wollen. »Wie du willst, mein Kind!« hatte Vater Sokolow geantwortet. »Aber ich kann dir das rauschende Fest, von dem du immer geträumt hast, im Augenblick nicht bieten. Du wirst dich mit einem schlichten Kleid und einer kleinen Feier begnügen müssen. Willst du nicht doch lieber das Ende des Krieges abwarten?«

Pearl Harbor hatte dem Juwelier einen schweren Schlag versetzt. Er hatte in der Nanking Road 1941 ein weiteres Geschäft eröffnet, als Spekulationsobjekt und in der Absicht, es vor der Abreise der Familie nach Amerika gewinnbringend zu verkaufen. Außerdem hatte er einen Vorrat besonders schöner Edelsteine angelegt. Der luxuriöse Laden und die wertvollen Steine hatten sich aber als arger Klotz am Bein herausgestellt. Niemand sprach das Wort Bankrott laut aus, doch der war unzweifelhaft eingetreten. Und zu allem Übel hatten die Japaner die Wohnung im Grosvenor House beschlagnahmt. Sie haben wirklich Pech gehabt, dachte Walter.

Ihre Vorliebe für Pomp, Firlefanz und Flitter hatte Maschas Leidenschaft abgekühlt. Das war auch besser für sie! Als Walters Ehefrau hätte sie ihm in dieses Hongkew folgen müssen, das ihr sowieso »stank«.

Als Walter sich dazu durchgerungen hatte, in das Sperrgebiet umzusiedeln, waren die besten Wohnungen bereits belegt, die Mieten auf schwindelerregende Höhen gestiegen. Überdies hatte Walter nur noch ein paar Copper in der Tasche und lebte von der Hand in den Mund. Er hatte sich daher an Werner gewandt, der sich in Hongkew gut auskannte und der tatsächlich ein kleines Zimmer für ihn aufstöberte. Werner selbst, der ehemalige Nazi, hatte sich anders entschieden. »Ich bleibe mit Hilda hier.«

Seine Braut war ihm nämlich inzwischen mit der Transsibirischen Bahn nachgefolgt. Als Arierin mit deutschem Paß betraf sie der Erlaß nicht, und Werner wohnte nun mit ihr in einem Gäßchen, das auf die Route Louis-Dufour mündete.

Bereits einen Monat später konnte Hilda ihre eigene Schneiderei aufmachen, die bald so gut ging, daß Hilda ihre Schulden bei Max Herzberg, der ihr Geld geliehen hatte, zurückzahlen konnte. Werner kümmerte sich um den Haushalt, die Buchführung und die Lieferungen.

Wer hatte die richtige Entscheidung getroffen? fragte sich Walter. Werner, der aufmuckt, oder ich, der sich unterwirft? Er wunderte sich über sich selbst, daß er so artig in Richtung Hongkew radelte, er, der sich sonst gegen jede Form von Autorität auflehnte. Doch er war sich über die Entschlossenheit und Unnachgiebigkeit der Japaner im klaren. Walter hatte das Bild von Inuzukas Säbel, der quer über dem Schreibtisch lag, noch vor Augen.

Er suchte in seiner Tasche nach dem Zettel mit der Adresse von Frau Armenin, der russischen Hausbesitzerin.

»Die hat die Finger in allen möglichen krummen Geschäften«, hatte Werner ihn gewarnt. »Ihr Sohn ist am Steuer seines Lastwagens abgeknallt worden.« Die Dame selbst, so entdeckte Walter, war einarmig. Sie maß ihn mit einem raschen Blick, eine Zigarette zwischen die Zähne geklemmt, und verlangte eine Monatsmiete im voraus. Walter erfaßte sofort, daß nichts sie von dieser Forderung abbringen würde. Ihm blieb nichts anderes übrig, er mußte etwas verkaufen. Aber was? Weder die Reverso der Firma Jaeger-LeCoultre noch das Zigarettenetui von Mascha, weder die Armbanduhr von Feng-si noch den Fotoapparat, das letzte Geschenk seiner Eltern, und auch seinen Waterman-Füller nicht, der für ihn die Zukunft versinnbildlichte, die er sich schaffen wollte. Er entschied sich für eine Jacke aus englischer Wolle. Frau Armenin willigte ein, sein Gepäck so lange zu verwahren, bis er das Geschäft getätigt hätte. Als er mit ein paar Scheinen zurückkam, warf sie ihm einen so abschätzigen Blick zu, daß er sich sagte, sie müsse wohl in der Zwischenzeit seine Sachen durchwühlt haben.

Das chinesische Haus, zu dem sie ihn schickte, nahm den Großteil eines Gäßchens ein, das auf die Kungping Road ging. Weder im Haus noch auf dem Hof gab es fließendes Wasser. Zwölf Familien hausten in zwölf Zimmern, sechs in jedem Geschoß. Eine siebte Tür im ersten Stock führte zu dem Kabuff, das die Stromzähler beherbergte. Das war Walters Zimmer! Ölig schwarzer Schmutz bedeckte die Wände. Ein Feldbett, ein ungefüger Tisch, ein Stuhl und ein Aborteimer bildeten das gesamte Mobiliar. Ein Faustschlag in den Magen hätte nicht schlimmer sein können als der Anblick dieses Lochs. Doch Walter faßte sich wieder und beschloß, sich zu beweisen, daß er jede Lage durchstehen konnte. Fürs erste würde er das Zimmer weiß streichen. Er rannte die Treppe hinunter, kaufte einen kleinen Topf Farbe, lieh sich eine Rolle und machte sich ans Werk. Zerschlagen, doch stolz auf sich, kam er mit leichter Verspätung im Wing On an.

»Arbeitest du jetzt im Zirkus?« fragte ihn Veneto und reichte ihm einen Taschenspiegel.

Walter mußte lachen. Weiße sternförmige Spritzer bedeckten sein Gesicht. Doch er freute sich schon darauf, am nächsten Morgen zwischen sauberen Wänden aufzuwachen.

Die Farbe war trocken, als er in seine Abstellkammer zurückkehrte. Todmüde löschte er das Licht und streckte sich angezogen auf dem Bett aus. Bald schreckte ihn erst ein widerlicher Gestank auf – er kannte ihn, doch woher? – und schließlich schmerzhafte Bisse am ganzen Körper. Er knipste das Licht wieder an. Die Wände, die er gerade weiß gestrichen hatte, waren schwarz von Wanzen.

Walter stieg in den Hof hinunter, wo sich bereits andere Mieter schlafen gelegt hatten. Vorsichtig schlich er zwischen den Menschen durch und fand endlich ein freies Plätzchen. Am anderen Morgen stürmte er sofort zu Frau Armenin, um sich zu beschweren.

»Sie werden sich daran gewöhnen«, erwiderte sie nur.

Er knallte die Tür hinter sich zu. Sie rief ihn zurück, um ihn zu warnen, daß sie ihm die Mietvorauszahlung nicht zurückerstatten würde, falls er umzuziehen gedenke.

Als Walter wieder in das Gäßchen kam, fand er das Haus in hellem Aufruhr. Ein Flüchtling hatte in der Nacht Selbstmord begangen.

»Stateless refugees are prohibited to pass here without permission.«[1]

Während er neben Anna herging, starrte Walter erbittert auf die tausendmal gelesenen Schilder an den Grenzen des Sperrgebietes. Stacheldrahtverhaue verdeutlichten das Verbot an vielen Stellen. Flüchtlinge mit gelben Armbinden, die die Aufschrift »Paochia« trugen, waren an den Durchgangsstellen postiert und überwachten das Kommen und Gehen.

Walter freute sich, endlich einmal mit Anna ausgiebig plaudern zu können. Sie wollten zusammen zum Shanghai Office for the Affairs of Stateless Refugees, um ihre Passierscheine abzuholen. Nur mit diesem Papier konnten sie das Ghetto täglich für ein paar Stunden verlassen und ihre jeweilige Arbeitsstätte aufsuchen: Walter das Wing On und Anna das Haus, in dem sie Kinder hütete.

»Was bedeutet *Paochia* eigentlich?« fragte Anna.

»Hüter des Hauses«, übersetzte Walter. »Die Japaner haben diese jahrtausendealte chinesische Einrichtung nur wiederbelebt. Die Paochia ist eine Bürgerwehr zum Schutz eines Viertels. Jeder Einwohner muß sich reihum daran beteiligen.«

»Du auch?«

»Gezwungenermaßen! Sonst kann mich das teuer zu stehen kommen!«

Walter wischte sich Gesicht und Hals mit seinem Taschentuch. Seine Haare klebten ihm im Nacken. Um zehn Uhr morgens war die feuchte Hitze in diesem August bereits un-

---

[1] Staatenlosen Flüchtlingen ist der Durchgang ohne Genehmigung verboten.

erträglich. Gibt es in diesem Ghetto auch nur einen einzigen Baum? fragte sich Walter. Er hatte noch keinen gesehen.

Hunderttausend Chinesen, ungefähr zehntausend Japaner und einige tausend Weißrussen lebten in diesem Bezirk, einem ungleichmäßigen Rechteck von etwa zwei mal drei Kilometern, bereits in drangvoller Enge zusammen, als durch den Erlaß weitere zwanzigtausend Menschen dort hineingepfercht wurden.

Ein großer Anteil unbewohnbarer Häuser, Gebäudekomplexe von Behörden, das gigantische Gefängnis in der Ward Road – es galt als die weltweit größte Strafanstalt! –, die japanische Schule auf einem fünfzehntausend Quadratmeter großen Terrain oder der Wohnsitz eines japanischen Generals mit eigenem Sportplatz, ungefähr fünfzig japanische Fabriken, zwei große überdachte Märkte und einige Mülldepots reduzierten die tatsächlich verfügbare Wohnfläche noch zusätzlich.

Manche Straßen waren in chinesischer, andere vollständig in jüdischer Hand. Die Japaner waren inzwischen verschwunden und hatten Wohnungen im internationalen Viertel bezogen, die die Juden aufzugeben gezwungen waren. Außer ihren Behausungen hatten die »staatenlosen« Industriellen und Geschäftsleute auch ihre Unternehmen sowie ihren unbeweglichen Besitz abgeben müssen. Nicht für alle ein Verlust! dachte Walter, denn Japaner und Weißrussen machten sich dies zunutze, um sich eine goldene Nase zu verdienen. Auf, auf, ins Ghetto! hieß es für die Manufakturen und Betriebe, die Strickwaren oder Hosen, Decken, Rundfunkempfänger oder Würste herstellten; für die kleinen Bars und ihre Prostituierten, für die Konditoreien und Tanzlokale. So war auch das Café Louis in die Ward Road Lane gezogen. Die vor 1937 eingetroffenen Bauers durften in der Avenue Joffre bleiben und standen sich nun an den Fenstern des Wiener Cafés die Beine in den Bauch, da sie den Großteil ihrer Kundschaft eingebüßt hatten.

Anna unterdrückte ein Gähnen. Ihre Augen tränten. Irgendwas stimmt mit Anna nicht, dachte Walter. Wie sollte er ihr sagen, daß er die Lebensweise mißbilligte, die sie und ihre Freundin Helga, eine Friseuse, führten. Nach ihrer Arbeit gingen Anna und Helga mit einer ganzen Bande ins Tabarin, Oceana, Mascot oder eines der anderen Nachtlokale und tanzten dort bis in den frühen Morgen. Die Mädchen fanden immer einen Kavalier.

Anna mußte wieder gähnen, und Walter warf ihr absichtlich einen kritischen Blick zu. Als sie das bemerkte, brach sie in Lachen aus.

»Eigentlich waren wir gestern abend schon ziemlich müde«, begann sie zu erzählen. »Da sind wir einen Kaffee trinken gegangen, der hat uns wieder munter gemacht. Als wir heute morgen nach Hause kamen, hatten wir gerade noch Zeit, uns zu waschen und wieder zur Arbeit zu gehen! Wir haben ein paar sehr sympathische Japaner kennengelernt, wirklich sehr sympathische Leute.«

»Aber Anna!« fuhr Walter sie an. »Bist du dir denn nicht bewußt, daß du im Begriff bist, dein Leben wegzuschmeißen?«

Sie blickte ihn kalt an. »Habe ich mir je ein Urteil über deine Lebensweise erlaubt? Ich weiß, daß deine Verlobte nicht die einzige Frau in deinem Leben ist. Du hältst mich wohl für eine Idiotin, oder was?«

»Das ist nicht dasselbe.«

»Ach wirklich! Wieso?«

»Weil ich ein Mann bin! Ich brauche mich nicht um meinen Ruf zu kümmern. Aber wer wird dich heiraten wollen, bei dem Leben, das du führst?«

Anna blieb stehen und sah Walter fest in die Augen. »Der, der mich um meiner selbst willen lieben wird, und wenn es den nicht gibt, werde ich eben allein leben und mein Glück packen, wo ich es finde. Du gibst dich so liberal und großmütig, Walter, doch im Grunde bist du ein Spießer! Ich bin zwar sehr froh, daß ich dich hier wiedergefunden habe, aber du bist weder mein Vater noch mein Bruder. Servus!«

Sie ging mit großen Schritten davon, doch er holte sie rasch ein, und sie vertrugen sich wieder. Bereits hundert Meter vor dem Amtsgebäude stießen sie auf das Ende einer langen Menschenschlange, die sich kaum vorwärts bewegte.

»Bei dem Tempo stehen wir heute abend noch hier!« stöhnte Walter.

»Gut möglich«, bestätigte der Mann vor ihm, ein hagerer Mensch mit hängenden Schultern in fettfleckigen Shorts, der sich gleich vorstellte: »Ackermann!«

»Neumann!« antwortete Walter und drückte widerwillig die angebotene Hand.

»Aha, Neumann!« meinte der andere mit wissender Miene, indem er ihn durch seine dicken Brillengläser genau musterte. »Sie sind doch der Neumann, der in der East Seward Road wohnt!«

»Nein, ganz und gar nicht. Ich hause derzeit in einem Gäßchen an der Kungping Road. Aber wenn Sie mir etwas Besseres anzubieten haben, wäre ich sehr interessiert.«

»Das könnte schon sein. Man weiß ja nie. Geben Sie mir Ihre genaue Adresse, damit ich weiß, wo ich Sie erreichen kann.«

»Wir sind in einem Ghetto eingesperrt!« schimpfte Walter los und versetzte der Mauer des Amtsgebäudes einen Faustschlag. »Das ist ein Ghetto hier, genau wie in Polen.

Da war es wirklich nicht die Mühe wert, vor Hitlers Ghettos zu fliehen, um dann in die der Japaner zu geraten! Bist du sicher, Anna, daß du die Japaner ›wirklich sehr sympathisch‹ findest?«

»Ghettos in Polen?« verwunderte sich Ackermann. »Wo haben Sie das denn gehört?«

»Im Rundfunk habe ich das gehört! Aber jetzt, wo die Japaner uns unsere Empfänger beschlagnahmt haben, kann man nicht einmal mehr erfahren, was in Europa vor sich geht. Ich habe noch meine Mutter in Europa und würde gerne wissen, wie es ihr geht. Das ist doch nur menschlich, oder? Diese Schweinehunde von Japanern machen es wie die Deutschen: Sie behandeln uns wie Vieh.«

»Es geht weiter!« sagte Anna und zog Walter heftig vorwärts, als wollte sie ihn daran hindern, noch länger mit diesem Ackermann zu reden.

Als sie endlich direkt vor dem Gebäude standen, das das Shanghai Office for the Affairs of Stateless Refugees beherbergte, hörten sie aus dem ersten Stock lautes Gebrüll. Die Leute vor ihnen in der Schlange reckten die Hälse, doch Walter und Anna konnten nichts anderes erfahren, als daß der japanische Offizier, der die Passierscheine ausstellte, Ghoya hieß.

Am Eingang des Raumes angelangt, erblickten sie ein Männlein mit Affengesicht, das hinter einem Schreibtisch saß. Vor ihm stand ein hochgewachsener Flüchtling. Plötzlich schnellte der Japaner hoch, kletterte auf seinen Sessel und sprang auf den Tisch. Ein Zwerg! Jetzt überragte er den Bittsteller, blickte arrogant auf ihn herab und begann zu brüllen, wobei er auf sich selbst zeigte:

»Der König der Juden! Ich bin der König der Juden. Ja, ich! Ich bin es, der darüber entscheidet, ob und wohin Sie gehen können. Kapiert?«

Der Gnom hatte auf Deutsch gebrüllt. Er holte aus und verpaßte seinem Gegenüber einen kräftigen Kinnhaken, so daß der Mann erschreckt zurücksprang und sich den Unterkiefer hielt. Wieder ruhig geworden, stieg Ghoya gemessen von seinem Sockel herunter, nahm seinen Füllfederhalter, schwärzte ein paar Zeilen auf einer Liste, füllte eine blaue Karte aus und warf sie dem Flüchtling hin, der sich sofort wortlos aus dem Staub machte.

Ackermann war der nächste. Mit einem unterwürfigen Diener hielt er dem Offizier seine Papiere hin.

»Guten Tag, Herr Ostrowski«, grüßte ihn dieser, nachdem er den Personalausweis des Bittstellers entziffert hatte. Sie wollen einen Passierschein?«

»Ja, bitte. Ich habe eine Behandlung bei einem Arzt in der Nanking Road angefangen und würde sie gerne fortsetzen.«

»Das ist legitim. Hier haben Sie Ihre Genehmigung für drei Monate. Alles Gute, Herr Ostrowski!«

Der Mann winkte kurz und verschwand. Anna trat vor. Ghoya blickte sie schweigend an.

»Ich hätte gerne einen Passierschein«, erklärte sie.

Der Japaner wurde blaurot im Gesicht. »Aha, Sie sind wohl eine Prostituierte!«

»Nein, ich bin Kindermädchen.«

»Erzählen Sie mir doch keine Märchen! Sie sind eine Hure!«

Anna zitterte, ließ sich aber nicht einschüchtern und blieb ruhig. »Nein, nein, ich versichere Ihnen, ich bin Kindermädchen.«

»Sie-sind-ei-ne-Hu-re!« schrie der Mann und donnerte bei jeder Silbe mit der Faust auf den Schreibtisch. Dann plötzlich besänftigt: »Sie bekommen Ihre Genehmigung.« Er fragte Anna, wo sie arbeite, schrieb etwas, reichte ihr schließlich eine rosa Karte und fragte:

»Wieviel nehmen Sie für die Nummer?«

Sie beherrschte sich und ging.

Nun war die Reihe an Walter. Ein paar Augenblicke später war er wieder draußen. Die Sache war ohne Zwischenfälle vonstatten gegangen. Der Japaner hatte ihn noch seine musikalischen Vorlieben wissen lassen: Beethoven, Mozart und Schubert. Noch immer bleich im Gesicht, betrachtete Anna ihren Passierschein. Darauf war vermerkt, zu welchen Uhrzeiten sie sich in der Stadt bewegen durfte und welche Straßen sie benutzen konnte: und natürlich der Hinweis, unbedingt das beiliegende Abzeichen zu tragen. Die rosa Karte und das rote Abzeichen waren einen Monat gültig, Walters Passierschein und blaues Abzeichen drei Monate. Da er aber die Garden Bridge vor sechzehn Uhr nicht überqueren durfte, würde er fast den ganzen Tag im Ghetto eingesperrt sein. Er würde Mascha nur im Wing On sehen können. Und wie sollte er Feng-si besuchen?

»Wenn ich daran denke, daß ich diesen Alptraum in einem Monat wieder durchleben muß!« jammerte Anna. »Ich werde mir lieber eine Arbeit in Hongkew suchen. Walter, hörst du mir zu?«

»Ääh ... ja! Ich habe gerade an etwas Merkwürdiges gedacht. Der Mann vor uns in der Schlange hat doch gesagt, er heiße Ackermann, oder?«

»Ja.«

»Aber sein Personalausweis lautete auf den Namen Ostrowski!«

»Ja«, bestätigte Anna. »Ich weiß sogar, daß er in dem Heim in der Chaofoong Road wohnt. Man sieht ihn häufig schmutzig und unrasiert in den Cafés herumlungern, wo er sich dauernd in anderer Leute Gespräche einmischt. Er widert mich an mit seiner Art, alles zu belauschen, was um

312

ihn herum gesprochen wird. Aber warum mag er einen falschen Namen angegeben haben?«

»Nicht so wichtig«, sagte Walter und zog Anna weiter.

Er wollte sie nicht beunruhigen. Dieser zwielichtige Mensch konnte durchaus für die Japaner spionieren. Das wird mich lehren, jedem Dahergelaufenen meine Adresse zu geben! dachte er. Dann fragte er Anna:

»Hast du auch davon gehört, daß die wichtigsten Vertreter der Flüchtlingshilfskomitees, Speelmann, Hayim, Kauffmann, Topas und andere, von der *Kempeitai* verhaftet und im Bridge House interniert worden sind?«

Anna riß erstaunt die Augen auf.

»Nein, davon habe ich nichts gehört. Warum denn?«

»Das ist nicht ganz klar. Angeblich im Zusammenhang mit dem Komplott der Deutschen, von dem ich dir erzählt habe, bei dem es darum ging, alle Shanghaier Juden auf einer unbewohnten Insel auszusetzen. Der japanische Vizekonsul Shibata ist ebenfalls verhaftet worden. Er soll die führenden jüdischen Persönlichkeiten zusammengerufen und ihnen den Plan verraten haben. Wenn das stimmt, dann war es wirklich sehr mutig!«

Walter hätte zu gern gewußt, ob Feng-si von diesen Festnahmen unterrichtet war. Kannte sie diesen Shibata? War er mit Kapitän Inuzuka befreundet? War nicht auch sie in Gefahr?

Anna und Walter gingen schweigend die Muirhead Road entlang und trennten sich dann. Anna mußte zu ihren chinesischen Kindern, Walter wollte versuchen, ein kostenloses Essen im Heim an der Chaofoong Road zu ergattern.

IV

Benommen strich Walter sich mit der Hand übers Haar. Als er sie zurückzog, war sie naß von Blut. Wie viele Hiebe hatten ihm die Polizisten der *Kempeitai* mit ihren Schlagstöcken verabreicht? Zwei, drei? Instinktiv hatte er auf die in Dachau erprobte Technik zurückgegriffen: den Rücken krümmen und den Kopf einziehen.

Anschließend hatte man ihn in dieses Büro gebracht. Der Grund seiner Verhaftung war ihm völlig unbekannt. Es konnte sich nur um einen Irrtum handeln.

Der japanische Offizier vor ihm blätterte längere Zeit in irgendwelchen Akten, bevor er sich endlich mit Walter befaßte.

»Auf die Knie!« bellte er plötzlich auf Deutsch. »Runter mit Ihnen! Kriechen Sie rückwärts bis zur Tür! Aufstehen!«

Walter gehorchte. Bei jeder Bewegung hatte er das Gefühl, sein Kopf würde platzen.

Der Offizier warf ihm einen vernichtenden Blick zu. »Wir wissen, daß Sie antijapanische Propaganda betreiben.«

»Nein«, brachte Walter mühsam hervor. »Ich habe nichts Derartiges getan.«

Er hielt die Augen gesenkt, denn er hatte schmerzhaft erfahren müssen, daß man Eroberern nicht ins Gesicht sehen durfte. Eine Salve Anschuldigungen prasselte auf ihn nieder, die er allesamt von sich wies. Wie viele Stunden waren wohl vergangen, seitdem ihn zwei Polizisten verhaftet hatten? Zwei, fünf oder zehn Stunden, er hatte keine Ahnung, da er seine Armbanduhr zum Glück nicht trug. Der Offizier zündete sich eine Zigarette an, machte einen Zug und fuhr ihn an:

»Wenn ich Sie richtig verstehe, bezichtigen Sie mich der Lüge!«

»Nein, ich …«

»Aha, endlich sagen Sie die Wahrheit! Wenn ich also nicht lüge, dann lügen Sie!«

Walters Kopf war wie von einem dichten Nebel erfüllt. Ihm fiel keine Erwiderung ein.

»Genug der Lügen!« brüllte der Offizier. »Wir haben Beweise.«

Er riß eine Schublade auf, zog ein Blatt Papier heraus und las laut: »›Da war es wirklich nicht die Mühe wert, vor Hitlers Ghettos zu fliehen, um dann in die der Japaner zu geraten! … Aber jetzt, wo die Japaner uns unsere Empfänger beschlagnahmt haben, kann man nicht einmal mehr erfahren, was in Europa vor sich geht. … Diese Schweinehunde von Japanern machen es wie die Deutschen: Sie behandeln uns wie Vieh …‹ Sagt Ihnen das was?«

Sollte er leugnen oder bekennen? Der Offizier ließ ihm keine Zeit zum Überlegen.

»Ich kann Ihnen nur raten, mir keine Ammenmärchen zu erzählen«, warnte der Japaner in sonderbar sanftem Ton. »Wir haben hier nämlich eine ganz besondere Behandlung für Lügner.« Er machte ein Zeichen. Einer der Soldaten verließ den Raum; als er zurückkehrte, schleifte er hinter sich her, was einmal ein Mensch gewesen war. Das Gesicht war zertrümmert. Unter den zugeschwollenen Augen war statt der Nase nur noch ein blutiges Loch, der Unterkiefer hing schlaff herunter. Die Beine waren gebrochen. Doch der Mann wimmerte noch. Walter schloß die Lider.

»Erkennen Sie Ihre eigenen Worte?« brüllte der Offizier.

»Ja«, antwortete Walter. Seine Zähne schlugen aufeinander.

»Sie machen antijapanische Propaganda!« schrie der Japaner wütend.

»Nein, das mache ich nicht. Es stimmt, daß ich das gesagt habe ...« Walter rang nach Worten. »Aber ich bin kein Propagandist.«

Der Offizier gab einem der Soldaten einen kurzen Befehl. Zu Walters Verwunderung rückte ihm dieser einen Stuhl hin. Zitternd ließ er sich darauf nieder.

»Eine Zigarette?« Der Japaner erhob sich, trat zu Walter und hielt ihm sein Etui hin.

War das eine Falle? Da er nicht wußte, was er davon halten sollte, nahm Walter die Zigarette. Ein Feuerzeug klickte und ließ ihn jäh zurückschrecken. Die Flamme hatte seine Haare gestreift. Der Offizier setzte sich wieder an seinen Schreibtisch, blätterte in einer Akte, unterzeichnete einige Briefe und gab dem anderen Soldaten einen Befehl. Der brachte ein Bündel dünner, angespitzter Bambusstäbchen zurück, die der Japaner beinahe liebevoll betrachtete.

»Wir wissen, daß Sie lügen«, erklärte er. »Falls Sie so weitermachen, wird Ihnen der Soldat diese Stäbchen unter die Nägel schieben.«

Walter hatte von dieser entsetzlichen Foltermethode gehört.

»Ich sage die Wahrheit«, stammelte er.

»Wir geben Ihnen vierundzwanzig Stunden Bedenkzeit«, warnte der Offizier.

Die Soldaten packten Walter, fesselten ihm die Hände hinterm Rücken und schleiften ihn hinaus. Er wußte, was ihn erwartete: eine winzige Zelle, in der er gezwungen wäre, mit untereinandergeschlagenen Beinen zwölf oder fünfzehn Stunden lang reglos zu sitzen, eine Schale Reis als Nahrung und Läuse und Ratten als Gesellschaft.

Zur selben Zeit erkannte Giulio Veneto im Wing On, daß er an diesem Abend ohne seinen Pianisten auskommen mußte. Was war ihm wohl zugestoßen?

Veneto hoffte, daß Mascha kommen und die Sache aufklären würde, doch sie ließ sich nicht blicken. Ein sicheres Zeichen dafür, daß Walter sie nicht angerufen hatte, sie also auch nichts wußte. Markus, der Violinist, teilte die Besorgnis Giulio Venetos. Als sie sich um elf Uhr abends auf ihren Fahrrädern gemeinsam auf den Weg nach Hongkew machten, beschlossen sie, an Walters Tür zu klopfen. Niemand da!

Was tun? Sie ahnten sofort, daß etwas Dramatisches vorgefallen sein mußte. Es war zu spät, um irgend etwas zu unternehmen. Und was konnte man auch tun?

»Nichts«, bemerkte Markus bitter. »Wir sind doch nur noch Marionetten.«

Sollten sie die Sokolows benachrichtigen?

»Guter Rat kommt über Nacht«, meinte Giulio.

Nachdem er Walters Tür in der Frühe abermals verschlossen vorgefunden hatte, ging Markus zu Giulio, und gemeinsam machten sie sich zu den Fischers auf den Weg. Otto war gerade abgekochtes Wasser für den morgendlichen Tee kaufen gegangen. Greta erblaßte, als sie den Grund für diesen frühen Besuch erfuhr.

»Ich habe eine Idee«, verkündete Greta schließlich. »Aber ich möchte nicht mehr darüber sagen. Ihr müßt mir vertrauen, ich werde euch so schnell wie möglich Bescheid geben.«

Auch sie meinte, es sei ratsamer, die Sokolows so lange aus allem herauszuhalten, bis sie sich selbst melden würden. Giulio und Markus mußten sich Gretas Bedingungen fügen und gingen nach Hause, während Hans sich eilig auf die Suche nach seinem Vater machte.

»Da ist keine Sekunde zu verlieren«, meinte Otto bei seiner Rückkehr. »Falls sie Walter ins Bridge House gebracht haben, besteht die Gefahr, daß er sich Typhus einfängt.«

Hans lauschte dem Plan, den seine Eltern ausbrüteten. Dazu mußte jedoch jemand das Sperrgebiet verlassen, und keiner der Fischers besaß einen Passierschein.

»Da gibt es nur eine Lösung«, schloß Otto. Vater und Sohn verständigten sich mit einem einzigen Blick.

»Ich gehe«, sagte Hans. Während er sich rasch umzog, prägte er sich die Instruktionen ein, nahm dann seinen Fußball und öffnete die Tür.

»Sei vorsichtig, mein Schatz!« bat Greta.

»Das verspreche ich dir, Mama.«

»Und komm so schnell wie möglich zurück.«

»Sicher!« Er umarmte sie und verließ dann mit seinem Vater das Zimmer.

»Ich bleibe zwei, drei Meter hinter dir«, erklärte Otto. »Beim kleinsten Problem schreist du so laut, wie du kannst.«

Hans spannte seine Schultermuskeln. Er konnte jeden untrainierten Erwachsenen niederschlagen.

Als sie vor kurzem auf einem unbebauten Terrain Fußball gespielt hatten, war ihnen ein Gäßchen aufgefallen, dessen Ausgang von der *Paochia* offenbar nicht bewacht wurde. Hans arbeitete sich dribbelnd vorwärts. Plötzlich schien er die Kontrolle über den Ball zu verlieren, so daß dieser über die Grenze des erlaubten Gebiets hinausrollte. Der Junge hechtete ihm mit zwei Sprüngen nach. Er blickte sich um: Niemand hatte ihn gesehen. Da machte er sich, seinen Ball vor sich her dribbelnd, in Richtung Innenstadt davon.

Unentwegt dribbelnd, gelangte Hans vor das chinesische Haus in der Avenue Joffre. Er erinnerte sich noch an seinen

Besuch damals als Walter ihn gebeten hatte, Feng-si die *Nandin-Zweige* zu bringen. So gut es ging, straffte er jetzt das schweißnasse Hemd auf seinem Oberkörper und klingelte. Ein sehr junges chinesisches Mädchen mit einem langen Zopf öffnete die Tür und war überrascht, ihn allein vorzufinden.

»*No Master?*«[1] fragte die *ama* mit einem feinen Stimmchen.

»*No. Me alone.*«[2]

Sie erstickte ein Kichern hinter ihrer Hand.

»*My wantchee see Miss Feng-si*«[3], fügte Hans hinzu. Es wurmte ihn, daß er offenbar nicht ernst genommen wurde. »*Me friend number one Master Walter.*«[4]

Das war das Schlüsselwort. Die Haustür schloß sich hinter Hans, und er wurde gebeten, in einem kleinen chinesischen Salon Platz zu nehmen.

Aus dem Nebenzimmer, in dem die *ama* verschwunden war, hörte Hans Tuscheln, Kichern und das Rascheln von Stoff. Das junge Mädchen kam bald zurück, ein Lacktablett mit einer Teekanne und zwei Tassen in den Händen, und forderte ihn auf, ihm zu folgen. Zu Hans' Verlegenheit fand er Feng-si in einem Baldachinbett vor.

»Setz dich, Hans«, sagte Feng-si und deutete auf einen Hocker.

Das junge Mädchen mit dem langen Zopf goß Tee von eigenartig dunkelgrüner Farbe in eine derart zarte Porzellantasse, daß der Junge fürchtete, er werde sie zwischen seinen Fingern zerbrechen. Da er nicht wußte, wohin er

[1] Ist kein Mann dabei?
[2] Nein. Ich bin allein.
[3] Ich möchte gerne Fräulein Feng-si sehen.
[4] Ich bin Herrn Walters bester Freund.

den Blick richten sollte, starrte er unverwandt auf die gestickten Vögel des seidenen Paravents.

»Was führt dich hierher, kleiner Hans?« fragte Feng-si und lächelte ihm ermutigend zu.

Er hatte sich ausgemalt, seinen Bericht in einem Atemzug herunterzuspulen, doch jetzt wurde er sich bewußt, daß er eben, als seine Mutter ihm und dem Vater preisgab, was Walter ihr anvertraut hatte, nicht alles verstanden hatte. Was hatte dieser japanische Kapitän und dessen Freund, der deutsche Oberst, mit der ganzen Geschichte zu tun? »Dieses Schwein«, hatte Greta gesagt.

Dennoch gelang es Hans, alles geordnet zu erzählen. Als Feng-si erfuhr, daß Walter verschwunden war, seit ihn zwei japanische Soldaten abgeholt hatten, sprang sie aus dem Bett. Dabei kippte ihre Teetasse auf dem Tablett um. Ihren flatternden Morgenmantel mit der Hand zuhaltend, lief sie, auf Chinesisch Befehle gebend, aus dem Zimmer. Irgendwo knallte eine Tür.

Währenddessen teilte Walter eine fensterlose Zelle von zwanzig Quadratmetern mit dreißig weiteren Personen, Männern und Frauen, Ausländern und Chinesen, die bezichtigt wurden, subversive Schriften verfaßt, widerrechtlich Kurzwellenempfänger oder -sender benutzt oder Spionage betrieben zu haben.

Eine der Frauen war schwanger. Unter den Männern, deren Gesichter von dichten Bärten überwuchert waren, hatte Walter Joe Farren erkannt, den Besitzer eines schicken Nachtclubs. Er hatte nur noch zerrissene Lumpen auf dem Leib, und seine blutigen Beine schmerzten offenbar sehr. Andere delirierten oder waren dem Tode nahe.

Während der endlosen Nacht waren viele dieser zusammengekrümmt auf ihren schmutzigen Decken liegenden

Menschen, die nach Urin und Fäkalien stanken, von Alpträumen gepeinigt worden. Der ekelerregende Aborteimer in einer Ecke quoll bereits über. Am Morgen war ein Kübel mit zweifellos verseuchtem Wasser reihum gegangen. Manche hatten ihrem Durst nicht länger widerstehen können und die Brühe gierig getrunken. Ob man sich nun Typhus oder Diphtherie holt, wo ist da noch der Unterschied? hatte Walter gedacht und wollte bereits seine mit Wasser gefüllten Hände an die Lippen führen, hatte sie jedoch im letzten Moment über seiner Brust geöffnet.

Während des Tages war nur eine Körperhaltung erlaubt: der Schneidersitz. Sich zu bewegen, miteinander zu reden oder auch nur zu flüstern, war bei Prügelstrafe verboten. Die Wärter beobachteten die Zellen unablässig durch die dicken Gitterstäbe. Walter hatte mehrfach gespürt, daß ihn jemand hinter ihm vorsichtig an seinem Hemd zupfte; weil er jedoch kein Risiko eingehen wollte, wußte er nicht, wer da auf sich aufmerksam zu machen versuchte.

Am Nachmittag wurde er von zwei Soldaten mit Bajonetten geholt. Erst als er bereits an der Tür war, erkannte Walter die schmale Stirn und die breiten Hände seines Freundes Werner wieder.

Die Soldaten stießen Walter in einen Raum. »Auf die Knie!« befahl der eine.

Wie lange blieb Walter in dieser Position? Jedesmal, wenn er kurz davor war, umzukippen, erhielt er einen Schlag. Endlich öffnete sich die Tür, und der Folterer vom Vortag trat zusammen mit einem Europäer ein.

»Ist er das?« fragte der Japaner den europäischen Mann auf Englisch.

»Ja, das ist er, das ist Walter Neumann.«

Der Mann sprach nun auf Japanisch mit dem Offizier, sie gaben sich die Hand, und dann ging alles sehr schnell. Einige Minuten später hörte Walter, noch ganz benommen auf unsicheren Beinen, wie das Tor des Bridge House hinter ihm zuknallte. Er stand in der North Szechuen Road.

War er wirklich frei?

Der chinesische Fahrer eines vor dem Gebäude parkenden Wagens war ausgestiegen. Er hielt eine Spraydose Insektizid in der Hand, mit der er Walter einsprühte; gleich darauf wurde er auf den Beifahrersitz gestoßen. Sein Retter hatte auf der Rückbank Platz genommen.

»Wo wohnen Sie?« fragte der Unbekannte auf Englisch. Walter nannte seine Adresse, der Chauffeur fuhr los.

»Sie müssen die Wohnung wechseln«, erklärte der Mann. »Diesmal habe ich Sie da noch herausholen können, aber ein zweites Mal wäre mir das nicht möglich. Pakken Sie Ihre Sachen zusammen, verschwinden Sie schleunigst und sehen Sie zu, daß Sie nicht mehr auffallen.«

Er steckte die Hand in die Tasche und zog zwei Schlüssel und einen Zettel hervor. »Hier sind Ihre Schlüssel und die Adresse Ihrer neuen Wohnung.«

Walter streckte seine schmutzige Hand aus, deren Anblick ihn mit Scham erfüllte.

»Ich weiß nicht, wie ich Ihnen danken soll«, stammelte er. »Verzeihen Sie, aber ich erinnere mich nicht, Ihnen je begegnet zu sein, und kenne daher auch Ihren Namen nicht.«

»Cohn. Doktor Abraham Cohn. Aber Sie brauchen nicht mir zu danken, sondern Fräulein Feng-si, eine ganz reizende Person. Wenn sie mich nicht um einen Gefallen gebeten hätte, ich hätte keinen Finger für einen jungen Mann gerührt, der sich derart töricht verhält. Adieu. Beeilen Sie sich!«

Das Automobil verschwand und ließ Walter auf dem Gehsteig in der Kungping Road zurück. Schweiß strömte über sein Gesicht, und er verlor die Besinnung.

V

In seinem Krankenhausbett wartete Walter voller Ungeduld auf die Visite des Arztes, in diesem Fall auf die seines
Freundes Horst Bergmann. Er war am Vortag eingeliefert
worden und hatte es eilig, sein normales Leben wieder aufzunehmen, den Alptraum Bridge House zu vergessen und
lediglich den Zusammenhalt und die Aufopferung, die ihm
seine Freunde bezeugt hatten, im Gedächtnis zu bewahren.

Feng-si hatte Hans gebeten gehabt, in dem Gäßchen an
der Kungping Road auf Walters Rückkehr zu lauern. Bevor
der Junge seinen Posten bezog, hatte er noch schnell seine
Eltern benachrichtigt, und Otto hatte ihn dann begleitet. So
sahen die beiden, wie Walter aus dem Automobil stieg und
gleich darauf zusammenbrach. Sie eilten ihm zu Hilfe und
führten ihn in sein Zimmer. Dort brachte Otto ihm Tee und
etwas zu essen und ermahnte ihn, sich auszuruhen, doch
Walter war sehr erregt, fuchtelte mit den von Cohn erhalte-
nen Schlüsseln herum und versuchte ihnen zu erklären, daß
er fort müsse. Weiter reichten seine Erinnerungen nicht. Er
war mit hohem Fieber in diesem Bett aufgewacht und wußte
von Horst, daß er mehrere Stunden deliriert hatte.

Sein Mund war so trocken, daß ihn die Wörter wie
scharfkantige Steine schmerzten.

Wer waren seine Zimmergenossen? Walter wollte sich
aufrichten, spürte, daß ihm das nicht gelingen würde, und
sank keuchend auf sein Bett zurück. Dann verfiel er in
einen Dämmerzustand, aus dem ihn Otto wieder heraus-
holte. Der reichte ihm ein Tütchen mit *Ediths Pralinen*.
Edith Hirsch war eine talentierte Putzmacherin aus Berlin,
die jetzt köstliche Pralinen herstellte, die ihre vierköpfige
Familie »ernährten«. Man konnte sie stückweise kaufen.
Otto hatte drei davon mitgebracht.

»Du hast ja ein Vermögen ausgegeben!« protestierte Walter.

»Ach wo! Greta schenkt dir die herzförmige, ich dir die mit der Haselnuß und Hans dir die Kugel, die einem Fußball gleicht. Sie sollen dich schnell wieder gesund machen!«

Walter war sehr gerührt. »Ihr solltet Euch doch nicht ...«

»Laß doch, Walter!« unterbrach ihn Otto. »Hör mir lieber zu: Ich werde morgen nicht wiederkommen können. Mein Passierschein ist nur einen Tag gültig ...«

Walter befand sich im Shanghai General Hospital, außerhalb des Ghettos. Der tapfere Otto hatte sich mit einem dieser hysterischen Japaner herumschlagen müssen, um die Erlaubnis für diesen Besuch zu erhalten.

»Also paß auf, Walter. Hans und ich haben deine Sachen, einschließlich des Fahrrads, in die andere Wohnung geräumt und der Russin den Schlüssel zurückgegeben. Das neue Zimmer ist ziemlich groß und sehr hell. Greta näht gerade Stoffstücke zu einem Vorhang zusammen, sonst könnte dich die Sonne zu früh wecken.«

Dankbar ergriff Walter Ottos Hand und schlief so ein. Er bemerkte nicht, wie dieser ihn verließ, und erwachte erst, als eine Ordensschwester ihm eine Spritze verabreichte. Eine zweite brachte ihm Medikamente und das Mittagessen. Er schlummerte wieder ein und schreckte endlich durch die Berührung kalten Metalls hoch. Horst untersuchte ihn mit seinem Stethoskop.

»Ich möchte nach Hause«, sagte Walter und versuchte, seine Stimme fest klingen zu lassen. »Ich fühle mich schon wieder ganz wohl.«

»Du würdest mir einen Gefallen tun, wenn du das Bett hier noch drei Tage belegen könntest«, scherzte Horst.

Er wurde wieder ernst und erklärte, Walter habe einen

psychischen Schock erlitten und sei anämisch, er solle vernünftig sein und die Ergebnisse der bereits laufenden Untersuchungen abwarten.

Walter kapitulierte.

»Kennst du einen gewissen Doktor Abraham Cohn?« fragte er unvermittelt.

»Warum?«

»Das sage ich dir schon noch.«

»Gehört der zu deinen Freunden?«

»Nein, nicht wirklich.«

»Also, meiner Meinung nach ist dieser Mann einer der größten Schurken Shanghais. Er ist entweder Iraner oder Rumäne, hat in Tokio studiert und wurde angeblich von den Japanern nach Shanghai geschickt. Hier hat er im Hamilton House eine Praxis eröffnet und eine hübsche Wohnung in Frenchtown gefunden. Dann hat er sich in den Handel mit chemischen und pharmazeutischen Erzeugnissen gestürzt, mit dem er seinen Lebensunterhalt weit besser verdient als mit der Untersuchung von Patienten. Und da er es auch irgendwie eingefädelt hat, den Vermittler zwischen den Japanern und den russischen Juden zu spielen, hat man ihn zum Präsidenten der *Sacra* ernannt!«

»Was ist das?«

»Die *Sacra* ist eine von den Japanern gegründete Vereinigung, die dadurch die Hilfsbereitschaft der russisch-jüdischen Gemeinde aktivieren wollten. Sie soll Wohnungsprobleme lösen, die sich aus den Zwangsumsiedlungen ins Ghetto ergeben haben. Die *Sacra* besitzt dort einige Häuser, was Gelegenheit zu ein paar lukrativen Transaktionen bot, wie auch der Zwangstausch, das kannst du dir ja denken!«

Tatsächlich war bekannt, daß die in Hongkew niedergelassen Japaner ihre schlichten Unterkünfte gegen herrliche Wohnungen im Herzen Shanghais tauschen konnten. Walter hatte jedoch angenommen, das unterliege einzig den japanischen Behörden.

Wie erleichtert, sein gesamtes Wissen ausspucken zu können, fuhr Horst fort: »Doktor Cohn hat sein *Sacra*-Büro im ersten Stock eines Hauses mit Fahrstuhl an der Peking Road, doch die Benutzung des Fahrstuhls ist Flüchtlingen untersagt. Hast du gehört? *Für Flüchtlinge verboten!* Selbst alte Asthmakranke müssen die Treppe hochsteigen. Nett, nicht wahr? Dieser Kerl widert mich an! Aber warum wolltest du mit mir über ihn reden?«

Gerade im richtigen Augenblick kam eine Krankenschwester herein, um Horst zu einem Notfall zu holen. Was hätte Walter ihm antworten sollen? Er versuchte, seine Gedanken zu entwirren, dachte über die Art der Beziehung nach, die Feng-si und Doktor Cohn verbinden mochte, handelte sich jedoch mit seiner Grübelei nur heftige Kopfschmerzen ein und fiel erneut in Schlummer.

Als er diesmal aufwachte, saßen Markus und Veneto neben seinem Bett und waren so sehr in ihre Unterhaltung vertieft, daß sie ihm keine Aufmerksamkeit schenkten. Und was konnten sich Musiker erzählen? Geschichten über Musiker eben.

»Im Shanghai Municipal Orchestra gibt es mittlerweile zehn jüdische Musiker«, rechnete Veneto stolz nach. »Und ...«

»Im Shanghai Symphony Orchestra«, verbesserte ihn der kleine Violinist.

»Es mag den Namen geändert haben, aber es bleibt das beste Orchester in Ostasien.«

Veneto zog eine Nadel hervor und stocherte sich damit in den Zähnen.

»Als Arrigo Foa den alten Paci abgelöst hat, habe ich mich gefragt, ob er reüssieren würde«, fuhr Markus fort. »Ist ja schließlich keine Kleinigkeit, ein solches Orchester zu leiten.«

»Weißt du, daß er Jude ist?«

»Nein, das wußte ich nicht.«

»Kam 1922 in Shanghai an.«

»Das war früh. Und Ferdinand Adler, der Violinist?«

»Ebenfalls Jude. Ich habe einmal ein Solo von ihm bei einem Orchesterabend gehört. Hut ab!«

»Welche guten jüdischen Musiker kennst du sonst noch?«

»Da wären etwa die Gebrüder Joachim: Otto, der Violinist, und Walter, der Cellist«, antwortete Veneto und führte noch ein Dutzend weiterer Namen an. »Viele von ihnen sind Lehrer am Konservatorium«, erklärte er noch.

»Haben sie auch chinesische Schüler?«

»O ja, selbstverständlich. Inzwischen hauptsächlich chinesische.«

»Und wie verständigen sie sich?«

»Durch chinesische Dolmetscher. Oh! Ich habe Professor Alfred Wittenberg ganz vergessen ...«

»Ist das der Violinist, der mit Schnabel und Hekking ein Trio gegründet hatte?«

»Genau der. Das ist schon lange her. Liegt sicher dreißig Jahre zurück. Stell dir nur mal dessen Karriere vor, wenn sich alles normal hätte entwickeln können, ohne Hitler und die Nazis! Es heißt, er sei der beste Musiker in China.«

Der kleine Markus pflichtete ihm schweigend bei. Er seufzte tief. »Ein ganzer Haufen großer Musiker! Ich frage mich, was die Leute in Shanghai ohne uns gemacht hätten.«

»Und ohne Wolfgang Fraenkel!« sagte Walter mit

schwacher Stimme. »Wißt ihr, daß er früher Rechtsanwalt war und daß er die Partitur von Mozarts *Konzert Nr. 3 in G-dur* vollständig aus dem Gedächtnis transkribiert hat?«

»Es gibt Leute, die überstehen jeden Schiffbruch«, bemerkte Veneto. »Und andere gehen mit der ersten Welle unter.«

Erst in diesem Augenblick wurde den Besuchern bewußt, daß der Kranke gesprochen hatte, und sie riefen durcheinander:

»Servus, Walter! Na, wie geht's denn? Du hast uns aber eine Heidenangst eingejagt!«

»Gut, gut, danke, es geht mir wirklich viel besser. Habt ihr was von Mascha gehört? Hat sie sich große Sorgen gemacht?«

Markus erklärte, er habe die Sokolows erst am Vorabend über die ganze Sache unterrichtet, als Walter dem Bridge House bereits entronnen und ins Krankenhaus eingeliefert worden war.

»Mascha läßt fragen, wann sie dich besuchen kommen soll«, fügte Markus hinzu.

Soll? fuhr es Walter durch den Sinn. Eigentlich hätte er »wann sie dich besuchen *kann*« lieber gehört. Da er jedoch nicht wußte, ob die Formulierung tatsächlich von ihr stammte, enthielt er sich jeder Bemerkung.

Gemeinsam beschlossen sie, daß Mascha am übernächsten Tag kommen solle.

Am Besuchstag hatte sich Walter so angestrengt, sich präsentabel zurechtzumachen, daß er sich erschöpft wieder auf seinem Bett ausstreckte. Er war erleichtert, seine Verlobte im Liegen erwarten zu können, und bei dem Gedanken, das Krankenhaus am nächsten Morgen verlassen zu müssen, wurde ihm angst und bange. Gleichzeitig aber brachten ihn die langen Stunden, in denen er nachdachte und grübelte, schier um den Verstand. Er verging fast vor Sorgen wegen Lisa. Er war verbittert, von einem Kulturbetrieb ausgeschlossen zu sein, in dem andere zu Erfolg gelangt waren.

Die Türen des *Shanghai Jewish Chronicle,* über die der unerträgliche Lewin gebot, wie die der zionistischen Wochenzeitung *Jüdisches Nachrichtenblatt* ließen sich nur schwer öffnen; und dem russischen Chefredakteur – und Freund der Sokolows – des dreisprachigen *Our Life* seine Dienste anzubieten, widerstrebte ihm zutiefst, ohne daß er sich den Grund dafür erklären konnte. Seine Mitarbeit bei der *China Daily Post,* die zwangsläufig anonym bleiben mußte, war unbefriedigend.

»Weshalb schreiben Sie nicht fürs Theater?« hatte ihn Sokolow irgendwann gefragt, ausgerechnet er, der höchstens Klassikeraufführungen besuchte und über die mittelmäßigen Leistungen der örtlichen Schauspieler schimpfte.

Endlich traf Mascha in Begleitung ihres Vaters ein. Sie hatte ihren unvermeidlichen Fächer dabei und trug das korallenrote Kleid, das Walter so mochte.

»Sie machen ja vielleicht Scherze, Walter«, grollte Alexander, wobei er seinen Blick gelangweilt durch den Raum schweifen ließ. »Aber wen sehe ich denn dahinten? Wanja, bist du das?« fragte er auf Russisch. Mit einigen Ausrufen der Bestürzung ging er auf das letzte Bett zu. »Ja, was machst du denn hier, Wanja? Bist du etwa auch krank? Was soll denn das bedeuten? Das kann doch wohl nicht dein Ernst sein!«

Walter ergriff Maschas Hand. Sie fächelte sich Luft zu. »Du hast mir gefehlt«, sagte sie.

Er lächelte. »Ich habe mich nicht danach gedrängelt.«

Walter versuchte, sein Abenteuer in wenigen Worten zu

erzählen, ohne allzu sehr auf die schreckliche Behandlung der Gefangenen im Bridge House einzugehen, erwähnte aber, daß er seine Freilassung Max Herzbergs Beistand verdanke.

»Du hast dir doch hoffentlich keine schlimme Krankheit geholt?«

Da konnte er sie beruhigen. Horst habe ihm lediglich geraten, sich noch drei Tage zu Hause auszuruhen. Danach würde er wieder auf dem Damm sein.

»Und du, mein Schatz, wie geht es dir?«

Sie krauste die Nase. »Wenn der Krieg doch nur schon vorbei wäre, ich bin dieses Leben so leid. Es ist nicht lustig, immer getrennt zu sein.«

»Es ist sogar sehr bitter.«

»Und ich will auch nicht mehr ins Wing On kommen. Es macht keinen Spaß, anderen beim Tanzen zusehen zu müssen.«

»Ich weiß, Mascha. Aber es gibt Leute, die sind noch viel unglücklicher als wir. Dutzende von Pianisten würden sich um meine Stelle prügeln.«

»Rena, die kann wenigstens mit ihren Freunden ausgehen und sich amüsieren.«

»Na dann geh doch auch aus! Laß dich einladen, geh tanzen. Das würde mir wirklich Freude machen.«

»Ohne dich habe ich keine Lust dazu. Ich möchte gerne ein normales Leben führen, verstehst du?«

Er nickte nachdenklich. Was war das, ein normales Leben?

Er sah die Zelle wieder vor sich, die Gefangenen mit ihren Verletzungen, den schmerzverzerrten Gesichtern, den Augen, die plötzlich entsetzt aufflackerten, wenn die Tür in den Angeln quietschte. Und plötzlich sah er Werner wieder vor sich, den er vollkommen vergessen hatte! Der bis zu dieser Sekunde aus seiner Erinnerung verschwunden war! Was hatte Werner nur getan, daß man ihn inhaftiert hatte? Und Joe Farren, mit seinen zerschundenen Beinen?

»Was hast du denn, Walter?«

»Na, ihr Turteltäubchen!« schmetterte Sokolow, der sich wieder zu ihnen gesellte. »Habt ihr eure kleinen Geheimnisse austauschen können? Alles in Ordnung, Walter? Brauchen Sie etwas? Sie genieren sich doch bei uns nicht, hoffe ich!«

»Warum sollte ich mich genieren?«

Sokolow beugte sich zu ihm und flüsterte: »Wanja geht es gar nicht gut, ich mache mir Sorgen um ihn!«

»Wer ist Wanja?«

»Der Mann von Dunja, meiner ehemaligen Angestellten. Sie hat keine Arbeit mehr gefunden. Ich frage mich, wie sie leben. Komm, Mascha, wir müssen gehen. Sonst macht sich deine Mutter Gedanken. Und außerdem dürfen wir unseren Kranken nicht überanstrengen.«

Zwischen den Fingern hielt er eine Zigarre, die er offenbar gern anzünden wollte.

Nach dem Abendessen verweilte die Mutter Oberin kurz bei Walter. Sie war eine große distinguierte Frau, eine österreichische Gräfin.

»Sie wirken so verloren, mein Junge.«

»Das hat nichts zu bedeuten. Ich habe nur ein wenig den Blues.«

Er wußte nicht, wie er sie anreden sollte. »Schwester« oder »ehrwürdige Mutter« wollte ihm nicht über die Lippen.

»Kein Blues vermag ein paar Seiten der Heiligen Schrift zu widerstehen. Versuchen Sie es mal, Sie werden sehen.«

Sie bedrängte ihn mit einer solchen Sanftheit, daß er nicht ablehnen konnte. Sie ging hinaus und kam bald darauf mit einer Bibel zurück. Walter hatte noch nie das Neue Testament gelesen. Ebensowenig wie das Alte übrigens.

Seinen Gewohnheiten entsprechend, schlug er das Buch am Ende auf und stieß auf die Seiten der Apokalypse und auf folgende Zeilen: »Wehe aber der Erde und dem Meer; denn hinabgestiegen ist zu euch der Teufel voll grimmigen Zorns; er weiß, daß er eine kurze Frist hat.«

Als Optimist sah er darin ein glückliches Omen. Denn für ihn war der Teufel ein Ungeheuer mit drei Köpfen – die drei Achsenmächte. Leider wußte niemand, welche Untaten Satan noch begehen und wie lange sein Reich noch dauern würde.

VI

»Und wenn wir sie *Fliegenbar* nennen?« schlug Jimmy mit seiner frechen Ganovenstimme vor, während er mit seinem Schlappen nach den fetten Mücken schlug, die umherschwirrten.

Walter wollte sich über diese witzige Eingebung totlachen. Was die Bar anging, so handelte es sich eher um eine Wasserstelle – mit frischem Wasser –, die am Ende eines Gäßchens unter einem Gewirr aus Telegrafendrähten installiert war. Manfred Hirschfeld, ein junger Mann aus Breslau, war nach einer Stunde Schlangestehen in schwüler Mittagshitze auf die Idee gekommen.

Manfreds Shorts waren naß gewesen von Schweiß. Trinken, trinken, er wollte nur noch trinken, Wasser trinken; gutes frisches Wasser, wie es normale Leute in ihren Büros tranken. Über einen Krug trinkbaren Wassers zu verfügen, war für die Flüchtlinge ein fast unerreichbarer Luxus. Als er nach Hause kam, berichtete er seiner jungen Frau Elsa seine Gedanken, wobei er wütend zum Eisschrank hinüber blickte, der jetzt zum Vorratsschrank degradiert worden war. Und plötzlich hatte er diesen Geistesblitz gehabt! *Verkauf doch frisches Wasser, verdammt noch mal!* rief eine innere Stimme. *Kauf Eis, sechs Gläser und ein Dutzend Flaschen abgekochtes Wasser bei den Chinesen! Dann schaffst du deinen Eisschrank nach unten in das Gäßchen und verkaufst dein Wasser!*

Das Geschäft war so gut angelaufen, daß Manfred einen Monat später drei winzige Hocker erstand. Er wohnte im ersten Stock. Wenn die Sonne stach, spannte er ein Laken über die Bambusstangen, die gewöhnlich zum Wäschetrocknen dienten und spendete somit seiner Kundschaft Schatten. Am schwierigsten war, den Eisschrank morgens hinunter- und am Abend wieder hinaufzutransportieren, da er gerade eben durch das schmale Treppenhaus paßte.

Seither trug Manfred das Haupt hoch erhoben. Zum ersten Mal seit seiner Ankunft in Shanghai verdiente der ehemalige Nähmaschinenvertreter etwas Geld.

»*Fliegenbar?*« wiederholte er stirnrunzelnd. »*Fliegenbar?* Glaubst du wirklich, daß man mit so einem Namen Kundschaft anlocken kann? Sag mal, Jimmy, stimmt es, daß du Zauberer bist?«

Der große Rotschopf mit dem spöttischen Blitzen in den blauen Augen nickte. »Mit Diplom.«

»Dann schaff mir die Fliegen vom Hals, und du Walter, als der Gebildete von uns allen, du brütest uns jetzt einen schönen Namen aus. Für eure Bemühungen spendiere ich jedem ein Glas Wasser.«

Die Bar der Abgebrannten, dachte Walter, behielt es aber für sich.

»Ich bin zwar Zauberer, aber um arbeiten zu können, brauche ich meine Requisiten, und die habe ich vorläufig ins Pfandhaus bringen müssen, bis ich wieder ein Engagement finde.«

An diesem Maitag des Jahres 1944 »feierten« sie Jimmys zweiundzwanzigsten Geburtstag. Zu seinem sechzehnten hatte sein Vater ihm damals in Berlin einen Rundfunkempfänger geschenkt.

Seine Familie war mit einer Ärztin bekannt, die schon bald nach Shanghai ausgewandert war. Jimmy, der damals noch Gerhardt hieß, tat es ihr 1939 nach. Er war nur »Halbjude« mütterlicherseits, und sein Vater hatte entsetzt ausgerufen: »Nach Shanghai! Das ist doch furchtbar gefährlich!« Jimmy hatte geantwortet: »Es ist auch furchtbar gefährlich, hierzubleiben. Ich hatte nur die Wahl unter zwei ungewissen Abenteuern.« Seine Mutter, vermögend, intellektuell, hatte ihn wegen eines Liebhabers nicht begleiten, sondern ihm später nachreisen wollen.

»Dafür blieb ihr dann keine Zeit mehr«, bemerkte Jimmy. »Shanghai wurde geschlossen. Und dann war nichts mehr zu machen.«

Was war aus Jimmys Mutter, was war aus Lisa geworden? Niemand wußte etwas. Walter hatte gehört, daß einige Flüchtlinge über das Rote Kreuz Briefe von ihren Angehörigen erhielten, die oft fast ein Jahr unterwegs waren. So wartete er fieberhaft auf Post und schaute täglich in seinem Briefkasten nach.

Jimmy hatte sich damals gute Kleidung, seinen Füllfederhalter sowie die Ausrüstung für seine Zauberkünste eingepackt, die er sich mit Hilfe eines Lehrers in etwas mehr als zwei Jahren angeeignet hatte. Seine erste bezahlte Vorstellung gab er an Bord der *Biancamano*.

Nach seiner Ankunft in China hatte er eine Show ohne

Worte zusammengestellt, die ihm auch bald ein Engagement einbrachte für eine Tournee nach Peking, Tientsin und sogar Tsingtau, an der reizenden chinesischen Riviera mit ihren kleinen Stränden und Palmen. Wieder zurück in Shanghai, wählte Jimmy das Hôtel des Colonies als Domizil. Nur für eine kurze Zeit. Er gab sein Geld in den Nachtclubs aus, ohne daß er ein Engagement finden konnte. Beim letzten Cent zog er mit seinen sieben Sachen in ein Heim, verkaufte zunächst Würstchen, dann deutsche Bücher, was ihm schließlich erlaubte, sich wieder ein Zimmer in einem Gäßchen von Hongkew zu mieten. So ging sein Leben weiter wie eine Berg-und-Talbahn.

»Bist aber nicht sehr gesprächig heute, Walter!« bemerkte Jimmy. »Wo hapert es denn?«

»Nirgends«, erwiderte Walter, indem er sich zu einem Lächeln zwang. »Die Verdauung macht bloß träge ...«

Sie hatten ja auch tüchtig geschlemmt. Walter hatte für Jimmys Geburtstag zwei Scheiben Salami sowie zwei hartgekochte Eier – für einen amerikanischen Dollar pro Stück! – gekauft und zwei Portionen Möhren bei Greta bestellt.

»Walter ist schlecht gelaunt, weil er dauernd beim Schach verliert!« stichelte Manfred.

»Du hast es erfaßt«, meinte Walter mit zugeschnürter Kehle. »Ich kann es nicht vertragen, beim Schach zu verlieren.«

Walter spielte häufig mit Veneto, der die Figuren aus hölzernen Garnspulen geschnitzt hatte, die er sich bei befreundeten Näherinnen und Schneidern besorgte; als Gegenleistung lieh er ihnen die Zeitungen, die von Gästen im Wing On zurückgelassen wurden. Und seit einer Woche verlor Walter nun tatsächlich eine Partie nach der anderen. Ihm stand der Kopf nicht nach Schach. Mit einem Mal konnte er das Gerede nicht mehr ertragen; er stand auf und reichte Manfred seine zehn Cent.

»Wieso hast du es plötzlich so eilig?« wunderte sich Jimmy.

»Ich muß nachschauen, ob Heinrich meine Fahrradkette inzwischen in Ordnung gebracht hat. Ich habe keine Lust, den ganzen Weg noch einmal zu Fuß zu gehen.«

»Kein Schach heute abend?« zog ihn Manfred auf.

»Nein, heute ist Ruhetag!« entgegnete Walter und bemühte sich um ein heiteres Gesicht. »Servus, Leute!«

Er entfernte sich mit großen Schritten und war erleichtert, endlich allein zu sein. Freilich, der Preis dafür war eine Lüge gewesen. In Wahrheit war die Reparatur längst ausgeführt. Er mußte nur noch die Rechnung begleichen, eine Ausgabe, die zusammen mit den Kosten für Jimmys Geburtstag eine beträchtliche Summe ergab, die er nur durch den Verkauf seiner Sonnenbrille aufgebracht hatte. Ich verliere beim Schach, weil ich nicht darüber hinwegkomme, auf allen Gebieten verloren zu haben, überlegte er. Die Begebenheiten der letzten vierzehn Tage wollten ihm nicht aus dem Kopf gehen.

Im Grunde genommen war alles nur eine Folge der durch Mascha ausgelösten Ereignisse.

Walter war froh, daß er von Ghoya alle drei Monate eine Genehmigung erhielt, das Ghetto täglich um sechzehn Uhr verlassen und ins Wing On gehen zu dürfen. Diese Erleichterung hatte er Markus' Fürsprache zu verdanken, den der Japaner dazu auserkoren hatte, ihm Geigenunterricht zu geben.

Die Augenblicke trauter Zweisamkeit mit Mascha beschränkten sich folglich auf knappe Viertelstunden, wenn Walter der Hunger nicht allzu sehr peinigte und es ihm gelang, schnell genug zu radeln und vorzeitig im Wing On einzutreffen. »Du bist heute aber wirklich nicht fröhlich«, hatte Mascha ihm eines Tages vorgehalten. Walter hatte gerade vom Tod seines Reisegefährten Werner erfahren. Werner, der im Bridge House eingesperrt worden war, weil er sich geweigert hatte, ins Ghetto umzusiedeln. Der sich dort Typhus eingefangen hatte, zwei Wochen nach seiner Freilassung daran gestorben war und nun Hilda mutterseelenallein in Shanghai zurückließ.

»Warum machst du Ghoya nicht klar, daß du verlobt bist?« regte Mascha sich damals auf. »Ich bin immer allein! Allein!« schrie sie. Sie ist noch jung, dachte Walter zu ihrer Entschuldigung. Und sie ist sehr verwöhnt worden! Er erklärte ihr, daß der Japaner unberechenbar sei, erzählte ihr sogar die letzte Geschichte, die über ihn die Runde machte.

»Dann geh doch zu Okura!« hatte Mascha ihm daraufhin befohlen. Okura jedoch, ein anderer japanischer Offizier, stellte nur Tagesgenehmigungen aus.

Da Mascha sich zunehmend in Rage redete, hielt Walter ihr schließlich entgegen: »Und außerdem hindert dich nichts daran, mich in Hongkew zu besuchen.«

Das war an einem Dienstag gewesen. Mascha hatte den Fehdehandschuh aufgehoben und angekündigt, sie werde am Donnerstag kommen, da sie mittwochs bei einer Freundin zum Tee eingeladen sei. Und sie werde ihren Bruder Ivan mitbringen. Tatsächlich fürchtete sie, den Horden betrunkener japanischer Soldaten in die Hände zu geraten, die schwankend durch die Straßen zogen, Trinklieder grölten und junge Damen belästigten.

Dieser Besuch stellte für Walters Finanzen einen harten Schlag dar, denn sein Geld reichte gerade für die Miete und eine Schale Nudeln zu dreißig Cent als Mittagessen. Er träumte ganze Tage lang von Essen. Das Wasser lief ihm schon im Mund zusammen, wenn er einem Garkoch dabei zusah, wie dieser das Feuer seines Kohlenbeckens mit einem Fächer anfachte. Dann dachte er, daß er ohne Zögern Krapfen mit Schildkröten- oder sogar Schlangenfleisch verschlingen würde, wenn man sie ihm anböte.

Die guten Sitten verlangten, daß er sich mit Mascha und Ivan in einem Café traf. Und da es nun schon sein mußte, hatte er sich für eines der renommiertesten entschieden, das Roof Garden, auf dem Dach des Broadway Cinema. Ein vor allem von jenen Wohlbegüterten frequentiertes Lokal, deren Geschäfte auch weiterhin florierten. Wovon soll ich bloß diese kleine Vergnügung bezahlen? hatte sich Walter gefragt und schließlich seine warme Decke verkauft. Bis zum nächsten Winter würde er sicherlich eine andere auftreiben.

Mascha, Ivan und er hatten sich im Schatten einer großen Topfpalme und bei Geigenklängen mit gutem Kaffee und Kuchen mit Schlagsahne gestärkt. Welch ein Glücksgefühl, Maschas strahlendes Gesicht zu sehen, dieses Mienenspiel einer Katze, die sich das Schnäuzchen leckt! Sie trug ein mit Kirschen bedrucktes Kleid, und an ihrem Hut war ein Bündel Kirschen befestigt. »Hinreißend!« komplimentierte Walter. Sie verzog das Gesicht. Diese Toilette stammte noch aus dem letzten Sommer. Ihr Vater hatte ihr dieses Jahr keine neuen Kleider schenken wollen. Plötzlich rief sie aus: »Du könntest uns den ›Hongkew Street Bazaar‹ zeigen! Alle Welt spricht davon.« Das war jenes Stück der Kungping Road, wo Walter am Vortag seine Decke verkauft hatte. Der Gedanke, heute den Markt gleichsam als Tourist zu besuchen, hatte ihn sogleich amüsiert. Sie waren jedoch kaum in der Straße angekommen, als Mascha und Ivan beim Anblick eines Mannes, der auf sie zu kam, stehen blieben. »Nathan Deutsch«, murmelte Walter. »Rechtsanwalt.« Der Mann trug einen jener Mehlsäcke als

Kleidung, die das Rote Kreuz an die Heime verteilte. Ein weißer Sack, mit einem roten Kreuz darauf, in den er drei Löcher, eines für den Kopf und zwei für die Arme, hineingeschnitten hatte. Sein Gesicht war so ausgemergelt wie das chinesischer Bettler, seine Beine genauso spindeldürr und schwärend. »Karneval war doch schon letzte Woche!« mokierte sich Ivan. Walter konnte nur mit größter Mühe die Ohrfeige zurückhalten, die ihm in den Fingern juckte, und begnügte sich mit der beißenden Bemerkung: »Er wäre sicherlich vorzeigbarer, wenn du ihm deine Hose schenken würdest.«

Walter hatte Nathan Deutschs Geschichte von Anna erfahren. Der Sproß einer sehr wohlhabenden Familie hatte trotz seines Anwaltsdiploms nie gearbeitet, sondern sich ein schönes Leben gemacht und sich alles gegönnt, wonach ihm der Sinn stand. Plötzlich fand er sich in Dachau wieder, zusammen mit dem Vater Helgas, der Freundin von Anna, der sich seiner aus Mitleid annahm, ihn wusch und pflegte, wenn er geschlagen worden war. »Falls wir hier je wieder herauskommen«, hatte Nathan Deutsch damals zu seinem Retter gesagt, »gebe ich dir Geld, damit du Österreich verlassen kannst.« Er hielt Wort und bezahlte Helgas Vater die Passage nach Shanghai. Währenddessen hatte seine arische Ehefrau in die Vereinigten Staaten gelangen können, von wo aus sie ihm regelmäßig Geld überwies. Bis Pearl Harbor. Helgas Vater war jedoch arbeitslos geblieben und konnte ihm nicht weiter helfen. »Herr Deutsch staffiert sich nur so aus«, erklärte Walter nachdrücklich, »weil er seine letzten Sachen verkaufen mußte.«

Hatte Ivan ihm überhaupt zugehört? Er wühlte mit großer Begeisterung in den Kisten und auf den Tabletts herum, wo allerlei Dinge kunterbunt nebeneinander standen und lagen.

»Es wäre toll, wenn ich einen schönen Füller für billiges Geld finden könnte. Ich habe meinen verloren, und Papa will mir keinen neuen kaufen. Hilfst du mir suchen, Walter?«

Walter ballte die Fäuste in den Taschen. Er verabscheute seinen künftigen Schwager mehr und mehr, den er für verlogen, egoistisch und gewinnsüchtig hielt. In diesem Augenblick kam eine Frau schüchtern auf Mascha und Walter zu. Ihre Schlüsselbeine traten unter ihrem verwaschenen und überall zusammengeflickten Kleid hervor. Sie hielt eine kleine Schatulle aus purpurrotem Samt in der Hand, die sie vor ihnen öffnete. Zwei goldene Ringe kamen zum Vorschein. »Suchen Sie vielleicht Eheringe?« fragte sie, die Augen voller Hoffnung. »Nein, danke«, erwiderte Mascha barsch. »Jedenfalls keine aus zweiter Hand.« Zu Walter sagte sie: »Ich frage mich wirklich, wie man es übers Herz bringen kann, seine Eheringe zu verkaufen! Nicht wahr, Schatz?«

Er hatte nie erwogen, mit ihr zu brechen. Doch schlagartig sprang ihm jetzt Maschas wahre Persönlichkeit ins Auge. Sie war nichts weiter als ein verwöhntes Kind. Das war auch der einzige Grund, daß man ihn überhaupt akzeptiert hatte, denn ihre Eltern vermochten ihr einfach nichts abzuschlagen. Sie war hübsch, aber dumm, eingebildet, faul, völlig außerstande, an einem anspruchsvollen Gespräch teilzunehmen, sich für das Los anderer zu interessieren. Ihr hübsches Aussehen würde nicht von Dauer sein, wie man aus dem unerfreulichen Anblick ihrer Mutter schließen konnte, ihre Faulheit und Dummheit jedoch würden sich mit der Zeit verschlimmern. Ihre Gefühle? Das reinste Theater! Ihr ging es nur darum, geliebt zu werden, sie setzte sich selbst dabei fortwährend in Szene, ahmte das Verhalten, die Allüren von Filmschauspielerinnen und Mannequins nach. Sie liebte Walter nicht, sie liebte sich als Liebende, die von ihm geliebt wurde.

Er fühlte sich ihr bereits sehr fern, als er ihr in eigenartig ruhigem Ton antwortete: »Du wirst nie entscheiden müssen, die Eheringe, die uns miteinander verbunden hätten, zu verkaufen oder zu behalten ... Es ist alles meine Schuld, Mascha! Verzeih mir, ich habe mich in dir getäuscht und auch in mir. Du bist hier eine Fremde, und ich bin fremd in deiner Welt. Werde glücklich mit einem Mann, der besser zu dir paßt.«

Ihr fassungsloses Gesicht, den geöffneten Mund, die erhobene Hand, die ihn zurückhalten wollte, nahm er zwar noch wahr und auch den erstickten Schrei hörte er noch, aber er hatte sich schon auf dem Absatz umgedreht und war mit großen Schritten in der Menge untergetaucht. Trotz der Hitze rann kalter Schweiß über sein Gesicht.

Als er mit Verspätung im Wing On eintraf, sagte Veneto zu ihm: »Du hast mir aber angst gemacht, Walter. Ich habe schon befürchtet, du wärst wieder von den Japanern verhaftet worden.« Ein trauriges Lächeln zeigte sich auf Walters Lippen: »Du hast dich in der Nationalität vertan, Giulio. Ich habe mich gerade von den Russen befreit.«

Damals wußte Walter noch nicht, daß Mascha am Vortag von einer Freundin zum Tee ins Wiener Café eingeladen worden war. Seit Walter bei den Bauers aufgehört hatte, war sie nie wieder dort gewesen, doch Sergej, der russische Kellner, hatte sie sofort erkannt. »Sie werden enttäuscht sein«, hatte er mit einer Bewegung des Kinns auf den kahlköpfigen Pianisten gemeint. »Er hat uns verlassen, Ihr kleiner Schwerenöter mit der romantischen Tolle! Pech, he?« Und da sie nicht durchschaute, daß er nur auf Neuigkeiten aus war, tappte sie in die Falle: »Keine Bange, ich weiß, wo er zu finden ist! Wir sind verlobt und werden heiraten, wenn der Krieg aus ist.« Triumphierend zeigte sie ihre Hand vor, an der der schöne Diamant funkelte: »Na, so was! Der hat sich Ihnen gegenüber aber nicht lumpen lassen!« bewunderte der Russe das Schmuckstück. Und da Fengyong gerade vorbeikam, rief ihm Sergej zu: »Sieh dir mal den herrlichen Diamanten an, den unser Walter dem Fräulein zur Verlobung geschenkt hat! Ich wußte gar nicht, daß er so reich ist! Hat er ihn aus Europa mitgebracht oder hier gekauft?« Mascha tat, als hätte sie die Frage nicht gehört. Den Kopf leicht geneigt, die Lippen von einem breiten Lächeln verzogen, leierte Fengyong artig herunter: »Glückwunsch, mein Fräulein, große Glückwünsche! Lange her, Verlobung?« »O ja!« hatte Mascha geseufzt. »Seit dem 17. Januar 1940. Vier Jahre schon!«

Die erzwungene Verbannung in das Ghetto hatte die Beziehung zwischen Walter und Feng-si getrübt. Da ihm die Concession française verwehrt blieb, konnte Walter nicht mehr wann immer es ihm nach ihr verlangte zu seiner Freundin eilen. Ihre Treffen mußten nun sorgfältig geplant werden. Wenn er das Wing On nachts verließ, fuhr er ohne Licht, verborgen unter einem chinesischen Gewand und seinen Filzhut tief ins Gesicht gedrückt, in die Avenue Joffre, ständig auf der Hut, um sich sofort zu verstecken, falls eine japanische Streife auftauchte. Dann blieb er als Hahn im Korb bis zum nächsten Abend in dem chinesischen Haus. Dort konnte er baden und seine Kleider waschen und bügeln lassen. Allerdings verzehrte er sich oftmals vor Ungeduld, während Feng-si ihrer Tätigkeit nachging.

Am Abend seines Bruchs mit Mascha hatte Walter sich daran erinnert, daß Feng-si ihn schon einmal von einem Kummer zu heilen vermocht hatte. Er rief sie gegen zwanzig Uhr in der Hoffnung an, daß sie Zeit für ihn hätte. »We-

der heute noch irgendwann in diesem Leben, Walter!«
schrie Feng-si. »Du Hundelaus, du bist auch nur ein europäischer Bourgeois wie all die anderen. Du willst alles, eine
Verlobte und eine Mätresse, und die, die dir Lust bereitet,
verachtest du.« Dann hatte sie aufgelegt.

Auch Anna hatte ihn einmal als »Bourgeois« bezeich-
net. Was hatten sie denn nur alle?

Walter wußte nicht, welch unglücklicher Zufall das früher befürchtete, doch inzwischen unwahrscheinlich ge-
wordene Drama verursacht hatte. Er fand es ungerecht,
daß Feng-si ihn zurückwies, wo er sich doch gerade von
Mascha getrennt hatte. Doch er hatte nicht versucht, sich
zu verteidigen oder zu protestieren, weil er sich seiner Un-
redlichkeit ihr gegenüber sehr wohl bewußt war. Jetzt hatte er auf allen Feldern verloren. Und deshalb verlor er auch
jede Schachpartie gegen Veneto.

Walter war so deprimiert, daß er nicht einmal auf die
Straßenszenen achtete, die ihm unterwegs für gewöhnlich
das Herz erfreuten. Er liebte es, die seltenen Bilder kleinen
Glücks im stillen zu erhaschen. Den Ballhersteller in einem
Hof etwa oder die schöne, mit einem reichen Japaner ver-
heiratete Chinesin, die in ihrer großen luftigen Wohnung
mit einem Kind spielte, das wunderschöne seidene Kleidung trug.

Es wimmelte von Menschen in dem Abschnitt des Gäßchens, wo Heinrich, ein ehemaliger Ingenieur aus Hamburg, sich als Fahrradreparateur eingeführt hatte.

Hier traf man bei jedem Schritt auf kleine Tragödien. Die
allmählich überhandnehmenden Musiker stritten sich um
jeden Hof und jedes Stückchen Gasse. Überall erschollen
Geigen, Gitarren, Akkordeons, hörte man heiße ungarische oder polnische Tänze, Wiener Walzer und teuflische

Zigeunerrhythmen, jiddische Weisen und rumänische Melodien. Und unter den Klängen dieser Kakophonie begingen Verzweifelte Selbstmord, ließen sich durch die entwürdigende und qualvolle Enge zermürbte Ehepaare scheiden; starben Kinder an Hunger, Meningitis, Diphtherie, Malaria und Cholera; machte die Kinderlähmung andere zu lebenslangen Krüppeln; fehlte den Diabetikern das Insulin; flößten sich Mädchen als Abtreibungsmittel ein Gebräu aus Chinin und Wodka ein; kämpften Greise gegen riesige Spinnen, Küchenschaben und Ratten an, die ihnen nächtens auf die Bäuche krabbelten; prostituierten sich tuberkulosekranke Mädchen. Andere gingen den unwahrscheinlichsten Berufen nach: Eine Mutter nahm die Hitze in der engen Küche eines kleinen chinesischen Restaurants in kauf, weil der Besitzer ihr großzügig erlaubte, ihrer auf der Straße wartenden Tochter die Suppenknochen zu geben, die das Mädchen dann auslutschte. Ein zwölfjähriger Waisenjunge verdiente sich sein Brot damit, daß er Japanern Mädchen zuführte. Die Gattin eines ehemaligen Richters bot sich sowohl dem »Goebbels Ostasiens« und dem Oberst Ehrhardt an, beide hatte eine besondere Vorliebe für die Bars im Ghetto.

Walter schaute sich um und dachte, daß Nathan Deutsch sicher nicht geahnt hatte, daß er eine Mode kreieren würde, als er drei Löcher in einen Mehlsack des Roten Kreuzes schnitt.

Es reicht! befahl sich Walter. Hör endlich auf, herumzulamentieren. Sieh dir das Elend um dich herum an. Du hast schließlich noch deine zwei Arme und Beine, eine Anstellung, einen Kopf mit was drin und die Zukunft noch vor dir.

Als sollte seine Hoffnung bestärkt werden, hörte er plötzlich das Brummen von Bombern am Himmel. Leider Japaner! Kürzlich hatte Walter jedoch an drei aufeinanderfolgenden Tagen amerikanische Maschinen gesichtet. Mustang-Jäger, die wahrscheinlich Aufklärungsflüge durchführten. Die japanischen Behörden hatten seit Beginn des Jahres Verdunkelung angeordnet, denn der Hyänenschrei der Sirenen zerriß jetzt häufig die Nächte. Trotz des Verbotes, Kurzwellenempfänger zu benutzen, hatten einige findige Bastler einfache Geräte zusammengebosselt. Alfred Loewenstein, der boxende Hemdenzuschneider, hatte sich einem Untergrundnetz der Alliierten angeschlossen, von dem er Nachrichten über den Kriegsverlauf mitbrachte. Der Fall Hongkongs und Manilas, die Besetzung von Niederländisch-Indien, die Übergabe Singapurs und das japanische Vordringen im Pazifik hatten die Stimmung sehr gedrückt. Doch bald kam auch wieder Hoffnung auf mit der Kapitulation der deutschen Armee bei Stalingrad und den Erfolgen der Amerikaner in der Schlacht um Guadalcanal, im Archipel der Salomon-Inseln, und der anschließenden Einnahme der Marshall-Inseln. Man verfolgte gespannt den Vorstoß General MacArthurs auf die Philippinen. Walter hatte für Hans eine Weltkarte gezeichnet, auf der der Junge die Siege mit Stecknadeln markierte.

Nachdem er seine Schulden beglichen und sein Fahrrad in Empfang genommen hatte, kehrte Walter in sein Zuhause an der Muirhead Road zurück, jenes Wohnhaus der *Sacra* also, wo Doktor Cohn ihm ein Zimmer im zweiten Stock zugestanden hatte. Über eine Leiter auf dem kleinen Balkon konnte man zum Terrassendach hinaufgelangen, auf dem Walter, in sein Moskitonetz gehüllt, die meisten Nächte zubrachte. Dann gab er sich bisweilen Betrachtungen über die kleinen Leute, die einfachen Chinesen hin, die von so wenig lebten und ihr Los ohne Aufbegehren hinnahmen.

Völlig erschöpfte Kulis drängten sich auf den Bänken eines Teehauses mit grünlichen Zwischenwänden, die irgendeine Feuchtigkeit ausschwitzten, auf eine Schale Reis oder Tee, eine schnelle Zigarette aus schlechtem Tabak zusammen; schliefen anschließend für zwei oder drei Stunden in ihren Rikschas und preschten dann wieder los, um sich am Ausgang der Bordelle und Cabarets um die Kunden zu reißen. Männer und Frauen in zerschlissenen Lumpen erleichterten sich auf einem unbebauten Terrain, auf dem sie manchmal auch heimlich die Leichen »unnützer« kleiner Mädchen ablegten.

Wie konnte man sich da über die sechs Toiletten – von denen vier nicht benutzbar waren! – mit je einem Waschbecken beklagen, selbst wenn man diese mit hundertzwanzig Personen teilen mußte? Und über die Wände, die selbst Geflüster durchließen? Jeder Hausbewohner wußte, welches Paar vom harten Leben zusammengeschweißt wurde und welches es auseinandertrieb.

Irgendwo tobte ein Streit: Wahrscheinlich hatten die Polen wieder einmal alle Wasserstellen mit Beschlag belegt. Als sie damals ins Ghetto übersiedeln mußten, führten manche von ihnen ihre polnische Staatsangehörigkeit ins Feld, um der Einstufung als Staatenlose zu entgehen, und weigerten sich daher umzuziehen. Sechs dieser Widerspenstigen waren von den Japanern verhaftet worden und hatten im Gefängnis den Tod gefunden.

Unten verschärfte sich der Streit.

»Es ist immer wieder das gleiche, ihr glaubt, ihr wärt allein auf der Welt!« schrie Frau Klein, ehedem Fischhändlerin, die sich nie etwas gefallen ließ. »Ihr habt schon wieder den ganzen Strom abgezogen!«

Die Japaner rationierten auch den elektrischen Strom und schalteten ihn unbarmherzig ab, wenn die bewilligten

Kilowatt verbraucht waren. Doch die Polen bestanden ungerührt darauf, ihre Mahlzeiten auf verbotenen Kochplatten zu erhitzen. Ebenso ungerührt überschritten sie ihre Wasserquote. Sie verweigerten sich generell dem gemeinsamen Schicksal und scherten sich nicht um Bestimmungen.

Walter tauschte seine Shorts gegen die Hose, die er zum »Plätten« unter seine Matratze gelegt hatte, nahm seine Fahrradklammern und ging hinunter. Auf dem unteren Treppenabsatz liefen aufgeregt fuchtelnde Gestalten umher. Beschimpfungen wurden laut. Wieder eine Episode, die dem ewigen Disput zwischen dem zunehmend polenfeindlichen Otto und Anna neue Nahrung geben würde. »Die glauben sich über alle Welt erhaben«, ereiferte sich Otto unlängst. »Und sie sind unendlich anspruchsvoll. Dabei sind das nur grobe Bauerntölpel.« Anna entgegnete: »Vielleicht, aber sie haben der Gemeinde zu einem gewissen Geistesleben verholfen. Sie sind Philanthropen des Intellekts, sozusagen!«

Und das stimmte tatsächlich! Bei ihrer Ankunft hatten die polnischen Juden zwar noch gehofft, Shanghai würde für sie nur ein kurzer Zwischenaufenthalt werden, hatten sich dann aber schnell gefaßt, als sie einsahen, daß sie hier gewissermaßen in der Falle saßen. Bald gründeten sie Vereinigungen zur gegenseitigen Unterstützung, Künstler- und Literaturzirkel, führten Musikveranstaltungen und Theaterstücke auf. Sie ließen hebräische Lettern gießen und druckten Bücher. Sie hatten unter anderem den Babylonischen Talmud von fast sechstausend Seiten herausgegeben sowie eine große Anzahl religiöser Schriften und Gebetbücher. So schufen sie eine umfangreiche Bibliothek mit hebräischen und jiddischen Werken. Sie trugen die aus Europa mitgebrachten Texte zusammen und reproduzierten sie mit nie erlahmender Energie. Anna hatte einen unerschöpflichen Vorrat an Beispielen.

Wie mag es der wohl gehen? fragte sich Walter. Er hatte Anna seit gut einem Monat nicht mehr gesehen. Wie würde sie reagieren, wenn sie erführe, daß er seine Verlobung mit Mascha gelöst hatte? Die asiatischen Kulturen faszinierten sie. Vielleicht könnte er mit ihr über all das sprechen, was Feng-si ihn gelehrt hatte, jetzt, da auch die Chinesin aus seinem Leben verschwunden war ... Walter radelte gedankenverloren in Richtung Garden Bridge, als jemand seinen Namen rief.

Er drehte sich um, entdeckte Hans und hielt an, um auf ihn zu warten. Wie groß er doch geworden war! Er war kein Kind mehr, mußte wohl schon bald siebzehn sein. Beide freuten sich sehr über ihr Wiedersehen und setzten den Weg gemeinsam fort, wobei Walter sein Fahrrad neben sich herschob. Während Hans erzählte, glaubte Walter einen deprimierten Unterton herauszuhören und erinnerte sich wehmütig an das flotte Leben, das er selbst mit siebzehn in Wien geführt hatte: Theater, Oper, Tennis, Schwimmbad, Kaffeehäuser und Tanzabende, immer mit der fröhlichen Bande aus Gustav, Liselotte, Magdalena und Anna.

»Hast du keine Kumpel, Hans?«

Der junge Bursche verzog das Gesicht.

»Die sind beim Ringen allesamt schwächer als ich. Es macht mir keinen Spaß, sie jedesmal zu schlagen, ihnen übrigens auch nicht, und absichtlich verlieren will ich nicht.«

»Und die Mädchen?«

Während er Hans ausfragte, dachte Walter an Anna. Konnten sie nicht jetzt, da sie sich wiedergefunden hatten, ihre in Wien flüchtig aufgekeimte Liebe vertiefen? Damals hatten sie sich doch so gut verstanden!

»Kennst du keine Mädchen?« fragte Walter wieder.

»Doch, eins.«

»Und bist du verliebt in dieses Mädchen?« erkundigte sich Walter.

»Ja«, gestand Hans, indem er seine Schuhe fixierte.

Wie kann ich Anna vor morgen früh finden? fragte sich Walter. Unmöglich. Es sei denn, sie wäre heute abend zu Hause! Sein Herz klopfte erregt, und er nahm sich fest vor, nach dem Wing On an Annas Tür zu klopfen. Er wandte sich wieder Hans zu.

»Weiß sie denn, daß du sie liebst?«

»Nein.«

Auch Anna hatte keine Ahnung, wie sehr Walter sie liebte.

»Warum sagst du es ihr denn nicht einfach?«

»Ich weiß nicht, wie ich mit Mädchen umgehen soll. Ich weiß nicht, was man sagen und tun muß.«

Anna, Anna, Anna! Ihr Name tanzte vor seinem geistigen Auge. Anna, die Bohemienne, Anna, die blonde Zigeunerin. Wie sehr Walter sie doch liebte!

»Und außerdem wird sie mich nicht haben wollen«, fügte Hans düster hinzu.

»Wieso nicht?«

»Sie ist älter als ich. Und das andere, das kann ich dir nicht sagen.«

»Dann kann ich dir auch nicht helfen, Hans.«

Walter dachte so intensiv an Anna, daß ihm Hans' unerwiderte Liebe allmählich zuviel wurde. Er wollte sich lieber um sein eigenes Geschick kümmern.

»Wann hast du eigentlich Anna das letzte Mal gesehen?« fragte er.

Hans zuckte zusammen, wurde blaß und begann zu stammeln: »Aber ... aber ... wie hast du das erraten?«

»Was erraten?« Walter verstand überhaupt nichts mehr. Hans starrte ihn an, als sei er der Teufel in Person.

»Daß es Anna ist?«

Nun war die Reihe an Walter, aus allen Wolken zu fallen. Hans war in Anna verliebt! Walter erwiderte den nächstbesten Unsinn, der ihm in den Sinn kam:

»Na, weil alle Welt in Anna verliebt ist!«

»Da siehst du, wie lächerlich ich dastehen würde. Und außerdem ist es jetzt zu spät. Als wir noch zusammen Flöte gespielt haben, da habe ich sie wenigstens öfter gesehen. Aber jetzt ...«

»Was ist denn jetzt anders?«

»Hat sie es dir nicht gesagt?«

»Nein, sie hat mir nichts gesagt. Was ist jetzt anders?«

»...«

Eine plötzliche Furcht überfiel Walter. Er packte Hans an der Schulter. »Was ist jetzt anders? Antworte!«

»Das muß sie dir schon selbst sagen.«

»Ich will es aber jetzt wissen, hörst du? Ich will es wissen!«

Da Hans weiter beharrlich schwieg, begann Walter ihn zu schütteln wie ein Sparschwein, dem man eine Münze entlocken möchte.

»Sie wird heiraten«, beichtete Hans endlich.

Walter ließ ihn los.

»Wen?«

»Einen Japaner.«

Walter schob sein Fahrrad wieder an. Den Kopf gesenkt und die Zähne zusammengebissen, stemmte er sich gegen die Höllenhitze. Die Luft stand.

»Jetzt begreifst du, daß ich es ihr nicht sagen kann«, meinte Hans mit kleinlauter Stimme.

Sie waren inzwischen vor der Garden Bridge angelangt. Der Whangpoo war glatt, schwarz und zähflüssig wie eine riesige Öllache.

VII

Der letzte der drei chinesischen Hocker in der Fliegenbar zerbrach unter Jimmys Gewicht, obwohl der Zauberer nur noch Haut und Knochen war. Die beiden anderen hatte ein Taifun mit sich fortgerissen, während Manfred seinen Eisschrank schnell ins Treppenhaus gerettet hatte. Jetzt sammelte der »Wirt« die Holzstücke sorgfältig ein und deponierte sie an der Hauswand.

»Braver Hocker«, setzte er zu einer Art Totenrede an. »Er hatte dreizehneinhalb Monate gehalten. Ich erinnere mich, daß ich die drei am 1. Mai gekauft habe.«

Jimmy hob einen Papierfetzen auf, zog einen Bleistift aus der Tasche und schrieb: »1. Mai 1944 – 1. Juli 1945.« Dann legte er sein Werk andächtig auf das Häufchen, schniefte und tat als zerdrücke er eine Träne.

Beschissene dreizehn Monate! dachte Walter, während Jimmy sich, wie er, ebenfalls im Schneidersitz auf der nackten Erde niederließ.

Optimismus regte sich im Jahre 1944 nach der Landung der Amerikaner in Frankreich. Es folgte die Befreiung der Normandie im Juni, die von Paris im August. Dann, fast ein Jahr später, hatte eine ungeheure Hoffnung den Ghettobewohnern Auftrieb gegeben, als sie im Mai, nach Hitlers Selbstmord und dem Fall Berlins, die Kapitulation Deutschlands feierten. Doch es erhoben sich auch sogleich Klagen: »Seht ihr, wir hätten lieber in Europa bleiben sollen. Da drüben ist der Krieg zu Ende, und wir, wir sitzen noch immer hier fest. Wenn wir die Zeit in einem Konzentrationslager zugebracht hätten, dann hätten wir regelmäßig zu essen bekommen und nicht unter diesem schrecklichen Klima und all den Krankheiten zu leiden gehabt.«

Indes hatten auch völlig aberwitzige Gerüchte zu kursieren begonnen. Der *Shanghai Jewish Chronicle* veröffentlichte einen von den Sowjets propagierten Horrorbericht unter dem Titel: *Treblinka.* Das war der Name eines Lagers, in dem die Deutschen angeblich »Massenvernichtungen« begangen haben sollten. Doch Ossi Lewin, ein großer Manipulant vor dem Herrn, kam es ja auf ein Hirngespinst mehr oder weniger nicht an. Und im übrigen, wie vertrauenswürdig waren schon diese Russen, von denen man wußte, daß sie in der Vergangenheit alle möglichen erfundenen Greuel verbreitet hatten, um ihre eigene Barbarei zu rechtfertigen?

Walter irritierten jedoch Gemeinsamkeiten zwischen diesen vorgeblichen Enthüllungen und gewissen Äußerungen über diesen Meisinger, den »Schlächter von Warschau«. Und dann sah er diese Bilder ... Walter war schon lange nicht mehr im Kino gewesen. Doch das Broadway und das Wayside füllten weiterhin ihre Säle. In einem der beiden, wurde erzählt, sollte ein gewisser Herr Fischer während der Nachrichten aus aller Welt einen hageren blassen Mann wiedererkannt haben, der in einer Art gestreiftem Schlafanzug die russischen Befreier durch das Lager geführt hatte.˚»Mein Bruder! Mein Bruder!« soll dieser Fischer aufgeschrien haben. »Das ist er! Das ist mein Bruder!« Und mit einem Mal gewannen die Berge ausgezehrter, verrenkter und gekrümmter Leichen, die riesigen Haufen Brillen und Schuhe, die Gaskammern und die Verbrennungsöfen an Glaubwürdigkeit, und mehrere Zuschauer waren aus dem Saal gerannt, weil sie sich erbrechen mußten.

Wie kam es, daß die Japaner diese Greueltaten ihrer einstigen Verbündeten ungehindert verbreiten ließen? Was sollte man glauben? Und wie konnte er herausfinden, was aus Lisa geworden war?

Seit Walter mit Mascha gebrochen, Feng-si und Anna verloren hatte, schien er seine ganze Lebenskraft eingebüßt zu haben. Er lebte von einem Tag zum anderen, erschöpft von den Anstrengungen, die er für seine Ernährung und ein Mindestmaß an Reinlichkeit aufwenden mußte. Das Geld verlor jeden Morgen derart an Wert, daß Angestellte sich lieber in Naturalien auszahlen ließen. Ein Lehrer am Konservatorium verdiente vier Sack Reis im Monat.

Die dumpfe Hitze dieses Tages setzte den Stammgästen der Fliegenbar körperlich wie geistig zu. Wie eine feuchte Decke lag die Luft über Shanghai. Selbst der »Schlurfer«, ein Faulpelz, der es verstand, Mitleid zu erregen und mit seiner Masche genügend Geld zusammengeschrappt hatte, um sich eine Wohnung zu kaufen … selbst der hatte nicht mehr die Kraft, Trübsal zu blasen. Kaum daß er die Sache mit dem »Arbeitslager« erwähnte. Er hatte nämlich sagen hören, die Juden des Ghettos sollten bis zum Ende des Sommers in ein »Arbeitslager« geschafft werden. Was hat dieser Kerl nicht schon für Ammenmärchen erzählt, dachte Walter schweißgebadet.

»Die Armut klopft an deine Tür, wenn du den Schußfaden an deiner letzten Hose siehst«, seufzte Jimmy gedankenverloren.

»Apropos Hose«, sagte Walter lustlos. »Ich muß Greta unbedingt zwei alte Hosen vorbeibringen, damit sie mir eine anständige daraus schneidert. Ich geh' am besten gleich.«

In diesem Augenblick stieß Hans zu ihnen. Er trug einen kleinen Eimer.

»He, Leute! Helft ihr mir, meine Nudeln zu verlesen?«

Greta kaufte Nudeln zweiter Wahl, die auf der Straße »organisiert« wurden. Chinesische Jungen rannten Lieferwagen nach, schlitzten die Säcke auf und kehrten mit Handfegern und Schaufeln ihre Beute vom Boden auf. Die Gemischtwarenhändler verkauften die Ware anschließend lose und zu einem guten Preis. Der Verbraucher mußte · dann Glasstückchen, Splitt, Sand und rostige Nägel herauslesen, die mit den Nudeln vermischt waren.

»Ich wollte gerade gehen«, erwiderte Walter und erklärte ihm kurz die Sache mit den Hosen.

»Komm, sei so nett und hilf mir!« bat Hans inständig. »Ich gehe dann mit zu dir nach Hause, und anschließend gehen wir gemeinsam zu uns.«

Obwohl er höchst ungern Nudeln verlaß, ließ Walter sich breitschlagen.

»Was für eine blöde, langweilige Arbeit!« beklagte sich Hans. Er hatte eine Begabung für Arithmetik und besaß einen pragmatischen Verstand. Nach dem Gymnasium hatte er beschlossen, seinen Lebensunterhalt selbst zu verdienen, und erteilte Englisch- und Deutschunterricht, unter anderem den beiden Enkeln des reichen Kompradors, der früher einmal seinen Vater tyrannisiert hatte. Diese erst freudig übernommene Hauslehrerstelle machte ihn jedoch nicht glücklich. Der Junge verachtete ihn, und das Mädchen hatte nichts anderes im Kopf, als die Kleider Anna May Wongs, der chinesischen Hollywoodschauspielerin. Otto, der sehr darunter gelitten hatte, nicht selbst ein Diplom erwerben zu können, war der erste, der seinen Sohn ermutigte, trotz aller Widrigkeiten weiter zu studieren. Hans hatte sich schließlich an der St. John's University eingeschrieben.

Otto seinerseits hatte sich eine neue Erwerbsquelle suchen müssen, da nur noch sehr Reichen an der Dekoration ihrer Interieurs gelegen war, und die gingen dafür in die Innenstadt! Daher verkaufte Otto nun Eier. Er bekam sie von einem Chinesen und lieferte sie an seine Stammkunden in den schönen Häusern, wo ihm als Flüchtling der Fahrstuhl verwehrt blieb.

Der zweite Fliegeralarm des Tages zerriß plötzlich die Luft. Ein zweiminütiger Warnton. Niemand beachtete ihn. Die Luftangriffe waren zur Routine geworden, seit die Amerikaner nach zweiundachtzig Tagen und zweiundachtzig Nächten erbitterter Kämpfe den Japanern die Insel Okinawa entrissen hatten. Auf beiden Seiten gingen die Toten und Verletzten in die Zehntausende. Zweitausend japanische Kamikaze hatten ihr Leben an den Steuerknüppeln ihrer Flugzeuge geopfert.

Und von Okinawa aus ließen die Amerikaner nun ihre fliegenden Festungen, die mit Bomben vollgestopften B-17, B-24 oder B-29 in Richtung Tokio ausschwärmen. In Shanghai hatten sie den Flugplatz Longhua und die Docks angegriffen. Die Japaner hatten Gräben ausheben lassen, in denen man bei Fliegeralarm Schutz suchen konnte. Das hohe Grundwasser ließ den Bau von Kellern oder unterirdischen Luftschutzräumen nicht zu. Daher diente der Ruf der Sirenen, der meist erst ertönte, wenn die Flieger bereits auftauchten, bestenfalls dazu, Flugzeugliebhaber in Bereitschaft zu versetzen. Die Sirenen hatten jedoch auch den Effekt, die Hoffnung aufrechtzuerhalten. Sie sangen einem jeden, daß die Amerikaner näherkamen und die Japaner aus Shanghai verjagen würden, so wie sie es auf den Philippinen oder den Marianen-Inseln getan hatte.

»Uff!« stieß Hans hervor, während er die Nudeln im Eimer glattstrich.

Walter war nervös, am Ende seiner Geduld. »Komm jetzt, Hans!« befahl er und zog ihn fort. »Servus, Manfred! Bis morgen, Jimmy!«

Der Besitzer der Fliegenbar antwortete mit einem jovialen Wink und einem breiten Lächeln.

»So Gott will!« rief ihnen der Magier nach.

Ein alter Scherz, eine Imitation der bei den frommen Juden Mitteleuropas üblichen Antwort.

»Wie steht es um deine Liebschaften, Hans?« fragte Walter unterwegs.

»Immer dasselbe. Ich habe ihr nichts gesagt. Sie ist so hübsch, daß ein Haufen Jungs mit Geld wie Heu ihr den Hof machen. Und was habe ich ihr dagegen schon zu bieten?« Es ging dabei nicht mehr um Anna, die mit ihrem Mann, einem Angestellten des »Perlenkönigs« Mikimoto, nach Nagasaki umgesiedelt war, sondern um Paola, eine andere hinreißende Wienerin.

Wie war Hans zu helfen, ihm, der jedem half? Zu heiß zum Nachdenken, sagte sich Walter schwitzend und verklebt. Die Fußsohlen brannten ihm durch das Leder. Sie kamen in die Nähe seines Hauses. Nur wenige Meter noch und sie konnten sich unter dem Wasserhahn erfrischen.

In diesem Augenblick ertönte die Sirene der Shusan Road zum dritten Mal. Walter und Hans sahen zum trüben Himmel hinauf. Herr Jin stand auf der Schwelle seines Ladens und erforschte die Wolken. Walter ging hinüber um ihn zu begrüßen. Im ohrenbetäubenden Dröhnen der Motoren wechselten sie ein paar Worte.

»Was hat er gesagt?« fragte Hans.

»Daß die Bomber noch nie so tief geflogen sind.«

Sie kreisten über der Stadt, entfernten sich, kamen wieder. Wie viele waren es? Zehn? Zwanzig? Dreißig?

Die Sirenen fingen erneut an zu heulen, diesmal jedoch ununterbrochen, furchterregend, und die Leute begannen zu rennen.

»Gehen Sie sofort ins Haus!« rief Herr Jin, während er seine Tür schloß. »Heute ist ein schlechter Tag!« Er gehörte nicht zu denen, die sich wegen nichts und wieder nichts ängstigten.

»Komm schnell, Hans!«

Kaum hatten sie die Straße überquert, wurden sie von der Detonation auch schon gegen die Betonwand geschleudert. Walter flimmerte es vor den Augen. So ist das also, dachte er, wenn man Sterne sieht …

Als er wieder zu Bewußtsein kam, lag er auf dem Pflaster, von dichtem schwarzem Rauch eingehüllt. Um ihn herum Totenstille. Benommen fragte sich Walter, ob er tatsächlich noch am Leben war. Er versuchte sich zu rühren, bewegte seine Finger, seine Hände, die Arme, dann seine Zehen, die Füße, die Beine, endlich das Becken, seinen Rumpf und schließlich den Kopf, jeden Augenblick darauf gefaßt, einen reißenden Schmerz zu wecken. Er verspürte aber nur ein Brennen den Arm entlang, dort, wo seine Finger ihm verrieten, daß die Haut aufgeschürft war. Wo befand er sich nur?

Der Rauch begann sich aufzulösen, und er sah Gestalten, hörte aber nichts. War er taub geworden? Jemand beugte sich über ihn. Er erkannte Hans, der etwas murmelte.

»Ich höre nichts«, sagte Walter verzweifelt. Er wunderte sich, daß sich Hans, der weiterhin auf ihn einredete, bei ihm befand.

»Antworte doch, Walter!« verstand er endlich und war

zutiefst erleichtert, daß er sein Gehör wiedererlangt hatte.

»Wo hast du Schmerzen?«

Schwere Detonationen brachten ihm die Erinnerung zurück. Die Bomber! Ihr Brummen wurde schwächer, so daß das Getöse einstürzender Mauern und die gellenden Schreie der Verwundeten hörbar wurden. Die Luft brannte in den Lungen. Ein Radfahrer tauchte aus der Dunkelheit auf und rief auf Deutsch: »Hilfe! Hilfe! Wir brauchen sofort Ärzte! Kommen Sie schnell! Wir haben Hunderte von Toten in der East Yuhang Road!«

Hunderte von Toten! Und noch immer nahmen die Explosionen kein Ende.

»Meine Eltern!« rief Hans plötzlich. »Meine Eltern!«

Die Shusan Road, in der die Fischers wohnten, kreuzte die East Yuhang Road. Walter richtete sich auf; fühlte sich schwindlig, doch Hans griff ihm unter die Arme und zog ihn hoch. Vor Walters Augen drehte sich alles, doch er nahm seine ganze Kraft zusammen, und sie gingen los.

An der Straßenecke hatte der Luftdruck die Fassade eines chinesischen Hauses zum Einsturz gebracht. Die unter Schock stehenden, aber unversehrten Bewohner starrten fassungslos auf die dichte Staubwolke, die aus den Trümmern aufstieg. Steine eines Mah-Jonggs hatten sich über die Fahrbahn verteilt, ein Rundfunkempfänger spie noch immer seine chinesische Fünfton-Musik aus. Der Wind trieb brennende Trümmerfetzen vor sich her.

Je weiter Walter und Hans vorankamen, desto entsetzlicher wurde das grauenvolle Schauspiel. Europäer und Chinesen irrten traumatisiert, in Panik, aus Nase und Ohren blutend, umher. In einem der Gäßchen zeigten Rauchschwaden einen Brand an. Leute rannten mit Wassereimern zu den Flammen.

»Da müssen wir helfen!« rief Hans aus, doch eine Wache der *Paochia* hieß sie weitergehen.

Sie hasteten wieder los, begegneten Rikschafahrern, die schreiende Verletzte fortschafften. Über den Markt der Shusan Road verstreut, lagen Dutzende Leichen zwischen Fischen, Obst, Gemüse und Granatsplittern. Abgerissene Arme und Beine bluteten aus. Auf den Verkaufstischen wanden sich Verwundete vor Schmerzen. Befanden sich Hans' Eltern unter den Opfern? Er steuerte schon auf sie zu, doch Walter hielt ihn zurück.

»Gehen wir erst einmal zu dir, dann werden wir weiter sehen.«

Vor dem Haus stießen sie auf eine Menschenansammlung, aus der sich Otto und Greta lösten und die beiden tränenüberströmt umarmten. Ihre Zähne klapperten noch immer. Sie waren ins Treppenhaus geschleudert worden und hatten sich am Fuß der Treppe wiedergefunden, doch das war vergleichsweise eine Bagatelle.

»Platz da! Platz da!« rief jemand.

Ein bleicher Europäer trug keuchend eine blutüberströmte Frau, die er wie einen Sack über seine Schulter gelegt hatte. Hans bot an, ihn abzulösen, hob die Verletzte wie eine Feder auf und ging so schnell mit ihr davon, daß der Ehemann nur mit Mühe folgen konnte.

In dem Moment erschien ein Wachmann der *Paochia* auf einem Fahrrad. Durch ein Sprachrohr forderte er alle unversehrten Personen auf, Stoffe, die zu Verbänden und Scharpie verwendet werden konnten, zum Gefängnis an der Ward Road zu bringen, das die Japaner für Verletzte geöffnet hatten. Zusammen mit Dutzenden von Menschen ging auch Walter sofort in die Ward Road und spendete sein Hemd.

Dort hatte es einen traurigen Zwischenfall gegeben. Die

ersten Verwundeten waren auf dem nackten Boden abgelegt worden und hatten keinerlei medizinische Hilfe erhalten. Ein Gefängnisbeamter hatte den Wirt des Cafés auf der anderen Straßenseite gebeten, jüdische Ärzte zu Hilfe zu rufen, denn die chinesischen Mediziner des Anstaltskrankenhauses verweigerten jeden Beistand unter dem Vorwand, sie würden für diese Arbeit nicht bezahlt. Einige Minuten später fanden sich acht jüdische Ärzte ein, darunter auch ein Chirurg. Sie baten um Instrumente und Unterstützung durch Krankenschwestern. Ihre Bitte wurde abgelehnt, da sich niemand erbot, für diese Leistungen aufzukommen. Eine halbe Stunde lang versuchten die Mediziner, die Verletzten zu versorgen, doch sie konnten kaum helfen. Der Chirurg ging daraufhin ins Büro des leitenden Arztes, um seine Bitte erneut vorzubringen. Wieder erntete er eine Abfuhr. Da hatte er die Tür verriegelt und den Chinesen so lange geohrfeigt, bis ihm Instrumente gestellt wurden.

Inzwischen hatten Krankenschwestern und Ärzte begonnen, die Verwundeten beim Eintreffen in zwei Gruppen zu teilen. Alle, deren Gesichter, Arme und Hände eine eigentümlich blaue Verfärbung aufwiesen, wurden in einer Ecke des Hofes zusammengelegt. Diesen armen Menschen konnte niemand mehr helfen, ihre Blutgefäße waren geplatzt. Die Chinesen ertrugen ihre Schmerzen heldenhaft. Die Ärzte mußten mehrere ohne Anästhesie amputieren. Einer zog gleich nach der Operation seine Brieftasche hervor und fragte den Chirurgen, was er ihm schulde. Und während all dieser Bemühungen saßen die chinesischen Mediziner in einem Büro beisammen, rauchten und spielten Mah-Jongg.

Walter schloß sich einem Trupp an, der mit Bahren loszog und die transportfähigen Verletzten herbeischaffte. Zum ersten Male handelten Juden und Chinesen hier vollkommen solidarisch, worin weder die einen noch die anderen geübt waren, da sie bis auf einen stark ausgeprägten Familiensinn nichts miteinander gemein hatten.

Schmerzenslaute drangen aus den Trümmern. Neben der verkohlten Leiche einer Frau fanden sie einen blutüberströmten jungen Chinesen mit klaffendem Leib; die Leber lag frei, die Gedärme quollen hervor in den Staub. Alle wandten den Kopf ab oder hielten sich die Augen zu.

»Dem ist nicht mehr zu helfen«, murmelte der Arzt der Mannschaft. Er injizierte dem Unglücklichen eine tödliche Dosis Morphin und drückte ihm dann die Augen zu.

Überall arbeiteten die Helfer ohne Unterbrechung, gruben sich in die Trümmer, sprachen den Verwundeten Mut zu und trugen sie fort, während um sie herum noch immer Balkone abbrachen und Fassaden einstürzten. Die Kulis stellten sich unentgeltlich zur Verfügung. Sie, die als einziges Vermögen oft nur die Fetzen auf dem Leibe besaßen, luden unermüdlich Verletzte in ihre Rikschas und brachten sie zu den Notverbandplätzen.

Walters Trupp ging gerade in ein Gebäude hinein, als ein europäischer Jugendlicher, der dort wohnte, nach Hause kam. Er war während des Bombardements auf der anderen Seite von Hongkew gewesen.

Er entdeckte seine Mutter am Boden; das Gehirn trat aus dem Schädel heraus. Neben ihr lag ein Nachbar, dessen Halsschlagader zerfetzt war.

Der Arzt legte einen Arm um den Jungen, doch er machte sich ungestüm frei und rannte schreiend hinaus. Walter stürzte ihm nach. Der Jugendliche flitzte zwischen den Rettungsfahrzeugen, Feuerwehrwagen, Rikschas und umherirrenden Fußgängern hindurch. Dennoch hatte Walter ihn fast eingeholt, als er an der Ecke des Fliegenbar-Gäßchens gegen eine Art Metallkasten stieß. Er verlor das

Gleichgewicht und fiel hin. Als er wieder aufstehen wollte, ließ ihn ein heftiger Schmerz im Knöchel aufschreien. Er warf einen wütenden Blick auf das Hindernis und erkannte Manfreds Eisschrank, völlig verkohlt. Anstelle der Fliegenbar ragte nur noch ein Haufen Schutt und Trümmer auf. Chinesen wühlten in den rauchenden Überresten.

Walter hüpfte auf seinem unversehrten Fuß näher heran.

»Manfred!« rief er aus Leibeskräften. »Manfred! Elsa!« Keine Antwort. Er rief nochmals, schrie sich heiser, bis eine alte zahnlose Chinesin zu ihm sagte:

»*No more piecee man, no more piecee woman.*«[1]

Sie hatte ein Hackbrett erbeutet und drückte es an sich, als wäre es der kostbarste Gegenstand auf der Welt.

Walter fragte sie auf Chinesisch, ob Rettungstrupps da gewesen seien, und die Frau erklärte ihm, die Verletzten wären bereits abtransportiert worden. Niemand konnte ihm weitere Auskünfte geben.

Humpelnd machte sich Walter zwischen den rauchenden Häusern und den Leichen, die noch immer auf den Straßen lagen, auf den Weg nach Hause. »Leben!« schrie er plötzlich auf. »Ich will leben!« Welch ein Blödsinn, diesem Jungen nachzulaufen, sich einzubilden, er könnte ihm irgendwie beistehen! Wozu das alles? Einfach lächerlich. Hatte Walter nicht selbst genug gelitten, um zu wissen, daß in den schwersten Stunden jeder allein ist und niemand irgendwem helfen kann? Als er sich endlich auf sein Bett fallen ließ, hatte er seinen gesamten Vorrat an Anteilnahme erschöpft. Ihm war, als könne kein Leichnam ihm jemals wieder eine Träne oder ein Gefühl des Mitleids entlocken.

Er bandagierte seinen Knöchel, biß die Zähne zusam-

[1] Pidgin: Hier gibt's keine Männer und keine Frauen mehr.

men und ging hinunter, um sich zu waschen. Dann zog er sich um, rief einen Kuli und handelte mit ihm die Fahrt zum Wing On aus für die letzten Geldscheine, die ihm noch geblieben waren. Welch ein Labsal! Wenn der Fahrer ein gutes Tempo hielt, kühlte die Luft angenehm das Gesicht.

Die Musiker – wie durch ein Wunder war das Orchester vollzählig! – spielten an jenem Abend wie Götter. Jetzt werde ich leben! schwor sich Walter wieder.

Beim Abendessen fragte er in die Runde, ob ihm jemand das Geld für einen Anruf und die Rikschafahrt nach Hause leihen könne. Zu seinem größten Erstaunen verspürte er dabei keine Verlegenheit. Der philippinische Schlagzeuger erbot sich, ihm den Gegenwert von zwei Päckchen Camel vorzustrecken.

Walter rief Max Herzberg an und berichtete in Kurzfassung von den Ereignissen.

»Na und?« fragte Max, »worauf willst du hinaus?«

»Ich habe nicht einen Groschen mehr.«

»Armer Idiot! Hast ja nicht auf mich hören wollen und lieber sechs Jahre deines Lebens weggeschmissen.«

Walters Hände zitterten. »Jetzt will ich leben, Max.«

»Dann treib Schmuck auf. Die Leute in Hongkew haben noch nicht alles verkauft.«

»Nein, Max! Das nicht!« erklärte Walter. »Das kann ich nicht.«

»Dann bleib doch in deiner Scheiße hocken«, fuhr ihn Herzberg an. »Und hör auf, mir auf den Zeiger zu gehen.«

»Servus. Und vielen Dank!«

Walter knallte den Hörer auf die Ablage und ballte wütend die Fäuste.

VIII

Zehn Tage waren vergangen. Walter trat aus dem Anbau des Jewish Hospital, schloß die Tür hinter sich und atmete tief durch. Er hätte sich gerne eine Zigarette angezündet. Jimmys Zustand, dem Manfreds Eisschrank die Milz zerschmettert hatte, bot keinen Anlaß zur Sorge mehr. Der Chirurg hatte das Organ entfernen müssen. Der Zauberer war glücklich, noch am Leben zu sein, nachdem er so knapp dem Tode entronnen war, und erholte sich recht gut von der Operation.

Manfred war auf der Stelle tot gewesen, und seine Frau Elsa schwebte weiterhin in Lebensgefahr.

Einunddreißig Flüchtlinge waren umgekommen, mehr als dreihundert Japaner und Hunderte, vielleicht tausend oder zweitausend Chinesen, manche sprachen sogar von viertausend. Etwa fünfhundert Verwundete, die Hälfte davon Europäer, befanden sich noch in den Krankenhäusern. Rund tausend Personen waren ohne Obdach. Wegen der Hitze mußten die Toten schnellstmöglich bestattet werden. Schon am nächsten Tag hatten die Bombardements wieder eingesetzt, heillose Angst verbreitet und starkes Flakfeuer ausgelöst. Diesmal waren die Zivilisten jedoch mit dem Schrecken davongekommen.

An jenem fatalen 17. Juli waren neun Bomben auf Hongkew gefallen. Bei den Untergrundorganisationen behaupteten die einen, die Amerikaner hätten eine japanische Funkstation angreifen wollen, andere, die A-26 hätten Order gehabt, den Flughafen Chiangwan im Norden Shanghais zu zerstören. Die Wolkenmassen wären so dicht und die Sicht so schlecht gewesen, daß die Piloten Zielkoordinaten und Abwurfzeitpunkt nur nach ihrer Abflugzeit vom Stützpunkt auf Okinawa hätten berechnen können.

Wieder andere vermuteten, daß die Amerikaner geheime Waffen- und Munitionslager vernichten wollten, die die Japaner angeblich mitten in Wohngebieten, an Orten wie dem Ward-Road-Gefängnis oder einem Hüttenwerk angelegt hätten.

Die letzte Hypothese war die besorgniserregendste. Wer wußte schon, ob es nicht noch mehr solche Verstecke – und damit künftige Ziele – gab?

Als Walter im Wing On eintraf, sah er Max Herzberg an einem der kleinen Tische, der an seiner Manila zog und ungeduldig auf den Marmor trommelte. Offenbar hatte er auf Walter gelauert und winkte ihn sofort zu sich. Walter zögerte zunächst, baute sich schließlich breitbeinig vor dem unverschämten Zigarrenraucher auf und warf ihm einen bösen Blick zu.

»Bist du hergekommen, um mich weiter zu beleidigen?«

»Ach komm! Das ist Schnee von gestern. Das hat doch zwischen guten Kumpels nichts zu bedeuten. Nun setz dich schon. Einen Scotch?«

»Nein, danke. Sag schon, was du willst, ich muß in zwei Minuten am Piano sitzen.«

Herzberg wurde ernst. »Ich will dir eine letzte Chance bieten.«

Walter setzte sich und sah Max mißtrauisch an. Das Angebot würde wohl kaum uneigennützig sein.

»Ich höre.«

»Hast du von dieser Konferenz in Potsdam gehört?«

»Nein.«

»Die hat gestern stattgefunden. Großbritannien und die Vereinigten Staaten fordern Japan zur bedingungslosen Kapitulation auf.«

Walters Anspannung ließ nach. Er verspürte mit einem

Mal eine große Beruhigung. Endlich Friede und Freiheit, die man so viele Jahre herbeigesehnt hatte!

»Der Sieg steht kurz bevor«, bestätigte Herzberg.

»Das wäre ja herrlich! Ich kann das gar nicht glauben ...« Er fühlte sich so glücklich, daß er für ein paar Sekunden den Beginn ihres Gesprächs vergaß.

»Und wo liegt nun meine letzte Chance?«

»Nach dem Sieg ...« Und Max setzte ihm seinen Plan auseinander.

Eine Woche später sorgte eine neuartige Bombe für Gesprächsstoff. Die Zeitungen erwähnten sie nur in einigen wenigen Zeilen. Diese war über Japan abgeworfen worden. Genauer gesagt, über einer Stadt namens Hiroshima. Es handelte sich um eine »Atombombe«. Niemand konnte mit diesem Wort etwas anfangen. Sie zerfalle in immer kleinere und noch kleinere Bomben, hieß es. Tage später fand man heraus, worin sich dieses Tötungswerkzeug von anderen unterschied und welche unendlichen Verheerungen es angerichtet hatte. Und dann warfen die Amerikaner die zweite Atombombe über Nagasaki ab.

Nagasaki, wo Anna lebte.

Walter hatte kürzlich den ersten Brief von ihr erhalten. Sie schien glücklich zu sein mit ihrem Mann, einem in europäische Kunst vernarrten Japaner, der in Wien studiert hatte. Anna erwartete ein Kind.

Als Walter in der stickig heißen Nacht vom 9. auf den 10. August müde aus dem Wing On nach Hause kam, sich Matte und Moskitonetz griff, um sich auf dem Dach schlafen zu legen, drängten sich dort oben an die fünfzehn Personen vor der Brüstung. Was beobachteten sie? Walter trat zu einem Wiener Ehepaar, mit dem er sich während dieser unerträglichen Nächte, in denen man wegen der Hitze kein Auge zubekam, angefreundet hatte. Luise und Jakob Fleck waren beide um die Fünfzig und galten als Pioniere der österreichischen Filmkunst. Sie hatten in den Shanghaier Studios arbeiten können, und ihr Film *Kinder dieser Welt,* der in Zusammenarbeit mit dem großen Regisseur Fei Mu entstand, war 1941 herausgekommen.

»Was ist denn los?« fragte Walter die Flecks.

Sie zeigten auf das Nachbardach, wo eine Frau mit wirrem Haar schrie und gestikulierte.

»Eine Verrückte«, sagte Herr Klein, ein ehemaliger Hutmacher aus Graz, fatalistisch. »Aber das ist ja auch kein Wunder, bei dem, was wir zur Zeit durchmachen.«

»Aber das ist doch Frau Hoffmann!« rief Frau Kauffmann plötzlich in einem Ton aus, der jedes Mißtrauen gegenüber dem Geisteszustand besagter Person strikt ausschloß. »Psst! Seien Sie still!« Sie formte die Hände zu einem Schalltrichter. »Was sagen Sie, Frau Hoffmann?«

»Der Krieg ist zu Ende!«

»Das sind nur Gerüchte, das wissen Sie doch! Jeden Tag machen neue die Runde.«

»Nein, diesmal stimmt es! Der Krieg ist vorbei! Jemand vom Schweizer Konsulat hat uns gerade angerufen.«

Da war kein Zweifel mehr möglich. Frau Hoffmann hatte eine *ama,* einen Boy und einen Fernsprecher. Viele hatten ihr diese geneidet.

Eine Explosion kollektiver Freude war die Antwort. Auf der Dachterrasse fielen Deutsche, Österreicher und Polen einander in die Arme und küßten sich. Taschentücher wurden gezückt.

»Kommen Sie mit!« forderte Luise Walter nach diesem ersten Gefühlsausbruch auf. »Das muß begossen werden! Ich habe ein paar Minifläschchen Cognac aufbewahrt. Erinnerst du dich noch, Jakob? Die haben wir im Park Hotel bekommen.«

Sie stießen auf die Zukunft an. Die Flecks hatten den Kopf voller Pläne. Sie mußten nur das nötige Kleingeld auftreiben. Eine Bagatelle, nicht wahr! Sie bogen sich vor Lachen.

Mit einem Mal fragte sich Walter, ob die Fischers, die Venetos, ob Richard und Markus Silberstein die frohe Botschaft schon kannten. Doch zwischen den Flecks und ihm herrschte ein derart intensives Gefühl der Verbundenheit, daß er sie nicht einfach so verlassen mochte.

»Wollen Sie nicht mitkommen zu meinen Freunden, den Fischers?« schlug er vor.

Sie willigten ein, denn sie kannten nur wenige Leute im Ghetto.

Im Erdgeschoß tanzten und grölten die Polen, vom Wodka befeuert. Die Straße war voller Menschen. Chinesen beobachteten verständnislos das befremdliche Verhalten der »Langnasen«.

»Die Japaner sind besiegt!« rief Walter Herrn Jin zu.

»Sie sprechen ja Chinesisch!« bemerkte Luise interessiert.

»Shanghaier Dialekt«, erklärte Walter, während er den alten Mann in die Arme schloß.

Die Neuigkeit breitete sich auch unter den Asiaten wie ein Lauffeuer aus.

In der Shusan Road wußte man es ebenfalls schon. Welch außergewöhnliches Konzert deutscher, jiddischer, russischer und polnischer Laute! Und Musik hörte man auch. Walter drückte Otto und Greta so fest an sich, daß er sie fast erstickte; Luise und Jakob wurden von den Fischers spontan geküßt, obwohl sie noch nie ein Wort miteinander gewechselt hatten.

»Wo ist Hans?« erkundigte sich Walter.

»Bei Anna«, sagte Greta.

»Anna?« »Ja, eine andere Anna! Anna Berger.«

»Eine Polin!« mischte sich Otto naserümpfend ein.

»Hör auf, Otto!« empörte sich Greta. »Sie ist ganz reizend! Hans hat sie am 17. Juli kennengelernt. Sie lag unter einem Haufen Schutt. Er hat sie ausgegraben und ins Krankenhaus gebracht. Sie ist jetzt zwar wieder zu Hause, aber noch recht schwach. Hans geht sie jeden Tag besuchen. Er bringt ihr das Flötenspiel bei.«

Walter freute sich. Diesmal würde Hans wissen, was er tun und sagen sollte.

Zu fünft gingen sie zu den Venetos, bei denen sich bereits andere Orchestermitglieder versammelt hatten. Abermals wurde umarmt, getrunken, geweint und getanzt. Giulio blies auf seiner Mundharmonika, die er immer bei sich trug. Bevor sie schließlich wieder nach Hause gingen, machten Walter, Luise und Jakob noch einen Abstecher zum Ende der Muirhead Road, rissen dort zwei jener Schilder herunter, die den »Staatenlosen« verboten, diese Grenze zu überschreiten, und nahmen sie mit. Rache ist süß!

Doch anderntags tauchten die Japaner wieder auf ihren Posten auf, als sei nichts gewesen. War alles nur ein Irrtum? Die Pessimisten begannen zu zweifeln. Als Walter jedoch beobachtete, wie ein Dutzend Chinesen hoch erhobenen Hauptes und ohne ihre Kopfbedeckungen abzunehmen, die Garden Bridge überschritt, ohne daß die Japaner sich rührten, da stand für ihn fest, daß der Sieg unwiderruflich errungen war.

Am darauffolgenden Tag blieben viele Geschäfte geschlossen. Als ob die Kaufleute sich weigerten, ihre Waren abzugeben. Zucker und Zigaretten waren aus den Regalen verschwunden. Bei der galoppierenden Inflation kostete ein Ei inzwischen tausend Shanghai-Dollar. Der US-Dollar kletterte an jenem Tag von zweihundert- auf fünfhunderttausend chinesische Dollar, nur verkaufte niemand.

Die offizielle Bekanntgabe der Einstellung aller Kampfhandlungen kam erst am 15. August. Die Bevölkerung war vorab unterrichtet worden, daß im Rundfunk eine wichtige Erklärung kommen werde. Walter bezog bei einem japanischen Lokal Posten, das seinen Empfänger ununterbrochen eingeschaltet ließ. Am Mittag kündigte der Sprecher an, der Tenno werde eine Rede halten, und forderte die Zuhörer auf, sich zu erheben. Mit gesenktem Kopf und wie erstarrt, lauschten die Japaner der heiseren und eintönigen Stimme des Kaisers. Der Sohn des Himmels äußerte sich in der altertümlichen Hochsprache, die allein er verwenden durfte. Nachdem der Sprecher anschließend die Ansprache des Herrschers übersetzt hatte, brachen die Zuhörer in Tränen aus. Walter erfuhr später, daß weder das Wort »Kapitulation« noch der Begriff »Übergabe« ausgesprochen worden waren. Seine Kaiserliche Majestät hatte sein Volk aufgerufen, das Unerträgliche zu erdulden. Der Traum des stolzen Japan hatte sich zerschlagen.

Und auf diesen Tag hatte Max Herzberg gewartet. Er kam abends ins Wing On und händigte Walter ein Köfferchen aus. Es war mit Dollarnoten vollgestopft. Walter befestigte es auf seinem Gepäckträger und durchquerte Shanghai, das seine Befreiung mit Feuerwerksböllern feierte. Überall verspürte man Freude und Erleichterung, und zum ersten Male seit Pearl Harbor erstrahlten die Leuchtreklamen wieder in farbenfrohem Glanz. Wie früher. Oder beinahe.

Die Japaner würden die Stadt verlassen. Einige schifften sich nach Mexiko oder Peru ein, andere kehrten in ihre Heimat zurück, doch alle wollten, mußten ihre Besitztümer schnellstmöglich verkaufen. Nun war die Reihe an ihnen, die Kungping Road zu überschwemmen. Was Max vorausgesehen hatte.

Walter hatte seine Freunde als Helfer gewinnen können: Jakob und Luise, Hans und dessen neue Freundin Anna, ein reizendes blondes Naturkind. Walter und Luise stöberten interessante Kaufobjekte auf, Jakob führte Buch, Hans und Anna übernahmen den Transport.

Bald kehrten die internierten Amerikaner, Briten und Niederländer aus den japanischen Lagern in die Innenstadt zurück. Die Angst stand ihnen noch immer in den ausgemergelten Gesichtern. Sie gingen in ihre Büros und befahlen den Japanern, sich binnen achtundvierzig Stunden aus dem Staub zu machen.

Die von General Douglas MacArthur vorbereitete Kapitulationszeremonie fand am 2. September in der Bucht von Tokio an Bord des Schlachtschiffs *Missouri* statt. Tags darauf besichtigte eine Delegation amerikanischer Offiziere das Ghetto. Die Herren kamen in eigenartigen Fahrzeugen, die Jeep hießen. Alle Flüchtlinge liefen auf die Straßen, um ihnen zuzujubeln. Die Emotionen erreichten ihren Höhepunkt, als einer der Befreier, ein Flieger, seine Eltern erkannte.

Dieser Besuch markierte die offizielle Auflösung des Shanghaier Ghettos.

In der Nacht vor dem erzwungenen Abzug der Japaner wurde ein unglaublicher Markt abgehalten. Ein Chinese erwarb ein kleines Haus mit Rosengarten, ein Russe fand passende Schuhe, ein Pole zog einen kaum gehefteten Anzug an, in dem noch Nadel und Faden steckten, eine Österreicherin trug einen Webstuhl mitsamt dem in Arbeit befindlichen Stoff nach Hause.

Walter kaufte und kaufte, von den überaus niedrigen Preisen wie berauscht. Tausende Prunkkimonos, Kilometer an Obis, Lackbecken, bemalte Schiebetüren, Tischchen und Paravents, erlesene Tuschebilder und Drucke, ganze Sammlungen von Deckelschalen, kostbares Porzellan und wertvolle Keramiken, Fächer, Elfenbeinstatuetten, Masken, Cloisonnéarbeiten, Füllungen aus geschnitztem Holz, Go- und Schachspiele, Musikinstrumente.

Ein ganz junges Mädchen bot seine dreisaitige Laute mit Elfenbeinplektron an. Rührend, wie es sich lächelnd in das Unvermeidliche schickte! Walter nahm das Instrument unter den Arm und beschloß, es nie wieder herzugeben. Als er sein Zuhause erreichte, stand ihm noch immer das Gesicht des jungen Mädchens vor Augen. Lange starrte er das Shamisen an und begriff mit einemmal, weshalb diese drei Saiten eine derartige Faszination auf ihn ausübten: Sie verkörperten Vergangenheit, Gegenwart und Zukunft.

Jetzt bleibt mir nur noch, die Partitur der dritten Saite zu spielen, dachte Walter. Er zupfte sie an, und sie gab einen kristallklaren Ton von sich.

TEIL FÜNF

Victoria Peak

I

»Spielst du immer noch Klavier?« fragte Feng-si, während sie eine Haarlocke über ihren Finger drehte. Der Jadeschmuck schaukelte an ihren Ohren.

»Sicher«, antwortete Walter mit boshafter Freude. »Aber nur noch zu meinem eigenen Vergnügen. Ich habe einem Japaner einen sehr schönen Flügel abkaufen können.« Er klappte sein Zigarettenetui auf, bot Feng-si eine an und betätigte das Reibrädchen seines Dunhill-Feuerzeugs.

»Danke.« Sie blies den Rauch mit gerundeten Lippen aus. »Einen Flügel! Dann lebst du also in einer großen Wohnung?«

»In einer Suite im Astor.«

Feng-sis Augen funkelten vor Bewunderung und Neugier.

Walter hatte seinen Weg nach oben erklommen, ohne sich darüber Gedanken zu machen, und sich an die angenehmen Überraschungen gewöhnt, die ihm der Tag bot. Er gehörte zu den wenigen in Shanghai, die sich im Erfolg sonnen konnten, als ob der Krieg ihr Luxusleben nie getrübt hätte. Er saß im Wiener Café, hatte Feng-si eintreten sehen und sie an seinen Tisch gebeten. Sie hatte nach einem Augenblick des Zögerns eingewilligt. Jetzt genoß Walter sein Glück.

Seine Hände lagen auf dem Kaffeehaustisch. Er sah, wie Feng-si seine Ringfinger verstohlen musterte.

»Du bist nicht verheiratet?«

»Nein. Meine ehemalige Verlobte hat Shanghai letzte Woche mit ihrer Familie verlassen. Sie werden in der Nähe von New York leben.«

Walter hatte Mascha nie wiedergesehen. Klara Bauer hatte ihm von ihrer Abreise berichtet.

Viele Europäer hatten nach der Rückgabe ihre Wohnungen von den Japanern ausgeplündert und verwüstet vorgefunden. In manchen waren Waffen und ballenweise Uniformstoff gelagert. Andere hatten als Kantinen gedient. Die Wohnung der Sokolows war in Büros umgewandelt worden. Die japanischen Beamten hatten ihre Archive unmittelbar auf dem Parkett des großen Wohnzimmers verbrannt. Entmutigt hatten die Sokolows, von ihren staatenlosen Freunden beneidet, die Stadt Ende Januar 1946 unter den ersten Auswanderern verlassen. Viele der Zurückbleibenden, die das begehrte Visum nicht bekamen, begannen ernsthaft in Erwägung zu ziehen, den von Stalin angebotenen sowjetischen Paß anzunehmen. »Warum nicht?« meinten sie. »Rußland hat sich verändert, seit es mit Frankreich, England und den Vereinigten Staaten alliiert ist.« Nach Moskau umzusiedeln, konnte ein Weg zurück in die westliche Welt sein.

Die meisten Exilierten versuchten in der Tat, die Stadt ihrer Leiden schnellstmöglich zu verlassen. Ende vergangenen Jahres war ein erstes Schiff mit annähernd tausend Passagieren in Richtung Palästina abgedampft.

Walter hatte seinen Visumsantrag für die Vereinigten Staaten erneuert, wußte aber, daß er sich mit Geduld wappnen mußte. Das amerikanische Konsulat bestand nur aus einer ganz kleinen Belegschaft. Bei jedem Gesuch wurde zunächst eine Untersuchung durchgeführt, die ungefähr einen Monat dauerte. Pro Tag wurden höchstens vier bis fünf Fälle bearbeitet. Obendrein unterlag Walter dem Kontingent, denn wie vor dem Krieg hielten sich die Amerikaner an ihre Einwanderungsquoten. Die für das kleine Österreich war winzig und stand im krassen Gegensatz zu der großen Zahl an Einwanderungswilligen, von denen manche aufgrund ihres Geburtsortes zudem noch unter die Bestimmungen für Polen fielen, was die Sache nicht besser machte. Die polnische Quote war ebenfalls sehr klein. Es gehörte zu den administrativen Wunderlichkeiten, daß deren in Shanghai geborene Kinder als Chinesen galten und sofort ihre Visa erhielten!

Nur ganz wenige Deutsche und Österreicher entschlossen sich, wieder in ihre Geburtsländer zurückzukehren, und wurden dafür von andersdenkenden Landsleuten beschimpft, deren Haß auf ihr mörderisches Heimatland unversöhnlich war. »Ich war so stolz, Deutscher zu sein«, erinnerte sich der Arzt Horst Bergmann. »Und dann hat man mir eines Tages gesagt: ›Du bist Jude, und sonst nichts, nur Scheiße.‹ Ein Schlag wie mit dem Hammer. Nach Deutschland zurückkehren? Niemals.« Er wollte sich in San Francisco niederlassen, wo sich die Familie seiner jungen Frau befand.

Doch Walter verlor nicht die Geduld. Außerdem war ihm das Leben inzwischen freundlicher gesinnt. Max Herzberg zahlte ihm regelmäßig seinen Anteil an den Gewinnen aus, die der Verkauf der japanischen Wertgegenstände eintrug; außerdem schrieb er Artikel für die amerikanische Zeitung *Shanghai Evening Post,* und seit ihn Jakob und Luise in die Studios eingeführt hatten, begeisterte er sich für die wiederauflebende Filmkunst. Die chinesischen Cineasten, die aus dem besetzten Shanghai geflohen waren, kehrten mit neuem Tatendrang in die Stadt zurück. Die Mitglieder der Lianhua-Filmgesellschaft, die ihr Studio wieder in Besitz genommen hatten, weigerten sich, es an die Regierung abzutreten, und gründeten die Kunlun. Das Metier reizte Walter so sehr, daß er nach einem Filmstoff suchte.

Durch die Rauchschwaden des Wiener Cafés kam Klara an den Tisch ihrer beiden Freunde und begrüßte sie. Ihr Hinken hatte sich mit den Jahren zwar verschlimmert, doch ihr Gesicht strahlte unverändert Liebenswürdigkeit aus. Sie setzte sich zu ihnen.

»Das Ende einer Epoche!« bemerkte sie und wies mit dem Kinn auf die Zeitung *L'Echo de la Chine,* in der Walter vor Feng-sis Eintreffen gelesen hatte.

Eine Fotografie zeigte die Unterzeichner des gerade geschlossenen französisch-chinesischen Abkommens, das dem Vertrag von 1844 ein Ende setzte und die Rückgabe der *Concession française,* der letzten Bastion exterritorialer Rechte, an China festlegte. Das gaullistische *Echo de la Chine* hatte das Vichyblatt *Journal de Shanghai* erst nach Hiroshima abgelöst. Merkwürdige Menschen, die Franzosen hier, die weder die Befreiung Frankreichs noch die Kapitulation Deutschlands oder der Prozeß gegen den Marschall Pétain erschüttert hatte! Hier in Shanghai hatte sich trotz eines verdienstvollen Häufleins Gaullisten der Geist von Vichy noch ein Jahr lang selbst überlebt, aufrechterhalten durch Militärs und kleine Beamte, die außerstande waren, die Veränderungen zu begreifen. Überdies paßten Vichy-Regime und Kolonialismus so gut zusammen.

»Hast du etwas von Lisa gehört?« fragte Klara behutsam.

»Immer noch nichts.« Walter seufzte. Er war ins Wiener Café gekommen, weil er das dringende Bedürfnis verspürte, sich über diesen Kummer auszusprechen. Klara und die Fischers waren die einzigen Menschen, mit denen er über Lisa reden konnte. Wieder und wieder hatte Walter die in ganz Shanghai angeschlagenen Listen aller Überlebenden der Nazilager durchforstet, doch vergebens.

Manche Flüchtlinge hatten Briefe von ihren Angehörigen erhalten und so erfahren, daß ein Vater, ein Bruder, eine Mutter, eine Schwester in Auschwitz oder einem anderen KZ verschwunden oder von einem dieser Vernichtungskommandos, den Einsatzgruppen, ermordet worden waren, die in den eroberten Gebieten nach Opfern gejagt und an Ort und Stelle regelrechte Abschlachtungen vorgenommen hatten.

Lisas Name stand jedoch auf keiner der Listen. Die Suchmeldungen, die Walter nach Wien, an das Rote Kreuz oder das Shanghaier Büro des HICEM gerichtet hatte, blieben erfolglos. Niemand wußte, was aus Lisa geworden war. Walter begann zu befürchten, daß er sie nie wiedersehen würde. Im November waren in Nürnberg die Prozesse gegen führende Nazis eröffnet worden, und die Zeitungsberichte darüber nährten in ihm fürchterliche, alptraumhafte Visionen, die ihn nicht mehr losließen.

»Gute Nachrichten brauchen manchmal am längsten«, sagte Klara tröstend. Sie stand auf, um neue Gäste zu begrüßen.

»Erinnerst du dich noch, was du mir über die Pläne von diesem Nazioberst Meisinger erzählt hast?« fragte Walter.

Feng-sis Löffelchen blieb in der Schwebe. »Aber gewiß.«

»Damals wollte ich dir nicht glauben, aber du hast Recht gehabt. Der deutsche Konsul hat die Existenz von Gaskammern zugegeben, die die Japaner in Pootung gebaut haben. Meisinger wollte die gesamte Bevölkerung des Ghettos darin auslöschen. Amerikanische Offiziere haben mich hingefahren.«

»Was gab es denn zu sehen?«

»Baracken, Unterstände und ein Backsteingebäude mit Schornsteinen. Im Innern sieht man ein Dutzend runder Elemente, die an Öfen erinnern. Wie es scheint, wurden sie nie benutzt. Der Mikado hatte die endgültige Zustimmung verweigert. Es fehlte nur noch seine Unterschrift, und wir wären alle liquidiert worden.«

»Was bedeutet das, liquidiert?«

»Getötet.«

»Wie entsetzlich!« Sie legte ihre Hand mitfühlend auf die seine und rief ihm dadurch ihren warmen, weichen Körper, ihre zärtlichen Gesten wieder ins Gedächtnis. Er erschauerte. Unbeholfen lächelte er Feng-si zu, die ihm weniger gesprächig schien als früher. Störte sie der Lärm? Ihre lauten Tischnachbarn, amerikanische Soldaten, die gerade noch eine Runde bestellten?

Feng-si beugte sich zu Walter, als wollte sie ihm ein Geheimnis anvertrauen. »Ich bin den Amerikanern wirklich dankbar, daß sie uns befreit haben, doch ich finde sie grob und ungebildet.«

»Das ist eine andere Kultur. Sie haben andere Werte. Die da haben sich bei Okinawa tapfer geschlagen. Sie haben dort festgesessen und monatelang ihren Sold angespart. Jetzt wollen sie sich amüsieren. Für die Flüchtlinge ist die Anwesenheit der amerikanischen Armee ein Segen. Sie hat Tausende von Stellen geschaffen.«

Feng-si nickte zustimmend. »Die Mädchen in meinem Haus vergöttern sie. Sie bringen immer Geschenke mit: Schokolade, dieses Chewing-gum oder Nylonstrümpfe. Ich habe extra für sie vier *singsong girls* eingestellt. Die mögen sie sehr. Die Geschäfte laufen so gut, daß ich Fengyong ein kleines Lokal kaufen konnte. Er eröffnet nächsten Montag. Dies ist seine letzte Woche im Wiener Café.«

»Welche Art von Lokal?«

»Eine Bierkneipe in der Nähe des Hafens, mit zwei kleinen Zimmern im ersten Stock.«

Dorthin nahmen die Mädchen Matrosen mit. Fengyong würde seinen Laden sicher gut zu führen wissen.

Walters und Feng-sis Blicke trafen sich. Wieder hatte er das Gefühl, daß sie ihn ansah, als würde sie ihn neu entdecken. »Und du?« fragte sie. »Möchtest du nicht auch ein

Café oder ein Restaurant kaufen? Im Moment gibt es überall günstige Gelegenheiten.«

»Nein, das reizt mich nicht. Und außerdem werde ich nach New York gehen und dort leben. Ich warte nur noch auf mein Visum.«

Es war das erste Mal in all den Jahren, daß er Feng-si diesen geheimen Wunsch offenbarte. Er empfand danach ein eigentümliches Gefühl von Nacktheit. Hatte sie ihm zugehört? Sie betrachtete einen nicht wahrnehmbaren roten Pickel auf ihrer Elfenbeinhand.

»Wie geht es eigentlich deinen Freunden, den Fischers?« fragte sie dann. »Und dem netten Hans?«

»Sie haben sich entschieden, nach Kanada auszuwandern.«

»Kanada!« wiederholte Feng-si. »Das einzige, was ich über dieses Land weiß, ist ...«, sie erstickte ein Lachen mit der Hand, »... daß Präsident Sun Yat-sen dorthin geflohen ist.« Dann warf sie einen Blick auf die Pendeluhr und rief:

»Es ist spät, ich muß gehen!«

Walter schaute auf seine Armbanduhr. »Die Zeit ist wie im Flug vergangen.«

»Ich muß gehen«, wiederholte Feng-si.

Doch sie rührte sich nicht, sondern starrte Walter unentwegt an. Was erwartete sie von ihm? Er war sich nicht sicher, wagte sich aber vor:

»Darf ich dich demnächst zum Abendessen einladen?«

»Sehr gern.«

Sie lächelte. Etwas von dem Glücksgefühl von einst ließ Walters Rückgrat kribbeln.

»Hast du noch die gleiche Telefonnummer?«

»Ja.«

Walter versprach, Feng-si bald anzurufen, und küßte ihr

zärtlich die Hand. Sie schenkte ihm ein strahlendes Lächeln und wandte sich zum Gehen.

II

Viele Gedanken gingen Feng-si im Kopf herum, während sie in ihr Haus zurückkehrte.

Lange hatte sie nur ein einziges Ziel vor Augen gehabt: Fengyong zu einem eigenen Geschäft zu verhelfen, damit er für den Unterhalt der Familie sorgen konnte. Kurz vor dem Tod des Vaters hatte sie die Ihren noch in einer kleinen anständigen Wohnung untergebracht. Die jüngeren Geschwister waren ordentlich gekleidet und gut genährt. Wenn Feng-si einer der Banden von Waisenkindern begegnete, die für irgendwelche Strolche von den Docks arbeiteten oder völlig auf sich selbst gestellt waren, ohne Obdach, ewig hungrig, die sich mit kleinen Diebstählen und niedrigen Arbeiten, als Bettler, Zeitungsverkäufer, Kippensammler am Bund, ein paar Münzen verdienten oder sich mit gierigen Blicken um die Krapfenverkäufer scharten und die man bisweilen frühmorgens erfroren auffand … Wenn Feng-si diese Kinder sah, regte sich in ihr großer Stolz. Ihre Geschwister jedenfalls lebten wie Menschen, nicht wie Tiere.

Nun, da Fengyong sein Bierlokal besaß, konnte Feng-si an ihre eigene Zukunft denken. Sie hätte sich einen anständigen Ehemann gewünscht, wußte jedoch, daß höchstens ein Bauer sie nehmen würde. Da also eine angemessene Heirat ausgeschlossen war, hatte Feng-si schon früher erwogen, wie ihre Blutsschwestern Susu und Manli die offizielle Konkubine eines wohlhabenden Kaufmanns zu werden, fand es aber unerträglich, einen Mann mit anderen Frauen zu teilen. Müßte sie sich dazu durchringen, in eine Stadt zu ziehen, in der sie niemand kannte? Doch nun war Walter erneut in ihr Leben getreten. Er wirkte noch immer anziehend auf sie. Daß er reifer geworden war, gereichte ihm zum Vorteil, und die kleinen Fältchen um die Augenwinkel trugen zu seinem Charme noch bei. Als sie an jenem Tag vor zwei Jahren vom Treuebruch ihres Geliebten erfuhr, während sie ihm zuliebe gerade Kapitän Inuzuka und ein angenehmes Leben in Tokio aufgegeben hatte, da hatte sie rasender Zorn erfüllt. Weshalb verzieh sie ihm nun? Weil ihr plötzlich heiß und kalt geworden war, als sie ihn unvermutet im Wiener Café erblickte. Und als er ihr dann noch erzählt hatte, er habe mit dieser Hündin gebrochen und wolle nach Amerika auswandern, hatte sie sich dabei ertappt, daß sie gern mit ihm gehen würde. Endlich sah sie ihre Zukunft klar und deutlich vor sich. Sie mußte alles daran setzen, um Walter zurückzuerobern.

III

Walter saß währenddessen in einer Motorrad-Rikscha und ließ sich zur Foochow Road mit ihren Geschäften, die von Luxuswaren überquollen, fahren. Er liebte es, durch diese Straße zu flanieren, in denen Kräuterläden mit tausend Gefäßen voller Blätter, Pulver, Wurzeln, mit Schreibwarengeschäften mit aberhundert Siegeln, Pinseln, Füllfederhaltern und mit Buchhandlungen mit Legionen von Büchern, Raubdrucken klassischer und moderner Autoren der Weltliteratur, in trauter Nachbarschaft existierten. In diese Straße mündete auch Hui Le Li, das Gäßchen der tausend Prostituierten und *singsong girls*.

In einem Schreibwarenladen erstand Walter ein Glas

Tinte für seinen neuen Parker, Papier und Notizbücher aus schwarzem Moleskin. Dann entdeckte er bei Zhonghua die Bände des Romanzyklus *Les Rougon-Macquart* von Emile Zola und wurde sich bewußt, noch keinen Roman dieses Mannes gelesen zu haben, obwohl er ihn wegen seines hervorragenden *J'accuse* bewunderte – jener in *L'Aurore* veröffentlichten Anklageschrift, mit der Zola für Alfred Dreyfus eingetreten war, den die französische Armee unrechtmäßig zu lebenslanger Verbannung verurteilt hatte. Walter fragte sich auch, wie lange er eigentlich kein richtiges Buch mehr in der Hand gehalten hatte.

Zu Hause versenkte er sich sofort in das Werk, entdeckte jenes Glücksgefühl wieder, von Seite zu Seite zu eilen, der Musik des Papiers zu lauschen und sich ganz der Lust zu lesen, lesen, lesen hinzugeben.

Mit einemmal wußte Walter, daß er seinen Filmstoff gefunden hatte. Mit *Nana* lieferte ihm Zola eine traumhafte Vorlage. Er dachte an eine sehr freie Adaptation des Romans, die er im Nachkriegs-Shanghai ansiedeln wollte.

Das Schicksal einer Kurtisane ergab eine perfekte Geschichte, um die bittere Enttäuschung des Volkes, die Korruption in Regierungskreisen, den hemmungslosen Luxus der Reichen in Szene zu setzen.

Seinen Filmtitel fand Walter, der von *Nana* wie besessen war, während er unter den Schönen der Love Lane flanierte: *Das Mädchen aus dem Armenviertel*. Nun war es Zeit, sich an die Arbeit zu machen. Voller Begeisterung rief er Jakob und Luise an, um ihnen von seinem Vorhaben zu erzählen. »Schreiben wir doch das Drehbuch gemeinsam?« schlug er vor.

Da erfuhr Walter, daß seine Freunde beschlossen hatten, nach Wien zurückzukehren. Was konnte er ohne sie ausrichten? Doch er weigerte sich, den Gedanken an diesen

Film, der ihn nicht mehr losließ, einfach fallenzulassen. Die Flecks erboten sich, vor ihrer Abreise einen Ko-Drehbuchautor für ihn aufzutreiben. So lernte Walter Zhong Tao kennen, einen Mann um die Dreißig, der in Frankreich studiert, bereits für Theater und Film geschrieben und einige kleinere Rollen bekleidet hatte. Er versuchte sich an allem.

Der Stoff begeisterte Zhong Tao sofort, und als er Walter am Tag nach ihrer Begegnung bereits ein paar ausgearbeitete Szenen brachte, zweifelte Walter nicht mehr daran, daß er den richtigen Partner gefunden hatte. Da Zhong Tao Shanghai für vierzehn Tage verlassen mußte, beschlossen sie, sich nach seiner Rückkehr an die Arbeit zu setzen.

Erst jetzt fühlte Walter sich innerlich frei, um Feng-si anzurufen. Fast ein Monat war seit ihrem Wiedersehen vergangen, und Feng-si, die etwas gekränkt war, ließ sich zunächst lange bitten. Schließlich machte sie einen Abend in der darauffolgenden Woche mit ihm aus.

Walter empfand Feng-si gegenüber unendliche Dankbarkeit. Sie hatte ihn geliebt, ihm geholfen und ihn aus dem Bridge House herausgeholt. Jetzt, da sie sich ausgesöhnt hatten, schwor er sich, ihr zu jedem Neujahrsfest ein Geschenk zu machen. Er beschloß, mit ihr zum fröhlichsten und ungewöhnlichsten Ort Shanghais zu fahren, einem Park am Westrand der Stadt. Dort konnte man unter Bäumen spazieren, auf dem von Laternen beleuchteten Weiher rudern, in einem Pavillon tanzen, in einem anderen zu Abend essen und sich in einem dritten diverse Darbietungen anschauen. Dort konnte er auch Jimmy, der als Zauberer engagiert war, bewundern. Walter freute sich schon darauf, Feng-sis Gesicht vor Glück und Vergnügen strahlen zu sehen.

Sie trug ein Kleid mit Bolerojäckchen, das farblich zu den Jade-Ohrgehängen paßte, die Walter ihr geschenkt hatte. Walter hatte das Knopfloch seines Jacketts mit einer dunkelroten Nelke geschmückt. Sie waren ein Paar, würdig der Eleganz des Luxustaxis, das sie vor der Tür erwartete.

Walter suchte sich eine bequeme Sitzposition und gähnte.

»Bist du müde?«

»Am Ende meiner Kräfte! Ich hätte nicht gedacht, daß die Suche nach einem Ko-Drehbuchautor so anstrengend sein könnte. Wenn du es nicht gewesen wärst, hätte ich heute alles abgesagt und wäre um acht Uhr schlafen gegangen!«

Geschmeichelt bedankte sich Feng-si mit einer zärtlichen Geste.

Walter war zwar den ganzen Abend über liebenswürdig und aufmerksam, doch sie spürte, daß er mit seinen Gedanken abwesend war. Er zog häufig sein Notizbuch hervor, kritzelte etwas hinein und entschuldigte sich mit einem Lächeln. Sie erkannte, daß er sowohl im Restaurant wie im Ruderboot und im Tanzlokal nur an seinen Film dachte.

Und selbst als sie sich später vor dem Baldachinbett küßten und Feng-si dann ihr Seidenkleid hinabgleiten ließ, dachte er noch an seinen Film. Sie liebten sich wie früher, doch es fehlte die Leidenschaft von einst. Feng-si hatte eine Nebenbuhlerin, die *Nana* hieß.

IV

Die massigen dunklen Umrisse der Docks versanken im Nebel der Dezembernacht. Die Stirn gegen das Fenster gelehnt, blickte Walter hinaus, ohne etwas zu sehen. Er kaute an einer schweren Niederlage. Die Studios der Kunlun hatten das Drehbuch abgelehnt, das er zusammen mit Tao in den letzten Novembertagen fertiggestellt hatte. Einfach unbegreiflich! Jakob und Luise Fleck hatten es doch vor ihrer Abreise noch rasch gelesen und keinerlei Zweifel an seinem Erfolg gehabt.

Konnte die Ablehnung antisemitische Beweggründe haben? Es wurde allmählich klar, daß die Juden China eines Tages verlassen mußten. Immer häufiger machten Kulis, Händler und Boys – in der Annahme, sie verstünden sie nicht – Fremden gegenüber verunglimpfende Bemerkungen. Walter war schon als Hurenenkel, faules Schildkrötenei und bösartige Natter beschimpft worden.

China hatte gerade ein Jahrhundert einer Fremdherrschaft hinter sich, die das Volk durch die Geißel Opium unterjocht hatte, und fünfzehn Jahre japanische Unterdrückung, die zwanzig Millionen Chinesen Tod oder Verstümmelung brachte. Die – verständliche – Fremdenfeindlichkeit wurde sowohl von den Nationalisten als auch den Kommunisten unter der Führung Mao Tse-tungs ausgenutzt. Nachdem die Verhandlungen zwischen Mao Tsetung und Tschiang Kai-schek gescheitert waren, hatte sich der Bürgerkrieg wieder verschärft und wütete wie nie zuvor. Durch Disziplin und vor allem ihre hervorragende Führung widerstand die »Volksbefreiungsarmee« den modernen, von den Amerikanern gestellten Waffen der Nationalisten, obwohl deren Streitkräfte auch zahlenmäßig überlegen waren. Überdies gewannen die Kommunisten die Bauern für ihre Sache durch die Umverteilung von Land.

Das Rote Shanghai untergrub das Kapitalistische Shanghai. Kommunisten in den Gewerkschaften schürten Streiks und Arbeitskämpfe und riefen zum Boykott amerikanischer Produkte zugunsten einheimischer Waren auf. Dutzende ausländischer Unternehmen und Agenturen hatten schließen müssen, was zusammen mit dem Abzug des größten Teils der amerikanischen Soldaten auf einen Schlag Hunderte von Stellen vernichtete.

Zur Krise auf dem Arbeitsmarkt gesellte sich die Wohnungsknappheit, ein Gebiet, auf dem sich die chinesische Fremdenfeindlichkeit den Juden gegenüber besonders bemerkbar machte. In Hongkew waren aufgebrachte Chinesen in Häuser eingedrungen und hatten versucht, die Flüchtlinge daraus zu verjagen. Bei Protestmärschen durch die Straßen trugen sie Banner mit der Aufschrift: »Die Japse und die Juden sind unsere Feinde!« und mit Karikaturen von bärtigen Juden mit krummen Nasen sowie Parolen in der Art der übelsten Nazipropaganda.

Doch Einwanderungsgenehmigungen schienen mit dem Tropfenzähler erteilt zu werden, so daß das Flüchtlingskomitee sich schließlich gezwungen sah, einen Hilferuf in der ganzen Welt zu verbreiten:

Fünfzehntausend Flüchtlinge, die Naziterror und japanische Grausamkeiten überlebt haben, die seit Jahren und selbst jetzt noch, lange nach Kriegsende, als Vertriebene leben, warten darauf, aus ihrem Elend gerettet zu werden. WIR KÖNNEN NICHT MEHR IN SHANGHAI BLEIBEN! Viele verfügen über die nötigen Dokumente und Geldmittel, können aber dennoch nicht ausreisen. Andere brauchen Hilfe bei der Beschaffung der notwendigen Papiere. Helfen Sie uns. Alarmieren Sie Regierungen, Parlamente, Zeitungen, Organisationen und hochrangige Persönlichkeiten Ihres Landes. Tun Sie alles Menschenmögliche. VERGESST UNS NICHT!

Wütend und verärgert rauchte Walter Zigarette auf Zigarette. Er nahm sein Shamisen, zupfte die Saiten an, suchte Harmonien und wurde bald ruhiger. Er analysierte seine Lage.

Die Chinesen lehnten sein Drehbuch ab, die Amerikaner ließen sich bitten, bevor sie ihm die Tür öffneten. Weshalb sollte er nicht nach Europa, nach Österreich zurückkehren und Lisa suchen? Später konnten sie sich gemeinsam in die Vereinigten Staaten aufmachen. Doch wo mit der Suche beginnen? In welchem Land? Walter würde nicht mehr Erfolg haben als die auf Nachforschungen spezialisierten Dienste, die er allesamt verständigt hatte. Vernünftiger wäre demnach, hier auf sein Visum für die Staaten zu warten. Und wenn sein Film keinen Produzenten fand, mußte er eben seine eigene Produktionsfirma gründen.

Er ging hinunter in die Bar, wo er Max Herzberg anzutreffen hoffte, den er für seinen Plan gewinnen wollte. Max redete gerade heftig auf einen Komprador in chinesischem Gewand und abendländischem Filzhut ein. Walter geduldete sich und ging zu den hohen Barhockern hinüber. Da sich Max' Unterhaltung in die Länge zog, ließ ihm Walter die Nachricht überbringen, daß er sich in den Shanghai Club begeben werde.

Vor dem Shanghai Club am Bund parkten drei Automobile. Sicher Gattinnen, die auf ihre Ehemänner warteten.

Walter war froh, sich an diesem Abend nicht mit Feng-si verabredet zu haben, der dieser Herren-Club in zweifacher Hinsicht – als Frau und als Chinesin – verwehrt war. Sie schien in ihrer wiederbelebten Beziehung glücklich zu sein, doch da er in ihren Augen häufig eine gewisse Traurigkeit entdeckte, bemühte er sich, sie so oft wie möglich aufzuheitern und zu zerstreuen. Für einen künftigen Filmproduzenten jedoch war die längste Bar der Welt der Ort par excellence, um »Kriegsrat« zu halten. Walter spürte, daß er hier in seinem Element war. Er zündete sich eine Zigarette an, schritt über den flauschigen Teppichboden des Salons und nahm die Truppenparade ab.

V

»Ganbei!«

Mayling, die »Schöne Schlehenblüte«, prostete ihm zu, betupfte ihre Lippen und trank ihren Reiswein in einem Zug aus. Ihre üppigen Brüste spannten die rote Seide ihres Kleides. Appetitlich, dachte Walter. Er ertappte Zhong Taos Blick, der ihn beobachtete.

Nach einigen Schwierigkeiten war es Walter gelungen, seine Produktionsgesellschaft, die Golden Dragon Company, auf die Beine zu stellen. Neben Max Herzberg waren auch Paul Boulanger, ein Franzose und früherer Angestellter der Banque d'Indochine, der als Immobilienmakler sein Glück gemacht hatte, und Herr Wu, Otto Fischers ehemaliger Arbeitgeber, daran beteiligt.

Walter bestellte noch ein Fläschchen Reiswein. Dank der Zusage des alten Herrn Wu hatte die Golden Dragon Company sich endlich konstituieren können. Walter und Tao hatten sich unverzüglich auf die Suche nach einem Regisseur, nach Schauspielern und Technikern gemacht. Nun mußten sie nur noch eine Leinwandgöttin finden, die die Nana verkörpern konnte. Walter schwebte eine Künstlerin vom Rang des Stummfilmstars Ruan Lingyu vor, die leider bereits in jungen Jahren Selbstmord begangen hatte. Alle Perlen Shanghais waren jedoch längst verpflichtet, so daß sie ihre Hoffnungen auf ein junges Talent setzen mußten. Was aber auch sehr spannend sein konnte.

An diesem Punkt hatte Tao seine Schwester Mayling ins Gespräch gebracht. Mayling hatte eine kleine, unbedeutende Rolle in einem Film, der zur Zeit im Cathay lief. »Sie hat nie zeigen dürfen, was sie kann«, behauptete Tao. »Mayling hat das Zeug zu einem großen Star.« Walter hatte versucht, eine Begegnung mit Mayling zu vermeiden, denn hatte er sie erst einmal kennengelernt, konnte er ihr die Rolle kaum noch abschlagen, weil sie – und damit auch Tao – sonst das Gesicht verlieren würde. Ein riskantes Spiel.

Doch nach Tagen enttäuschender Défilés von Mageren, Kantigen, dummen Gänsen und reizlosen Trampeln hatte er einem Treffen halbherzig zugestimmt. Tao hatte in diesem Tempel der Szechwan-Küche ein opulentes Mahl bestellt, bei dem Knoblauch, Ingwer und Piment reichlich Verwendung gefunden hatten und sie rasch ins Schwitzen brachten.

»*Ganbei!*« rief Tao. »Auf unsere Pläne!«

Walter trank bereitwillig mit. Mayling war ein attraktives Mädchen, lebhaft und verführerisch. Sie versuchte ihr Doppelkinn dadurch auszugleichen, daß sie ihre Augen mit einem dicken Lidstrich betonte. Walter war noch nüchtern genug, um zu erraten, daß sie nur deshalb riesige Portionen *kueifei chi* und *hsiangsu ya*[1] verschlang – ein sehr unchinesisches Benehmen –, weil sie so Ähnlichkeit mit der gierigen Nana demonstrieren wollte. Als die Unterhaltung in Fluß war, führte Tao unvermutet ein Treffen mit Freunden an und erhob sich.

»Bis morgen, Walter?«

»Bis morgen, Tao.«

Walter und Mayling blieben allein zurück. Er bat sie, von

---

[1] »Flügel der kaiserlichen Konkubine« und »Duftende, knusprige Ente«.

sich zu erzählen, und Mayling gestand ihm ihre große Vorliebe für Luxus und Schauspielerei. In einem wahren Wirbelsturm von Wörtern schilderte sie ein Leben der Nachtbars, der Tanzclubs, der schicken Restaurants, der Rennbahnen, Theater und Kinos – all dies jedoch nur, wenn sie keine Möglichkeit hatte, ihrer wahren Passion zu frönen und auf der Bühne oder für die Leinwand zu spielen.

Stimmte das alles? Oder beschrieb Mayling ihm ein erträumtes Leben?

Sie nahm eine Zigarette und führte sie an die Lippen. Als Walter ihr Feuer gab, beugte sich Mayling zu ihm und legte ihre Hände um die seine, um die Flamme zu schützen. Eine Berührung, die ihn verwirrte. Sein Blick glitt über den Oberkörper der jungen Frau.

»Sie tragen ein chinesisches Kleid«, bemerkte er, »und dennoch scheinen Sie vor allem europäische Zerstreuungen zu schätzen.«

Mayling begann zu lachen; sie lachte aus vollem Halse, wie eine Europäerin!

»Ich bin Chinesin, doch ich liebe alles, was aus Paris kommt.«

Der Name dieser bezaubernden Stadt stand für ganz Europa. Mit aufreizendem Lächeln hob Mayling ihre schwere Haarpracht, entblößte ihren Hals und neigte sich Walter zu.

»Wie finden Sie mein Parfum?«

Walters Nasenflügel weiteten sich.

»Herrlich!«

Er schnupperte nochmals.

»*Crêpe de Chine!*« verkündete Mayling. »Sehen Sie, das ist China, aber es kommt aus Paris.«

»Sie führen also ein äußerst angenehmes Leben«, nahm

Walter das Gespräch wieder auf und tat, als nähme er ihren Bericht für bare Münze. »Es fehlt Ihnen wirklich an nichts.«

»Doch: Berühmtheit. Und ich werde alles tun, um sie zu erlangen«, versicherte Mayling und warf ihm einen vielsagenden Blick zu. »Der Horoskopsteller hat sie mir für das Jahr der Ratte vorhergesagt.«

Das Jahr der Ratte begann im nächsten Februar, also 1948.

Hinter Walters Stirn tobte ein Sturm. Mayling zu Probeaufnahmen aufzufordern, hieß, sie zu engagieren, denn für Tao wäre es ein Affront, wenn seine Schwester die Rolle dann doch nicht erhielte. Er versuchte, sich an Maylings Figur zu erinnern, doch er war wohl zu unaufmerksam gewesen. Um zu sehen, wie sie sich bewegte, schlug er daher vor, den Abend anderswo zu beenden.

Während sie auf ihren Mantel wartete und dabei ungeduldig mit einem Fuß auf den Boden klopfte, betrachtete er sie. Üppige Formen, schlanke Taille. Sie hatte eine Hand auf die Hüfte gelegt und wirbelte mit der anderen ihr Perlentäschchen an der Kordel herum. Walter hinterließ ein königliches Trinkgeld und zog Mayling dann durch das Spalier der Boys hinaus in die Kälte der Straße. Da sie fror, drängte er sie in das erstbeste Taxi.

»Wo können wir uns aufwärmen?« fragte er.

»Wo Sie wollen.«

»Sie kennen Shanghai besser als ich. Wählen Sie bitte.«

»Wirklich?«

Ihre leicht heisere Stimme verwirrte ihn. »Wirklich. Bringen Sie mich dorthin, wo auch Nana hingehen würde.« Du bist geliefert, flüsterte ihm eine innere Stimme zu.

Unweit des New World mit der berühmten *water-chute*, einer Art Luna-Park mit Wasserrutschbahn, setzte sie der

Chauffeur an einer Passage der Yu Ya Ching Road ab. Sie betraten ein Teehaus, und Mayling ließ sich ein kleines Séparée aufschließen. In der Mitte stand ein Diwan mit Seiten aus geschnitztem Palisanderholz und einem Baldachin aus gelbem Brokat. Ein süßlicher Duft schwebte in dem Raum.

Sie streckten sich zwischen den Kissen aus und betteten ihre Köpfe auf eine kleine feste Rolle. Walter sah zu, wie zwei sehr junge Mädchen, deren kleine Brüste unter ihren durchsichtigen weißen Seidenkleidern hervortraten, die Opiumpfeifen vorbereiteten: Sie befestigten an einem dünnen Silberstab einen Tropfen der zähen schwarzen Paste und drehten sie über der knisternden Flamme.

Er sog den Rauch ein, und schon beim ersten Zug fühlte er sich wunderbar leicht, heiter und voller Lebensfreude.

Nach der zweiten Pfeife war sein Gehirn so klar wie nie zuvor. Er hatte das gesamte Drehbuch von *Nana* vor Augen, entdeckte einen Bruch darin und wußte sofort, welche Änderung vorzunehmen war. Er malte sich die Erstaufführung des Films aus. Die Vorpremiere, die Werbung, die Lobeshymnen. Er schloß die Augen, sah Szenen aus seiner Kindheit: Sein Vater hatte ihm das erste Fahrrad gekauft. Lisas zärtliches Lachen tröstete ihn über seinen ersten ungeschickten Fahrversuch hinweg. Vom zweiten kam er triumphierend zurück, und sie streichelte ihm über die Stirn. Sanfte Finger fuhren durch sein Haar, zeichneten seine Augenbrauen nach, wanderten über seine Lippen ...
Er schlug die Augen auf. Mayling lag halb auf ihm und hielt ihn in ihrem Blick gefangen. Er wußte, daß er sie nehmen würde, er verspürte eine wilde Lust, doch er wollte sie noch warten lassen: Sie sollte an ihren Verführungskünsten zweifeln. Als er schließlich nicht mehr widerstehen konnte und sie unter sich begrub, öffneten sich Maylings

Schenkel und entblößten eine heiße, bebende Blume, die er »Kamelie« nannte. Sie spielte für ihn die Nana.

VI

In der Stille des frühen Morgens kaufte Feng-si bei einer schwarz gekleideten Greisin, die wie ein Affe in einem Winkel des Jung'an si-Tempels, des Tempels des Ewigen Friedens, hockte, Kerzen und Räucherstäbchen. Lange betrachtete sie dann die schöne weiße Marmorstatue von Guanyin, der Göttin der Barmherzigkeit, die eine Lotosblüte in der Hand hielt.

Das Geräusch von Schritten und Stimmen holte Feng-si aus ihrer andächtigen Versenkung. Sie erkannte den Priester an seinem hohen Wuchs, der mit seinem kahlen Schädel die Gläubigen um Haupteslängen überragte. Es hieß, er sei mit einer überaus reichen Frau liiert und habe außerdem sieben Konkubinen. Ein paar Schritte entfernt stand scin Lcibwächter, ein Weißrusse, und ließ ihn nicht aus den Augen.

Das Gebäude, in dem Feng-si beten wollte, war dem Buddha Amitabha geweiht. Sein goldener Bauch glänzte im Dämmerlicht. Ach, mochten doch seine großen Ohren Feng-sis Kummer anhören. Walter verbrachte in letzter Zeit höchstens einen Abend im Monat mit ihr. Nun waren diesmal sogar schon acht Wochen vergangen, ohne daß er ein Lebenszeichen von sich gegeben hatte. Feng-si erwartete sehnlichst seinen Anruf. Jeder Tag erschien ihr so lang wie eine ganze Regenzeit, und abends brach sie manchmal in Tränen aus.

Walter behauptete, sein im Dezember 1947 begonnener Film nehme seine ganze Zeit in Anspruch. Jetzt war bereits

Juni. Die Hauptdarstellerin war plötzlich erkrankt, so daß die Dreharbeiten für vier Wochen unterbrochen werden mußten. Walter hatte diese Zwangspause genutzt, um nach Hongkong zu reisen. Was hatte er dort gemacht? Die Dreharbeiten waren zwischenzeitlich wieder angelaufen, aber Feng-si wartete noch immer auf den versprochenen Bericht.

Wie konnte sie Walter dazu bringen, sie zu heiraten, wenn sie sich nur so selten sahen? Wie hatten ihn die Jahre verändert! Er war zwar noch fröhlich und zuvorkommend, aber so fern ... Und so unberechenbar!

Er hatte sich auch kaum gefreut, als er letzten Januar endlich das Visum für die Vereinigten Staaten in der Hand hielt. Feng-si hatte damals gefürchtet, er würde sofort aus Shanghai abreisen. Doch im Gegensatz zu vielen anderen Flüchtlingen schien Walter keine Eile zu haben, was um so überraschender war, als alle Fremden China nun schleunigst verließen, denn die kommunistischen Streitkräfte hatten mit der Eroberung des Südens begonnen. Im Norden griffen sie die großen, von der Kuomintang gehaltenen Städte an und eilten von Sieg zu Sieg. Gerade war ihnen die Stadt Kaifeng in die Hände gefallen.

Walter war gegenwärtig nur bestrebt, seinen Film fertigzustellen. Die Premiere war für Ende dieses Jahres vorgesehen. Bis dahin mußte Feng-si unbedingt eine Gelegenheit finden, ihrem Geliebten zu sagen, wie sehr sie ihn liebte; er sollte auch wissen, daß sie ihm treu war, daß sie sich darauf beschränkte zu singen, zu musizieren und für einen geordneten Verlauf der Geschäfte ihres Hauses zu sorgen.

Vor den Räucherfässern, den großen Vasen voller Blumen und Schalen mit Früchten, die der Gottheit dargeboten wurden, verneigte sich Feng-si, wedelte mit den Weihrauchstäbchen und steckte diese dann in das Aschebecken zu Füßen der heiligen Statue. Inbrünstig hob sie die zusammengelegten Hände, breitete sie auseinander, legte sie wieder zusammen und sah zu, wie sich die Stäbchen allmählich verzehrten. Mochte der Rauch, der ihr Gebet emportrug, ihr die Gunst des Himmels erwirken!

Da Feng-si noch immer ratlos war, als sie sich wieder aufrichtete, beschloß sie, das Orakel zu befragen. Sie nahm das Bambusgefäß, das die numerierten Stäbchen enthielt, und schüttelte es so, daß eines davon heraussprang. Die 17! Feng-si suchte die Zahl in dem Fächerkasten, zog die betreffende Schriftrolle hervor und las den gedruckten Text:

»Die Wurzeln des Lotos gedeihen im Schlamm, doch sein anmutiger Stengel taucht aus dem trüben Wasser empor und zeigt sein kostbares Haupt. Begegnet der Lotos einem, der ihn schätzt und annimmt, so tanzt er in der klaren Luft wie eine himmlische Fee in einem Jadepalast.«

Feng-si hinterließ ein Almosen auf der Bronzeplatte, steckte das Orakel in ihr Schlangenledertäschchen und ging davon, während sie vor sich hin murmelte: »Begegnet der Lotos einem, der ihn schätzt und annimmt ...«

VII

»*Master cow-cow*«, warnte Nong, Max Herzbergs Boy, und schnitt eine beredte Grimasse. »*Savey-box makeee puff puff.*«[1]

»Komm her, Walter!« rief Max über den ganzen Raum hinweg. Er saß hinter seinem Schreibtisch und hatte gerade den Hörer aufgelegt, stützte das Kinn auf die Faust und

---

[1] Pidgin: Der Herr ist wütend. Ihm raucht der Kopf.

versuchte in der Tat, seine Wut zu bezähmen. Als er seinen Freund hereinkommen sah, pfiff er bewundernd.

»Wirklich toll, dein Smoking! Freu dich daran, bevor die Revoluzzer ihn dir klauen. Die Rote Armee ist gerade in Tientsin einmarschiert.«

»Tientsin ... eine schöne Stadt«, erwiderte Walter lässig. »Hast du mal Feuer?«

»Mehr hast du dazu nicht zu sagen?« regte sich Max auf und warf ihm sein Feuerzeug zu. »Wir haben die Kommunisten auf den Fersen, und der Herr ergeht sich in ästhetischen Betrachtungen! Welchen Tag haben wir heute?«

»Den 15. Januar 1949.«

Walter antworte ohne Zögern. Dieses Datum hatte sich ihm eingeprägt, seit sie diesen Tag für die Premiere des *Mädchens aus dem Armenviertel* gewählt hatten.

»Ich gehe jede Wette ein, daß die am 20. in Peking sind! Wir werden uns allmählich von hier verziehen müssen, Walter. So wie die vordringen, werden wir sie in vier Monaten auf dem Buckel haben. Und die Jagd auf Kapitalisten dürfte blutig werden!«

Max erzählte, was ihm seine Geschäftsfreunde in den besetzten Städten berichtet hatten. Die Kommunisten verhafteten grundlos Leute, warfen sie ins Gefängnis und plünderten sie aus. Sie zwangen die Inhaftierten, Rechenschaft über ihr bisheriges Leben abzulegen, immer wieder, über Stunden hinweg. Die Haft dauerte so lange, bis die Leute sämtliche Verfehlungen eingestanden hatten. Wenn sie beschlossen hatten, einen Gefangenen weichzukochen, wurde er am Schlafen gehindert, wobei sich die Folterknechte abwechselten. Manchmal verlor das Opfer darüber den Verstand.

Walter unterbrach den Bericht. »Kann Nong mir Zigaretten kaufen gehen?«

»Hier, nimm meine«, antwortete Max und klappte sein Etui auf.

Walter sah die Burleighs angewidert an. »Ich ziehe meine Craven vor.«

»Wie du willst. Nong!« rief Herzberg.

Der Boy erschien sofort. Walter nahm ein Bündel Scheine aus seiner ledernen Aktentasche und reichte sie Nong, der sie in einen kleinen Jutebeutel steckte.

»Wenn mir früher jemand gesagt hätte, ich würde mal drei Millionen Yuan für eine Schachtel Zigaretten ausgeben müssen!«

»Nong wird dir das Kleingeld schon rausgeben!« scherzte Max. Nichts war ungewisser als das! Der Kurs des Gold-Yuan[1] wechselte von Stunde zu Stunde, die Preise schossen mehrmals täglich in die Höhe. Der morgens erhaltene Lohn, der zumeist in amerikanischen oder mexikanischen Dollar oder Goldbarren ausgezahlt wurde, hatte um die Mittagszeit bereits an Wert eingebüßt. Man mußte die Börse konsultieren, bevor man ein Geschäft abschloß. Fahrradfahrer waren in der Stadt unterwegs und riefen die Kurse des Bund aus. Die Angestellten der Compagnie Française des Tramways verhalfen sich zu einem Nebenverdienst, indem sie bei Fahrtbeginn der Trambahnen Münzen und Banknoten ankauften und sie an der Endstation wieder verkauften.

Kaum war Nong gegangen, explodierte Walter. »Ich brauche keine Zigaretten, Max. Ich habe das nur vorgeschoben, weil ich dir sagen wollte, daß du vollkommen irre sein mußt, vor Nong so über die Kommunisten herzuzie-

---

[1] Der Wechselkurs des Gold-Yuan gegenüber dem amerikanischen Dollar betrug am 19. Mai 1949 12 Millionen zu eins, am nächsten 20 Millionen und am übernächsten 42 Millionen.

hen. Du weißt doch, daß sie versprechen, das Paradies auf Erden zu errichten, und daß ihnen die einfachen Leute auf den Leim gehen! Warum sollten sie den Verheißungen von Frieden, Gerechtigkeit, Freiheit auch nicht glauben? Wie soll das Volk widerstehen, wenn man ihm verspricht, es könnte sich von nun an satt essen, sich ordentlich kleiden und die Führung des Landes übernehmen? Sei vernünftig, Max! Nong braucht dich bloß zu denunzieren, falls sie auch Shanghai einnehmen sollten, und dann bist du erledigt!«

Max ließ den Kopf hängen und sah aus wie ein schuldbewußter Bengel. Er mißtraute nur Menschen, die er nicht kannte.

»Das wäre nicht Nongs Art«, meinte er nach kurzem Überlegen. »Er ist ein guter Kerl.«

»Ich habe dich gewarnt«, erwiderte Walter. »Willst du dieses Hemd da anbehalten?«

»Wieso, was ist denn damit? Schöne Seide, nicht? Und kaum getragen.«

»Wieviel Kilo hast du in den letzten Monaten zugenommen?« Max rückte den Kummerbund seines Smokings zurecht, der seinen Bauch kaschieren sollte.

»Besser Neid als Mitleid einflößen!«

»Da reden wir noch mal drüber, wenn die Kommunisten hier anrücken«, sagte Walter. »Laß uns jetzt gehen, es ist Zeit.«

»Also gut, ich werde das Hemd wechseln«, knurrte Max.

Walter nahm eine der Zigaretten, die Nong besorgt hatte – er hatte ihm das Wechselgeld gelassen –, und überflog seine Post, während er auf Max wartete. Der erste Brief war von dem kleinen Markus. Begeistert erzählte der Violinist von seinem schwierigen, doch ausgefüllten Leben in einem israelischen Kibbuz. Daß sich der Musiker jetzt dem

Ackerbau verschrieben hatte, brachte Walter ins Grübeln. So etwas lockte ihn nun wirklich nicht. Doch welch ein Kontrast zu dem verzweifelten Brief, den Giulio Veneto aus New York geschrieben hatte. Die Leute dort drüben waren hart, unfreundlich, ungehobelt, hektisch oder faul und argwöhnisch gegenüber neuen Einwanderern. Man mußte schon über ein gut gepolstertes Bankkonto verfügen, um unter angenehmen Bedingungen zu starten und Erfolg zu haben. Geld war das Zauberwort. Die Venetos lebten nicht besser als in Shanghai. Aus dem in Deutsch geschriebenen Brief hoben sich drei Wörter in Englisch ab: *struggle for life* – der Kampf ums Überleben.

Walter besaß weder Vermögen – *Das Mädchen aus dem Armenviertel* hatte seine gesamten Ersparnisse verschlungen – noch begüterte Verwandte noch einen sicheren Beruf. Er hatte keine Ahnung, was der Film einbringen mochte. Und würde ihm dieses Geld überhaupt zufließen, falls er außerhalb Chinas lebte? Ich habe keine Lust mehr, mich wie ein Bettler durchzuwursteln, konstatierte er.

»Bin fertig!« rief Max.

Sie fuhren hinunter. »Hühnerhals«, der Chauffeur, öffnete die Türen des Packard. Dieser Virtuose der Buschtrommel und der Gedankenübertragung war affenschlau und wußte stets, was wo vor sich ging. Als etwa der Violinist Heifetz in Shanghai gastierte und an ein und dem selben Abend zu verschiedenen Cocktails eingeladen war, da brauchte man Hühnerhals nichts zu erklären. Er fuhr Max und Walter von selbst überallhin, wo man gesehen werden mußte, so wie er sie auch heute ins Lyceum Theater brachte, ohne daß ihm Max oder Walter dieses Ziel genannt hätten. Ich habe keine Lust mehr, meine Sohlen auf den Gehsteigen abzuwetzen oder meine Wadenmuskeln zu strapazieren, setzte Walter, behaglich in der Limousine sitzend, seinen inneren Monolog fort. Und ich habe auch die Nase voll, in einer schäbigen, engen Welt eingesperrt zu sein. Der Brief von Veneto in seiner Tasche schmerzte ihn wie eine Wunde.

Und wenn ich mich in Hongkong niederlassen würde? schoß es Walter durch den Sinn. Zumindest lange genug, um zu ein bißchen Vermögen zu kommen, damit ich in Amerika nicht wie ein Bettler dastehe.

Reiche Chinesen begannen allmählich, Hausrat und Fabriken von Shanghai nach Hongkong umzusiedeln. Walter hatte sich bei seinem vierwöchigen Aufenthalt ein Bild davon machen können. Grund für seine Reise waren allerdings Maylings enttäuschende schauspielerische Fähigkeiten gewesen, die ihn bewogen, ihr von dem großen Schauspieler Dong Binian Unterricht geben zu lassen. Dieser war inzwischen nach Hongkong geflohen, wo sich bereits etliche seiner Kollegen befanden. In der britischen Kronkolonie florierten die Filmstudios, seitdem die aus Shanghai stammenden Gebrüder Shaw, die derzeit wichtigsten Produzenten von *wuhsia*- und Kung-Fu-Filmen[1], sich 1941 dort niedergelassen hatten. Walter hatte also Mayling nach Hongkong gebracht, damit sie Dongs Schauspielkurse besuchen konnte.

Walter hatte sich für Hongkong allerlei vorgenommen: eine Reportage schreiben und sich mit den dortigen Filmmagnaten, ehemals Shanghaier Produzenten voller Elan, bekanntzumachen, die im »Hollywood des Orients« Filme für die gesamte chinesische Diaspora in den Ländern Südostasiens drehten.

Doch zuallererst gönnte er sich den Aufstieg zum Victo-

---

[1] Beides Kampfsportarten. *Wuhsia* wird mit Hieb- und Stichwaffen ausgetragen, Kung-Fu gleicht dem Karate.

ria Peak, wo er die prachtvollen Villen bewunderte und sich an der tropischen Vegetation berauschte, die ihm nach dem Asphalt und dem Staub Shanghais wie ein Dschungel erschienen war. Balsaminen, Orchideen und Hibiskus wuchsen hier wie Unkraut. Walter betrachtete sie mit dem gleichen Wohlgefallen wie später den Schwarm der Cadillacs, Rolls' und Bentleys, die am Abend vor dem Peninsula Hotel, einem von Ellis Kadoorie erbauten Palasthotel aus den zwanziger Jahren, standen. Walters einzige Enttäuschung: Die dortigen Chinesen sprachen Kantonesisch und verstanden sein Shanghaiisch nicht.

Nach Rückkehr von Hongkong war Mayling immerhin imstande, Mimik und Gestik zu variieren, doch ihrem Spiel fehlte es weiterhin an Flexibilität und Natürlichkeit. Daher machte sich Walter keine großen Illusionen über den Erfolg des Films, der sich obendrein gegen eine harte Konkurrenz behaupten mußte.

»Steckst du immer noch mit Mayling zusammen?« erkundigte sich Max.

»Nicht mehr lange«, antwortete Walter entschieden.

»Ich frage mich, wie du sie überhaupt erträgst.«

»Ich mich auch.«

Er erinnerte sich an das Erwachen nach der Nacht im Teehaus in der Yu Ya Ching Road. Wie viele Opiumpfeifen hatte jeder von ihnen geraucht? Walter war es egal gewesen. Sein Kopf war leer, und er sehnte sich nur danach, das Wohlbefinden und die schweifende Phantasie wiederzuerlangen, die ihm die Droge verschafft hatte. Doch plötzlich hatte er sich an Thomas Schoenberg erinnert, jenen ehemaligen Freund mit dem verwüsteten Gesicht und den dünnen zitternden Fingern. Mit großer Willensanstrengung hatte er sich von dem Lager erhoben, hatte Mayling zurückgelassen, weil er zu schwach gewesen war, sie aus ihrem Dämmerzustand herauszuholen, und gehofft, sie niemals wiederzusehen.

Doch er war in China, und Tao, der besorgte Bruder, paßte auf. Walter war nicht umhingekommen, Mayling zu engagieren. Ihre Zusammenarbeit hatte dazu beigetragen, daß er wieder in ihre Netze geriet, doch er hatte sich gehütet, je wieder Opium anzurühren. In Hongkong begann Walter auch, der ewigen Szenen und Ansprüche der nimmersatten Mayling leid zu werden. Er hatte sich vorgenommen, sich nach der Premiere des Films von ihr zu trennen.

Mit quietschenden Reifen hielt Hühnerhals vor dem Lyceum Theater, gerade als auch Franz und Klara Bauer mit Feng-si eintrafen. Walter eilte auf Klara zu und schloß sie in die Arme. Die Bauers reisten am nächsten Morgen nach Australien ab. Ein Chinese hatte das Wiener Café gekauft.

»Wir haben uns ja schon telefonisch alles Gute gewünscht, nicht wahr, mein Kleiner?« sagte Klara mit unsicherer Stimme, während sie Walter über die Wange streichelte. »Franz und ich werden gleich nach dem Film aufbrechen, ich muß noch ein paar Kleinigkeiten einpakken. Wir werden uns also vielleicht nicht mehr sehen. Ich werde dir unsere Adresse so bald wie möglich zukommen lassen, und dann kannst du mir schreiben, ob du Nachricht von Lisa bekommen hast. Sie wäre heute sehr stolz auf dich gewesen, deine Mama! Ich wünsche dir nochmals das Allerbeste, mein Kleiner. Gott schütze dich!«

Walter spürte, wie ihm die Kehle eng wurde und Tränen in die Augen stiegen. Nur mit Mühe brachte er heraus: »Danke, Klara. Auch euch, Franz und dir, das Allerbeste ... Und Danke für alles, was ihr für mich getan habt.«

Franz und er umarmten sich, und der ehemalige Wirt des Wiener Cafés brummelte einen Segen nach seiner Art.

Zu bewegt für Worte, legte Walter zärtlich vertraut den Arm um Feng-sis Schultern, die etwas abseits stehengeblieben war, und ging mit ihr ein paar Schritte auf und ab.

»Heute abend werde ich kaum eine freie Minute haben«, entschuldigte er sich. »Ich werde dich aber, so bald es geht, anrufen.«

Im Schein einer Wandleuchte betrachtete er Feng-sis schönes glattes Gesicht, so rein und geheimnisvoll, das ihn einst betört hatte. Ihre weit geöffneten, eigentümlich starren Augen blickten ihn fragend an.

»Du bist noch immer bezaubernd!«

»Wir haben dich schon überall gesucht, Walter!« keifte eine schrille Stimme auf Chinesisch.

Es war Mayling, die von Tao begleitet wurde. Sie zog Walter so ungestüm fort, daß er kaum Zeit hatte, Feng-si ein entschuldigendes Lächeln zuzuwerfen.

In voller Kriegsbemalung und hocherhobenen Hauptes ließ Mayling nicht den geringsten Zweifel daran aufkommen, daß sie der Star des Abends war.

»Wer war dieses Ungeziefer, mit dem du eben gesprochen hast?« fragte sie, als sie sich in dem vollen Saal auf dem Ehrenplatz, zwischen dem alten Herrn Wu und Walter, niedergelassen hatte. »Ihr wart ja wie Pech und Schwefel.«

Er tat, als verstünde er nicht, was sie meinte.

»Ich habe mit keinem Ungeziefer gesprochen.«

»Oh, doch! Mit der Chinesin!«

Die ersten Bilder des Vorspanns flimmerten auf der Leinwand.

»Das ist eine wunderbare Freundin. Und jetzt sei still!«

Im großen und ganzen spielten die Schauspieler ihre Rollen gut. Entgegen seinen Erwartungen fand Walter Gefallen an seinem Film, den er hier zum ersten Mal vollständig zu Gesicht bekam. Die Premierengäste brachen in einen wahren Beifallssturm aus, und Walters Partner in der Golden Dragon Company, der alte Herr Wu, Paul Boulanger und Max Herzberg, zeigten ihre Zufriedenheit. Die Fotografen veranstalteten Blitzgewitter, die Journalisten drängten herbei, Notizblock und Bleistift in der Hand. Alle Beteiligten beantworteten bereitwillig ihre Fragen. Der Erfolg des Films hing weitgehend von den Artikeln ab, die am nächsten Morgen in der Presse erscheinen würden.

Als Walter, Tao, Mayling und die anderen Schauspieler endlich in das Foyer kamen, das für die Premierenfeier festlich geschmückt worden war, fanden sie das Buffet bereits geplündert.

»Wir werden doch jetzt nicht so einfach auseinandergehen«, sagte Paul Boulanger, »ich lade euch alle zu mir ein.« Und schon war er zum Telefon geeilt, um seinen neuen chinesischen Koch zu verständigen. Lachend kam er zurück.

»Ich habe ihm gesagt, ich würde etwa zwanzig Freunde mitbringen, und er hat geantwortet: ›Moi démerde‹. Ich mich schon aus der Scheiße ziehen.«

»Zu Monsieur Boulanger«, befahl Max Hühnerhals, als er in den Packard stieg.

»Yesyes, my savee.«[1]

Im Wagen erinnerte sich Walter wieder an Venetos Brief. Struggle for life! Wollte er die hier errungenen Privilegien tatsächlich für einen ungewissen Kampf aufgeben? Allerdings bedrohte das unaufhaltsame Vorrücken der kommunistischen Truppen den Garten Eden.

»Du hast Recht, Max«, seufzte er. »In Shanghai riecht es ziemlich brenzlig.«

---

[1] Ja, ja, ich weiß.

»Und?«

»Ich werde nächste Woche wieder nach Hongkong reisen und alles für meinen Absprung vorbereiten.«

Walter wußte, daß er in Hongkong ein zweites Eden finden würde.

VIII

Am nächsten Morgen suchte Feng-si nochmals den Tempel der Guanyin, der marmornen Göttin mit dem weißen Lotos, auf. Dort betete sie lange im Halbdunkel. Als sie den Tempel verließ, kam ihr der Gedanke, in den Garten des Mandarin Yu zurückzukehren und den Spuren jenes Spaziergangs zu folgen, den sie einst mit Walter dort unternommen hatte. Der graue Himmel hing tief, doch es war mild für einen Januartag.

Feng-si hatte für den Erfolg des *Mädchens aus dem Armenviertel* gebetet. Unterwegs kaufte sie zwei Tageszeitungen. Sie hoffte, in ihnen ein positives Echo auf den Film zu finden.

In der ersten Zeitung entdeckte Feng-si ein Foto von Walter mit der Hauptdarstellerin, Zhong Mayling. Sie unterdrückte ihre Eifersucht. Verlangte dieser Beruf nicht eine gewisse Nähe? Der dazugehörige Artikel lobte den Film und berichtete, daß sich Walter von einem französischen Werk inspirieren lassen hatte und mit Zhong Taos Hilfe einen durch und durch Shanghaier Film geschaffen hatte. Das zweite Blatt, eine der so beliebten Klatschpostillen, veröffentliche ein Porträt von Mayling mit raubtierhaftem Lächeln. Auf die Frage nach künftigen Plänen antwortete sie, sie habe ihre Karriere in die bewährten Hände des Herrn Walter Neumann gelegt. Als der Journalist bemerkte, man sehe sie ja häufig zusammen in den Restaurants und Tanzbars *à la mode,* hatte Mayling erwidert, daß sie sich in der Tat sehr nahestünden. Im Film wie auch im Leben.

»Unsere Liebesbeziehung ist kein Geheimnis. Ich hoffe, bald unsere Verlobung bekanntgeben zu können.«

Wie viele Male las Feng-si diese beiden Sätze? Jede Silbe traf sie wie ein Hammerschlag. Ihre Hände und Lippen begannen zu zittern, ihr Herz krampfte sich zusammen.

Lange saß sie zusammengesunken auf der Bank. Dann wußte sie, was sie zu tun hatte. Sie ging in eine bestimmte Straße der nahegelegenen chinesischen Altstadt, in der vor allem Gegenstände für Bestattungs- und Trauerriten verkauft wurden, und fand bald, was sie suchte: einen Kranz aus Lotosblüten.

Mit dem Kranz über ihrem Arm ließ sie sich von einem Rikschafahrer den Fluß entlangfahren, in Richtung Jangtse. Zum Meer, dachte sie. Nach ungefähr einstündiger Fahrt setzte sie der Mann ab. Feng-si verschwand im Dunst.

Die Nacht sank bereits hernieder, als Feng-si einen Pfad einschlug, der hinunter zum Fluß führte. Sie erkannte die Stelle sofort. Nichts hatte sich verändert. Das Wasser plätscherte über die flachen Steine und wiegte eine Sampan-Bank. Vor langer Zeit, als ihr Vater noch der schnellste Kuli von Shanghai gewesen war, hatte er sie hierher zum Baden mitgenommen. Vierzehn Jahre war sie damals. Er hatte ihr gesagt, er sei stolz auf sie, weil sie so schön sei.

Feng-si fand, daß sie ihren Vertrag mit dem Leben erfüllt hatte. Und da sie keine Freuden mehr erwartete, war sie bereit für die Reise ins Jenseits.

Sie löste ihr Haar, zog ihren Mantel aus, faltete ihn sorgfältig und legte ihn zusammen mit ihrer Tasche auf einen

Stein. Ein jäher Windstoß weckte den Whangpoo. Wütend schlug er mit erbarmungslosen Wellen gegen die Sampans. Ein heftiger Wolkenbruch durchnäßte in wenigen Sekunden das dünne Gewand der reglos dastehenden Feng-si und wusch ihren Körper.

Doch bald verwandelte sich der Schauer in feinen Nieselregen.

Gereinigt ließ Feng-si den Kranz über Arme und Kopf bis zur Taille gleiten und stieg mit zusammengelegten Händen gefaßt und im Frieden mit sich selbst in den Whangpoo.

Am selben Tag hatte Walter mehrmals versucht, Feng-si zu erreichen. Zunächst hatte ihn bei der Zeitungslektüre eine Lobeshymne über seinen Film in gute Laune versetzt, dann aber stieß er auf das Interview mit Mayling, in dem diese behauptete, sie beide seien in großer Liebe verbunden, und wurde wütend. Ich muß sofort mit ihr Schluß machen, beschloß er. Warum sollte er nicht schon am nächsten Morgen nach Hongkong reisen? Walter hatte den Boy sogleich angewiesen, seine Koffer zu packen, den Portier gebeten, ihm einen Platz im Zug zu reservieren, und selbst noch rasch ein paar persönliche Dinge eingepackt, die ihn stets begleiteten: Lisas Briefe, seine Füllfederhalter, sein Fotoapparat, das Shamisen.

Da er vorhatte, etwa zwei Monate wegzubleiben, wollte Walter Feng-si unbedingt noch einmal sehen. Als er sie nach mehreren wichtigen Telefonaten gegen fünf Uhr nachmittags erneut anrief, erklärte ihm Huilan, ihre Herrin sei von ihrem Spaziergang noch immer nicht zurückgekehrt. Walter hinterließ, daß er am Abend nochmals anrufen wolle.

Er ging in die Bar des Cathay Hotel, wohin er Max, Tao

und Paul Boulanger gebeten hatte. Nie durchschritt er die Hotelhalle, ohne sich mit einer gewissen Rührung an jenes andere Ich zu erinnern, das an einem Dezemberabend des Jahres 1938 von einem Boy mit weißen Handschuhen grob abgewiesen worden war.

Da er zu früh dran war, trat Walter ans Fenster der im sechsten Stock gelegenen Bar. Der Himmel hing tief, und die auf dem Whangpoo ankernden Boote ächzten im Wind. Walter hatte ein Stunde zuvor die Organisation angerufen, die Nachforschungen über in Europa verbliebene Angehörige durchführte: Man hatte ihm zu verstehen gegeben, es bestünden keinerlei Aussichten mehr, Lisa je wiederzufinden.

Walter dachte, daß er nicht einmal ein Foto seiner Mutter besaß. Und auch keines von seinem Vater. In diesem Augenblick ging ein heftiger Wolkenbruch über der Stadt nieder. Der Regen prasselte an die Fensterscheiben und schien sie mit einem Vorhang aus Tränen zu versehen. Nach kurzer Zeit ließ der Regenguß nach, und eine fahle Mondsichel zog im Nieselregen auf und hing am Himmel wie eine Flagge am Mast.

Der Aufzug hielt; sie kamen alle zusammen, Max, Paul, Tao. Und auch Mayling, die Walter nicht eingeladen hatte. Er grüßte sie knapp und tat dann so, als wäre sie unsichtbar. Erst beim Abschied gelang es ihr endlich, ihm eine Szene zu machen.

»Warum bin ich die letzte, die von deiner Abreise nach Hongkong erfährt?« fauchte sie. »Hätte Tao es mir nicht gesagt, dann hätte ich davon überhaupt nichts gewußt. Du möchtest wohl, daß ich mein Gesicht verliere?«

»Ich habe dir niemals die Verlobung versprochen«, antwortete Walter gleichmütig und zündete sich eine Zigarette an. Seelenruhig schaute er den Rauchspiralen nach, die sich um den Lampenschirm kringelten, während Mayling abwechselnd bat und schimpfte. Als sie ihn »Hurenbock« und »dreckigen Schildkrötenkot« nannte, mußte er lachen.

Doch später, vor dem Einschlafen, kam ihm Maylings haßverzerrtes Gesicht wieder in den Sinn. »Ich werde dich finden, wohin du auch gehst«, hatte sie gedroht. »Und ich werde dir diese Kränkung heimzahlen!«

Walter gähnte. Das einzige, was er bedauerte, war, daß er Feng-si nicht erreicht hatte.

IX

Walter kehrte erst am 24. Mai zu Paul Boulangers vierzigstem Geburtstag nach Shanghai zurück, der ein »bombastisches Fest« geben wollte. Zugleich hatte Walter diesen Tag für seinen endgültigen Abschied von der Stadt gewählt. Eigentlich wäre es ihm lieber gewesen, wenn seine letzte Reise bereits den endgültigen Bruch mit Shanghai vollzogen hätte.

Walter hatte seine Seele in Hongkong gelassen, in der gemieteten Villa in der Robinson Road, am Hang des Victoria Peak, an dem die Wohnsitze der Tai-Pan lagen. Er hatte sich in Hongkong, den »Hafen der Düfte«, verliebt.

Da ihm noch etwas Zeit blieb, streckte sich Walter auf dem Sofa in seiner Suite im Astor aus. Doch der Strudel der Bilder und Begebenheiten, die noch frisch in seinem Gedächtnis waren, ließ ihn keinen Schlaf finden.

Er sieht sich wieder in Kowloon, in der Nathan Road. Und alles läuft ab, wie in der Gegenwart:

Walter geht hinunter zum Meer auf einer Straße, die ebenso breit ist wie die Nanking Road in Shanghai und genauso quirlig. Nur fehlt hier jeder abendländische Einfluß. Kräuterläden, fliegende Händler, Schilder mit großen roten oder grünen Schriftzeichen, auf Bambusstangen flatternde Wäsche und die zwitschernde Menge erinnern an die Atmosphäre der versteckten Gäßchen in der chinesischen Altstadt. Doch die Kantonesen sind agiler und kleiner als die Shanghaier. Die Menge kreischt, lacht, schnattert. Ein kleiner Junge mit rasiertem Kopf, der ein Stück Wassermelone verspeist, geht in die Hocke, um seine Notdurft durch die geschlitzte Hose zu verrichten, ohne dabei die Hand seiner Mutter loszulassen, und trottet dann, Melonenkerne spuckend, unbekümmert weiter.

Auf der anderen Seite einer Meerenge, auf der alles, was schwimmt, von der Jacht bis zum Flußkahn, vom Sampan bis zum großen Handelsschiff, kreuzt, taucht, von zartgoldenem Dunst umhüllt, die Insel Hongkong auf. Ein Schauspiel, an dem sich Walter nicht satt sehen kann. Häuser, deren Dachfirste mit Drachen geschmückt sind, vor allem jedoch Hochhäuser bilden die Skyline der Seeseite von Hongkong und klettern die Hügel hinauf, hinter denen der grüne Hang des Victoria Peak aufragt.

Nach diesem Bad in der chinesischen Menschenmenge gönnt sich Walter ein typisch britisches Vergnügen: den Five o'clock tea. Er folgt der Salisbury Road nach links und erreicht das Peninsula Hotel. In der Lobby mit den vergoldeten Stuckdecken und den orientalischen Pilastern ist nur noch ein einziger Tisch frei. Walter freut sich über diesen Glücksfall. Er bewundert die monumentalen Treppen, die großen Lüster aus funkelndem Kristall. Wie zur Begrüßung spielt das philippinische Orchester die *schöne blaue Donau*. In diesem Moment kommt der Maître d'hôtel verlegen zu ihm. Dieser Tisch sei leider reserviert, offenbar sei das Schildchen verschwunden. Wäre Walter bereit, ihn mit einem Stammgast des Peninsula zu teilen?

412

»Gewiß!«

Schon beim ersten Blick weiß Walter, daß er diesem kleinen stämmigen Mann, der trotz seiner Statur eines Orang-Utan flink und behende einherkommt, bereits begegnet ist. Um die Sechzig ungefähr. Eine Fliege vervollständigt den blauen Nadelstreifenanzug, und eine Hutkrempe beschattet die gebrochene Nase. Der Ankömmling dankt Walter für seine Freundlichkeit mit einem Cockney-Akzent, der Walter bekannt vorkommt. Er stellt sich ihm vor.

»Morris Cohen«, antwortet der Mann, indem er seinen Hut über den wenigen, raspelkurz geschnittenen Haaren lüftet.

»Two-Gun!« ruft Walter aus, denn jetzt hat er Sun Yatsens ehemaligen Leibwächter wiedererkannt. »Sie sind Morris ›Two-Gun‹ Cohen! Erinnern Sie sich noch an das Wiener Café in Shanghai? Ich war dort Kellner und später Pianist.«

»Aber ja, sicher!« erwidert Cohen fröhlich.

Er klopft Walter wie einem alten Freund auf die Schulter und beginnt gleich, von sich zu erzählen. Ende 1941 befand sich Cohen in Hongkong, als plötzlich die japanische Invasion einsetzte.

»Ich bin in ein Lager gesperrt und gefoltert worden. Ja, gefoltert«, wiederholt Two-Gun mit einem harten Gesichtsausdruck. Sein Blick wandert rasch über die vergoldeten Stuckdecken. »Die Eigentümer dieser noblen Stätte, die Kadoories, haben ebenfalls ordentlich eins auf den Deckel bekommen. Wußten Sie, daß das japanische Oberkommando das Peninsula besetzt hatte?«

»Ja. Und zur gleichen Zeit hatte sich Wang Tsching-wei mit seiner Marionettenregierung in Marble Hall, dem Shanghaier Palast der Kadoories, eingerichtet!«

»Ganz genau. Elly Kadoorie und sein Sohn Lawrence sind hier im Stanley Camp interniert worden. Anschließend wurden sie nach Shanghai transferiert, dort ist Sir Elly gestorben. Aber ich mache mir um die Kadoories keine Sorgen. Sie haben zwar ihre Moneten verloren, aber vor allem in Shanghai einen Großteil ihrer Besitztümer zurückerhalten. Die Kadoories haben *joss*. Und hier braucht man *joss*.«

Joss, das heißt Glück. Ein höllisches Glück, das einem nur widerfährt, wenn einem Gott und Teufel gleichermaßen gewogen sind. Sicher eines der einzigen kantonesischen Wörter, die Cohen kennt. Er wundert sich, daß Walter Shanghaiisch spricht, und reicht ihm eine Manilazigarre.

»Demnach mögen Sie die Chinesen?« fragt Two-Gun.

»Sehr.«

»Ich auch. Die Briten verachten sie. Walter, Sie sind mir sehr sympathisch.«

Und dann schlägt Cohen Walter vor, ihm bei seinen ersten Schritten in Hongkong als Führer und Mentor zu dienen. Er kennt hier alle Leute und jeden Winkel.

Zunächst aber erzählt er ihm die Vorgeschichte Hongkongs. Alles beginnt mit William Jardine, einem großen Opiumschmuggler vor dem Herrn. Die meisten der von Kantons Obrigkeiten beschlagnahmten Opiumkisten[1] gehören ihm, und da der Schotte in London großen Einfluß

---

[1] Da das Opium die Bevölkerung wie eine Seuche dezimierte, verbot der chinesische Kaiser dessen Einfuhr. 1839 beschlagnahmten die Chinesen in Kanton vierzigtausend Kisten, die die Engländer heimlich angelandet hatten, und lösten so den ersten Opiumkrieg aus, der 1842 mit der chinesischen Niederlage endete. Der Vertrag von Nanking zwang China, Hongkong an die Britische Krone abzutreten und Konzessionen für fünf Häfen, darunter auch Shanghai, zu erteilen, die von da an dem Handel sowie der Niederlassung von Ausländern offenstehen mußten.

besitzt, drängt er die Englische Krone zum Krieg. Der eilig ins Reich der Mitte entsandte Captain Charles Elliot annektiert Hongkong 1841 mit Waffengewalt. Zum Mißfallen der jungen Königin Victoria und der Londoner Regierung: Elliot hätte Besseres finden können als dieses »öde, unergiebige, fast unbewohnte Eiland«. Einige Jahre später kommt Tsim Sha Tsui, die Spitze der Halbinsel Kowloon, hinzu. Wo nun, in der Lobby des Peninsula, Walter Morris Cohen gebannt lauscht.

»Lassen Sie uns in den Western District gehen!« sagt er plötzlich.

Die untergehende Sonne taucht die Bucht bereits in Rot, als sie die Fähre besteigen für eine Überfahrt. Auf seinen Gehstock gestützt, deutet Morris auf die alte Drahtseilbahn, die einem Tausendfüßler gleich den Victoria Peak erklimmt, und auf die Villen der Tai-Pan an dem Hang.

Es folgt eine kurze Fahrt in einer der drolligen grünen Doppeldecker-Trambahnen mit Holzbänken, und schon sind sie im Herzen des alten Hongkong. Trotz seines Alters macht es Morris noch immer Vergnügen, in die ansteigenden Stufengäßchen einzutauchen, wo Chinas traditionelle Berufe ausgeübt werden. In der Man Wa Lane stechen Graveure Mah-Jongg-Steine, Siegel aus Elfenbein, Bernstein und Jade. Umgeben von Moschus- und Ingwerdüften bereiten Kräuterhändler winzige Quentchen Eidechsen- oder Fledermauspulver zu, und Bonham Strand mit den von geschnitzten Balustraden gezierten Häusern ist erfüllt vom durchdringenden Geruch von Druckerfarbe. Es gibt Seiden- und Kreppstoffe, Fächer und Opernkostüme. Seher und Schlangenweine sind in der Jervois Street zu finden. Dörrfische, die dicken Tauen oder Kopfkissenbezügen gleichen. Jede Straße gleicht einer Theaterszene.

»Wenn Sie Möbel brauchen, sollten Sie hierher kommen, in die Cat Street«, empfiehlt Morris. »Früher hieß die Gegend ›Markt der Diebe‹. Hier kann man noch immer Schnäppchen machen, wenn man Rosenholz und Rattan mag. Man muß nur in den hintersten Winkeln der Lädchen stöbern. Aber kommen Sie, ich zeige Ihnen noch Man Mo Mui, den ältesten Tempel Hongkongs. Er ist sowohl Man, dem Gott der Literatur, als auch dem Kriegsgott Mo geweiht. Und Mo wird von der Polizei ebenso verehrt wie von der Unterwelt.«

An der Decke des Tempels hängen langsam verglimmende Weihrauchspiralen, während unablässig Gongschläge und Glockenklänge ertönen. Eine schöne junge Frau, die Walter an Feng-si erinnert, betet andächtig. Sie schüttelt ein *chum*, eine Bambusschatulle, bis ein numeriertes Stäbchen herausfällt. Der Gedanke an Feng-si berührt Walter stark. Er beschließt, ihr eine Schiffspassage zu schenken und sie nach Hongkong kommen zu lassen. Dann wird er sie zu diesem Tempel führen, und sie wird für ihn zum Gott Man beten.

Cohen holt ihn aus seinen Träumereien. »Essen wir gemeinsam zu Abend?«

Zwei Kulis ziehen sie bis zur Causeway Bay. Sampans lavieren im Hafen. Eine Frau in langem Gewand gebietet über das Boot, das die beiden neuen Freunde wählen. Bald nähern sie sich den von köstlichen Essensgerüchen eingehüllten Wasserfahrzeugen, auf denen gefüllte Paprikaschoten und Meeresfrüchte angeboten werden, Krabben mit schwarzen Bohnen, gebratene Krevetten, in Dampf gegarter Fisch mit Frühlingszwiebeln, frischem Ingwer, Soja- und Sesamöl. Ein Gedicht!

»Man soll nie seinen Fisch umdrehen!« warnt Morris

mit größtem Ernst. »Man könnte auf dem Meer ein Schiff zum Kentern bringen.«

Jeden Tag gehen Morris und Walter in der Pracht dieses Frühlings auf Entdeckungsspaziergänge. Nach Wan Chai etwa, in die Bars und Cabarets der Seeleute. Oder auf den Victoria Peak, von dem aus Walter das hinreißende Panorama bewundert: Die herrliche Bucht, in die die Halbinsel Kowloon hineinragt, im Hintergrund die New Territories, die Hongkong ernähren, und die Berge des chinesischen Festlands in der Ferne. Oder ins Fischerdorf Aberdeen, wo die Hakkas auf Booten leben, deren Frauen stets schwarze Kleidung und breitkrempige Hüte mit schwarzen Schleiern tragen, auch wenn sie Reisterrassen anlegen. Oder auch auf die Rennbahnen des Happy Valley, wo Walter das gleiche Wettfieber wiederfindet, wie er es von den Hasardeuren auf den Tribünen Shanghais kennt. Und sie lassen auch die grotesken Figuren, die fratzengesichtigen Statuen, die Drachen und Chimären der chinesischen Mythologie in jenem seltsamen, phantastischen Garten nicht aus, in dem auch die Pagode mit dem »mitfühlenden Buddha« am Dachfirst aufragt – ein Geschenk von Aw Boon Haw, dem Erfinder des »Tiger Balsam«, der ganz Asien mit seinen Fläschchen und Tiegeln überschwemmt, die einen springenden Tiger mit weit geöffnetem Maul und erhobenem Schwanz als Siegel tragen.

Eines Tages besteigen sie den cremefarbenen Dampfer, der sie ans andere Ufer der Mündung vom »Fluß der Perlen«[1] bringt, zur Halbinsel und portugiesischen Besitzung Macao.

»Macao gehört zu den größten Goldimporteuren der

---

[1] Die drei Perlen Südchinas: Hongkong, Macao und die Provinz Kwangtun (Guang dong), mit der Hauptstadt Kanton.

Welt«, erklärt Morris. »Die Briten haben den Handel zwar verboten, aber ...«, lacht er, »Hongkongs ganzes Gold kommt aus Macao! Ein Spezialist praktiziert die Barren in die Schmuggler hinein.«

Vom Meer aus erblickt man die wie ein riesiges Amphitheater aufragende Stadt. Tausende von Dschunken schwanken im Meer am Fuß ihrer Hügel.

»Was steht denn heute noch auf dem Plan?«

»Mädchen, Glücksspiel ... Opulenz und Dekadenz. Das Leben, mein Alter! Sie müssen unbedingt mal sehen, wie die Chinesen im Hotel Central *fan-tan* spielen! Das Pack im Parkett, die feinen Leute auf dem Balkon! Die legen ihre Einsätze in Schalen und lassen sie an Schnüren hinunter.«

Ausgerechnet dort, in der bunten Menge der Spieler, zwischen Mandarinen und Kulis, alten vertrockneten Chinesinnen und jungen Portugiesinnen mit tiefem Dekolleté, Mischlingen jeden Alters, zwischen Mondänen und Deklassierten, treffen sie Max Herzberg.

Walter umarmt den alten Bruder.

»Was machst du hier, Max?«

»Bin jetzt hier zu Hause«, erwidert er. »Ich hatte mir 1943 einen Paß gekauft, um nicht ins Ghetto zu müssen«, erklärt er Cohen. »Tja, Shanghai dürfte bald zu volksrepublikanisch für meinen Geschmack werden!«

Max' Vorhersagen sind tatsächlich eingetroffen. Am 22. Januar haben die Kommunisten Peking besetzt. Die Truppen der Volksbefreiungsarmee rücken nach Süden vor ...

Walter schreckte auf seinem Kanapee hoch und wußte nicht gleich, wo er war. Erleichtert erkannte er die Suite des Astor Hotels, wo er schließlich eingeschlafen sein mußte.

Lustlos begab er sich zu Paul Boulangers Abendgesellschaft. Er hatte eine Art Vorahnung; ihm war, als schwebe eine Gefahr über ihm, doch er wußte nicht, welche. Der Garten glich einem Feenmärchen. Laternen schaukelten sacht an den Kampferbäumen. An den unteren Zweigen hingen Girlanden aus Rosenblättern und erfüllten die Nacht mit balsamischem Duft.

»Herrlich!« lobte Walter den Gastgeber.

Boulangers rötliches Gesicht leuchtete auf.

»Du mußt unbedingt Weihnachten wiederkommen, mein Alter. Dieses Jahr werde ich einen Maskenball veranstalten, das steht fest. Mein Maharadschakostüm habe ich schon.«

Walter kannte fast niemanden auf diesem Fest. Er hatte erwogen, Feng-si mitzubringen, hatte aber aus Furcht vor einer Begegnung mit Mayling darauf verzichtet. Doch weder Mayling noch Tao waren erschienen. Schade, dachte Walter. Feng-si hätte diesen Abend sehr genossen. Er freute sich darauf, sie hoffentlich am nächsten Tag zu treffen.

Es war dann doch schon sehr spät oder vielmehr früh, als sich Walter von seinem Gastgeber verabschiedete. Die Stadt war friedlich. Als er durch den Park Koukaza ging, hörte er plötzlich schwere Schritte hinter sich. Er drehte sich um. Eine endlose Reihe Soldaten, viele in Lumpen, nahm die Straße in Besitz. Die Kommunisten!

Die Ruhe und Entschlossenheit dieser zerlumpten Soldaten machte Walter angst. Du mußt fliehen! Sofort abhauen! Aber nicht mit dem Zug, sie könnten die Strecke abriegeln! Walter sprang in die nächstbeste Rikscha, stürmte ins Astor, erfuhr dort, daß das »letzte Flugzeug« von Shanghai nach Hongkong ausgebucht sei, daß aber noch ein Platz auf einem Passagierdampfer frei wäre, gab dem Portier ein Bündel Scheine als Trinkgeld, damit er ihm die Schiffskarte besorgen ging, packte seine wichtigsten persönlichen Dinge in einen Koffer und eilte zur Ablegestelle.

Es war elf Uhr, als die Sirene des Passagierschiffs ertönte. Walter suchte den Kai mit Blicken ab, denn er fürchtete, jeden Augenblick die zerlumpte Armee im Gewühl der reichen Chinesen, bejammernswerten Kulis, armen Weißrussen, teilnahmslosen Engländern und aufgeregten Filipinos auftauchen zu sehen.

Endlich löste sich das Schiff vom Kai.

Während er den Weg, den er zehn Jahre zuvor zurückgelegt hatte, nun in umgekehrter Richtung befuhr, sah Walter die Wolkenkratzer und die mit Pilastern und Säulenreihen verzierten Paläste kleiner werden. Er kannte sie inzwischen alle, und in manchem hatte er als wichtige Persönlichkeit gegolten. Er war hier als Flüchtling angekommen, in einem abgetragenen Mantel, unter dem die Beine einer speckigen Hose hervorlugten. Nun fuhr er ab, wiederum als Flüchtling, doch bekleidet mit einem Smoking, den auszuziehen er nicht mehr die Zeit gehabt hatte.

Walter sah zu, wie Shanghai in der Ferne verschwand. Er lehnte noch immer an der Reling, als der Dampfer an den flachen Steinen vorbeifuhr, von denen aus Feng-si in den Whangpoo gestiegen war. Doch davon ahnte Walter nichts. Er bedauerte kurz, daß er seinen japanischen Flügel zurücklassen mußte. Doch was machte das schon? Der Victoria Peak erwartete ihn.

420

TEIL SECHS

Jingjiang Tower
1994

I

Der Gesang der Grillen, die Triller einer Nachtigall, das Quaken eines Froschs und der betörende Duft von Tuberosen erfüllten die Nacht. Einen langen Kaschmirschal umgeworfen, genoß Walter die frische Luft. Er riß sich seine Fliege ab, steckte sie in die Tasche seines Smokings und schritt auf den einer Pagode ähnlichen Gartenpavillon zu. Glücklich und erschöpft ließ sich der weißhaarige Tai-Pan auf dem Bänkchen nieder, von wo aus er gern die von einem Lichterband gesäumte Bucht von Kowloon betrachtete, über die Kathedralen aus Glas und Stahl hinweg mit den höchsten Neonreklamen der Welt, die jedoch nicht blinkten, um die auf Kai Tak landenden Piloten nicht abzulenken.

Hier war kein Laut, kein Geräusch zu hören, während Geschrei und Stimmengewirr, laute Musik und das Klingeln der Kassen die tiefergelegenen Geschäftsstraßen, die Einkaufsgalerien der Hochhäuser, Hotels und des Bahnhofs noch wachhielten.

In Hongkong zählte jede Minute. Hier lebte man nicht, hier eilte man. Wenn man die Metrolinien befuhr, in die beiden unter dem Meer hindurchführenden Tunnel eintauchte, teilte man sich in mehrere Leben auf. Jeder Hongkonger bemühte sich, besser zu sein als der Nachbar.

Erfolg war das Schlüsselwort dieses Bienenkorbs, den unaufhaltsame Flüchtlingsströme von fünfhunderttausend Einwohnern nach dem Krieg auf mittlerweile bald sechs Millionen hatten anschwellen lassen. Die Wachstumsrate hatte sich beschleunigt, seit 1949 der Bambusvorhang über China niedergegangen war und allein die britische Kronkolonie und das portugiesische Macao verschonte.

Walter vergaß nie, daß auch er ein Flüchtling, ja mehr noch ein Überlebender war.

Hier, auf der Bank vor dieser kleinen Pagode, dachte er oft an seine Eltern. Trotz aller Suchanträge, Nachforschungen und Ermittlungen hatte Walter nie Gewißheit über Lisas Schicksal erlangen können. Jemand hatte einmal die Vermutung geäußert, sie sei womöglich bei Riga in einem Eisenbahnzug erschossen worden. Doch das war bloß eine entfernte Möglichkeit. Zahllose in den Osten deportierte Wiener waren tatsächlich in Kaunas, Riga oder Minsk erschossen worden. Andere waren in den Vernichtungslagern Kulmhof, Auschwitz, Belzec, Sobibor, Treblinka oder Majdanek umgekommen.

»Mama hätte das Fest sehr genossen«, murmelte Walter und massierte sich die schmerzende Schulter, die ihm seit einigen Jahren unfehlbar einen Wetterumschwung ankündigte.

Zur Feier des dreißigsten Jubiläums seines Presseimperiums hatte Walter fünfhundert Personen, Freunde und Bekannte, in den Gebäudekomplex oben am Peak geladen, wo er die Hauptverwaltungen seiner drei Unternehmen – South Asia News, Austriana und Golden Dragon Company – sowie seine Privaträume untergebracht hatte. Der Architekt dieses Wunderwerks war Ieoh Ming Pei, der später auch die berühmte Pyramide des Louvre in Paris entwarf.

Ein Fachmann des *fengshui* hatte bei der Wahl des Grundstücks das entscheidende Wort gehabt, und das Gebäude war so ausgerichtet worden, um Glück und Wohlstand auf sich zu lenken. Der weise Mann hatte auch den Standort der beiden steinernen Löwen, die den Wohlstand sichern sollten, festgelegt. Chinesische Löwen, gewiß, aber auch Sinnbilder Judas, dachte Walter oft.

Glaubte er an *fengshui?* Glaubte er an Gott? Zwei Fragen, auf die ihm keine definitiven Antworten einfielen. Walter mochte die Existenz eines höheren Wesens nicht leugnen. Außerdem: Wer in Hongkong gut leben wollte, mußte den Dreh finden, Business mit dem Himmel, mit Geistern und Phantomen in Einklang zu bringen.

Walter überdachte seine Vergangenheit als Überlebender und kam zu dem Schluß, daß er seine Stärke letztlich seinen Schwächen verdankte, die er überwunden hatte. Nie hatte er es bereut, das New York seiner Jugendträume gegen das Manhattan des Ostens eingetauscht zu haben. In Amerika hätte er China verloren. Doch er liebte die chinesische Lebensweise, so wie er sie in Shanghai kennengelernt hatte und wie sie hier überlebte, geschützt vor der kommunistischen Invasion und den zwei daraus resultierenden Katastrophen: der Kulturrevolution und dem Studenten-Massaker auf dem Tien'an'men.

Walter liebte und verstand das alte China. Der plötzliche Tod von Bruce Lee, dem Star der Kung-Fu-Filme, die Hongkong zur Filmmetropole machten, kam nur für das Ausland überraschend. Die Chinesen kannten die Ursache: Ein Taifun hatte Lees *bagua* abgerissen, jenen kleinen achteckigen Spiegel, der an der Außenseite der Häuser oder an Fenstern angebracht werden mußte und Schutz vor bösen Mächten gewährte. Bruce hatte es versäumt, diesen *bagua* nach dem Taifun zu ersetzen.

Das schnurlose Telefon ließ seinen Ruf ertönen. Sicher Muriel, die ihm gute Nacht sagen wollte.

»*Yes, sweethart*«, sagte Walter in den Apparat.

»Geh nicht allzu spät zu Bett«, flüsterte Muriel zärtlich.

Er lächelte. Sie wußte genau, daß er das halten würde, wie er wollte. Hinter ihren banalen Worten verbarg sich ein tiefes, machtvolles Gefühl: eine allen Meinungsverschiedenheiten und Streitigkeiten zum Trotz nie in Frage gestellte Liebe.

»Mach dir keine Sorgen. War es auch nicht zu anstrengend, mein Schatz? Ein gelungener Abend, nicht wahr?«

»Herrlich! Das wird eine schöne Erinnerung bleiben. Es war einfach alles perfekt. Morgen wird es hübsche Fotos in den Zeitungen geben.«

»Ich hoffe, daß wir noch viele schöne Feste erleben werden.«

»Ich auch, mein Schatz. Dafür mußt du aber auf deine Gesundheit achtgeben und jetzt ein bißchen schlafen.«

Die beiden Eheleute flüsterten sich noch einige intime Koseworte, allabendliche Zärtlichkeiten, zu und legten dann auf. Seit ihm das kleine Telefon ermöglicht hatte, seinen Jaguar einer Schmugglerbande wieder zu entreißen, trennte Walter sich nicht mehr von ihm.

Walter spielte damals gerade eine Partie Golf mit seinen beiden Söhnen, als das Taschentelefon geklingelt hatte: Der Chauffeur, der sich ein wenig die Beine vertreten wollte, hatte nur noch gesehen, wie der Jaguar in einer Kurve verschwunden war. Walter rief sofort die Nummer seines Autotelefons an. Zum Glück war der Wagen noch nicht im Hafengelände angelangt, so daß er mit den Banditen die Rückgabe verhandeln konnte!

Noch einmal atmete Walter tief den Duft des Wäldchens ein und ging dann langsam zum Haus zurück. Da Muriel das Fest gefallen hatte, sollte es im nächsten Jahr zu ihrem fünfundvierzigsten Hochzeitstag wieder eines geben. Wer weiß, ob sie ihren fünfzigsten noch feiern würden? Walter hatte ein Alter erreicht, in dem man mit Abnutzungserscheinungen rechnen mußte. Sein Arzt empfahl ihm des öfteren, sein fünfundsiebzigjähriges Herz zu schonen, aber da stellte er sich taub. Denn sein anderes Herz, das des Geistes, war noch immer zwanzig.

Ihm war, als seien erst wenige Jahre verstrichen seit jenem Sonntag im Oktober 1949, an dem er zu Fuß die Robinson Road hinaufgestiegen war, nachdem er vergeblich ein Taxi gesucht hatte. Plötzlich hatte ihn vielstimmiger Wohlklang aus seinen Gedanken gerissen und einen eigenartigen, fernen Widerhall in ihm erweckt. Der Gesang kam aus einem tropischen Garten. Das Portal stand offen. Walter wagte sich hinein und kam zu einem schönen weißen Gebäude in spanischem Stil, mit verschnörkelten Türmchen, einer breiten Vorhalle und darüber eine Terrasse mit Brüstung. Die Synagoge Ohel Leah, eine Stiftung der Sassoons.

Er war eingetreten. Ein chinesischer Greis, offenbar der Synagogendiener, reichte ihm eine Kippa[1]. Weißgekleidete Männer, die Schultern von einem Gebetsschal, dem Tallith, bedeckt, wiegten sich rhythmisch vor und zurück. Viele der Gläubigen führten eine rote Frucht an die Nase. Ein Granatapfel. Es war Jom Kippur, der Tag der Versöhnung, und diese Männer, die bereits vierundzwanzig Stunden gefastet hatten und nun das säuerliche Aroma des Granatapfels einatmeten, um nicht ohnmächtig zu werden, beteten darum, auch dieses Jahr in das Buch des Lebens eingeschrieben zu werden.

Plötzlich verstummten die Stimmen und machten einer erwartungsvollen Stille Raum. Der Vorbeter wandte der Gemeinde den Rücken zu und bedeckte sein Haupt mit seinem Tallith. Dann stieg der Klang eines Horns zum Himmel empor. Zum ersten Male in seinem Leben vernahm Walter den Schofar, das Widderhorn, Sinnbild des Bundes

---

[1] Rundes Käppchen, das von Männern getragen wird.

zwischen dem EWIGEN und seinem Volk. Ein Klang, der Walter zu Tränen gerührt hatte.

Verstört ließ er sich mit den Gläubigen, die aus dem Gebetsraum in den kleineren Gemeindesaal strömten, treiben. Dort gab es einen Tisch, an dem sich die Familien trafen und sich mit großen Gläsern Wasser erfrischten. Und plötzlich stand Walter Emmanuel Roth gegenüber.

»Freut mich, Sie hier zu sehen, Herr Neumann! Sind Sie irgendwo zum traditionellen Abendessen eingeladen?«

»Ich praktiziere nicht. Ich bin nur zufällig hereingekommen.« Walter spürte, wie er rot wurde.

»Es gibt keine Zufälle. Kommen Sie doch mit zu uns, wenn Sie heute abend nichts vorhaben.«

Zu seinem eigenen Erstaunen hatte Walter eingewilligt. Ein paar Minuten später lernte Walter Frau Roth kennen und ihr einziges Kind, die achtzehnjährige Muriel. Das feingeschnittene Gesicht des blonden jungen Mädchens, die zarte Haut und die vergißmeinnichtfarbenen Augen hatten es Walter sofort angetan. Er war damals dreißig, im richtigen Alter, eine Familie zu gründen. Er hatte auf der Stelle beschlossen, daß sie seine Frau werden sollte, hatte sie erobert und im April des darauffolgenden Jahres mit ihr Hochzeit gefeiert.

Ohne dazu genötigt worden zu sein, wurde Walter ein stetiger Besucher der Synagoge. Bald war ihm die Atmosphäre der religiösen Zeremonien und der Sabbatfeier lieb geworden, wenn Muriel freitags abends auf dem festlich geschmückten Tisch Kerzen anzündete. Und irgendwann machte er sich schließlich daran, Hebräisch zu lernen.

Ein Jahr nach der Hochzeit kam David Arthur zur Welt, inzwischen selbst Vater zweier Kinder; 1953 kam Lisa und sieben Jahre später Jonathan, der »Nachkömmling«. Trotz ihrer Scheidung und ihres turbulenten Lebens hatte Walter die Tochter allmählich den beiden Söhnen vorgezogen. Leider hatte Lisa bisher keinen Mann gefunden, der ihr gewachsen gewesen wäre. Von den drei Kindern war sie es, die Walter am meisten glich. Eigensinnig, intelligent und stets elegant ging sie ihren eigenen Weg, während sich ihre Brüder damit begnügten, Söhne reicher Eltern zu sein.

Obwohl er nach wie vor die Zügel seines Imperiums in der Hand behielt, hatte Walter den Söhnen die Leitung zweier seiner Unternehmen anvertraut. Doch sie hatten sich dabei nicht sonderlich bewährt. Lisa hingegen wollte Neues schaffen, und Walter hatte ihr das nötige Kapital zur Verfügung gestellt, um eine »Stiftung für junge Talente« ins Leben zu rufen. Heute konnte er stolz sein auf seine Tochter, die nicht nur eine tüchtige Geschäftsführerin war, sondern auch ein untrügliches Gespür bei der Suche nach Künstlern, insbesondere Musikern und Sängern, bewies. Außerdem war Lisa eine gute Violinistin, und so verbrachten sie öfter herrliche Stunden mit Musizieren.

Der Lift setzte Walter in seinem Büro ab. Nie ging er zu Bett, ohne noch einmal in diesen Raum hineingeschaut zu haben. Die Wände waren kahl, bis auf zwei Bilder des österreichischen Malers Gustav Klimt, eine Herbstlandschaft und ein umschlungenes Paar, sowie ein einfaches Musikinstrument: ein schlichtes japanisches Shamisen.

Auf dem Schreibtisch lag ein Telefax mit dem Programm eines internationalen Seminars: »*Jews in Shanghai – April 21, 1994 – Shanghai – China.*«

Walter hatte Shanghai lange aus seinem Gedächtnis verbannt und alles verdrängt, was ihn an diese Zeit hätte erinnern können. Shanghai war ein schwarzes Loch von ungefähr zehn Jahren. Selbst mit Max Herzberg, der Eigentümer mehrerer Spielkasinos in Macao war – wo Walter regelmäßig spielte –, sprach er nie darüber.

Als China unter dem Einfluß von Deng Xiaoping 1979 das Wagnis einer Politik der Öffnung einging, war Walter einer der ersten, der das Land besuchte. Doch er beschränkte damals seinen Aufenthalt auf Peking. Zwei Jahre später begegnete er dort Lawrence Kadoorie, der kurz zuvor von Königin Elisabeth II. als erster Hongkonger zum Lord Kadoorie »of Kowloon in Hong Kong and the City of Westminster« ernannt worden war. Zwar waren 1949 alle Besitztümer der Kadoories in Shanghai beschlagnahmt worden, doch Sir Lawrence knüpfte trotzdem wieder Verbindungen mit China an.

Walter war danach noch etliche Male nach Peking zurückgekehrt. 1992 nahm er an einem Empfang teil, der anläßlich der Wiederherstellung diplomatischer Beziehungen zwischen China und dem Staat Israel gegeben wurde, eine Gelegenheit, die Genossen Epstein und Shapiro kennenzulernen – beides Juden chinesischer Nationalität, die der Regierung der Volksrepublik nahestanden – und mit ihnen über die Juden in China zu sprechen.

Israel Epstein, der mit seinen Eltern aus Warschau geflohen und 1916 nach Tianjin[1] gekommen war, erzählte Walter die Geschichte der Juden von Kaifeng. Deren Vorfahren hatten sich um 1120 in der damaligen Hauptstadt der Nördlichen Sung-Dynastie niedergelassen. Sie waren Baumwollhändler, die über die Seidenstraße aus Persien gekommen waren. Ihre siebzig Familien errichteten 1163 eine Synagoge, die den Gläubigen noch bis in die erste Hälfte des 19. Jahrhunderts diente.

Im Laufe der Jahrhunderte verlernten die Juden von Kaifeng die hebräische Sprache, assimilierten sich bis zur Unkenntlichkeit, wurden kaiserlicher als der Kaiser und

---

[1] Dem Tientsin in alter Schreibweise.

erlangten durch Mischheiraten und Adoptionen chinesische Gesichtszüge, die von ihren langen, im Rücken bau-
melnden Zöpfen noch betont wurden. Die Zahl ihrer Nach-
fahren belief sich auf zweihundert Personen.

Israel Epstein engagierte sich zunächst im Kampf gegen
die Japaner, wurde später Journalist. Wie viele Schriftsteller, Künstler und Journalisten hatte auch Epstein damals
unter den Roten Garden sehr zu leiden gehabt. Inzwischen
war er einer der »zehn Fremden«, die dem konsultativen
politischen Rat der Volksrepublik China angehörten. Fünf
dieser »Fremden« waren Juden. Wie auch Sidney Shapiro,
der an jenem Abend ebenfalls anwesend war.

Shapiro, 1915 in New York geboren, hatte in den Vereinigten Staaten als Anwalt gearbeitet und hatte mehr durch
Zufall Chinesisch gelernt. 1948 reiste er nach Shanghai. Zu
der Zeit war der Bürgerkrieg in vollem Gange. »Die Le-
bensbedingungen des Volkes waren entsetzlich«, erinnerte
er sich. »Sogar auf den Gehsteigen lagen Leichen. Ich habe
da schnell die Realitäten Chinas begriffen.« Walter nickte,
und dachte: Und ich war an dieses alltägliche Schauspiel so
gewöhnt, daß ich es nicht einmal mehr beachtete.

Obwohl Shapiro sich sofort der Sache des Volkes ver-
schwor, wurde er zunächst wieder Rechtsanwalt in einer
amerikanischen Kanzlei. Er heiratete eine junge Chinesin,
eine Schauspielerin und Schriftstellerin, die eine fort-
schrittlich gesinnte Zeitung herausgab, während er für die
kommunistische Partei Medikamente beschaffte. Von der
Kuomintang steckbrieflich gesucht, mußten die Shapiros
fliehen. Sie gelangten nach Peking und saßen dort bis zur
Befreiung durch die Rote Armee fest.

Was konnte ein junger bürgerlicher Rechtsanwalt in einem sozialistischen China anfangen? Shapiro übersetzte
zunächst zwei chinesische Romane, später veröffentlichte

er seine Erinnerungen und gab schließlich den Band *Jews in Old China*[1] heraus. Außerdem arbeitete er an einer Biographie George Hatems, des »chinesischen Dr. Schweitzer«. Dieses Werk über den Arzt und Maroniten lieferte ihm einen Vorwand, seine persönliche Meinung über die Kulturrevolution – ein verheerendes Tohuwabohu, das nur Chaos hervorbrachte – anzubringen und die Ursachen der Studentenrevolte vom Tien'an'men zu geißeln: Korruption, Mangel an Freiheit und Demokratie. Die ewigen Übel Chinas. »Sie sehen, was Sie am 1. Juli 1997 erwartet!« schloß Shapiro lachend. Die Rückgabe Hongkongs an China, die Einverleibung durch das chinesische Mastodon, einer der leistungsfähigsten Wirtschaften der kapitalistischen Welt beschäftigte in der Tat die Weltpresse. Die Hongkonger Börse erlebte einen Kurssturz, und der Immobilienmarkt brach zusammen, kaum daß Deng Xiaoping verkündet hatte, daß die volle chinesische Souveränität über die gesamte Kolonie wiederhergestellt werde, einschließlich der Besitzungen, die der Britischen Krone im Friedensvertrag von Nanking »für alle Zeiten« zuerkannt worden waren, also über die Insel Hongkong und die Halbinsel Kowloon.

Zunächst hatte lediglich die Hongkonger Oberschicht ihre Flucht vorbereitet. Doch nun hatte die Panik alle Schichten erreicht, zum großen Nutzen der Geldwechsler, Umzugsunternehmen, Tourismusagenturen und Kofferhändler. Pro Woche gingen bereits tausend Auswanderer in die chinesische Diaspora.

»Abwarten und Tee trinken!« hatte Walter auf Shapiros Sticheleien geantwortet, während er sich mit seinen Stäbchen ein Stück knusprige Entenhaut schnappte. »Die Chi-

---

[1] *Die Juden im Alten China.*

nesen sind durchaus imstande, zwei Systeme in einem Land koexistieren zu lassen.« Der israelische Botschaftsattaché hatte ihm zugestimmt. »Steht das Besuchsprogramm Ihres Präsidenten inzwischen fest?« fragte Walter den Diplomaten. Das offizielle Programm sollte Chaim Herzog auch nach Shanghai führen, wo der Staatschef Spuren seiner Familie nachgehen wollte. Sein Onkel war unter den Flüchtlingen gewesen und dort verstorben. Walter hatte sich seltsam berührt gefühlt. »Gibt es denn überhaupt noch Spuren der Flüchtlinge?« fragte er mit jäh veränderter Stimme.

Der Diplomat hatte ihm dann von einem gewissen Pan Guang erzählt, einem Historiker und Dekan des Zentrums für jüdische Studien. »Ein Zentrum für jüdische Studien!« hatte Walter erstaunt ausgerufen, denn er wußte, daß die allerletzten Juden Shanghai 1949 verlassen hatten. »Unglaublich!« Doch dank Pan Guangs Wirken war Shanghai seit kurzem eine Art Wallfahrtsstätte geworden, wo sich Amerikaner, Kanadier, Israelis und Österreicher die Klinke in die Hand geben. »Ich habe auch als Flüchtling in Shanghai gelebt«, hatte Walter leise gesagt. »Dann müssen Sie sich unbedingt mit Pan Guang in Verbindung setzen! Ich gebe Ihnen seine Adresse und Telefonnummer. Schreiben Sie sie auf!« Walter hatte ihm wie ein kleiner Junge gehorcht, als sei ihm durch den Israeli eine Art höherer Befehl erteilt worden.

Nach einem Briefwechsel mit dem chinesischen Professor hatte Walter eine Einladung der Stadtverwaltung von Shanghai erhalten, die mit folgenden Worten begann: »Das chinesische Volk und das jüdische Volk pflegen eine traditionell enge Freundschaft. Die Shanghaier haben während des Zweiten Weltkriegs Freud und Leid mit den jüdischen Flüchtlingen geteilt. Im Gedenken an diese Vergangenheit und im Bestreben, die jüdisch-chinesischen Freundschaftsbande noch enger zu knüpfen, werden wir auf dem Gebiet des ehemaligen jüdischen Viertels im Distrikt Hongkew am 19. April 1994 ein Denkmal enthüllen ...« Walter wurde zu einem fünftägigen Aufenthalt eingeladen. Er sollte an einem Kolloquium über »Die Juden in Shanghai« sowie einem Symposium zum Thema »Internationale Wirtschaft und Handel in Shanghai« teilnehmen. Im Anschluß war ein Besuch der »Shanghai Jinqiao Export Processing Zone« vorgesehen, der ersten Freihandelszone dieser Art in China. Er hatte sich zunächst lange bitten lassen, schließlich aber doch eingewilligt und seine Teilnahme an den Symposien zugesagt.

Und nun fand Walter das Telefax mit dem endgültigen Seminarprogramm in seinem Hongkonger Büro. Sein Beitrag trug den Titel: »Ein österreichischer Journalist als Flüchtling in Shanghai.« Walter schaute auf seine Armbanduhr. Noch sieben Tage bis zur Abreise. Er legte das Blatt wieder auf den Schreibtisch, denn er wollte endlich schlafen gehen, doch etwas hielt ihn zurück, und er setzte sich in seinen Bürosessel. Es war ein Bild, das ihn zurückhielt.

Er sah Feng-si vor sich, Feng-si mit ihrem Madonnengesicht, so glatt, so rein, so rätselhaft. Er sah sie wie beim ersten Mal im Wiener Café, dann bei der Premiere des *Mädchens aus dem Armenviertel.*

Nach diesem Abend hatte Walter Feng-si nie wiedergesehen, nie mehr mit ihr gesprochen. Niemand hatte ihm je eine Nachricht von ihr überbracht. Er dachte häufig an sie, mit großer Dankbarkeit und einigen Gewissensbissen. Die Umstände hatten ihn davon abgehalten, ihr ein Lebenszeichen zu geben, obwohl er einst geschworen hatte, ihr zu jedem Neujahrsfest ein Geschenk zu schicken. Muriel hätte für diese Geste kein Verständnis gehabt, und Walter fürchtete, sie zu verletzen, wenn sie davon erfahren sollte.

Was war aus Feng-si geworden? Wie hatte sie das Jahr 1949 überlebt, in dem die Kommunisten Shanghai innerhalb weniger Monate von seiner Unterwelt und seinen Prostituierten gesäubert hatten? War sie durch die Maschen des Netzes geschlüpft? Sie war so sanft und freundlich und hätte eine glückliche Familie verdient. Walter machte sich ein Vergnügen daraus, sich Feng-si als zierliche alte Dame mit Spitzenkrägelchen vorzustellen, die Augenwinkel durch abertausend Lächeln von vielen zarten Fältchen umgeben.

Was bedeutete schon ihr Aussehen. Sie blieb diejenige, die ihn über Wasser gehalten, ihn vor der Brutalität der Japaner gerettet hatte. Walter würde sie schon in Shanghai wiederfinden und sich gebührend bei ihr bedanken. Er lächelte bei dem Gedanken, daß er dem überaus ernsthaften Kolloquium gern einen Beitrag angeboten hätte mit dem Titel »Eine jüdisch-chinesische Liebe«.

II

»Eine letzte Frage noch, wenn Sie erlauben!« sagte Steve Hochstadt, Professor für Geschichte in einer kleinen Universitätsstadt der USA, der sich auf das Deutschland der zweiten Hälfte des 20. Jahrhunderts spezialisiert hatte.

»Einverstanden«, antwortete Walter lachend.

»Was haben Sie Ihre Jahre in Shanghai gelehrt?«

Zwei Österreicher und eine Engländerin, ebenfalls Hochschulprofessoren, sowie eine französische Journalistin nahmen auch an dem Gespräch teil. Die Tonbandgeräte liefen nun bereits seit zwei Stunden in dem Hotelzimmer im achten Stock des Jingjiang Tower, in dem sie zusammensaßen.

Regen prasselte gegen die Fensterfront. Die Koffer waren noch nicht ausgepackt. Von Shanghai hatte Walter bisher noch fast nichts gesehen, mit Ausnahme der wenigen Überreste der ehemaligen Concession Française, die er durch die Scheiben des Minibusses, der ihn und die fünf Kongreßteilnehmer vom Flughafen abholte, erkannt hatte. Der Jingjiang Tower, ein schönes nagelneues Hochhaus, lag an der Changle Lu.[1] Die alte Rue Bourgeat? hatte er sich gefragt. Er konnte es nicht mit Sicherheit sagen. Alles war so verändert!

Die Neuankömmlinge hatten sich bei Tisch einander vorgestellt, und Steve hatte Walter angelegentlich gebeten, ihm noch am selben Abend seine Erinnerungen anzuvertrauen. Die drei anderen hatten sich diesem Wunsch angeschlossen.

»Was mich meine Jahre in Shanghai gelehrt haben?« wiederholte Walter nachdenklich und lehnte sich in seinem Sessel zurück. Er hob den Telefonhörer ab und bestellte eine Flasche Champagner.

»Sie haben mich gelehrt, das beste aus dem Leben zu machen«, antwortete er, noch immer lachend.

»Die Chinesen haben mich die Logik des Unlogischen gelehrt«, fuhr er fort. »Eine Sache ist wahr, ihr Gegenteil ebenfalls. Zuviel Leim klebt nicht mehr.«

Eine Geisteshaltung, die ihn in den Augen von Europäern unberechenbar und launisch erscheinen ließ, die ihm bei gewichtigen Herausforderungen jedoch oft eine Länge Vorsprung verschafft hatte. Er tauchte stets dort wieder auf, wo seine Gegner ihn nicht erwarteten.

---

[1] *Lu* bedeutet Straße.

»Außerdem habe ich gelernt, meinen Zorn zu beherrschen. Shanghai hat mich Geduld, Toleranz und Solidarität gelehrt, Eigenschaften, die ich als junger Wiener Bourgeois nicht im Gepäck hatte. Ich gebe nichts mehr auf Äußerlichkeiten oder auf Herkunft, wie ich es früher tat. Ich versuche, weiter, tiefer zu schauen.«

Walter streckte die Beine aus, verschränkte die Arme. »Ich habe die gesamte Palette menschlichen Verhaltens erlebt. Neben vorbildlichem Aufopferungswillen, neben unverbrüchlicher Treue und an Torheit grenzender Aufrichtigkeit habe ich Gier und Machthunger gesehen und bin mit jener allgegenwärtigen Dummheit konfrontiert worden, die Blender und Wichtigtuer beweihräuchert, die das Sein um des Scheins willen mit Füßen tritt und dem Zeitgeist statt der Vernunft den Vorzug gibt; jener Dummheit, die den Erwählten die Stiefel leckt und den einzelnen verachtet.«

Eine ganze Porträtgalerie zog an seinem geistigen Auge vorüber.

»Ich habe Blindgänger erlebt«, fuhr er fort, »die Kartenhäuser im Sturm eroberten, die das Kommando über die Zugbrücke übernahmen und mit lautem chauvinistischem Kikeriki auf ihren Trümmerhaufen hockten; und wenn sie dann spürten, wie sie in den Graben rutschten, setzten sie lieber alles daran, andere ins Verderben zu stürzen, statt allein unterzugehen. Ich habe all die durchschaut, die nur dank ihres üppigen Bankkontos, dank eines reichen Vaters oder einflußreicher Freunde existierten. Einerseits verachte ich sie, andererseits weiß ich nicht, wie ich mich an ihrer Stelle verhalten hätte. Wenn es Schwierigkeiten gibt, sucht jeder seinen Ausweg, wo und wie er kann. Einige gehen dabei gradliniger vor als andere, doch vielleicht läßt sich das nicht steuern. Und sind wir nicht schlechte Richter, wenn es um unsere eigenen Taten geht? So, mehr habe ich nicht zu sagen.«

Steve strich nachdenklich seinen buschigen Bart. »Darf ich Ihnen noch eine letzte Frage stellen? Welche Eigenschaften haben Ihnen während dieser Jahre letzten Endes geholfen?«

Da er sich die Frage bereits selbst gestellt hatte, brauchte er nicht lange zu überlegen. »Optimismus und der feste Wille, keine Anstrengung zu scheuen. Und ich habe nie gezögert, mich selbst in Gefahr zu bringen. Sich schützen zu wollen bedeutet, dem Leben die Tür zu verschließen.«

Ein leises Klicken deutete an, daß die Kassette abgelaufen war, während im selben Moment ein Page des Zimmerservice anklopfte. Der Champagnerkorken knallte, und die Unterhaltung kam nun richtig in Fahrt.

»Erklären Sie mir bitte noch mal, wozu Sie diese Aufnahmen machen«, bat Walter den Historiker.

Der Amerikaner erläuterte ihm, er versuche »eine *oral history,* eine mündliche Geschichte der jüdischen Gemeinde von Shanghai« zu erstellen. Seine aus Wien stammenden Großeltern hätten in der Stadt Zuflucht gefunden. Steve hatte bereits Dutzende von Personen in aller Welt interviewt. Die Gesprächspartner waren aus alten Karteien zusammengestellt worden. Da Walter der jüdischen Gemeinde von Shanghai nicht angehört hatte, hatte er von diesem Vorhaben nichts erfahren.

»Wen haben Sie denn schon befragt?«

Steve zog eine Liste aus einer Tasche seines khakifarbenen Kampfdreß. Mit seinem Bart und dem langen lockigen Haar glich er einem kubanischen Revolutionär.

Auf der Liste sprang Walter sofort ein Name ins Auge. »Hans Fischer! Ich habe mal einen jungen Burschen, der so hieß, gekannt. Ob das derselbe ist?«

Sie verglichen ihre Informationen und stellten fest, daß es sich tatsächlich um Gretas und Ottos Sohn handelte, der inzwischen Professor an der Universität von Toronto war. Gerührt fragte Walter, ob Hans einen glücklichen Eindruck gemacht habe.

»Ja«, antwortete Steve nach kurzem Überlegen. »Er ist verheiratet, Vater zweier Kinder, und ich habe gehört, seine Studenten würden ihn geradezu vergöttern.«

»Wissen Sie zufällig auch, was aus den Eltern Fischer geworden ist?«

»Sie sind beide tot. Aber ich weiß nicht mehr, wann und wie sie gestorben sind. Ich kann Ihnen die Kassette mit dem Interview schicken, wenn Sie möchten.«

»Ja bitte.«

Widersprüchliche Gefühle quälten ihn. Er bedauerte, seine ehemaligen Freunde, denen er so viel verdankte, nicht wiedergesehen zu haben. Doch das Leben hatte sie auseinander gerissen! Was hätten sie sich noch zu sagen gehabt? Vielleicht ist es manchmal besser, die vergilbten Fotos aus dem Album der Vergangenheit nie wieder hervorzuholen.

Eine eigenartige Bedrückung befiel Walter. Er war plötzlich überzeugt, daß es ein Fehler war, den Spuren jener Zeit nachzugehen. Er konnte dabei nur im Sumpf der Vergangenheit versinken.

Der Gedenkstein aus schwarzem Marmor mit eingravierten und vergoldeten Lettern – in Chinesisch, Englisch und Hebräisch – ragte aus einem Berg von Blumen auf, deren Blüten sich im heftigen Regen bräunlich verfärbten. Es goß derart, daß die Staatsbeamten davon absehen mußten, die Tauben fliegen zu lassen. Die Kameraleute der Fernsehanstalten und die Musiker des Fanfarenzugs hatten sich in

Regencapes gehüllt. Pfützen bildeten sich zu ihren Füßen. Die Stöckelabsätze der chinesischen Hostessen versanken im Schlamm. Sie hatten große Regenschirme über den Köpfen des Bürgermeisters, des Abgeordneten und der Ehrengäste wie Walter aufgespannt und schlotterten in ihren langen roten oder grünen Kleidern mit hohem seitlichem Schlitz.

Kleider, wie sie Feng-si einst getragen hatte. Doch sie zog Pastelltöne, Rosa, Elfenbeinweiß oder Jade vor, die ihr so gut standen. Walter hatte bisher vergebens im Telefonbuch und bei der Auskunft nach einer Spur seiner Freundin gesucht. Dann hatte er Professor Pan Guang angerufen und ihm mitgeteilt, daß er allein zum Ort der Feierlichkeiten gehen wolle, was den jungen Dekan beunruhigt hatte. Der Gelehrte baute nämlich auf den Tai-Pan, die Fragen der Journalisten nach der Festansprache zu beantworten.

Huai Hai Road, die ehemalige Avenue Joffre, lag ganz nahe beim Hotel. Walter hatte sie während des Frühstücks ausgemacht, das er in dem sich langsam drehenden Panoramarestaurant des Jingjiang Tower eingenommen hatte. Wie groß die Platanen geworden waren! Walter hatte zu Beginn der Fünfziger eine Europareise unternommen und erkannte erst jetzt, wie sehr Frenchtown früher einer echten französischen Stadt *en miniature* geglichen hatte, mit seinem Rathaus, seinen Villen mit den Kletterrosen im Garten, seinen Polizeibeamten in Pelerine und Käppi, den blauen Briefkästen und den achteckigen Bänken um die Bäume im Park.

Die Gleichartigkeit der Menschen fiel ihm auf. Kein einziges europäisches Gesicht »verunstaltete« die Menge der chinesischen Fußgänger, Rad- und Autofahrer. Und es gab eine erstaunliche Vielfalt in der Kleidung. Vom Reichsten bis zum Ärmsten trug niemand Mao-Anzug noch Jeans, so als wäre den Überlebenden der Kulturrevolution jede Art Uniform endgültig verhaßt.

Die Mädchen waren hübsch und kess. Mode und Moneten regierten.

Man spürte, daß die Stadt wie nach einem langen Fegefeuer nach Leben gierte. Japanische Geschäfte boten Strapse, Stiefel und Miniröcke aus Leder an. Walter hatte vom Concierge erfahren, daß die Schönen der Nacht ins Hotel Equatorial zurückgekehrt wären und daß das JJ, die »größte Disko Asiens«, der Laden mit den sechsunddreißig Rausschmeißern, jeden Abend von tausend »Kids« besucht wurde, die unter einem riesigen gelben Insekt, das an der Decke zappelte, die Nacht durchtanzten. Der Concierge hatte Walter die Karaoke-Bar empfohlen, die in der ehemaligen Kathedrale eingerichtet worden war.

Der dichte Verkehr war ein einziger Machtkampf, in dem der Dreisteste – ob Passant, Radfahrer oder Automobilist – den Sieg davontrug. Walter erkannte Feng-sis Haus kaum wieder; es war heruntergekommen, verwittert und seines Gartens beraubt. Sein Herz pochte heftig, als er die nur angelehnte Eingangstür aufstieß. Räder und Kinderwagen verstellten den ehemaligen Vorraum. Offenbar lebten inzwischen mehrere Familien in der verkommenen Behausung zusammen. Vor Türen, die es früher nicht gab, saßen zwei alte Frauen und putzten Gemüse. Als sie Walter sahen, erstarrten sie zu Statuen, fuchtelten dann drohend mit ihren Messern in der Luft und antworteten ihm nur mit verneinenden Grimassen, als er Feng-sis Namen erwähnte. Wieder auf der Straße, ging er die wenigen Meter zur ehemaligen Avenue Cardinal-Mercier zu Fuß und erblickte sofort das im Bau befindliche Hochhaus, das an der Stelle des Wiener Cafés errichtet wurde und von einem grünen, um das Bambusgerüst gespannten Netz verhüllt war. Dort war er schleunigst in ein Taxi gesprungen.

Shanghai zählte zur Zeit dreizehn Millionen Einwohner. Wie sollte Walter da Feng-si wiederfinden?

Die Nanking Road war noch immer so verstopft wie früher. Der Anblick des stählernen Bogens der Garden Bridge, die nun Waibaidu Bridge hieß, beschwor schreckliche Erinnerungen an die japanischen Wachtposten in ihm herauf. Die Broadway Mansions und das Embankment Building hatten der Zeit standgehalten. Schiffssirenen heulten und antworteten einander wie Echos.

Als er später vor dem Gedenkstein stand, wurde Walter sich bewußt, daß er auf Deutsch gedacht hatte! Seit wie vielen Jahren war ihm das nicht mehr passiert?

Nach der Zeremonie erwarteten ihn tatsächlich die Journalisten, wie Professor Pan es angekündigt hatte. Walter konnte gleich einen Erfolg für sich verbuchen, als er sich auf Shanghaiisch mit ihnen unterhielt. Die Fernsehkameras hefteten sich an seine Fersen, als die Gruppe durch ein noch existierendes Gäßchen des ehemaligen Ghettos schritt. Damals war es eines der schönsten gewesen. Der chinesische Führer erklärte, die Juden seien »reich« gewesen und hätten sich luxuriöse Badezimmer eingerichtet und üppig bepflanzte Terrassen angelegt ... Ein entrüstetes Gemurmel wurde hinter Walter vernehmbar. Er drehte sich um und entdeckte eine Frau, deren blitzende Augen er sofort wiedererkannte: Es war Rena, eine Freundin von Mascha. Die Kameras filmten ihre gefühlvolle Umarmung. Seltsam, sich nach so vielen Jahren hier wieder zu finden! Bei ihrer letzten Begegnung waren Walter und Mascha noch verlobt gewesen!

»Offensichtlich sind wir nicht gealtert«, meinte Rena maliziös. »Sonst hätten wir uns nicht auf der Stelle erkannt!«

Rena hatte Shanghai 1949 verlassen und später in Israel geheiratet. Das Ehepaar wohnte inzwischen in Kalifornien, es war seinen Kindern dorthin gefolgt.

»Und Mascha?« fragte Walter schließlich.

»Ich glaube, sie lebt in New Jersey. Sie ist dreimal geschieden. Sie hat mich irgendwann in Israel besucht, doch das war ein enttäuschendes Wiedersehen. Sie will noch immer von allen bewundert werden, jeder soll sich nur mit ihr befassen, und wenn man das nicht mitmacht, beklagt sie sich, daß man sie nicht liebt. Du bist noch mal mit heiler Haut davongekommen, Walter!«

»Unsere Schule«, erklärte Benjamin Fishoff auf der Tribüne, »bestand aus einem einzigen Raum, in dem vierzig Jungen lernten, aßen und schliefen.«

In der Ohel Moshe Synagoge an der Chang Yang Road, der ehemaligen Ward Road, war ein Museum eingerichtet worden. An der Stelle der Beth Aharon Synagoge ragte nunmehr der Verwaltungssitz der Zeitung *Wen Hui Bao* empor, und die New Synagogue war ein Jahr zuvor abgerissen worden; andere Gebäude aus jener Zeit waren jedoch noch vorhanden: die schöne Ohel Rachel Synagoge, umgewandelt in das städtische Amt für Bildung; die in nächster Nähe gelegene Shanghai Jewish School, ehedem von Horace Kadoorie gegründet und nun in Wohnungen aufgeteilt; der ehemalige Jewish Club, der zu einem Konservatorium geworden war; und schließlich die oftmals letzte Zuflucht der Flüchtlinge, das Jewish Hospital, inzwischen eine auf Hals-Nasen-Ohren-Erkrankungen spezialisierte Klinik.

»*Alone I came, strange in food, strange in ways, strange in everything*«,[1] fuhr der Redner emphatisch fort. Alle haben die gleiche Erfahrung durchlebt, dachte Walter und unterdrückte ein Gähnen, doch für jeden war sie einzigartig. Je weiter der Tag voranschritt, desto weniger konnte er begreifen, was ihn zu diesem unergiebigen Wiedersehen getrieben hatte. Die anderen Teilnehmer der Veranstaltung, ob Europäer oder Chinesen, wirkten aufmerksam, äußerst interessiert, aber er selbst hatte das Gefühl, sich umsonst herbemüht zu haben. Michael Blumenthal, auf den er sich gefreut hatte, hatte in letzter Minute abgesagt. Schade! Der Junge, der einst im Hinterzimmer des Café Louis mit dem Sohn des Hauses gespielt hatte, war Leiter des amerikanischen Schatzamtes geworden. Ergriffen lauschte Walter der Grußbotschaft, die Michael Blumenthal den Kongreßteilnehmern übermitteln ließ:

»Wir sind die vom Glück Begünstigten! Wir sind die Überlebenden des historischen Kataklysmus, der zur Vernichtung und zu persönlichen Tragödien von Millionen Menschen geführt hat ... Aber das war nicht einfach in diesem abgelegenen Winkel der Welt, wo wir dennoch nützliche Erfahrungen gesammelt haben, die wir an unsere Kinder weitergeben werden ... Ich jedenfalls habe gelernt, daß es allein von den inneren Ressourcen und der Kraft eines jeden abhängt, was er aus seinem Leben macht ...«

Walters Gedanken schweiften ab. Die Erinnerung an Feng-si ließ ihn nicht los, und er gestand sich schließlich ein, daß er dieses Kolloquium bloß als Vorwand genommen hatte, um seine Freundin aus Jugendtagen ein letztes Mal wiederzusehen. Vergebene Mühe.

---

[1] Ich kam allein, fremd war die Nahrung, fremd die Sitten, fremd auch alles andere.

Auch Michael Kadoorie, Sir Lawrences Sohn, hatte die Einladung ausgeschlagen. Walter hätte gern gehört, was der Erbe von Hongkongs verehrtestem Tai-Pan zu berichten hatte. Vielleicht hätte es ihm geholfen, seine eigenen Söhne besser zu verstehen.

Der Gedankenaustausch mit einem amerikanischen Journalisten, der eine Biographie über Morris »Two-Gun« Cohen schreiben wollte, hatte Walters Laune gebessert. Doch bereits eine Stunde später packte ihn wieder das Mißbehagen. Die Besichtigungsfahrt auf dem Huangpu, dem ehemaligen Whangpoo, führte zwar am Bund mit seinem Feuerwerk an Lichtern entlang, die sich auf dem Wasser spiegelten, erfüllte den alten Tai-Pan aber mit gemischten Gefühlen. Er verabscheute solche Touristenvergnügungen.

Neben Walter ließ sich ein kräftig gebauter Mann nieder, den er bereits während der Feierlichkeit in Hongkew gesehen hatte. Ralph Hirsch war Direktor einer amerikanischen Vereinigung, die Archivmaterial über das Leben der Flüchtlinge in Shanghai sammelte.

»Hirsch?« fragte Walter. Dieser Name hatte ihn sofort an jene drei bei Edith Hirsch erstandenen Pralinen erinnert, die ihm Otto ins Krankenhaus gebracht hatte. »Sind Sie mit Edith verwandt?«

»Ich bin ihr Sohn.«

Walter und er, die sich eigentlich kaum gekannt hatten, klopften sich wie alte Freunde auf die Schultern. Und durch Ralph stieß Walter wieder auf die Spuren einiger Menschen, die er geliebt hatte.

Er erfuhr, daß Jimmy der Magier auf Umwegen in die Vereinigten Staaten gelangt war. Dort hielt sich der Zauberer mit geringfügigen Beschäftigungen mühsam über Wasser und träumte dabei von San Francisco, wo ihn weitere

Enttäuschungen erwarteten. Schließlich kehrte er verbittert darüber, es nie zu etwas gebracht zu haben, nach Berlin zurück. Das Exil in Shanghai hatte ihn aus der Bahn geworfen.

Auch das Schicksal von Franz und Leopoldina Epstein bekümmerte Walter, die nach Österreich zurückgekehrt waren, wo sie niemand willkommen hieß und sich die Behörden hinter dem Argument verschanzten, daß sich unter den Flüchtlingen ehemalige Nazis verbergen könnten! Das Klima in Wien war feindselig und nach wie vor antisemitisch, die Wohnung der Epsteins beschlagnahmt.

Leopoldina arbeitete als Reinemachefrau, der einzige Beruf, der ihr bei Franz' schwerem Lungenleiden und den dauernden Erkrankungen der kleinen Elisabeth möglich war. Franz hatte nur noch zwei Jahre gelebt.

Walter war nie mehr in das Land zurückgekehrt, dessen Nationalität er lange beibehalten hatte; seinen englischen Paß besaß er erst seit fünfzehn Jahren; nun aber, da ein neuer Bundespräsident den Nazisympathisanten Kurt Waldheim abgelöst hatte, nahm er sich diese Reise fest vor.

Das Boot machte an der Landestelle fest, und alle erhoben sich. Walter legte dem bescheidenen Professor Pan den Arm um die Schulter und beglückwünschte ihn zu diesem gelungenen Kongreß.

»Was hat Sie eigentlich bewogen, die Erinnerungen an das jüdische Leben in Shanghai wiederaufleben zu lassen?« fragte er ihn. »Woher nehmen Sie Ihren Enthusiasmus, Professor?«

Walter hatte Shanghaiisch gesprochen; er freute sich, daß er noch immer über einen reichen Wortschatz verfügte, den er bereits verloren geglaubt hatte.

»Das hat mit meiner Kindheit zu tun. Mein bester

Freund war Jude, und ich habe sehr gelitten, als er Shanghai plötzlich verlassen mußte. Seinetwegen habe ich mehr über das, was damals geschehen ist, zu erfahren versucht, und seither beschäftigt mich die Katastrophe, die während des Krieges über das jüdische Volk hereingebrochen ist.«

Sie stiegen zum Kai hinauf. Gegenüber erhob sich das ehemalige Cathay Hotel, inzwischen in Peace Hotel umgetauft.

»Kommen Sie«, rief Walter denen, die ihn umgaben, zu. »Ich möchte Sie einladen, dort drüben ein Glas mit mir zu trinken.«

Nichts hatte sich verändert, doch der Zahn der Zeit hatte den Vergoldungen den Glanz geraubt, das Mahagoni angenagt, die Spiegel erblinden lassen. Nur die Kellnerin in dem chinesischen Kleid hätte dem Ambiente von einst keine Schande gemacht. Sie hob sich auch deutlich von der Vulgarität der Gäste ab, nachlässig gekleidete europäische Touristen zumeist, die sich schwerfällig auf der Tanzfläche zu den Klängen von *Tea for Two* abmühten.

»Ein ausgezeichnetes Orchester!«

»Sie haben während der Kulturrevolution heimlich geprobt!« offenbarte ihm Pan mit sichtlichem Stolz.

Walter verspürte den Wunsch, den Raum wiederzusehen, wo er diese Musik einst gehört hatte. Er bestieg den Aufzug und fuhr in den sechsten Stock. Die damalige Bar war einem weiträumigen Restaurant gewichen. Walter trat ans Fenster. Von hier konnte man deutlich den schlanken, zwei gigantische Glaskugeln durchbohrenden Fernsehturm sehen, der als höchster Asiens galt.

Vor diesem Fenster hatte auch einst Mayling Walter »Hurenbock« und »Schildkrötenkot« gescholten. Er erinnerte sich an ihr von Haß verzerrtes Gesicht, als sie ihm drohte: »Ich werde dich finden, wohin du auch gehst. Und ich werde dir diese Kränkung heimzahlen!«

Später hatte Walter zufällig einmal mit Two-Gun über Mayling gesprochen und von ihm erfahren, daß sie einen Weggefährten Maos geheiratet hatte und die Freundin der gefürchteten Jiang Qing, der Gattin des Großen Steuermanns, geworden war. Sie hatte sich eine rote Biographie zusammengedichtet und war sogar so weit gegangen, einen ehemaligen Liebhaber und störenden Zeugen ihrer Vergangenheit ermorden zu lassen.

Von Max Herzberg hatte er erfahren, daß sich Mayling ein Haus in Macao gekauft hatte, und als Walter sich vor kurzem im Büro seines Freundes aufhielt und dieser gewohnheitsmäßig den angrenzenden Spielsaal durch einen Spiegel überwachte, rief Max plötzlich: »Da ist Mayling!« Walter erblickte eine dickliche Frau mit einer großen getönten Brille. Ein harter Zug lag um ihren Mund. Ihre mit Ringen überladenen Hände endeten in blutroten Krallen und umklammerten einen Stapel Plaques und zwei Päckchen Zigaretten.

Walter war melancholisch gestimmt, als ihn der Lift des Peace Hotel im Erdgeschoß absetzte. In Shanghai hielt ihn nun nichts mehr, und in Hongkong hatte er so viel zu tun. Nur der Professor wartete noch auf ihn, die anderen waren zu Fuß aufgebrochen. Walter rief nach einem Taxi. Unterwegs erklärte er Pan, er müsse wegen einer dringenden Angelegenheit leider schon am nächsten Tag zurückfliegen.

»Aber dann können Sie ja Pudong nicht besichtigen!« bedauerte Pan. »Eine in China einzigartige Sonderwirtschaftszone, so groß wie der gesamte Staat Singapur! Sie müssen jetzt investieren, sonst werden Sie es später bereuen.«

»Ich schicke demnächst meine Söhne«, versprach Walter.

»Können sie Shanghaiisch?«

»Nein.«

»Macht nichts«, erwiderte der Professor freundlich. »Unsere Schulen erteilen einen sehr guten Englischunterricht. In einigen Vorschulen bieten wir sogar die Möglichkeit an, Hebräisch zu lernen.«

»Hebräisch! Haben Sie tatsächlich Hebräisch gesagt?«

Pan bejahte grinsend.

»Wie kommt das?«

»Unsere Führer sind der Ansicht, daß diese Kinder später einmal eine Brücke zu den Juden in der ganzen Welt schlagen können.« »Clever!« erkannte Walter belustigt an.

Die beiden Männer verabschiedeten sich schließlich sehr herzlich vor Pans Haus, in der ehemaligen Rue Lafayette. Im Jingjiang Tower ging Walter sofort zum Concierge, um ihn zu bitten, ihm einen Flug nach Hongkong für den nächsten Tag herauszusuchen. Ohne Walter jedoch zu Wort kommen zu lassen, wies ihn der Concierge in die Lobby, wo jemand bereits seit zwei Stunden auf ihn warte.

Walter drehte sich um und sah einen alten Chinesen auf sich zukommen. Ein schmächtiger, korrekt gekleideter Mann in dunkelgrauem Anzug und weißem Hemd, mit faltigem Gesicht und geschmeidigem Gang. Wer konnte das sein?

Die Augen unter dem noch dichten Haar waren völlig ausdruckslos, doch plötzlich erkannte Walter den struppigen Haarbüschel auf dem Schädel.

»Fengyong!«

Feng-sis Bruder neigte lächelnd den Kopf und streckte die Hand aus. Nach westlicher Sitte.

Und nach chinesischer Sitte zog ihn Walter gleich zu den

Sesseln, bestellte Tee und erkundigte sich höflich, seine Ungeduld zügelnd, nach Fengyongs Gesundheit und der seiner Familie, gab über sein eigenes Wohlbefinden Auskunft und äußerte seine Befriedigung, so unverhofft »eine alte Freundschaft« erneuern zu können. Er erklärte, wie glücklich er sei, sich wieder einmal in Shanghai zu befinden; erfuhr, daß Fengyong das große Vergnügen gehabt habe, ihn auf dem Fernsehschirm wiederzuerkennen, und darauf sogleich losgeeilt sei, um ihn willkommen zu heißen; und erkundigte sich schließlich nach dem Gedeihen der Geschäfte des Chinesen – alles unerläßliche Höflichkeitsformen, die er beachten mußte, bevor er die Frage vorbringen konnte, die ihm auf der Seele brannte:

»Wie geht es der teuren Feng-si?«

Fengyongs Gesicht verschloß sich. »Wann haben Sie sie das letzte Mal gesehen?«

Weshalb beantwortete der Chinese seine Frage mit einer Gegenfrage?

»Bei der Premiere meines Films. Tags darauf wollte ich mich von Feng-si verabschieden, habe sie aber nicht zu Hause angetroffen. Ich mußte dann Shanghai innerhalb weniger Stunden verlassen.«

»Tags darauf«, erklärte Fengyong mit unbewegter Miene, »hat meine Schwester einen Lotoskranz gekauft und sich in den Whangpoo gleiten lassen.«

Walters Hände und Lippen begannen zu zittern. Er spürte, daß alle Farbe aus seinem Gesicht wich.

»Das kann ich nicht glauben«, stammelte er. »Und es schmerzt mich sehr, wirklich sehr.«

Er konnte keine passenden Worte finden. Fengyong betrachtete ihn mit kaltem Blick.

»Wir haben dennoch Glück gehabt. Ein Fischer hat sie gerettet.«

450

Walter runzelte die Stirn, verstand nicht gleich und rief dann freudig: »Sie lebt also!« Tränen schossen ihm in die Augen, die er nur mit Mühe zurückhielt.

»Ja«, erwiderte Fengyong, zog ein Päckchen Zigaretten aus seiner Jacke und tastete seine Taschen nach Feuer ab.

»Sie lebt doch?« vergewisserte sich Walter und reichte Fengyong Streichhölzer.

»Meine Schwester lebt in Frankreich. Sie hat sich sehr gut verheiratet.«

»Wunderbar! Mit einem Franzosen?«

»Nein, mit einem Österreicher. Einem Juden.« Fengyong brach in ein typisch chinesisches Gelächter aus. »Mein Schwager hat bei dem Kürschner Chan Kee in der Szechuen Road gearbeitet. Sie haben sich 1950 in Paris niedergelassen. Feng-si ist sehr glücklich. Sie hat drei Söhne und eine Tochter und lebt mit ihrem Mann in einer schönen Wohnung. Sie haben gerade ihr siebtes Enkelkind bekommen.«

Erneutes Lachen, dem sich Walter, von einer drückenden Last befreit, frohen Herzens anschloß. Er trank seinen Tee aus, und Fengyong zündete sich eine weitere Zigarette an. »Ich habe Zhong Mayling auch sehr gut gekannt«, verkündete er mit einem irgendwie verschwörerischen Lächeln.

Was bedeutet dieses *auch*? fragte sich Walter. Da er jedoch spürte, wie müde er eigentlich war, begnügte er sich damit, bedächtig zu nicken. Fengyong zerdrückte seinen Zigarettenstummel im Aschenbecher, stand auf und verbeugte sich. Walter war froh. Sobald die üblichen Höflichkeitsfloskeln ausgetauscht waren, würde er endlich den Concierge aufsuchen und seine Rückkehr nach Hongkong arrangieren können. Jetzt konnte er zufrieden abreisen.

»Ich möchte Sie gerne für morgen zum Mittagessen einladen«, sagte Fengyong.

»Morgen?«

In Walters Kopf entbrannte ein Kampf. Abreisen, wie er es beschlossen hatte, oder bleiben? Fengyong wollte ihm ganz offensichtlich eine Bitte unterbreiten.

»Ja, morgen, ehrenwerter Tai-Pan.« Der Chinese verneigte sich. »Ich würde Ihnen gerne meinen erstgeborenen Sohn, Feng-sis Lieblingsneffen, vorstellen.«

Fengyong würde an diesem Abend keine weitere Erklärung abgeben, das war sicher. Konnte Walter der Familie von Feng-si etwas abschlagen?

»Sehr gern«, antwortete er, indem er seinen Verdruß in ein Lächeln kleidete.

Fengyong nannte ihm die Adresse eines Restaurants in der chinesischen Altstadt, und sie verabschiedeten sich sehr freundlich voneinander. Als Walter sein Zimmer betrat, hatte er schlechte Laune. Er verabscheute es, sich derart manipulieren zu lassen. Das seltsam ungute Gefühl, das er bereits am ersten Abend verspürt hatte, vermittelte ihm abermals den Eindruck, in einem Sumpf zu versinken.

Am nächsten Morgen wachte Walter zeitig auf. Die Sonne stand strahlend am Himmel und verleitete ihn dazu, sich die Stadt unter erfreulicheren Bedingungen anzusehen. Er ließ sich ein Ticket für den Abendflug der Dragonair reservieren, kündigte Muriel seine Rückkehr an und brach, die Hände in den Taschen, zu einem Wiedersehen mit *seinem* Shanghai auf.

Das Lyceum Theater machte seinem Ruf offenbar noch immer Ehre und empfing in seinen Mauern auch heute noch Berühmtheiten der ganzen Welt. Vom Grosvenor House aus erkannte Walter die Fenster der ersten Wohnung der Sokolows wieder. Den Cathay Mansions gegenüber hatte sich im Haus des Cercle Sportif Français ein prächtiges Garden Hotel etabliert. Walter machte sich das Vergnügen, sich die Art deco-Säulen, die Treppe und den Ballsaal unter dem gewölbten Glasdach noch einmal anzusehen. Das Haus Picardie stand noch immer getreulich in der Hengshan Road, die Walter unter dem Namen Avenue Pétain gekannt hatte.

Marble Hall, der ehemalige Wohnsitz der Kadoories, war inzwischen ein Kinderheim, und in der einstigen Residenz der Hardoons fanden Mustermessen statt. Walter verzichtete darauf, bis zur Villa von Sir Victor Sassoon zu gehen. Er hatte gehört, daß die Viererbande dort während ihres Kampfes gegen Dengs »Revisionismus« Zusammenkünfte abgehalten hatte. Ein großer öffentlicher Park erstreckte sich nun auf dem Areal des Race Club, dem gegenüber sich das Park Hotel noch immer behauptete; und das Great World, Sinnbild aller Laster des einstigen »Sodom und Gomorrha«, machte seine liederliche Vergangenheit dadurch wieder gut, daß es ein Jugendzentrum aufnahm. Und das Astor Hotel war von der Shanghaier Börse übernommen worden.

Dieser Rundgang hatte Walter abwechselnd in Rührung und in Enttäuschung versetzt. Freudige Erregung ergriff ihn jedoch erst, als er in die Gäßchen der chinesischen Altstadt eintauchte und die herrlich wiederhergestellten Yu Gardens betrat. Gleichwohl hielt er sich dort nicht lange auf und kehrte in die wimmelnden Straßen zurück. In die Straßen der Fächer, Brautkleider, Seidengarne, Teehändler und Krapfenverkäufer. Wie einst ging das einfache Volk nicht, es lief und hastete, *chop chop*. Anrührend dieses einfache Volk. Als er die unverändert gebliebenen alten Häuser betrachtete, war Walter überzeugt, daß der Ruf des Abortleerers auch weiterhin im Morgengrauen mit dem Hahnenschrei wetteiferte.

Fengyong und sein Sohn Yimou, »der die Gerechtigkeit sucht«, erwarteten ihn bereits im Restaurant. Der fünfunddreißigjährige Yimou, noch Junggeselle, glich Feng-si so sehr, daß er ihr Sohn hätte sein können. Das Oval seines Gesichts, die helle Haut und seine anmutigen Gesten faszinierten Walter. Er konnte perfekt Englisch, hatte auf verschiedenen Posten in angesehenen Unternehmen gearbeitet und bemühte sich nun um eine Stelle in Hongkong, um westliche Geschäftsmethoden kennenzulernen.

»Ich war nicht wohlhabend genug, um ihn nach Europa schicken zu können«, erklärte Fengyong und blickte Walter eindringlich an.

Der Speiseraum hatte sich allmählich geleert. Walter gab das Zeichen zum Aufbruch, Fengyong das zum Austausch der Visitenkarten, und dann erhoben sie sich.

Das Wetter war erneut grau in grau, und es blies ein schneidender Wind. Walter fröstelte. Er versicherte Yimou nochmals, daß er über einen guten Posten für ihn nachdenken werde. Er meinte es ehrlich. So könnte er endlich seine Schuld gegenüber Feng-si begleichen.

Nachdem die beiden Chinesen gegangen waren, wollte Walter ein Geschenk für Muriel kaufen. Er erinnerte sich an einen Kuriositätenladen im Herzen der Altstadt, der von einem gewissen Wu Yutsing – der Name fiel ihm schlagartig wieder ein – und Freund Feng-sis geführt wurde. Er fand die Straße und auch den Laden, stöberte herum, feilschte um einen kostbaren Flakon und wollte ihn schon kaufen, als eine halb geöffnete Schatulle plötzlich sein Augenmerk auf sich zog. Sie enthielt eine alte Armbanduhr mit einem Zifferblatt aus Jade. Entzückend! dachte Walter hingerissen. Sie war noch nie getragen worden, und selbst die Herkunftsbescheinigung lag noch bei. Irgendein Uhrmacher hatte sie 1938 geschaffen, im Jahr aller Wirren und Nöte, dem Jahr, das Walter nach China verschlagen hatte.

Als er mit der Armbanduhr in der Tasche das Geschäft wieder verließ, dachte er, daß dieses Geschenk ein Unterpfand der Liebe und zugleich ein Symbol seiner Revanche gegenüber dem Leben war. Ein Kreis hatte sich geschlossen, Walter konnte Shanghai leichten Herzens verlassen.

Doch konnte man Shanghai je wirklich verlassen?

TEIL SIEBEN

Hongkong
1997

Walter sitzt in seinem Büro und überfliegt mit einem Auge die internationale Presse dieses Montags, dem 30. Juni 1997. Jede Zeitung macht mit einer Schlagzeile über dasselbe Ereignis auf. Nur der Ton wechselt:

Beim zwölften Glockenschlag um Mitternacht ist der Reis gar!
Ein Non-Ereignis.
Vier, drei, zwei, eins, null!
Zum allerletzten Mal werden die britischen Farben geflaggt!
Glücklicher Status quo.
Leb wohl, Hongkong!
Ende des Countdown!
Die Hochzeit der Kinder Maos und MacDonalds.
Freie Bahn der Korruption!
Das Ende einer Welt.
Peking wird es besser machen als die Briten.
Die rote Fahne und die Bauhinia-Blüte verdrängen den Union Jack[1].
Die Volksrepublik schnappt sich das Juwel der Krone.

Walter hat an diesem Morgen beim Frühstück mit Muriel und Lisa diskutiert. Sie haben sich den Spaß gemacht, sich Margaret Thatchers Vorbereitungen auf der einen und die Deng Xiaopings auf der anderen Seite auszumalen. Die Eiserne Lady hatte sich schon vor mehr als zehn Jahren zu der Feierlichkeit eingeladen, und der Kleine Steuermann beteuert seit langem, es sei sein innigster Wunsch, 1997 Kowloon zu betreten, notfalls im Rollstuhl. Wird es Deng schaffen? »Und wenn sein verbrauchtes Herz nun schlag zwölf Uhr Mitternacht aufgibt?« hat Lisa spekuliert.

[1] Von Jakob I. 1606 eingeführte Flagge des Vereinigten Königreichs.

Sicher ist jedoch, daß Punkt Mitternacht – oder man sollte besser null Uhr sagen – die Hochhäuser in strahlendem Lichterglanz aufleuchten werden, sobald das Geläut unzähliger Glocken zum letzten Mal unter britischer Ägide verklungen ist. Über Städte, Flüsse und Berge hinweg werden sie der riesigen Digitaluhr auf dem Tian'an'men Platz in Peking, die dort den Countdown markiert, als Echo antworten.

Sicher ist auch, daß Punkt Mitternacht ein Hupkonzert die Straßen der ehemaligen Kolonie erfüllen wird. Im Fernsehen werden die Idole des *show-biz* ihre mit Champagner gefüllten Gläser mit der eingravierten chinesischen Inschrift »Willkommen China!« erheben, auf das Ereignis anstoßen und dabei den Kameras das V-Zeichen des Sieges geben. Abseits des Trubels wird Chris Patten, der letzte Gouverneur Hongkongs, zur offiziellen Übergabe der Stadtschlüssel schreiten. Dann, vor den Kameras der ganzen Welt, die Zeremonie verlassen und in einen Jet der British Airways steigen, der ihn nach London fliegen wird. Am Hafen marschieren die letzten fünfhundert Soldaten der britischen Garnison zu einem Landungsboot, das sie an Bord eines Flugzeugträgers mit den Insignien Ihrer Majestät bringen wird. Letzte Kilts, letzte Bärenfellmützen, letzte Dudelsackklänge: ein beeindruckendes *Auld Lang Syne.*[1]

Sobald der Union Jack zum letzten Mal eingeholt ist, wird eine am Nachmittag eingetroffene Einheit der Volksbefreiungsarmee aufmarschieren und erst die chinesische Flagge hissen, dann die rote Fahne mit der weißen Bauhinia-Blüte, Emblem des »Sonderverwaltungsgebiets Hongkong«. Und während die beiden Fahnen, Schmetterlingen gleich, die ihren Kokons entschlüpfen, in die

---

[1] Schottisches Abschiedslied.

schwüle Luft aufsteigen, werden der chinesische Präsident Jiang Zemin – ein Shanghaier übrigens – und der Premierminister Li Peng die rechte Hand auf ihr Herz legen. An Chinas Nordgrenze, die strenger bewacht sein wird denn je, werden dröhnende Hubschrauber den Dörflern der New Territories ankündigen, daß eine Garnison von neuntausend strammen Soldaten mit ihrem Kommandanten, dem Divisionsgeneral Liu Zhenwu, gerade in Hongkong einzieht.

»Daß es genügend Anlaß gibt, sich Sorgen über die Zukunft zu machen, ist sicher«, hat Walter eingeräumt. »Doch es gibt ebensoviel Anlaß zur Zuversicht.«

Als Mitglied des »Vorbereitungausschusses«, in den die chinesische Führung die bedeutendsten Unternehmer berufen hat, die bereits früher Handelsabkommen mit der Volksrepublik abgeschlossen hatten, weiß Walter nur zu gut, daß China im Grunde seit langem das Regiment führt und begriffen hat, daß es nur von Vorteil sein kann, diese Tycoons zu ermutigen, ein System aufrechtzuerhalten, das Hongkong zur achten Wirtschaftsmacht und zum drittwichtigsten Finanzplatz in der Welt aufsteigen ließ. Peking wird das Huhn, das goldene Eier legt, nicht schlachten.

Walter öffnet die Schublade seines Schreibtischs, streicht behutsam über das hintere Brett und öffnet dadurch das Geheimfach, in dem er die Hefte mit seinen intimsten Gedanken versteckt hat. Er hat niemals aufgehört zu schreiben. Lediglich seine geliebte Tochter Lisa weiß um die Existenz dieser Bekenntnisse, doch sie hat sie noch nie zu Gesicht bekommen. Walter hat sie gebeten, sie erst nach seinem und Muriels Ableben zu öffnen. Er ist sich sicher, daß Lisa seinen Wunsch respektieren wird.

»Two-Gun hat alles vorhergesehen!« notiert Walter bewundernd. »Bereits im Jahre 1949 wußte er, daß der britischen Kronkolonie nichts anderes übrig bleiben würde, als wieder chinesisch zu werden.«

Sein Füller gleitet weiter über das Papier: »Ein besorgniserregender Punkt bleibt jedoch die Freiheit der Presse, der durch neue Gesetze ein Maulkorb angelegt zu werden droht. Weshalb manche Zeitungen heute auch mit derart giftigen Schlagzeilen aufmachen, obgleich die Journalisten keineswegs sicher sein können, auch weiterhin ihre Meinung frei äußern zu dürfen, und viele Peking verdächtigen, insgeheim Akten über seine ›Verleumder‹ anzulegen.«

Seit langem schon haben die Kommunisten die Redaktionen infiltriert und sitzen, durch Mittelsmänner vertreten, in den Vorständen. Selbst die *South China Morning Post* ist davon nicht verschont geblieben, auch wenn ihre Leser dies nicht unbedingt bemerkt haben.

»Nicht leicht, sich um die Achtung der Menschenrechte nicht zu sorgen«, notiert Walter. Über die Zukunft des Anwalts Martin Lee, Führer der Demokratischen Partei Hongkongs und berühmtester Oppositioneller der Kolonie, werden Wetten abgeschlossen. Es wird erwartet, daß er während der ersten Sitzung des neuen Legislativrates durch Polizeigewalt entfernt wird. An diesem Tag werden die Börsenkurse Jo-Jo spielen.

Und was wird aus den Bühnen Hongkongs, auf denen sich Theatertruppen und Werke aus aller Herren Länder abwechseln, fragt sich Walter, ein großer Liebhaber der Broadway-Musicals? Die Künstler sind pessimistisch.

Falls Hongkong geknebelt wird, wandert die Familie Neumann samt ihren Unternehmen aus. Alle notwendigen Vorkehrungen sind bereits getroffen. Im großen und ganzen bleiben Walter, Muriel und Lisa jedoch gelassen und optimistisch. Nur mit den Söhnen David und Jonathan, die stets probritisch eingestellt waren, ist darüber kaum zu reden. »Ihr tut, als wärt ihr dem Schoß von Königin Victoria höchstselbst entsprungen!« hatte sich Walter einmal mokiert und sie daran erinnert, wer ihre Urgroßeltern väterlicherseits waren: Auswanderer aus einem Budapester Vorort. »Vergeßt das niemals!« hatte sich Walter ereifert.

»David und Jonathan haben eine zu leichte Jugend gehabt«, schreibt Walter seufzend. »Ich habe es wohl meinen Jahren in Shanghai zu verdanken, daß ich stets darauf bedacht bin, nach wahren Werten zu streben und die Menschen besser zu verstehen. Keine Universität, kein Seminar vermag eine solche Schule des Lebens zu ersetzen. Doch auch Muriel und Lisa haben es immer gut gehabt, und doch besitzen sie die Gabe, die Herzen zu öffnen. Vielleicht weil sie Frauen sind.«

Die Dünkelhaftigkeit seiner Söhne ärgert Walter um so mehr, als auch er als junger Mann keineswegs davon frei war. Aber er hatte eben damals von der chinesischen Mentalität nicht die blasseste Ahnung. Er entsinnt sich, wie er es in den ersten Tagen im Wiener Café gegenüber dem einfachen Tellerwäscher Fengyong an Achtung hatte fehlen lassen. Er hatte getan, als bemerke er nicht, daß auch der junge Chinese auf die Stelle des Kellners scharf war. Er hatte es als normal angesehen, daß er, der »zivilisierte« Abendländer, sie bekam. Offenbar hat Fengyong ihm dies nicht nachgetragen. Und daß Walter das Verbot, mit Fengsi zu verkehren, übertreten hatte, wohl ebenfalls nicht. Sonst hätte ihm der inzwischen Siebzigjährige wohl kaum die Ausbildung seines erstgeborenen Sohnes Yimou anvertraut. Seit dieser »Privatsekretär des Tai-Pan« geworden ist, läßt Chen Fengyong ihm durch Yimou, der jetzt offiziell Martin heißt, häufig freundschaftliche Grüße ausrichten.

Für heute hat Walter genug geschrieben. Er räumt sein Heft weg und achtet dabei auf das Klicken des Sperrhakens, der seine Geheimnisse sichert.

Die Büros werden an diesem Tag ausnahmsweise früher schließen, doch die Unruhe, die noch in ihnen herrscht, steigt bis zu Walter empor. Draußen dürfte die Hitze die angekündigten Werte erreicht haben: Neunundzwanzig Grad, einundachtzig Prozent Luftfeuchtigkeit. Normal für einen 30. Juni. Der drohende Taifun scheint sich verzogen zu haben. Walter will schwimmen gehen. Vielleicht ins versnobte Schwimmbad des Peninsula Hotels, eine nachgemachte gallo-römische Ruine? Nach kurzer Überlegung entschließt sich Walter für seine kleine Bucht in Macao.

Bereits seit Monaten sehnt sich Walter nach ein wenig Einsamkeit. Er hat eine kleine wilde Bucht im Norden Macaos ausgemacht, sehr nahe der chinesischen Grenze.

Eine alte Frau (aber vielleicht ist sie ja jünger als er?), mit einem Teint so rosa wie eine Süßkartoffel, verwahrt seine Kleider in ihrer ärmlichen Hütte, hält ihm einen Krug frischen klaren Wassers bereit und segnet ihn für die paar Münzen, die er ihr beim Aufbruch hinterläßt. *»Tsek ban mo?«*[1] erkundigt sie sich bei jeder Wiederkehr. Er nennt sie Laoma und denkt dabei jedesmal bewegt an die »alte Mutter Yang«, Feng-sis Adoptivmutter.

Walter liebt es, sich eine Zeitlang auf dem Rücken im Meer treiben zu lassen. Ein paar kräftige Züge bringen ihn dann neu belebt zum Ausgangspunkt zurück.

Außerdem will Walter in Macao seinen alten Freund Max besuchen. Ihre letzte Begegnung liegt schon einige Wochen zurück. Max war damals stark abgemagert, denn

---

[1] Haben Sie schon gegessen? Entspricht unserem: Wie geht es Ihnen?

er hatte gerade einen Herzanfall überstanden. Er behauptete zwar, sich gut erholt zu haben, aber wer weiß? Walter möchte ihn nach dem Bad zu einem Glas in eine der Kneipen im Schatten jener alten rosafarbenen oder blaßgrünen Häuser mit Säulengängen und schmiedeeisernen Balkonen einladen, die den einen der beiden Freunde an Budapest und den anderen an Italien erinnern.

»Macao, mein kleines Fleckchen Europa!« hat Walter irgendwann in sein Heft notiert.

Er nimmt den Telefonhörer zur Hand.

»Martin, um wieviel Uhr legt das nächste Luftkissenboot nach Macao ab?«

»Ich schaue im Fahrplan nach, Tai-Pan!«

Die Fahrt übers Meer ist schön und friedlich. Zumindest in der Regel! Vor annähernd zwei Jahren wurde das Hovercraft nämlich von Piraten gefilzt, die von den Passagieren Lösegeld erpreßt und die Kasse mitgenommen haben.

»In einer halben Stunde, Tai-Pan!«

»Dann laß uns aufbrechen!«

Walter hat es bisher nicht bereut, diesen intelligenten, gewandten und arbeitsfreudigen Martin zu seinem Privatsekretär gemacht zu haben. Er bedauert lediglich die große Reserviertheit von Feng-sis Neffen, der sich nie preisgibt, ein zwar stets freundliches, doch undurchdringliches Gesicht zur Schau trägt. Sobald sie in Macao angelegt und die Bucht mit dem Taxi erreicht haben, wird Martin ihn um die Erlaubnis bitten, »einen Spaziergang auf der Insel« machen zu dürfen. Das ist ihr kleines Geheimnis, das sie vor Muriel haben, die sein Baden in der einsamen Bucht beunruhigt und glaubt, Martin behalte seinen Herrn dabei ständig im Auge. Walter mag es jedoch nicht, bewacht zu werden. Das Alleinsein ist für ihn lebensnotwendig. So wird er Martins Bitte zustimmen, der mit dem Taxi wieder davonfahren und genau zur verabredeten Uhrzeit zurück sein wird. Walter hatte Martin zunächst verdächtigt, in Macao nach einer hübschen Ehefrau Ausschau zu halten, denn die Hongkongerinnen strafte er nur mit Verachtung. Eines Tages jedoch hat Walter durch Max erfahren, daß Martin seine Spaziergänge durch Macao dazu benutzt, um Spielkasinos zu besuchen. Er ist ein eingefleischter Zocker, der Karten, Mah-Jongg und Lotto spielt, auf alles Denkbare wettet, sich an Roulette und Glücksspielautomaten versucht. Doch weder sein Gesicht noch sein Verhalten verraten je etwas über seine Gewinne oder Verluste.

Wladimir, der Chauffeur, fährt sie zur Anlegestelle. Sein Vater, der sich als Herzog ausgab, war Hausmeister im Shanghaier Wing On gewesen. Als der Weißrusse ebenfalls vor den Kommunisten floh und sich mit seiner Familie in Hongkong niederließ, hatte er eines Tages Walter wiedererkannt, ihn angesprochen und war schließlich dessen Chauffeur geworden. Bei Erreichen des Rentenalters gab er das Lenkrad an seinen Sohn Wladimir ab, und Walter sah damals keinen Grund, sich dem zu widersetzen.

Bevor sie später das Schiff zurück nehmen, werden Walter oder Martin Wladimir anrufen, damit er sie am Pier abholt. So gegen siebzehn Uhr. Walter hat dann gerade noch Zeit, sich für die Festivitäten, die mit der britischen Zeremonie beginnen, fertigzumachen. Diese wird zur Zeit des Sonnenuntergangs stattfinden. Welch wunderbare Symbolik!

Unterwegs läßt Martin kurz anhalten, um ein dringendes Schreiben in einen der schweren, mit den Insignien Ihrer Majestät verzierten Briefkästen zu stecken, nahezu die einzige Hinterlassenschaft der britischen Kolonialära. Königliche Porträts, Bildnisse, Fahnen und Statuen sind bereits verschwunden. Eine weiße Bauhinia-Blüte hat das

Konterfei Königin Elisabeths II. auf den Banknoten verdrängt, und auch die neuen Briefmarken zeigen bereits »Hong Kong by night«

Walter lacht schallend auf. »Alle Welt glaubt, die Übergabe Hongkongs an China finde heute abend statt, ohne zu ahnen, daß diese bereits vor etwa anderthalb Jahren vonstatten ging, als sich Larry Yung auf den Sessel General Watkins' und damit an die Spitze des Royal Jockey Club setzte!«

Wenn es je eine Revolution gab, so war es diese! Der Club einer Superelite beendete damit über ein Jahrhundert britischer Herrschaft.

»Auf den Rennbahnen hat sich seither kein schlimmes Unglück mehr ereignet«, bemerkt Martin mit einem rätselhaften Lächeln. Er erwähnt diese Episode immer wieder gern: Bei Umbauten hatte der Royal Jockey Club es versäumt, den günstigen *fengshui* ermitteln zu lassen. Unfälle auf der Rennbahn an immer derselben Stelle hatten daraufhin zum Tode dreier Jockeys geführt. Eine tragische Serie, die erst nach einer geomantischen Séance abbrach!

Walter seufzt. Manchmal, in letzter Zeit häufiger, versteht er sein Jahrhundert nicht mehr. Dann verspürt er das starke Bedürfnis nach seiner kleinen Bucht in Macao, das Bedürfnis, in die Natur einzutauchen, sie wieder aufleben zu sehen nach der tödlichen Zeit des Winters, ihren unwandelbaren Lauf zu beobachten. Denn jedwede Ahnung eines neuen Lebens erfüllt ihn stets mit tröstlicher Freude.

Zum dritten Male setzt der chinesische Kommissar mit den faulen Zähnen an: »Frau Neumann …«

Muriel starrt ihn an, als habe sie ihn gerade erst entdeckt. Es gelingt ihr einfach nicht, zu glauben, daß dieser an eine Bulldogge erinnernde Mann aus Fleisch und Blut ist. Er wirkt wie aus einem schlechten Film, und nichts von dem, was er sagt, kann wahr sein. Ein Eindruck, den ihre Müdigkeit nach der in bangem Warten verbrachten Nacht noch verstärkt.

»Frau Neumann«, versucht es der Kommissar erneut, »wann genau haben sie das Verschwinden Ihres Gatten festgestellt?«

Muriels grau-blaue Augen beginnen zu flackern. Sie möchte vergessen und muß sich doch erinnern.

»Um achtzehn Uhr«, erklärt sie mit einem Seufzer. »Mein Mann hätte sich für die offiziellen Feierlichkeiten des Abends umkleiden müssen, und ich habe mich gewundert, daß er offenbar noch nicht zurück war. Ich habe Wladimir, unseren Chauffeur, gefragt, der mir gesagt hat, er warte noch auf seinen Anruf, daß er ihn am Pier abholen solle. Daraufhin habe ich die Nummer seines Handy angewählt, von dem er sich nie trennt, aber ...«

Sie bricht in Tränen aus. »Der Teilnehmer ist zur Zeit nicht erreichbar«, hatte die Ansagestimme pausenlos wiederholt.

»Hier, Mama, trink einen Schluck Tee«, sagt Lisa und reicht ihr eine Tasse.

Lisa hat dunkle Augenringe und hält ein zusammengeknülltes Taschentuch in der Hand. Sie trägt schwarze Jeans und ein schwarzes T-Shirt und wirft häufig ihr schweres rotes Haar zurück. Eine Geste, die sie von ihrem Vater geerbt hat.

»Wann haben Sie das letzte Mal mit Ihrem Mann gesprochen, Frau Neumann?« fährt der Kommissar fort.

»So gegen fünfzehn Uhr.«

»Was hat er Ihnen gesagt?«

»Daß er in der Badehose sei, jetzt ein Stündchen schwimmen gehen werde, anschließend vielleicht seinen

Freund Herzberg besuchen wolle – den er aber noch nicht erreicht hätte – und danach wieder nach Hause kommen werde.«

»Und Sie bleiben dabei, daß er nicht allein war.«

»Sein Sekretär, Martin Chen, begleitet ihn überallhin.«

»Haben Sie mit Herrn Chen gesprochen?«

»Nein.«

»Haben Sie irgendeine Nachricht von Herrn Chen erhalten?«

»Nein.«

»Wir haben ermitteln können, daß Herr Chen während der fraglichen Zeit zweimal gesehen wurde. Das erste Mal in der Lobby des Mandarin Oriental Hotel, in der Nähe der Anlegestelle. Martin Chen unterhielt sich dort mit einer älteren Person ...«

Da er die alte Dame mit dem platinblonden Haar, die ihn entsetzt anschaut, schonen möchte, erwähnt der Kommissar zunächst die Beschreibung der Person nicht. Die Frau, eine dickliche Chinesin mit lackierten Nägeln und vielen Ringen an den Fingern, trug eine getönte Brille und war Kettenraucherin.

»Beim zweiten Mal wurde Martin Chen in der Avenida de Almeida Ribeiro gesehen«, fährt der Kommissar fort. »Kurz nach fünfzehn Uhr, und in Gesellschaft eines Mannes, der ein Fischer aus Macao gewesen sein könnte. Unsere Dienste überprüfen das noch.«

Muriel ist der Schock deutlich anzusehen. Ihre Hände zittern. Lisa legt ihren Arm um sie.

»Heißt das, daß Papa allein schwimmen gegangen ist?« fragt die junge Frau.

»Ich fürchte, ja«, erwidert der Kommissar.

Die Hubschrauber und Suchboote der Polizei haben die Küste Macaos vergeblich abgesucht. Weder Körper noch

Kleider wurden entdeckt. Sowohl Walter Neumann als auch sein Sekretär, Martin Chen, sind verschwunden, ohne irgendwelche Spuren zu hinterlassen.

»Hatte Ihr Vater Feinde?« fragt der Kommissar, diesmal an die Söhne gewandt, die bisher stumm geblieben sind. Beide tragen elegante, italienisch geschnittene Anzüge und Hermès-Krawatten. David, der ältere, räuspert sich.

»Ich fühle mich verpflichtet anzugeben, daß zwischen uns und den Shanghaier Aktionären der Golden Dragon Company Differenzen bestehen.«

Muriel und Lisa schauen sich fassungslos an.

»Na, hör mal, David!« ruft Lisa wütend aus. »Was redest du da für einen Unsinn! Papa hat damit überhaupt nichts zu tun. Diese Sache betrifft nur euch beide, dich und Jonathan. Ihr beide habt diese Auseinandersetzung provoziert!«

»Was sagen wir der Presse?« mischt sich Jonathan ein. »David und ich werden geradezu verfolgt, wir müssen eine Erklärung aufsetzen.«

»Ich werde den Chauffeur befragen«, erklärt der Kommissar und verläßt den Raum.

»Was schlagt ihr vor?« fragt Lisa ihre Brüder.

David zieht ein Blatt Papier aus der Tasche und liest vor: »Im Laufe seines bewegten Lebens mußte Walter Neumann wiederholt vor Diktaturen und totalitären Regimen flüchten. Er hat mehrmals alles verloren und alles wieder aufgebaut. Äußerlich gelassen, machte er sich doch wegen der Wiedereingliederung Hongkongs in die Volksrepublik China Sorgen. Sein Arzt hatte ihm mehrfach geraten, sein angegriffenes Herz zu schonen. Seine Angehörigen befürchten, er könnte bei einem Bad an der Küste Macaos einem Herzanfall erlegen sein.«

»Schwachsinn!« ereifert sich Lisa und stampft mit dem

Fuß auf. In ihrem Innersten weigert sie sich, an den Tod ihres Vaters zu glauben, sollte er jedoch tatsächlich aus dem Leben geschieden sein, so findet sich die Lösung dieses Rätsels vielleicht in den Heften, die er über Jahre hinweg vollgeschrieben hat. Eines Tages wird sie es wissen.

So spät wie nur möglich, denkt Lisa, und schaut ihre Mutter liebevoll an. Sie ahnt voraus, daß dieser Körper, der durch seine Schlankheit noch immer jugendlich wirkt, von einem Tag zum anderen das zerbrechliche Aussehen jener alten Damen annehmen könnte, die so alt wie ihr Jahrhundert sind.

»Was ist, Mama?«

Muriels verzerrtes Gesicht scheint wie von tiefer Qual überflutet, als hätte sie einen Blick in eine Hölle getan.

Sie starrt auf ihr Handgelenk. Die jetzt unbeweglichen Zeiger haben ihren letzten Reigen auf dem Jadezifferblatt der Uhr getanzt, die ihr Walter als Unterpfand ihrer Liebe aus Shanghai mitgebracht hatte.

Paris, den 25. September 1996.

EPILOG

In allen Winkeln dieser Welt, in Hongkong, Singapur oder Macao, in New York, Los Angeles, Washington, Indianapolis, Philadelphia, Miami oder San Francisco, in Montreal, Vancouver oder Toronto, in Melbourne oder Sydney, Tel Aviv oder Jerusalem, in London, Berlin, Genf, Wien oder Salzburg, in Paris, Sarcelles oder Neuilly, werden Sie eines Tages jemandem begegnen, der tief berührt über Shanghai erzählt.

Für die einen bleibt Shanghai das strahlende, leichtlebig oberflächliche und betörende »Paris des Orients«, das »Paradies der Abenteurer« oder die »Perle Asiens«.

Doch sie ist auch Shanghai, die Rote Stadt, die Rebellin.

Der endgültige Name jedoch, der dieser Stadt zu recht gebührt, die zwanzig- bis dreißigtausend Menschenleben gerettet hat, dieser Stadt, die einst Shanghai, die Jüdische Stadt, war, dieser Stadt gebührt auf ewig der Name: Shanghai, die Gerechte.[1]

---

[1] Im Hebräischen nennt man alle bekannten und unbekannten Menschen, die von den Nazis verfolgte Juden gerettet haben, »Gerechte unter den Völkern«.

DANKSAGUNG

Mein ganz besonderer Dank gilt Steve Hochstadt, der mir sein noch unveröffentlichtes Werk *Shanghai Jewish Community, Oral History Project* großzügigerweise zugänglich machte, in dem ich die Gespräche mit folgenden Zeitzeugen fand: Helga Beutler, Georges und Fanny Borenstein, Melitta Colland, Hans Eisenstaedt, Martin und Susie Friedlander, Sonia Mühlberger, Henry Rossetty und Otto Schnepp.

Herzlich danken möchte ich für ihre Mitwirkung:
Viviane Alleton; Michèlle Belaïch; Lucien Calmat; Israël Epstein; Pierre Fano; Elisabeth Ganglberger; Joan Grossman; Heinz Grünberg; Elsa Haïm; Yaël Hazan; Ernest G. Heppner; Ralph Hirsch; Pierre Jin Changkun; Henriette Kaganski; Gerd Kaminski; J. M. Huon de Kermadec; Bobby Klein; Rena Krasno, die mich in Shanghai eingeführt hat; Heinrich Krausz; Françoise Kreissler, für ihre unentbehrlichen Auskünfte; Jean-Claude Kuperminc, Bibliothèque de l'Alliance Israélite Universelle; Gertrud Landl Fichtner; Daniel S. Levy; Claude Lévy; Christine Lixl; Wilhelm Mann; Charles Meyer; Nguyen Thi Xuan Phuong; Professor Pan Guang; Maria Plattner; Marie-Claire Quiquemelle; Annie Reinhardt; Sidney Shapiro; Alberte Tang; Lydie Weil; Olga Willner; Alfred und Eva Zunterstein.

Für ihre Werke:

Vicki Baum, *Hotel Shanghai*.

James Clavell, *Tai-Pan*.

Carl Crow, *Mes amis les Chinois* Payot, Paris, 1935.

Alice Ekert-Rotholz, *Le Temps du dragon* Presses de la Cité, Paris, 1959.

Horst Eisfelder, *Leben im Wartesaal – Exil in Shanghai*.

Marc Ferro, *Chronologie universelle du monde contemporain, 1801–1992*. Nathan, Paris, 1993.

Robert Guillain, *Orient Extrême. Une vie en Asie*. Points Actuel, Paris, 1986.

Han Suyin, *Multiple splendeur*. Stock, Paris, 1952.

E. Hauser, *Blancs et Jaunes à Chang-Haï*. La Nouvelle Edition, Paris, 1945.

Ernest G. Heppner, *Fluchtort Shanghai. 1938–1948. Erinnerungen*.

Stanley Jackson, *The Sassoons*. Heinemann, London, 1968.

Tess Johnston, *A Last Look (Western architecture in old Shanghai)*. Old China Hand Press, Hong Kong, 1993.

Alfred W. Kneucker, *Zuflucht in Shanghai*. Wien, 1984.

David Kranzler, *The History of the Jewish Refugee Community of Shanghai*. Yechiva University, New York, 1971.

Rena Krasno, *Strangers Always, a jewish family in wartime Shanghai*. Pacific View Press, San Francisco, 1992.

Françoise Kreissler, *L'Action culturelle allemande en Chine*. Ed. De la Maison des sciences de l'homme, Paris 1989.

Mao Dun, *Minuit*. Robert Laffont, Paris, 1972.

Charles Meyer, *Histoire de la femme chinoise*. J.-Cl. Lattès, Paris, 1986.

Pan Guang, *The Jews in Shanghai*. Shanghai Pictorial Publishing House, 1995.

Pan Ling, *In Search of Old Shanghai. Joint Publishing*, Hong Kong, 1982.

476

Nadine Perront, *Shanghai, opium, jeu, prostitution.* Ed. P. Piquier, Paris, 1992.

James R. Ross, *Escape to Shanghai. A jewish community in China.* The Free Press, Macmillan Inc., 1994.

Alain Roux, *Shanghai ouvrier des années 30.* L'Harmattan, Paris, 1993.

Evelyn Pike Rubin, *Ghetto Shanghai.* Shengold Publishers, New York, 1993.

Wilfried Seywald, *Journalisten im Shanghaier Exil 1939–1949.* Salzburg, 1987.

Franziska Tausig, *Shanghai Passage: Flucht und Exil einer Wienerin.* Wien, 1987.

Gordon Thomas und Max Morgan-Witts, *Le voyage des damnés.* Belfond, Paris, 1976.

Marvin Tokayer und Mary Swartz, *Histoire inconnue des juifs et des japonais pendant la Seconde Guerre mondial – Le Plan Fugu.* Pygmalion, 1979.

Für die Erinnerungen und Schriften, die sie hinterlassen haben:
Anna Ginsbourg; Hans Jacoby; Sir Lawrence Kadoorie; Julius R. Kaïm; Laura Margolis; Fritz Melchior; Julius Rudolph; Friedrich Schiff.

Für die Artikel in der Presse oder ihre Beiträge:
Bruno Birolli; Bu-Zeng Xu; Francis Deron; Kurt R. Fischer; Bruce Gilley; Sophie Grassin; Jean Leclerc du Sablon; Philippe Le Corre; Yecheskel Leitner; Henri Leuwen; Dennis A. Leventhal; Philippe Manière; Jean-Paul Mari; Marco Müller; Michel Pierre; Philippe Pons; Herta Schriner.

Für ihren Film:
Diane Perelsztejn, *Survivre à Shanghai*. Les Films de la
Mémoire, in Koproduktion mit ZDF/RTBF, 1990, 52 mn.

Für ihre äußerst sorgfältige Manuskriptlektüre:
Marie Holzman, Sinologin.

Für ihre Ermutigungen:
Régine Deforges, Pierre-Michel Kahn.

Ebenso gebührt mein Dank folgenden Publikationen:
Atlas; Bulletin de l'université L'Aurore; die Kataloge der inter-
nationalen Ausstellungen »China and the Jews«, »Desti-
nation Shanghai: Refuge for Stateless Jews 1938–1948«,
»Fluchtort Shanghai«, »Jewish life in Shanghai«, »Passage
Through China«, »Vienne 1880–1938/L'Apocalypse joy-
euse«; *Challenges; China Weekly Review; Enyclopaedia Judaica;
L'Express; Far Eastern Economic Review; Le Figaro; Die Gelbe
Post; Geo;* die Reiseführer *All About Shanghai,* Autrement,
Gallimard, Olizane; *International Herald Tribune; Le Journal
de Shanghaï; Le Monde; Le Nouvel Observateur; Perspectives
chinoises; Le Point; Points East; South China Morning Post;
L'Univers israélite.*

M. K.